趣话春秋战国

龙飞 著

中国文联出版社

图书在版编目（CIP）数据

趣话春秋战国 / 龙飞著 . — 北京：中国文联出版社，2022.10（2023.8 重印）
ISBN 978-7-5190-4965-2

Ⅰ . ①趣… Ⅱ . ①龙… Ⅲ . ①中国历史－春秋战国时代－通俗读物 Ⅳ . ① K225.09

中国版本图书馆 CIP 数据核字（2022）第 169113 号

趣话春秋战国

著　　者：龙　飞
责任编辑：张超琪　黄雪彬
责任校对：仲济云
装帧设计：见白设计

出版发行：中国文联出版社有限公司
社　　址：北京市朝阳区农展馆南里 10 号　邮编：100125
网　　址：http://www.clapnct.cn
电　　话：010-85923091（总编室）　010-85923058（编辑部）
　　　　　010-85923025（发行部）
经　　销：全国新华书店等
印　　厂：三河市龙大印装有限公司
印　　量：3001—6000

开　　本：880 毫米 ×1230 毫米　1/32
印　　张：19.25
字　　数：410 千字
版　　次：2022 年 10 月第 1 版
　　　　　2023 年 8 月第 2 次印刷
书　　号：978-7-5190-4965-2
定　　价：89.00 元

版权所有　　侵权必究
如有印刷质量问题，请与本社发行部联系调换

序言

本书作者龙飞博士是我的邻居。他父亲是我的战友,老来比邻而居,有相濡以沫之亲;龙飞又一直是我们这些父辈男人口口相传中的那个"邻家男孩":从小不仅家教严、功课好、聪慧用功、有"神童"之誉,而且一路名校名师读到清华大学博士和香港科技大学的博士后,到耶鲁大学做访问学者。年不过而立,中英文专著译著已经琳琅满目,成为了正高级工程师,东北大学的兼职教授,国内工学界的翘楚;而且兴趣广、读书繁,目猎经史、心游子集,在人文学科有长期的浸润,常有惊人之论发乎口而成乎文章。今日捧出煌煌大著《趣话春秋战国》,令老而愚如吾者先睹,不觉神为之往,成春日之一大快。

首先,我认为今人重新为读者写先秦史就是一大功德。夏、商、西周三朝和春秋战国时期,距今年代久远,史料匮乏。夏朝至今没有发现文字,商周文献也不那么丰富;直到春秋战国,诸子百家兴起,资料才真正丰富起来。因为此事太难做,多少大学者都望而却步。龙飞博士少年才俊,正值雄姿英发之年,不避艰难,毅然行之,披简历繁,焚膏继晷,积年累月,终成此书。可以鼓掌。

用通俗的语言书写先秦史又是作者的一大功德。先秦是我们民族历史的发端,更是中华文化的发端,如同黄河源头之于我们的母亲河黄河一般。在某种意义上说,不了解先秦史就很难全面深刻地理解中华五千年文明史。但是对于普通读者来说,阅读古籍和古代文献毕竟有困难。龙飞博士的这部大著用通俗的语言为大众重新讲述先秦史,将大大有助于读者克服这一方面的困难。就这一点而言,也应当为作者鼓掌。

龙飞工学出身,身兼教授、科技专业人员多职,幼有稽古济世之心,丰富的学养与读书经历又成就了他独特的文字表达方式和叙述风格,其思其想可在古代与现代、古人与今人之间自由切换,于是钩沉索隐,心如涌泉,意如飘风,且平易近人,读其书如听邻家少年说《拍案惊奇》,不觉忘其年少,为之神往。这一点,难能可贵,又可以鼓掌。

当然,最应当鼓掌的还是他在撰写本书的过程对先秦史的再研究和再发现。这里有对史的重新发掘与发现,也有对历史人物的重新发掘和发现,更有对"道"的重要发掘和发现。尤其是对人和"道"的重新发现,不但为读者挑开了蒙在历史和历史人物头上的神秘面纱,究其千秋功罪;而且还从对这些历史和人物的研究和发现中，重新梳理了我们文化的源头。如果有人问中华民族是从哪里来的，答案当然是从先秦来的；而我们的文化，更是从那里发源的。当今中国，复兴中华优秀传统文化成了实现中华民族伟大复兴的最重要的条件和标志之一，对这个源头的发掘和疏浚，当然是重中之重的事情。这也应当是作者写作本书的深意所在，而又每每以它词遮掩之，这应可被看成是作者之趣。读者读到此处，当可以罢杯掩卷沉思之。

《趣话春秋战国》出版在即，作者盛意邀请我写一篇序。不揣愚陋，赘语如上。

《乔家大院》编剧 中国内地作家

朱秀海

2022 年 5 月 10 日

引言

先秦是个历史时期，顾名思义，就是秦统一六国之前的那段时间。这个时期的起点很模糊，指的是上古时代；终点却很清楚，正是公元前221年。历史本来便是这个样子，离我们越远的事越模糊，离我们越近的事越清楚。太过久远的年代，只有神话传说，再后来才有了文字记载，最后才是确切的纪年。广义上的先秦指的是上古时代和夏、商、周三代，上古时代在中国一般指夏朝以前的时期；狭义上的先秦则专指历史上的春秋战国时期。

上古时代，没有文字记载，距今又十分遥远，没有人确切知道那时候都发生了些什么。虽然有红山、仰韶、龙山等考古遗址被发掘出来，但文物是不会开口说话的。要了解那时候的事，只能靠口口相传的神话。上古时代的神话，最著名也最有代表性的便是三皇五帝；三皇时代在前，五帝在后。而《史记》的开篇即是《五帝本纪》，对三皇却并无明确记载，只是在《秦始皇本纪》中提到三皇为天皇、地皇、泰皇。这倒不是司马迁偷懒，实在是因为关于三皇到底是谁众说纷纭，根本没有定论。

目前来看，比较靠谱的三皇是天皇燧人氏、地皇神农氏和泰皇伏羲氏。

先说燧人氏。从名字便可以看出，这位大神教会了人们燧木取火。火对于人类来说可是一项重大发现，不仅可以用来取暖，还可以用来照明、驱赶野兽和烤制食物，其中烤制食物的功能对人类的影响最大。相比生食而言，烤制的熟食更加卫生，味道更好，更加易于咀嚼，也能够为人体提供更多的能量。正因为如此，人类的寿命普遍提升，且只需要花费很少的时间进食就可以获得足够的能量。这些能量供给大脑运转，直接促成了人类智力的发育，使得人类彻底从动物中脱颖而出，成为万物灵长。

再说神农氏。相信很多读者是从神农尝百草的传说中知道神农氏之名的。实际上，遍尝草药只是神农氏的一项功劳。神农氏的最大功绩是"因天之时，分地之利，制耒耜，教民农作"，即教人们区分农时、甄别土地特性，还有制作农具。要知道，烤肉虽然好吃，但是猎物并不是那么容易打到的，要想吃饱肚子，还得靠粮食。神农改变了人类刀耕火种的农业生产方式，极大地提高了农业生产技术，解决了人类的温饱问题，使得人类可以安居乐业。神农氏的第二大功绩才是"尝百草之滋味，水泉之甘苦，令民知所避就。"除此之外，神农氏还有一项重要的功绩，那便是创制音律。据《广雅》记载，"神农氏琴长三尺六寸六分。上有五弦，曰宫、商、角、徵、羽。"这种五弦琴奏出的乐音，能道天地之德，能表神农之和，能使人心情愉悦。

最后说伏羲氏。伏羲最大的贡献是创立了八卦，用八种卦象形态象征天地万物，推演事物发展的规律。其次是变革婚姻习俗，用姓氏区分血缘关系，同姓不婚。然后创立男聘女嫁的婚姻礼节，让婚姻变得神圣。最后是教百姓结网捕鱼，从此大家不仅有米有肉，还有鱼吃了。讲到这里，读者可能已经看出来了，这许多伟大的发明，有可能不是某一个人或着某几个人发明的，很有可能是上古时代广大劳动人民集体智慧的成果。为了纪念这些伟大的发明，人们塑造了这些神话人物，并把这些发明安在了他们身上。

三皇说完，五帝就好说了，因为《史记·五帝本纪》中对他们有详细记载。五帝指的是黄帝、颛顼、帝喾、尧、舜，这几位读者们应该都听过，至少其中的黄帝、尧、舜这三位的曝光率不是一般的高：黄帝与炎帝是我们中华民族共同的祖先，而尧和舜已经是明君的代名词了。下面简述一下这几位的事迹。

黄帝姓公孙名轩辕，也被称为轩辕黄帝。黄帝出生的时候，神农氏的后代已经衰败，失去了对诸侯的控制。诸侯互相攻伐，兵连祸结，百姓苦不堪言。黄帝长大以后，教族人练兵习武，去征服那些穷兵黩武的诸侯。没过几年，远近的诸侯纷纷来归附。这时，还有一支实力强劲的部族在觊觎盟主之位，那便是炎帝的部族。不过炎帝对诸侯们不太好，经常欺压他们。于是诸侯们还是希望黄帝出任诸侯盟主。黄帝自己则勤修德政，整顿军旅，安抚百姓，发展农业，并且训练了熊、罴、貔、貅、虎等猛兽。眼看着时机成熟，黄帝与炎帝在阪泉的郊野展开决战，大战三次才彻底征服了炎帝。炎帝被打服以后，便彻底归降了黄帝，所以我们才会被称为炎黄子孙。

炎帝归降以后，中原大地是没有反对势力了，但是东部的九黎部落还没有归附。想要九黎部落归附是有点难度的，因为九黎部落也很强大，部落首领蚩尤据说是个长着八只脚、三头六臂、铜头铁额、刀枪不入的怪物。这显然是不可能的，但至少也说明此公是个很能打的超级猛男。蚩尤和黄帝互相不服，那就战场上见真章吧。两军在涿鹿大战，恶战之后，蚩尤兵败被杀，九黎部族一部分与炎黄部族融合，一部分南下成为苗人的祖先。这一仗让黄帝成了天下共主，天下没有不归顺的。

黄帝的正妻是西陵国公主嫘祖，嫘祖给黄帝生了两个儿子，长子叫玄嚣，次子叫昌意。五帝中的第二位，黄帝的继任者正是昌意的儿子高阳，即为帝颛顼。颛顼帝统治时期，凡是日月照临的地方，没有不顺服的。颛顼死后，玄嚣的孙子，也就是颛顼的侄子高辛即位，是为帝喾。帝喾治理国家很有一套，传说他治理万民如雨水浇灌农田一样不偏不倚，遍及天下。

五帝中的第四位是尧帝，名放勋，是帝喾的小儿子。放勋本来无缘帝位，只是因为哥哥挚登位后没什么作为，大家就拥立放勋为帝。《史记》记载尧帝仁德如天，智慧如神，接近他，就像太阳一样温暖人心；仰望他，就像云彩一般覆润大地（"就之如日，望之如云"），是一位超人气领袖。帝尧最大的贡献是制定了中国第一部历法，分一年为三百六十六天，用闰月的方式来校正四季，已经跟今天的农历很相似了。

尧帝在位七十年的时候，自觉年事已高，儿子丹朱又不成器，便让大家推荐接班人选。大家都觉得民间有位小伙子叫舜，德行很不错，能力也很强，应该可以继承大统。尧问大家："何以知道这个小伙子有德有才呢？"大家答道："舜是个没娘的孩子，父亲和后妈对他不好，可他还是一如既往地孝敬二老。至于能力嘛，他的职业经历很是丰富，耕过田，打过渔，制过陶，做过家具，还跑过买卖。"尧想了一下，就凭这份简历，能力应该差不了，但是德行如何，还真得近距离考察一下。于是乎，尧就把自己的两个女儿娥皇和女英嫁给舜，让两个女儿来观察舜的德行。

舜不因为二位妻子是领导的女儿就搞任何特殊化，而是让她们降下尊贵之心，住到妫河边的家中去，遵守为妇之道。这个行为得到了尧的赞许。在舜的家中，娥皇和女英终于体会到了外界传闻的不实：舜的父亲和后妈根本不是对舜不好，而是想要他的命。有一次，舜的父亲让舜爬上谷仓去修补仓顶，自己却在下面放火。还好舜将两个斗笠绑在双臂上，像鸟扇着翅膀一样跳下来，才没被烧死。又有一次，父亲让舜去挖井，等到舜下井挖深了以后，父亲就跟后妈的儿子一起往井里倒土，想着这回肯定能把舜活埋了。没想到舜料到父亲会使坏，提前在侧壁挖了一条暗道，等到父亲倒土填井的时候，舜就从侧壁的暗道中逃出生天。两次死里逃生的舜好像什么都没发生似的，还是对父亲、继母和弟弟非常友善。这深深触动了两位妻子，两位妻子把舜的事迹报告给父亲尧，尧听了大为感动，当即决定让舜代理政务，并最终传位给他，这便是五帝中的最后一位：舜帝。

舜帝虽然出自民间，但绝对不是寻常百姓。他的身世非常显赫，是黄帝的八世孙。舜三十岁的时候辅佐尧处理政事，五十岁代行天子事，五十八岁时尧病逝，六十一岁才正式接替尧成为天子。前面说过，舜的个人能力很强，但是作为天子，个人能力强是远远不够的，还需要知人善任。在这一点上，舜做得也是相当不错。

尧帝在位的时候，水患已经很严重，洪水滔天，浩浩荡荡。尧遍访群臣，也没有找到特别合适的人选，只能让鲧去治水。不出所料，九年过去，洪水一点也没好转。舜果断地把鲧流放到羽山，并起用鲧的儿子禹平治水土。大禹治水的故事家喻户晓，不再赘述。舜刚主政时，国内还有许多其他的问题。首先是农业基础比较薄弱，很多百姓还在挨饿。舜就让弃负责教百姓播种百谷，实现农业增产。其次是朝中的人事关系比较复杂，相互勾心斗角。舜就安排契负责对百官进行思想道德教育和人事任免。最后是国内治安形势不好，还有蛮夷入侵。舜就任命皋陶负责管理国内治安。这几位自身名气可能还不够大，但是他们的后代都是赫赫有名。禹的儿子启建立了夏王朝，契的后代汤建立了商朝，弃的后代姬发建立了周朝，皋陶的后代李渊建立了唐朝。

舜去世后，禹即位为天子，这是一件顺理成章的事。禹在治水的时候把天下划分为九州，为了利于治水，九州的人财物由禹统一调配，这其实已经是在行使天子的权力了。大禹治水十三年，九州被他跑遍了，跟各地的头头脑脑自然也是熟得不得了。单论民意的话，全国上下没人能跟大禹相比。禹即位后，先是指定皋陶为接班人，可惜天不假年，皋陶竟然先禹而去。然后指定伯益为接班人，授以国政。禹在指定接班人后十年便逝世于会稽。禹的儿子启很贤德，伯益就把天下让给启，自己归隐去了。

启改变了天子大位的传承制度，从最初的禅让制变为世袭制。所谓的禅让制就是天子根据民意来选择自己的接班人。虽然五帝全都是黄帝及其后代，但毕竟血缘已经差得很远；父子相传则明确了天子之位在一家人之间传承，这便是"父传子，家天下"的由来。与禅让制相比，世袭制的制度失去了公平性，却增加了确定性。启由此建立了一个王朝，这便是中国历史上第一个王朝：夏朝。

夏朝约于公元前2070年建立，历经17位统治者。夏朝的统治者被称为"后"，所以夏朝有17位后。末代夏后是桀，桀荒淫无道，宠爱妹喜，杀直臣关龙逄，弄得民不聊生。东方的商部落趁机崛起，部落首领汤起兵讨伐桀，在鸣条大败桀的部队。桀逃跑后不久病死，夏朝灭亡，延续约470年。汤则建立了中国历史上第二个王朝：商朝。

商朝约于公元前1600年建立，历经31位统治者。商朝统治者被称为"帝"，所以商朝共历31帝，享国500余年。需要说明的是，夏朝是没有文字记载的，而商朝是有文字记载的王朝，这种文字就是甲骨文。商朝的末帝是纣王帝辛，拜被一再翻拍的电视剧《封神榜》所赐，大家应该对这位君主不算陌生。公元前1046年，崛起于西方的周部落在首领周武王的带领下，起兵伐商，在牧野大败商军主力，商纣王自焚而死，周朝建立。

周朝建立后，吸取夏商两朝灭亡的教训，把功臣子弟分封到各地成为诸侯。这些诸侯在各自的领地享有独立自主的军权、财权和人事权，定期向周王室朝贡，并在周王室有难的时候起兵勤王。这种制度即是封建制度，所谓封疆建国，以藩屏周。周王室对诸侯国的封地大小、军队规模有着严格的规定，所以在周朝立国之初，周王室对各诸侯国有着绝对的控制力。

周朝在传到周幽王的时候，都城镐京被申侯联合犬戎攻破，周幽王身死，周朝灭亡。周幽王的儿子周平王在洛阳重建周朝，由于洛阳在镐京的东边，周平王重建的周朝被称为东周，之前的周朝被称为西周。东周时期周王室逐渐失去了对诸侯的约束，诸侯之间相互征伐兼并，所以东周的历史又被分为春秋和战国两个阶段：春秋时期由某个具有霸主地位的诸侯代替周天子行使职权，而战国时期则是七大诸侯国之间展开以灭国为目的的战争，最终由秦国灭掉六国，统一天下。

本书讲述的是周朝时比较有代表性的几个诸侯：吴、越、楚、晋、齐、秦，以轻松的笔触讲述这些先秦诸侯中发生的故事，因此定名为《趣话春秋战国》。

龙 飞
2022年于北京

目录

齐国传奇：从神话到历史 / 001
神话里走出的开国之君 / 003
五毒俱全的春秋首霸 / 021
毁誉参半的守成之主 / 052
施惠于民的田氏奠基人 / 073
以贤为宝的田齐掌门 / 080
八百年传奇的悲情落幕 / 108

晋国风云：十大家族的恩怨情仇 / 117
戏言成就的开国之君 / 119
名字导致的公族之乱 / 122
大器晚成的流亡霸主 / 134

专权引发的弑君血案 / 171
《史记》掩盖的历史真相 / 194
多行不义的郤氏家族 / 209
骄横跋扈的栾氏后人 / 225
五百户酿成的灭族事件 / 247
中原霸主的分崩离析 / 255

楚国史话：六位楚王与一位将军的故事 / 263
火神祝融的光荣后裔 / 265
长眠于征途的首位王者 / 282
江山美人兼得的风流君主 / 300
为子所弑的霸业奠基人 / 309
一鸣惊人的南方雄主 / 336
强占儿媳的荒唐君王 / 371
可怜可恨的糊涂庸主 / 384
最后的名将项燕 / 394

吴越争霸：五位复仇者的故事 / 399
爱美人不爱江山的公族名臣 / 401
弑兄上位的江南明主 / 408
灭掉祖国的南国叛臣 / 427
完美复仇的一代霸主 / 472
卧薪尝胆的霸主终结者 / 482

秦国帝业：从牧马部族到一统帝国 / 523
蛮荒之地的牧马能手 / 525
趁乱立国的开国明君 / 531
制霸西戎的关中王者 / 541
成功复位的帝业奠基人 / 556
六世君王的艰辛创业 / 569

后记 / 589
附录 / 592

齐国传奇：从神话到历史

在春秋战国的诸侯国中，齐国绝对算得上是最传奇的一个。齐国的开国之君是传奇人物姜太公；齐国是诸侯国中最富庶、最开放、最先称霸的国家；同时齐国也是最具宿命的国家。说他最具宿命，是因为在齐国八百年的历史中，经历过一次江山易主，而这次失鹿事件早在六百多年前就已经被另一位传奇人物周公旦成功预测。齐国曾经被积贫积弱的燕国打得只剩下两座城，险些亡国，却被传奇将领田单以火牛阵逆袭，成功复国。齐国是春秋第一相管仲施展抱负的地方，也是兵圣孙武的故乡。这一切的一切都让齐国极具传奇色彩。

在很多人的印象中，齐国好像生来就是大国，就是强国，就是富国，就是霸主国，一出道就光芒四射。但实际情况是，齐国立国之初不过是营丘附近方圆不足百里的一个殖民据点，比楚国立国初期的方圆五十里大不了多少。齐室开国，群雄环伺，甫一立国，国都就遭到了莱夷的大举进攻，险些失国。齐国最初的地盘在渤海和泰山之间，是一片寸草不生的盐碱地。齐国的起点是很高，开国君主是西周第一功臣姜太公，爵位是侯爵，在《史记》世家中的排位仅次于吴太伯位列第二。说齐国是含着金汤匙而生并不为过，但他的强大并不完全靠着自己的出身。论起创业的艰辛，齐人并不比楚人、晋人容易多少。没有人能够随随便便成功，这话不是随便说说的。

这一部分将会讲述齐国五位当家人执政时期的故事。这五位当家人都很有特点，其中三位姓姜，两位姓田。为什么会这样？且听笔者与大家分享齐国八百年的传奇历史。

神话里走出的开国之君

齐国的开国之君是齐太公姜尚，齐太公姜尚就是姜子牙。一提到姜子牙，相信很多70后、80后的朋友首先会想到1990年那版经典的电视剧《封神榜》。在那版《封神榜》中，蓝天野老师将仙风道骨的姜子牙演绎成了经典，可说至今都无人超越。既然说到这里了，就让我们重温一下《封神榜》的剧情吧。

90版《封神榜》改编自明末小说家许仲琳的名著《封神演义》，应该说改动不算大。在小说《封神演义》中，姜子牙是玉虚宫元始天尊座下的阐教弟子。这位老兄三十二岁上昆仑山学道，苦修四十年。惜乎仙缘太浅，不能成道，故被师父元始天尊派下山去辅佐周室，享受人间将相之福，并代为封神。姜子牙下山后，投奔朋友宋异人。因为离开尘世修仙已久，谋生技能生疏，做生意做啥赔啥。好容易开了个算命馆，算是能发挥点儿特长了，又打死了九尾妖狐精妲己的妹妹玉石琵琶精。因此被妲己陷害，弃官来到西岐，老婆也跟他离了婚。见到周文王后，姜子牙才算找到组织。此后他辅佐文王、武王，带领众仙家兴周灭商，打下了周室八百年江山。大功告成后，姜子牙主持了封神仪式，将在商周大战中死难的仙家一一封神，共三百六十五位。

当然，这只是个神话。神话归神话，还是反映了姜子牙同志的一些真实情况。首先，姜子牙同志确实是大器晚成，他投奔周文王的时候，已经是一位阅历丰富、饱经沧桑的老人了。其次，这位老兄早年确实不顺利，曾经入赘别人家，因为不事生产，被逐出家门。最后也是最重要的一点，姜子牙最终还是辅佐周室成就了大业。

历史上的姜子牙出生于东海（今山东日照市东），姓姜，名尚，字子牙，号太公望。因为祖上曾被封于吕地，故又被称为吕尚、吕子牙、吕太公。同神话中玉虚宫显赫的出身类似，现实中的姜子牙是炎帝的后裔。史载黄帝以姬水成，故以姬为姓；炎帝以姜水成，故以姜为姓。姬姓与姜姓世代联姻，周人祖先后稷的母亲姜嫄就是姜姓的女子。在尧帝时期，姜子牙的祖先做过管理四方诸侯的四岳。在大禹时期，姜子牙的祖先又帮助大禹治水有功。到了夏商时期，姜子牙的祖先被封在吕、申、许等地，逐渐衰落了下来。所以说姜子牙是出生在一个没落的贵族家庭，没落到已经跟平民没什么区别了。

姜子牙到底在哪里学的本事已经无法考证，但史料记载他确实很博学，而且在商纣王手下做过官，这一点跟神话传说吻合。因为看到纣王无道，所以主动弃官隐居。后来听说西伯侯姬昌贤能爱才，有得天下的迹象，就想西行辅佐他。这只是个想法，想法离实现还是有距离的。你总不能直接跑到姬昌面前说要辅佐他得天下吧，那样八成会被当成神经病轰走，就算退一万步姬昌相信了你，你又拿什么助他消灭纣王呢？

深谋远虑的姜子牙自然不会干那种傻事，他离开了东海的家，一路西行。这一路他走得很慢，边走边观察沿途的山川风貌，这样做绝对不是为了自助游，而是为后续的进军收集地理信息。此外姜子牙同志又跑去朝歌卖了一段时间牛肉，去孟津开了一段时间酒馆。朝歌是商朝的首都，孟津是东进朝歌的必经之路。姜子牙这样做显然不是为了赚钱，而是借机收集关于商朝的军事、政治情报。等到情报收集得差不多了，姜子牙就离开了商朝的地盘，进入了周地。

进入周地后的姜子牙再次隐居了起来，这回的隐居地在渭水之滨。姜子牙的这次隐居有三个目的，第一个目的是梳理一下自己这段时间获得的情报，做出推翻商朝的具体方案；第二个目的是观察一下周人是否真的值得辅佐；第三个目的就是，如果确定要辅佐周人的话，找到一个合适的方式进见姬昌。

前两个目的都很容易就达成了，第三个目的，姜子牙可是费了一番心思。要知道，当时姬昌的职位是西伯侯，是统领一方的诸侯长。像姬昌这样的干部全国只有四位：东伯侯、西伯侯、南伯侯、北伯侯，分别统领四方诸侯，那可是个位高权重的存在。姜子牙这样的平头百姓，别说向他建言献策了，就是见一面都难。必须想个办法。

姜子牙的办法是，提升自己的知名度，让姬昌主动来找自己。这个办法在今天还在被无数人使用着，它有一个通俗的名字叫"炒作"。姜子牙的炒作方法是行为艺术，他每天搬个小板凳去渭水边钓鱼。钓鱼就好好钓鱼吧，偏偏姜子牙的鱼钩是直的；鱼钩是直的也就算了，上面还没有饵；没有饵也就算了，还离水面三尺远。这叫钓哪门子鱼呢！姜子牙的行为艺术很快起到了作用，大家看了姜子牙的钓鱼法都觉得这老爷子八成是受了什么刺激，脑子瓦特了。所谓好事不出门，坏事传千里，搁在今天也是一样。明星捐建希望小学，十多年都不会有人知道；但要是传个绯闻，保证当天全国人民就都知道了。姜子牙这事肯定不是绯闻，却也算得上特大新闻，很快整个西岐就全知道渭水边有个疯老头拿直钩钓鱼的事了。

身为西伯侯的姬昌日理万机，当然不会为了猎奇专程去渭水边围观这位怪老头，但作为西岐的最高军政长官，去各地视察工作还是难免的。此外，姬昌还有一项特殊的爱好或者说是技能，那就是算卦。这一天，姬昌在出门之前课卜了一卦。卦象显示这次出门会有所收获，收获物不是龙也不是螭，不是虎也不是熊，乃是能辅佐君王成就霸业的能臣。姬昌看了非常高兴。

姬昌带着随从四处转悠，正好走到渭水河畔，见到了正在做行为艺术的姜子牙。姬昌也早就听说过这个拿直钩钓鱼的老人，这次凑巧遇到，免不了上去聊两句。谁知一谈话竟发现，这位老人不仅知道自己的理想是什么，还有办法帮助自己实现这个理想。这让姬昌不由得想起了出门前算的那一卦，看来是应验在这位老者身上了，不禁大喜过望，当即决定带姜子牙回宫。

姜子牙的高光时刻就要到来。回到宫中后，姜子牙与姬昌继续细聊建国大业，越聊越投契，姬昌兴奋地说："我的太公（爷爷，即古公亶父）曾经说'将会有圣人来周，周会因此兴旺'，说的就是先生您吧！我太公盼望您很久了！"因此，姬昌又称姜子牙为太公望，并委任他为军师，姜太公的称号就是这么来的。

成为军师后的姜太公开始施展拳脚，他一方面联络诸侯，一方面修德理政，周在太公的打理下很快壮大了起来。周的壮大引起了纣王的注意，加上崇侯虎等小人在旁进谗言，纣王便找了个借口把姬昌召来，然后囚禁在羑里。这可急坏了闳夭、太颠等大臣，莫不是他们密谋造反的事被纣王发现了？姜太公却很镇定，根据他的经验判断，纣王并没有拿到他们造反的直接证据，最多就是敲打他们一下。更何况，他们的造反大业还没开始呢。话虽这么说，但是姬昌在羑里毕竟还是很危险，指不定哪天纣王心情不好了，把姬昌同志拖出去给一刀也不是不可能。必须尽快把姬昌救出来。

要想营救姬昌，砸牢劫狱是不太现实的，最好的办法是给纣王送礼。在西伯侯姬昌的臣子中，要论江湖经验和人生阅历，没人比得过姜太公。这位老兄走南闯北地做生意，又在纣王手下供过职，天下有什么好东西，纣王喜欢什么，他们儿清。因此，给纣王选礼物的任务就落在了姜太公头上。姜太公接到任务后，多方搜罗，很快备齐了礼物。礼物的清单如下：莘氏的美女，骊戎地区的彩色骏马，熊国出产的三十六匹好马，以及其他种种珍奇之物。这份礼物不可谓不重，素来简朴的周室大臣见了都纷纷咂舌。但是为了救主公，也顾不得那么多了。姜太公知道纣王最宠信费仲，便通过费仲把礼物呈给了纣王。

送礼物的效果非常明显，纣王见了这份重礼，乐得合不拢嘴。他当即表示，之前抓西伯侯下狱纯属误会，这些礼物中的一件就足以让他释放西伯侯了，何况还有这么多其他的呢。于是下令释放姬昌。不仅如此，纣王还反过头给姬昌送了两件礼物，那就是弓箭斧钺。这两样东西看上去不起眼，实际上大有讲究，君王一般是不会轻易赐人的。因为，它们代表着一种权力，一种地区的有限开火权，学名专征之权。所谓专征之权，即是给诸侯划定一个地区，在这个地区内，无论与谁开战，消灭了谁，都代表君王的意志，都代表正义。

西伯侯姬昌获得的正是这个权力，纣王给他划定的开火地区为整个西部。有了这个权力，姬昌便可以用纣王的名义专治各种不服，扩张自己的地盘。姜太公给姬昌制定的战略是先西后东，也就是先向西把周人身后的各个国家剪灭，稳定住后方，然后再向东图谋商朝。在这个战略的指导下，姬昌第一年打垮了犬戎，第二年灭了密须，第三年打败了耆国。周人从此控制了整个西部地区，变得空前强大。这个情况被纣王的大臣祖伊知道了，忙向纣王汇报。有了上次的经验，纣王对这种事已经不太在意了，他心不在焉地对祖伊说："天命在我，姬昌能奈我何？"

当然，还有一种可能性是纣王已经注意到了姬昌的异动，但是姬昌的专征之权是自己给的，总不能自己打自己脸吧，所以只好睁一只眼闭一只眼假装不在意。纣王并不傻，不会眼睁睁看着周人把自己灭掉，他默许姬昌的基础是他对商军强悍战力的自信。看到纣王没有任何反应，姜太公开始实施他灭商战略的第二步：东进。

姜太公东进的第一拳砸向了邘国。邘国在今河南沁阳市西北，这个地方离商都朝歌（今河南淇县）只有164公里，其间无险可守，可以说是朝歌的西大门。被人打到家门口了如果纣王还不知道周人想干什么，那就太迟钝了。纣王也许感觉到了，但是他目前无暇西顾,因为东夷叛乱了。在纣王的眼中,东夷是比周人更危险的敌人。周好歹是自己治下的一个方伯,东夷则根本不在自己统治的体制之内。最要命的是,东夷跟商在一个地理单元之内。只要东夷人愿意,早上出发,晚上就能到朝歌城下开篝火晚会。于情于理都要先干掉东夷。

话虽如此,姜太公却知道邘国已经是纣王的底线了。要是再往东打,纣王一定会不顾一切地回头跟周军开战。东边不能打了,那就掉头向西。就在拿下邘国的第二年,周军收拾了姬昌的仇人,当年向纣王进谗的崇侯虎。崇侯虎是崇国的国君(《封神演义》中是北伯侯),崇国的位置在今天西安市长安区沣河西岸,古称丰邑。周军灭了崇国,杀了崇侯虎,把国都从岐山脚下搬到了崇国故地丰邑,并改名丰京。岐山在关中平原的最西部,丰京则在关中平原的中心。周人国都东移,意图很明显,就是要东出关中平原,去找商朝的麻烦。

在迁都丰京的第二年,西伯侯姬昌就去世了。姬昌的儿子姬发即位,是为武王。周武王姬发拜姜太公为师,继续父亲未竟的反商大业。这时候的周国在姜太公的悉心治理下,国富民强,兵强马壮,国力蒸蒸日上。反观商朝,在东夷的反叛和纣王的暴政下,国势江河日下。双方的实力差距越来越大,伐商的时机日渐成熟了。

武王即位的第九年,矢志灭商的他想试探一下诸侯的态度,因此决定进行一次军事演习。姜太公被任命为此次军事演习的总指挥,武王赐给他象征最高军事统帅权的黄钺和象征最高军事指挥权的白旄。姜太公左手拄黄钺，右手握白旄下令道："老夫奉命统军，众将集结船只，迟到的斩首！"周军浩浩荡荡地沿黄河东下，行至盟津（今河南孟津县东北）登陆，闻风而至的诸侯有八百多。诸侯们都劝武王顺势灭商，武王却说："时机未到。"诸侯们不知道所谓的时机指的是什么，只有武王和姜太公笑而不语。这次行动武王跟诸侯们盟完誓就带兵回去了。

又过了两年，商纣王杀死了直言进谏的王叔比干，囚禁了箕子。姜太公和武王知道，时机到了，整顿兵马准备杀过去。出兵之前，老规矩，先占卜一卦。占卜这玩意儿，我们都知道是不大靠谱的，可是古人就信这个，没办法那就来吧。具体的操作是，拿一块乌龟壳放在火上烤，烤到龟甲破裂的时候，看龟甲破裂的纹路来断定吉凶。很不幸的是，这次占卜的结果是大凶。更不幸的是，本来好好的天气突然风雨大作，雷电交加。这种现象谓之"泣兵"，也是大不吉之兆。这下连武王都有点儿崩溃了，建议暂缓出兵。

没想到一向温文尔雅、和蔼可亲的姜太公却突然发飙了。他一脚将龟甲踩得稀碎，然后大声说道："小小一块枯骨，怎能决定吉凶？我们此次是秉德伐纣，为民请命，即使刀山火海也在所不辞。雷雨交加，正是除旧布新之象！"在姜太公的鼓励下，周军士气大振，一举在牧野击溃了纣王的军队。纣王见大势已去，登上鹿台自焚身亡，享国五百年的商朝从此灭亡。

周朝建立后，领土陡然扩大了许多。不仅黄河中下游商朝故地归了周朝，就连东部、南部、北部原先臣服于商朝的地区也尽入囊中，真的是阔气了。为了守住这份偌大的家业，周人发明了一种制度，那就是把功臣和宗室子弟派到全国各地，创建周集团的子公司。周集团为每位创业者提供以下启动条件：

一是营业执照一份。该营业执照由周集团董事长签发，分为公、侯、伯、子、男五等，被称为爵位。这个爵位等级规定了创业者的地位和子公司的规模，没有极为特殊的情况，创业者的地位不变，子公司的规模也不能随意扩大。

二是地盘一块。地盘的大小由创业者的地位决定。如公爵和侯爵可获得方圆一百里的地盘一块，伯爵可获得方圆七十里，子爵和男爵只能获得方圆五十里。地盘所在的位置由周集团董事会研究决定。

三是保安队一支。鉴于全国各地治安情况参差不齐，有些地方还有商集团的残存势力随时准备暴力对抗创业者，周集团为每位创业者配备了一支保安队。这支保安队可以保护子公司不受当地黑恶势力的侵袭，在周集团总部受到外部黑恶势力威胁的时候也可以支援总部。保安队可以由创业者在当地招募，但是有编制限制。大公司保安队编制是三军，一军为一万人到一万两千人；中等公司编制是二军；小公司编制为一军。

集团公司总部和各子公司的权利与义务如下：总部有权批准设立和取消子公司；总部有权征召各子公司一起参与业务拓展和扫黑除恶行动；总部有义务保护子公司不受外部黑恶势力的侵犯，总部有义务调解各子公司之间的矛盾。子公司独立运营，独立核算，自负盈亏；子公司负责人采取嫡长子继承制，直接对集团公司董事长负责；子公司有权在自己公司管辖范围内设立二级子公司；子公司负责人有权任命子公司内部的一切职位；子公司负责人必须定期向集团公司董事长述职；子公司必须向总部上缴当地的土特产若干，并缴纳一定数量的加盟费。

这样就比较好理解了。每个子公司就是一个国家，子公司的负责人就是国君，也叫诸侯。周集团的董事长就是周天子，是所有子公司的老大，所谓天下共主。二级子公司就是卿大夫的封地。这种制度学名叫封地建国，简称封建。在当时，封建制（或称分封制）可是一种非常先进且有效的国家制度。

◇齐室开国

姜太公作为兴周灭商的头号功臣，被封在营丘（今山东淄博市临淄区），国号为齐。关于这个国号的由来，有三种说法。第一种说法是营丘南郊山下有一个天齐泉。这个泉五泉并出，被人们称为天之腹齐，齐国的国号就是出于此。第二种说法是齐国境内有济水。济与齐相通，正如晋国以晋水命名一样，齐国也是以济水命名。第三种说法是齐的甲骨文是三枚箭簇。因为齐地先民与东夷人杂处，经常发生战争，所以以三枚箭簇的齐字命名该地，说明该地先民勇猛善射。

至于姜太公为何被封在齐地，是有原因的。第一个原因当然是姜太公是山东人，熟悉情况，便于开展工作。还有两个原因，也是最重要的两个原因，这里暂且不说，卖个关子。

姜太公受封之后，心情大好，带着随从一路走一路玩，慢慢悠悠地向营丘进发。有一天，姜太公在一家店里住宿，正好有个旅客认识太公，他看到太公如此悠闲地住店休息，自言自语地说："我听说时机难得而易失，这位客官如此安逸，根本不像是去封国就任的样子啊！"姜太公听了猛然醒悟，觉也不睡了，连夜上路，向着营丘方向狂奔。到黎明的时候，刚刚赶到营丘，正遇到莱夷人来抢地盘。姜太公指挥部下沉着应战，击退了莱夷，才算是保住了营丘。

莱夷是东夷人的一支，势力范围在山东的中部和东北部地区。请大家先跟我做个拆字游戏。"夷"这个字能拆成什么呢？是不是一个"大"字和一个"弓"字呢？没错，夷的本意即是一个大人背着一张弓。这个字准确描述了夷人的特性：身材高大，箭术精湛。大名鼎鼎的射日英雄后羿，其实是夏朝时期东夷有穷氏的首领。在历史上，这位有穷氏的首领还曾经放逐过夏后相，自己当了君主。东夷人广泛分布在山东、江苏和浙江，这帮人在纣王时期就不太服管，纣王统治后期的大多数时间都是在跟他们死磕。周朝建国以后，东夷人也没有消停。这不姜太公刚刚受封，就被莱夷人摆了一道，差点儿连封地都丢了。

姜太公虽然守住了营丘，但是保不齐莱夷人还会来闹事，所以必须尽快在齐地站稳脚跟。如何才能迅速立足呢？姜太公干了三件事：建章立制、招贤纳士和征募军队。军队很快组建起来，姜太公再加以简单的训练，指望这支军队攻城略地不太现实，但抵挡莱夷人的进攻却是足够了。

再就是招贤纳士，这个也好理解，公司刚刚开业，总得招人干活吧。姜太公本以为凭着自己的声望,应聘者会是人山人海,可是十几天过去,招聘处却门可罗雀。这是怎么回事呢?原来齐地有两个名士叫狂矞和华士,这二位曾经明确表示,不给任何天子做大臣,也不结交任何诸侯,自己种田自己吃,自己掘井自己喝。狂矞和华士在齐地的影响力非常大,类似于现在的网络大V、意见领袖。他俩不出仕,齐人就都以出仕为耻,难怪齐氏公司招不到人呢。

姜太公知道问题的症结之后,亲自登门拜访狂矞和华士。第一次上门,狂矞和华士很不客气。姜太公却很客气,耐心地动员二位出山。狂矞和华士态度很坚决,姜太公见劝说无果,只好告辞。第二次上门,狂矞和华士依然很不客气。姜太公依然很客气,继续耐心动员二位出山。狂矞和华士态度还是很坚决,姜太公见劝说无效,只好告辞。第三次上门,狂矞和华士依旧很不客气。姜太公这次却不客气了,一挥手让人把哥俩抓起来。然后,就地正法。

砍了狂矞和华士后,姜太公发了个通告。大意是"狂矞和华士恃才傲物,对抗政府,已经被砍了。以后再有这种情况,政府决不姑息"。这招杀一儆百的效果非常好,狂矞和华士的人头刚刚落地,齐国士人就纷纷投奔姜太公,来政府找工作了。

姜太公最后干的事是建章立制。有了军队,有了员工,就得有规矩,不然全乱了。关于这件事,姜太公征求了司寇营荡的意见。司寇是主管刑狱的官员,在齐国属于高级干部。姜太公开门见山地问营荡:"如何治理齐国呢?"营荡回答:"施行仁义就可以了。"姜太公点点头，继续追问道："如何施行仁义呢？"营荡答道："仁者爱人，义者尊老。"这话也没啥不对，可是姜太公还没打算罢休，接着问道："怎么才算爱人尊老呢？"眼看着混不过去了，营荡只好给姜太公举了两个例子，他说："爱人就是有儿子也不依靠他养老，尊老就是如果妻子年龄大，丈夫也要向她下拜。"坏就坏在这俩例子上。

姜太公听了这两个例子后，登时变了脸色。他大声斥责道："寡人想用仁义治国，你却在拿仁义乱国，不杀你无以定人心！"说完便命令武士把营荡拖出去砍了。营荡这话看上去好像也没什么大问题，为何姜太公要对他痛下杀手呢？

让我们来仔细地分析一下。齐国当时的环境是外部群敌环伺，内部百废待举。在这种情况下，姜太公最想的便是尽快把齐国发展起来。姜太公自己固然是满腹韬略，有经天纬地之才，但是光靠他一个人是不行的。他必须建立一套行之有效的行政运行机制，才能够如身之使臂、臂之使指般地把齐国玩转。这套运行机制的核心是"权威"二字，所以在姜太公眼中，君就是君，臣就是臣，父就是父，夫就是夫，是绝对不可以乱了身份的。然而让营荡这么一说，就全乱套了。儿子可以打着仁义的旗号不养老爹，老婆可以打着仁义的旗号违抗老公。就算是姜太公自己，虽然他已经八十多岁了，但是难保齐国还有个九十岁的老人。按照营荡的理论，姜太公就得听这个九十岁老人的，哪怕他啥都不懂。这让姜太公怎么玩儿？如此看来，营荡真是非杀不可了。

在连续砍了狂矞、华士和营荡三颗人头之后，齐国人感到这位慈眉善目的老头儿实际上是个狠角色，还是老老实实在他手下干活儿为好。不仅是齐国人，就连莱夷人听到姜太公的事迹后，也觉得这是个煞星，还是不惹为妙。姜太公当然不是只会杀人，那样就跟纣王没啥区别了。在杀掉非杀不可的几个人，树立了自己的权威后，姜太公开始了对齐国的治理。姜太公是来自西部的征服者，齐人多是常住东方的原住民，很多风俗习惯都不一样。对于这一点，姜太公没有采取强硬措施。他仔细考察了齐地的风土民情后，表示尊重当地人的风俗习惯，并制定了适应当地民俗的政策。这些措施多管齐下，齐国大定。五个月后，姜太公觉得大功告成，便回镐京向董事会述职去了。

至此，我们可以揭晓姜太公被封在齐地的第二个原因了。前文说过，东夷人在夏商两代一直是个刺头。到了周朝建立，这种情况也没有好转。周王室把姜太公分封到齐地，正是为了让这位猛人镇住东夷，彻底解决周朝东部的边患问题。事实证明，姜太公没有辜负周王室的重托，自从齐国建立后，莱夷再也没有闹出大动静，最终被齐国所灭。

回到镐京后，姜太公佛系了一段时间，经常找大臣们聊天喝茶，纵论天下大事。这一日，姜太公跟周公旦聊天的时候谈到了治国之道。周公旦是周文王的四子，武王姬发的弟弟，也是周朝建国的大功臣，被分封在鲁国（今山东曲阜市），跟姜太公的齐国是邻居。姜太公首先问周公："小老弟，你打算咋治理鲁国呢？"周公旦说："尊重应该尊重的人，亲近应该亲近的人（尊尊亲亲）。"通俗地说，便是任人唯亲。姜太公摇头道："鲁国没啥希望了（鲁从此弱矣)。"周公旦反问姜太公道："太公您又如何治理齐国呢？"姜太公说："任用有才的，奖励有功的（举贤上功）。"周公旦也摇摇头道："您的后代江山不保啊（后世必有劫杀之君）！"

周公旦的这话无比精准地预言了六百年之后齐国发生的江山易主事件，令人惊叹不已。周公和太公的对话体现了两种不同的用人原则，即任人唯亲和任人唯贤。我们都知道任人唯贤是对的，齐国也确实因此强大，那周公为何还说太公的后人会丢掉江山呢？

这是两回事。齐国能够因为任人唯贤而强大，但是齐国君主却不可能世世代代都是贤主，一旦有大臣功劳累积到了超越君主的时候，齐国君主的江山就危险了。周公据此判断，太公的后代一定会丢掉江山。然而，反过来想想，这也没什么好惊讶的。就跟预言一个刚出生的婴儿一定会死一样，虽然百分百准确，但是纯属废话。但如果能够预言婴儿何时死，那还是比较神的。关键问题在于，周公也没说太公的后代何时丢掉江山。跟鲁国对比一下，鲁国虽然到最后还是老姬家的江山，可一直窝窝囊囊地活在齐国的阴影下，好像也没啥意思。

◇ 平定三监

幸福的时光过得特别快，没等姜太公佛系多久，周朝就出大事了。原来周武王死后，周成王年纪还小，所以周公旦摄政辅佐年幼的成王。这引起了周武王另外三个弟弟管叔、蔡叔和霍叔的猜忌，他们觉得周公旦想自己当王。这种猜忌被纣王的儿子武庚捕捉到了，于是便煽动这三位造反，整个中原地区顿时大乱。

由于中原地区原本就是商人的地盘，武庚在当地很有群众基础，再加上三位王叔也反了，声势相当骇人。这还不算，武庚为了保证造反一举成功，还策反了东夷部落中的淮夷。按说淮夷可是武庚老爹纣王的死敌，居然也会被策反，估计武庚没少许诺人家好处。这一下周王朝的整个东部乱成了一锅粥，叛军气焰嚣张，大有把周人赶回岐山老家去的架势。

为了保住革命果实，周公旦立即下令平叛，由周公亲率周军主力东进，派姜太公回到齐国组织齐军从背后攻击叛军。至此，姜太公被封在齐地的第三个原因也清楚了。其实周武王从一开始就很不信任武庚，这也正常，你把人家老爹弄死了，还指望人家效忠你，这种事情在梦里都不用想。话虽如此，姿态还是要做的，因此武庚被封在了商朝故地，继续统治商朝遗民。算是贯彻周王朝"商人治商，高度自治"的方针。然后，把管、蔡、霍三个弟弟分封在了武庚周围，监视武庚的一举一动。但周武王对这三个弟弟的能力还是不放心，就把周朝第一猛人姜太公放在山东，算是在外围再加上一重保险。

没想到的是，这三个弟弟不是能力不足，而是政治立场出现了问题，直接跟着武庚造了反。这时候，姜太公的作用就体现出来了。他不仅要配合周公收拾武庚和三监，还要对付淮夷，这是对他能力的重大考验。

一开始姜太公没把叛乱当回事，他觉得连纣王都收拾了，武庚更应该不在话下。事实证明，他错得比较离谱。论武力值，纣王可以手格猛兽，武庚远远不及。但是论及战略眼光、组织协调等领导能力，武庚却是远胜其父。最重要的是，武庚懂得民心可用，单凭这一点，他就注定比纣王难缠得多。

历史上没有记载平叛的过程，我们只知道仗打了三年。周公旦和姜太公是周室的两大顶尖高手，这两大高手联手，都花了三年才搞定，战争的残酷可想而知。刚一开战，周公旦就感到了莫大的压力。他忙派宗室大臣召公奭（燕国开国之君）找到姜太公，赐给他一项权力：专征之权。召公传达周公的指令道："东至海，西至河，南至穆陵，北至无棣，五侯九伯，实得征之。"上文已经说过专征之权是地区的有限开火权，这里周公给姜太公划定的开火地区是东边到渤海、黄海交界处，西边到黄河，南至山东临朐县南一百里的大岘山，北至山东无棣县。从地图上看，这片区域属实不大，甚至连山东的全境都没囊括。但是研究历史问题不能离开特定的历史环境。齐国当时刚刚建国，连家门口的事都没整明白呢，给太公划出这片区域，已经是很给面子了。如果太公真的把这片区域摆平了，那淮夷便不敢大举增援武庚，周公那边的压力就大大减轻了。

这样看来，太公的专征之权还是一个分工约定：由太公收拾彪悍的淮夷，周公专心对付武庚。不管怎么说，叛乱还是平定了，齐国的专征之权却保留了下来。太公的后代正是利用这个专征之权开疆拓土，才使得齐国成为春秋第一个霸主国。当然，这是后话。

平息完叛乱的姜太公留在了齐国养老，他已经八十好几了。

这一辈子他辅佐武王建立周朝，又联手周公平定叛乱，功业赫赫，不枉此生。姜太公在齐国平静地度过了二十多年，这段时间岁月静好，君臣丰乐，国家安康，是姜太公一生中最美好的时光。姜太公一直活到一百余岁，才驾鹤西去，留下了一个安定团结的齐国。

五毒俱全的春秋首霸

齐国在姜太公去世后，又发展了二百五十六年。到了前770年的时候，周室出了大事。西周末代君主周幽王因为宠爱褒姒，废了原配妻子申后和太子宜臼，被儿子和岳父联手犬戎杀掉。太子宜臼见镐京残破，东迁洛邑，是为周平王，东周王朝开始了。

此时齐国正是第十二任国君齐庄公姜购执政，大家可能会好奇，齐国这二百五十多年间都在干吗呢？笔者可以很负责任地告诉读者："不知道。"不知道就去查史料啊！查过了，这段时间齐国的史料是一片空白。史料虽然没有直接记载，但是我们依然可以从其他方面来推断齐国这些年做了些什么。

时间倒回到齐国建国之初。齐国建国时地理环境就不好，史载齐地"负海潟卤，少五谷而人民寡"。这是说山东这地方靠着海，都是盐碱地，不适合耕种，所以人口很稀少。在农业社会，粮食是根本。没有粮食，什么都玩不转。这样看来，耕地稀缺的齐国似乎没啥希望了。姜太公却不这么认为。粮食很重要，这个姜太公并不否认，但是谁规定粮食必须自己种了？山东靠海，有两项独有的资源，即是海盐和渔业。盐是生活的必备品，海产则是宴会上的奢侈品。有了这两样东西，齐国何愁不来钱？有钱了去买粮食不就行了？这就是姜太公的发展思路。除此之外，姜太公还鼓励齐女做一些生活必需品和手工艺品，把这些东西也拿出去卖钱。

答案揭晓了。齐国这二百五十多年没发生什么大事，这对于史家来说并不是什么好事，因为没东西可写。但是对于老百姓来说却是天大的好事，平平淡淡才是真嘛！没发生什么大事齐国干吗了？上文已经说了，晒盐、打鱼、做女红呗。盐业、渔业和轻工业都是来钱的活，齐国干了这么多年，早已富甲一方。齐庄公时期，齐国也许不是最强的，但一定是最富的。"劝以女工之业，通鱼盐之利，而人物辐凑"正是这段时间齐国的真实写照。

齐庄公姜购在位六十四年，是春秋时期执政时间最长的君主，没有之一。如果算上后世的皇帝，他依然是最长待机的君主。排在第二位的是清朝的康熙皇帝，在位六十一年。乾隆皇帝如果不让位当太上皇的话，执政时间是六十三年，也没能超过齐庄公。齐庄公执政了一个多甲子，史书没有记载他干过任何事，倒是有三件事写进了他的生平。第一件事是周幽王被杀，周王室东迁洛邑；第二件事是秦国保护周平王东迁有功，位列诸侯；第三件事是晋昭侯被杀。自己的生平里写的都是别人的事，不知道姜购同志作何感想。不过上文也说了，没事也未必是坏事。姜购同志的生平这么写，太史公司马迁估计是想做个对比。周朝都变天了，西周换东周；原先的牧马人秦人都成了诸侯；晋国开启了大宗小宗的内斗模式。而齐国这边，什么动静都没有，安心发展，这未尝不是一件好事。

前731年，超长待机的齐庄公溘然长逝，找老祖宗姜太公报到去了。齐庄公的儿子姜禄甫即位，是为齐僖公。齐僖公在位期间，佛系了三百多年的齐国终于要出来遛遛了。前714年，齐僖公会合鲁国和郑国一起讨伐宋国，原因是宋国不朝拜周王。齐国开始行使他的专征之权,虽然宋国并不在他的专征范围内。前712年,许国也不再朝贡了,齐僖公再次联合鲁国和郑国讨伐许国,连许国的都城都打下来了。

如果说攻打宋国和许国是为了维护周天子的权威,那么接下来这件事,齐僖公做得就不太地道了。前705年,原本归附周室的两个城邑盟邑和向邑投降了郑国。但不久之后,这两个城邑不知道什么原因又背叛了郑国,重新倒向了周王室。这种二五仔行为让郑庄公很是气愤,于是他纠集齐僖公和卫宣公讨伐了这两个背叛的城邑。两个城邑抵挡不住三国联军的攻击,向周王室求救。周桓王却无力保护他俩,只能将两个城邑的民众迁到郑地,把两座城让给了郑国。

话说一向尊王的齐国怎么也做出此等犯上之事呢?说起来还要怪周王室自己不争气。就在两年前,无法忍受郑庄公跋扈的周桓王亲率陈、蔡、虢、卫四国联军伐郑。奈何实力不济,不仅王师大败,连周桓王自己都被一箭射在肩头,真是有多大脸现多大眼。这一仗史称繻葛之战。自从繻葛之战后,周王室威严扫地,再也没有人把这位天下共主当盘菜了。也正因为两年前刚刚收拾完周桓王,郑庄公此次才会如此底气十足地教训那两个叛郑归周的城邑。齐僖公不瞎,看得清目前谁是胳膊谁是大腿,自然不会选择跟势力如日中天的郑国为敌,也只能跟着一起欺负了一把周桓王。

除了这件事之外,齐僖公还算厚道。在前701年的时候,郑国与宋卫交恶,齐僖公作为东方大国之君出面调解,免去了双方的一场干戈。齐僖公在位33年，还算是小有建树，因此被授予春秋三小霸荣誉称号，另外两位获得此称号的君主是郑庄公和楚武王。

齐僖公去世后，长子姜诸儿即位，是为齐襄公。齐襄公是个有故事的男人。一般有故事的男人都具有如下特点：第一是长得比较帅，第二是性格比较叛逆，第三是多金。姜诸儿同学完美地匹配了这三点。在姜同学的故事中，女主角是他同父异母的亲妹妹文姜。文姜是齐僖公最漂亮的女儿，姜诸儿是齐僖公最帅的儿子。帅哥和美女之间是有着天然的吸引力的，再加上两个人都比较不羁放纵爱自由，对礼义廉耻那一套天生反感，于是很自然地走到了一起。

兄妹乱伦这种事放在今天都是不能容忍的，电视剧中出现这种情节都过不了审核，在两千六百多年前更是不得了的丑闻。齐国虽然开放，却也没开放到那种程度。两人的父亲齐僖公得知后，又惊又怒，一定要把两人分开。姜诸儿是太子，没法让他离开齐国，唯一的办法就是把文姜嫁到别的国家去。自从有了这个念头以后，齐僖公就四处为文姜寻找合适的婆家。这一年（前706年），北戎大举进攻齐国。那时的齐国军力还没有后来那么强大，眼看着抵挡不住，齐僖公忙向刚击败了周王师的郑庄公求救。郑庄公也不含糊，马上派太子姬忽起大兵救援。

能够击败王师，说明郑军的战力十分强悍，再加上太子姬忽指挥得当，北戎的入侵很快被打退了。任务完成的太子姬忽向齐僖公辞行，准备打道回国，却被齐僖公一眼看中了。眼前的这位公子年纪轻轻，相貌堂堂，骁勇善战，还前途远大，实在是自己乘龙快婿的不二人选。齐僖公兴奋不已，当场向姬忽提亲，就差把嫁妆也一并奉上了。在齐僖公看来，齐国是东方首屈一指的大国，自己的闺女文姜又是远近闻名的大美女，姬忽这小子应该心花怒放，当场答应才是。没想到姬忽竟然婉言谢绝了，谢绝的理由正是齐国是大国，郑国太小，配不上齐国公主。

姬忽之所以谢绝齐僖公，有可能是真的认为齐国太大，门第不般配。但更大的可能性还是文姜的那些破事没捂住，传到了姬忽耳朵里，姬忽不肯当接盘侠。不管怎样，文姜这一次是没嫁成。然而美女始终是不会愁嫁的，从古至今都是如此。很快，就有人上门提亲了，此人是齐国的邻居，鲁国国君鲁桓公。鲁桓公虽然没有太子姬忽条件好，但好歹也是一国之君。最重要的是，人家不知道文姜之前的烂事，或者是知道但并不在乎。怀着"过了这个村没这个店"的想法，齐僖公爽快地答应了鲁桓公的提亲，欢天喜地地把自己这妖精闺女送走了。

时光荏苒，岁月如梭，转眼间姜诸儿同学已经即位为君了。齐襄公姜诸儿风流潇洒，内宠颇多，渐渐地把旧情人兼亲妹妹文姜给忘了。本以为事情就这样过去了，谁想襄公四年时，一个人的来访打破了襄公平静的生活，这个人正是姜诸儿的妹夫鲁桓公。鲁国和齐国是邻居，齐襄公即位后鲁桓公一直没来得及登门道贺，这是一件不太礼貌的事。到了襄公四年，鲁桓公自己都觉得不好意思了，就备好礼物准备去齐国祝贺襄公即位。听说丈夫要去齐国，文姜执意要跟着去，说是要回老家省亲。鲁桓公拗不过她，只好决定偕夫人同往,正是这个决定要了鲁桓公的命。

这一天,齐襄公正在宫中百无聊赖,突然一名寺人跑来通报:"鲁君来访。"齐襄公漫不经心地说:"知道了。"寺人继续道:"鲁君携重礼来恭贺我主即位。"齐襄公不耐烦地挥挥手道:"寡人晓得了,下去吧!"寺人转身退下,好像不经意地咕哝了一句:"夫人也来了。"齐襄公眼睛一亮,叫住了正准备出门的寺人,问道:"你刚才说什么?"寺人答:"回主上,小人说鲁君夫人此次也一同前来。""你为什么不早说?速速服侍寡人更衣!"齐襄公兴奋地说。

当天晚上,齐襄公设宴款待鲁桓公夫妇,终于见到了曾经为之神魂颠倒的亲妹子文姜。十二年不见,文姜和鲁桓公的儿子姬同都会打酱油了,可文姜驻颜有术,还是那么的美丽迷人。晚宴上,齐襄公的目光就没离开过妹妹,鲁桓公几次跟他说话,他都浑然不知。虽然如此,宾主却都很尽兴,觥筹交错间,大家都喝了不少酒。

鲁桓公不胜酒力,被齐襄公送回了国宾馆。文姜却留了下来,跟哥哥回了宫。第二天一早,鲁桓公酒醒了,妻子文姜却不知去向。一连好几天,妻子都不见踪影,也没人来搭理自己。鲁桓公心知事情不妙,忙派人去打听。这边齐襄公好几天都没露面,大家都看到文姜跟着齐襄公进了宫,却一直没见她出来,这两人在干吗也就不用说了。鲁桓公派去的人在宫门口转了一圈,便打听到了怎么回事,然后把情况回报了鲁桓公。

鲁桓公出离愤怒了。妻子在婚前无论做过什么,自己都可以既往不咎,但是现在儿子都这么大了,还是这么胡搞,难道把自己当死人吗？鲁桓公直接冲到齐宫前堵门，守门人报告了齐襄公，齐襄公知道自己理亏，只好让妹妹先跟妹夫回去。回到国宾馆的鲁桓公把妻子狠狠教训了一顿，文姜从小到大没受过这种气，当即跑去找哥哥哭诉。

看到妹妹被人欺负，齐襄公倒不是很生气，只是淡淡地说："寡人请妹夫吃饭，赔个不是吧。"当晚，齐襄公邀请鲁桓公进宫，在宫中摆了丰盛的酒席。上席之后，还没等鲁桓公开口，齐襄公就主动解释道，这几日身体不适，所以接待不周。又说妹妹文姜多年不见，留在宫中说了几天话而已，希望妹夫千万别多心，坊间传言万万不可相信（坊间传闻才是真的）！鲁桓公见齐襄公这样说，将信将疑。齐襄公却不再解释，不住地劝鲁桓公喝酒。不多时，鲁桓公被灌得酩酊大醉。

看着不省人事的鲁桓公，齐襄公拍了拍手。一名彪形大汉应声而出，此人名叫彭生，是齐国有名的大力士。齐襄公给彭生递了个眼色说："鲁君醉了，扶鲁君回馆舍休息。"言毕，与文姜携手而去。彭生会意，搀着鲁桓公径直向宫外走去。上车时，彭生把鲁桓公挟在腋下，暗暗一用力，可怜鲁桓公肋骨齐断，闷哼一声就软了下来。彭生把鲁桓公往车里一扔，吩咐开车。到了馆舍后，迎接鲁桓公的随从等了半天也不见主公下车。大胆上车一看，发现鲁桓公俯在车上，车内满是已经变黑的血迹。再一探鲁桓公的鼻息，已经断气了。

国君在齐国访问期间被杀，消息传回鲁国，鲁国朝野震怒。然而震怒却改变不了与齐国实力相差悬殊的事实，所以鲁国只能对齐襄公的卑鄙行径表示强烈谴责，并派出使臣进行严正交涉。除此之外，鲁国还大造舆论，揭露齐襄公兄妹乱伦，事情败露后谋杀妹夫的丑闻。诸侯闻言一片哗然，有些富有正义感的诸侯已经开始厉兵秣马，准备替鲁国打抱不平了。齐襄公迫于社会的舆论压力和诸侯的军事威胁，只好发表了一个声明，声称："鲁桓公之死系彭生扶其上车时用力过猛，拗断其肋骨所致，纯属误伤。本人对此深表遗憾，并沉痛哀悼。对于过失杀人的凶手彭生，处以极刑，同时赔偿鲁国精神损失费若干云云。"

就这样，彭生成了齐襄公的替罪羊，被拖出去砍了，鲁国的怒气才算平息下来。刚把这档子事抹平，齐襄公又开始了荒淫无度的生活。由于齐襄公闹得实在太不像话，他的两个弟弟公子纠和公子小白看不下去了。兄弟俩觉得哥哥这样肆无忌惮地乱来，早晚有一天会出事。为了避免遭池鱼之殃，哥俩一合计还是赶快跑路吧。由于公子纠的母亲是鲁国人，他就在大臣管仲和召忽的护卫下赴鲁国避难。公子小白的母亲是卫国人，卫国离齐国太远，因此公子小白由大臣鲍叔牙保着去了莒国栖身。

公子纠和公子小白的判断非常准确，襄公十二年（前686年），这位仁兄果然出事了。出事的原因是齐襄公的一次失信。一年前，齐襄公派了两员大将连称、管至父驻守葵丘，葵丘在今天的河南民权县。说起民权县，可能知道的人不多，但是提起它的邻县，很多四十岁以上的读者估计都耳熟能详——那就是兰考县。58年前，时任兰考县委书记的英雄焦裕禄正是在此地与内涝、风沙、盐碱三害做斗争，积劳成疾不幸病逝。也就是说58年前，这一带的自然环境是非常糟糕的。今天笔者要告诉读者的是，2706年前，这一带的自然环境就非常糟糕，一直糟糕了两千六百多年，也真的是没谁了。

葵丘是齐国的西南边境，由于自然环境太过恶劣，大家都不愿意去驻守。没人愿意守也要守，因此齐襄公在派连称、管至父守葵丘的时候跟他俩约定，瓜熟的时候进驻葵丘，到第二年瓜熟的时候就派人去替他们。一年而已嘛，忍忍就过来了。可是到了第二年瓜熟的时候，齐襄公却没有任何表示。这老兄莫不是玩得把换防这茬给忘了吧？连称和管至父连忙派使者去提醒齐襄公："瓜都快下市了，是不是该找人替换我俩了？"没想到齐襄公两眼一翻，大刺刺地说："换啥换？他俩不是在那边守得挺好的吗？"

使者无奈地把齐襄公的话告诉了连、管二人，哥俩当场就炸了。为了不让自己一辈子都在葵丘这个鬼地方吃沙子，连称和管至父决定：干掉齐襄公。要干掉齐襄公，先得找个内应。事有凑巧，连称的堂妹正是齐襄公的妃子，但是很不得宠。于是连称找到了她，跟她说："我们打算把齐襄公干掉，你负责提供情报，事成之后让你成为新君夫人。"连称的堂妹很痛快地答应了。

这一年的冬天，齐襄公去沛丘（今山东博兴县南）打猎。大冬天的能有什么猎物呢？估计动物们都冬眠了。偏偏齐襄公在猎场看到了一头大猪，这头猪还长得很奇怪，虎背熊腰的，像一个力士。襄公的侍从失声叫道："彭生！"襄公闻言大怒，张弓搭箭，一箭射去，正中猪身。大猪吃痛，像人一样站立起来大叫，活脱脱是彭生的样子。齐襄公大惊，一头从车上摔下来，脚摔伤了，鞋子也掉了。

齐襄公从沛丘回来便躲进了后宫养伤，连称的妹妹连夜向连称送出消息，说齐襄公脚受了伤，行动不便，最近在宫里休养。机不可失，时不再来。连称、管至父闻讯后迅速带领本部人马悄悄杀回都城临淄。齐襄公很郁闷，自己这次受伤，纯粹是因为那头长得像彭生的猪。现在猪死了，彭生也死了，这股邪火不知道找谁去撒。想来想去，突然想到自己坠车，鞋都掉了，到现在还没找回来呢。想到这儿，齐襄公马上把管鞋的官员叫来，让他去把鞋找回来。那哪能找到呢？这名官员无功而返，当即被齐襄公拖下去打了三百鞭。这名倒霉的官员叫茀，被一头猪吓了也能迁怒到他头上，也真是有够悲催的。

不就是一只鞋吗？被打得遍体鳞伤的茀不明白齐襄公为啥发这么大火，一头雾水地走出宫去，正遇到准备杀进宫给齐襄公放血的连称、管至父。茀看着全副武装，满脸杀气的连、管二人，顿时明白了他们的来意。按照常理，茀应该立马反身，带着连、管二人杀了那个故意找碴儿给了自己三百鞭的浑蛋国君。可是，茀并没有按常理出牌。他对连、管二人说："先不要急着攻进去，以免惊动了宫中的侍卫。还是让我先去打探一番，等到宫中防卫空虚的时候，再出来通知二位，这样才能万无一失。"连称、管至父疑惑地看着茀，问了一个问题："凭什么相信你？"茀没说话，直接扒开了自己的衣服。看着茀身上纵横交错的鞭痕，连称、管至父终于相信了茀。

茀一溜小跑地进了宫，这回轮到齐襄公一头雾水了："你咋又回来了？"茀说："连称、管至父造反，已经杀到宫外了。"齐襄公慌了。茀却很镇定地拉着齐襄公走到门后，跟他交代："没有我的招呼，千万不要出来！"说完掩上了门。连称和管至父在宫门口等了很久也不见茀出来，只能硬着头皮杀了进去。刚进大殿就遇到了茀和襄公的亲信们，他们手持棍棒、菜刀、烛台等物，似乎已经等很久了。虽然有所准备，但是从双方的武器就能看出实力的对比，于是茀和襄公的亲信们全部被杀死，毫无悬念。

杀光了反抗力量后，连称和管至父在宫中四处搜寻，却怎么也找不到齐襄公。最后还是连称眼尖，发现门后露出了一只脚。他走上前去把门拉开，门后正是被吓得筛糠的齐襄公。啥也别说了，连称手起刀落，襄公倒地毙命。

齐襄公死后，连称和管至父拥立公孙无知为君。公孙无知是齐僖公的侄子，齐僖公在世的时候便很喜欢这个侄子，可能是被自己那个乱伦的浑蛋儿子气惨了吧。实际上，公孙无知也不是啥好人，只是比姜诸儿稍微强一点儿而已。他仗着齐僖公的宠爱，没少干欺负人的事，雍廪正是被他欺负过的大夫之一。在无知即位的第二年春天，君臣去雍林游玩。雍廪得到消息后，知道报仇的机会来了。雍林是雍廪的辖地，国君出游，地方长官总是要见一下的。雍廪就利用这个机会把无知干掉了。

◇ 小白得国

公孙无知死了，齐国又陷入了君位空虚的状态。拜多年来的胡搞乱搞所赐，齐襄公至死都没有儿子。目前有资格继承君位的只有他的两个弟弟，公子纠和公子小白。公子小白跟大夫高傒关系很好，在得到公孙无知被杀的消息后，高傒第一时间通知了公子小白。另一边公子纠在齐国也有眼线，知道国君被杀后，也立即启程，昼夜不停地赶往临淄。

鲁国的国都在曲阜，莒国的国都在莒县。笔者查了一下地图，从曲阜到临淄的距离是252.9公里，从莒县到临淄的距离是188公里。也就是说，公子纠回国要比公子小白多跑64.9公里。最关键的是，公子纠回国要翻越泰山，路况比从莒国回国差得多。公子纠的手下管仲敏锐地发现了这个问题，因此建议由他轻车简从去截杀公子小白，公子纠同意了管仲的计划。

管仲算好了公子小白的行进路线和时间，一人一车一路狂飙。功夫不负有心人，气喘吁吁的管仲终于在半路截住了公子小白和鲍叔牙一行。见到公子小白后，管仲恭敬地上前见礼。姜小白是公子，该有的礼数还是不能少的。施完礼，管仲问公子小白意欲何往。小白答道："回国奔丧。"管仲说："公子纠年长，理应回国主持国君的葬礼，您还是回莒国吧！"鲍叔牙听出管仲这话不是头，忙劝道："兄弟，咱们各为其主，不必多说，你还是退下吧。"管仲环顾四周，见周围的莒兵都怒目而视，紧握兵器，再说下去恐怕要当场动手，忙向小白和叔牙一拱手，掉转车头而去。

正当小白和鲍叔牙都松了一口气的时候，管仲突然转身，嗖的一箭射来，小白应弦而倒，口吐鲜血。鲍叔牙大惊失色，管仲却仰天大笑，加速离去了。鲍叔牙顾不上去追管仲，慌忙来看小白。谁想到小白却拍拍衣服，自己站了起来。原来管仲那一箭正好射中了小白的衣带钩，小白为了怕管仲再射，急中生智，咬破舌尖吐血装死。这一招不仅瞒过了管仲，连鲍叔牙也差点儿给他吓死。管仲虽然被一时骗过，但保不齐公子纠会再派鲁兵阻拦。小白与鲍叔牙一合计，还是低调点儿为妙，便将小白藏在辒车（古代一种可以卧息，四面有帷帐的车辆）中，循小路向临淄飞奔而去。最终，姜小白先到临淄，立刻即位为君，是为齐桓公。

管仲自认为射死了小白，兴奋不已，一路疾驰追上公子纠，把小白已死的消息告诉了他。公子纠顿时笑逐颜开，这下天底下没有第二个人可以跟他争君位了。既然齐国迟早是他的，那还着什么急呢？于是公子纠开启了漫游模式，吃着火锅唱着歌，慢慢悠悠地往齐国走。可是到了齐国边境，居然被拦了下来。管仲大声斥道："不得无礼，这是齐国未来的国君！"守将却像看外星人一样看着管仲一行："未来国君？齐国新君已立，新君有令，公子姜纠不得入境！"管仲和公子纠这才知道，公子小白还没死，人家已经抢先回国即位为君了！

无可奈何，公子纠只好退回鲁国。此时的鲁国国君是鲁庄公，就是鲁桓公和文姜的儿子。得知小白抢先即位为君，公子纠和鲁庄公都很窝火。公子纠自不必说，鲁庄公还等着捞个现成的拥立之功呢。到时候公子纠即位，再也不用担心被齐国欺负不说，金银财宝肯定也是少不了的。这下可好，被姜小白全给搅黄了。哥俩越想越生气，决定把失去的君位抢回来。

一个月以后，鲁庄公整顿兵马，打着"讨伐伪君姜小白，迎立真君公子纠"的旗号，气势汹汹地杀奔齐国。鲁军一路势如破竹，如入无人之境，一直杀到齐都临淄的家门口乾时（今山东青州市）。在这里，鲁庄公见到了队列整齐的齐军。齐军主力在此休整多时，等的就是你小兔崽子。兵法有云："以虞待不虞者胜。"战争过程不必多说，鲁军被痛揍一顿，哭爹喊娘地往回跑。鲁庄公更是尴尬，为了跑得快一点儿，座车都不要了，随便找了辆轻便的车狂奔回国，才算免于被俘。

鲁庄公前脚刚到曲阜，齐桓公的信后脚就到了。鲁庄公展开齐桓公的信一看，是一封判决书。判决书中写道："主犯姜纠，犯叛国罪，企图颠覆齐国政权罪，判处死刑。鉴于姜纠为现任齐君兄弟，齐君不忍执行，由鲁君代为执行。从犯管仲、召忽，协助主犯姜纠颠覆齐国政权；其中从犯管仲，谋杀齐君未遂，情节严重，影响恶劣，判处死刑。着鲁君即刻引渡回国服刑。"落款是审判长姜小白，人民陪审员鲍叔牙。

鲁庄公刚被齐桓公收拾完，只能老老实实执行判决，要是拒不执行，让审判长带着人来强制执行，那可就不好看了。鲁庄公无奈地把公子纠杀掉，然后批捕了管仲、召忽。召忽拒捕，自杀殉主。管仲却乖乖地接受逮捕，被引渡回了齐国。

押送管仲的车队刚到齐国边境的堂阜（今山东蒙阴县常路镇）便遇到了一名齐使和一队齐兵，说是来交接的。负责押送的鲁兵知道，管仲之前射过国君，此番回国，死是肯定的了，至于是千刀万剐还是五马分尸，只能看他的造化了。由于管仲平时谦和友善，人缘不错，所以这些鲁兵都有些伤感。他们没有急着离开，而是默默地看着管仲，想送他最后一程。只见那名齐使快步向前，一挥手吩咐齐兵给管仲松绑，然后展开了一纸诏书。诏书的大意是："管仲虽然射过寡人，但是当时各为其主，情有可原。鉴于管仲其才可用，寡人决定不计前嫌，赦免管仲，并任命为相，该任命即时生效。"

诏书宣读完，管仲刚好被松开。齐使合上诏书，恭敬地向管仲行礼："相国大人一路辛苦了！"鲁兵目瞪口呆。从死刑犯到相国，这个变化实在太大，大家脑子都有点儿转不过来。管仲却很淡定，仿佛早知道这个结果似的。他接过诏书，诚恳地向押送他的鲁兵道谢，吩咐齐使重赏这队鲁兵兄弟，然后被齐兵护送着去了。

管仲的淡定源自他对齐桓公座下首席谋士鲍叔牙的了解，他俩是非常非常好的朋友。管仲是姬姓，管氏，名夷吾，字仲，是周穆王的后代。虽说是王室后裔，但也已经是两百多年前的事了。管仲的父亲管庄做过齐国的大夫，后来家道中落，导致管仲的生活很贫困。鲍叔牙是姒姓，鲍氏，名叔牙。鲍叔牙的家庭条件不错，属于小富之家。管仲和鲍叔牙是老乡，都是颍上（今安徽颍上县）人。

因为生活所迫，管仲年轻的时候曾经跟鲍叔牙一起做生意。合伙做生意讲个诚信，每人投资多少，赚了按比例分成，赔了按比例分摊。可管仲这个人偏偏不大讲诚信，投资的时候不掏钱，赔了只让鲍叔牙担着，分成的时候还要拿大头。生意场上的人对管仲的这种行为都很看不惯，纷纷劝鲍叔牙不要跟他合作了。鲍叔牙却笑笑说："管仲家里比较困难，多拿点儿也是应该的。"后来小哥俩又去当兵。可管仲总是冲锋在后，撤退在前。这种懦夫行为在部队里是很受鄙视的，战友们对管仲很是不满，议论纷纷，有些老兵还扬言要给管仲点儿颜色看看。这时又是鲍叔牙站出来跟大家解释道："管仲家里有年迈的老母，他死了就没人给母亲养老送终了，所以他惜命也是可以理解的。"管仲听说后很是感动，叹道："生我者父母，知我者叔牙也！"

身为管仲的好基友，鲍叔牙确实对管仲非常了解。他知道管仲有经天纬地之才，扭转乾坤之能，鬼神不测之计，绝不是一般人可比的。正因为这样，齐桓公刚一即位，鲍叔牙便向他推荐了管仲。齐桓公却说："管仲想置我于死地，他当年射我的那支箭我现在还留着呢！这种人怎么能重用呢？"鲍叔牙没有急于跟齐桓公争辩，而是问了他一个问题："请问君上是想称霸天下呢，还是只想把齐国治理好？"齐桓公说："当然是称霸天下啦，那还用问！"鲍叔牙说："如果想治理好齐国，有微臣就足够了；但是如果想称霸天下，就非得用管仲不可了。"齐桓公沉默了，跟鲍叔牙相处这么多年，他知道鲍叔牙这个人从来不说瞎话，是个极为靠谱的人。思虑良久，齐桓公终于决定任用管仲为相。

管仲虽然被任命为相国，但全靠鲍叔牙内推，什么民主推荐、民主测评、组织考察等程序统统没走，具体水平如何，谁也不知道。然而一国之相毕竟责任重大，不是闹着玩的，本着对国家负责的态度，齐桓公准备对管仲进行一次面试。管仲知道，这次面试决定着他能否顺利就任相国之职。为了表示对此次面试的重视，管仲特意洗了三次澡，喷了三遍香水（三浴而三衅之），然后向鲍叔牙借了一套上大夫才能穿的衣服，这才进宫应试。

面试非常顺利。齐桓公从内政、军事、经济、外交等多个学科领域对管仲进行了全面考察,事实证明,管仲同学的专业素质相当过硬,对齐桓公提出的各种问题对答如流。齐桓公听得频频点头,当即拍板:"这相国之职非先生莫属了!鲍卿果然没骗我。"从这一刻起,管仲才算正式履新相国。面试接近尾声的时候,齐桓公突然问了管仲一个与专业无关的问题:"寡人比较好色,还很贪玩,喜欢打猎,你说这会影响齐国的霸业吗?"管仲一怔,然后笑道:"不会影响。"齐桓公显然没料到管仲会如此回答,继续追问道:"这都不影响霸业的话,那什么影响霸业呢?"管仲说:"不知道谁是贤者,影响霸业;知道谁是贤者而不用他,影响霸业;用他而不信任他,影响霸业;信任他又让小人去给他捣乱,影响霸业。"(原文:不知贤,害霸;知贤而不用,害霸;用而不任,害霸;任而复以小人参之,害霸。)这番话引起了齐桓公的极度舒适,君臣相视大笑。

◇管仲治国

管仲上任后的首要任务是让齐国变强。齐国自姜太公立国至齐桓公即位,已经发展了361年的经济,是首屈一指的富国,但不是首屈一指的强国。这两者是有本质区别的,举个最简单的例子,前706年北戎大举入侵,如果齐国是强国的话,齐僖公就不至于去求郑国出兵相助,而是自己就能搞定了。

管仲的强国方略其实在面试的时候已经向齐桓公和盘托出了,正是分为内政、军事、经济和外交四大部分。下面将这四部分中比较有意思也是比较重要的措施跟读者分享一下。

　　内政方面，管仲首先提出了"四民分业定居"的措施。所谓的四民就是士、农、工、商四类人，士是读书人；农是农民；工是工匠；商是商人。管仲认为这四种人是社会的支柱，但其业务相差太多，不应该互相影响，所以要分开居住。具体操作为：让士人居住在安静的地方，有利于潜心学术；让农民居住在田野边上，方便耕种；让工匠居住在官府边上，方便承接工程；让商人居住在市场边上，方便做生意。

　　这样做的一个结果便是，读书人的儿子永远是读书人，农民的儿子永远是农民，工匠的儿子永远是工匠，商人的儿子永远是商人。听上去似乎不可思议，但好处也很明显。所谓术业有专攻，人这一辈子能把一件事干好就不错了。以读书人为例，读书人的儿子一出生就处在闲燕之地。周围全是读书人，从小听的都是子曰诗云，礼义廉耻。耳濡目染之下，自然容易学业精进。这种分业定居制还有一个好处，就是不怕找不到工作，每个人从一出生，职业便已经定好了，所以失业率为零。当然，这种制度的缺点也很明显。万一读书人的儿子生来对读书没有半点儿兴趣，偏偏喜欢干敲敲打打的手艺活；或者商人的儿子生来就不喜欢嘈杂的市场，而喜欢找个安静的地方读读书，那就不好意思了，只能怪自己投错了胎。

　　士、农、工、商四民分居的策略确定以后，管仲把全国划分为二十一个乡：其中工匠和商人的乡有六个，士人和农民的乡有十五个。需要解释一下的是，春秋时期的士人可不是整天围着笔墨纸砚打转的书生，战时是要扛枪出征的，可谓战士和读书人的合体。管仲认为，一个国家最重要的事有两件，一是让老百姓吃饱肚子，二是让老百姓不受外敌欺侮。有鉴于此，他设置士农的乡数是工商乡数的两倍还多，这即是最早的耕战立国思想的体现。也正是因为如此，士人和农民的这十五个乡由国君掌管五个，国子掌管五个，高子掌管五个。

国子和高子又是谁呢？这两位是齐国两个显赫家族国家和高家的掌门人。原来在姜太公建立齐国之初，周天子曾经不动声色地塞了两个人给他，这两个人一个是国氏，一个是高氏。周天子跟太公说："这二位是我派去辅佐你的，他俩在齐国世为上卿，由我直接任命，有什么事你跟这俩人商量着来就行。""老夫活了八十多岁，还用得着这俩毛孩子辅佐，明明是监视我嘛！"姜太公心道。由于这哥俩名义上是替天子守护齐国的，所以也被称为天子二守，听名字就是个非常厉害的存在。齐国国君与国子、高子共掌国政，是最早的三权分立。

军事方面，管仲提出了一种军政合一的体制。军力不强一直是齐国的一个隐痛，这也不能怪历任齐君。富裕地区的老百姓确实没有参军的动力，参军了战斗力也不强，从古至今都是如此。齐国的老百姓有鱼卖有盐晒，小日子过得都还不错，犯不上在战场上跟敌人拼命。为了彻底改变这种现状，管仲给出了一个解决方案："全民皆兵。"之前提到了，齐国有十五个士农之乡，这些乡是齐国所有兵员的来源。

这十五个士农之乡五家被编为一轨，每家出一个壮小伙从军，也就是五人为一伍,由轨长率领;十轨为一里,也即五十人为一小戎,由里有司率领;四里为连,也即二百人为卒,由连长率领;十连为乡,也即二千人为旅,由乡良人率领;五乡一帅,也即一万人为一军,由五乡之帅统领。管仲在十五个乡中分设三军,按照一万人为一军的编制,齐国就有了三万齐装满员的常备军。这三军分别由齐桓公、国子和高子统率,设有中军之鼓、国子之鼓和高子之鼓。

这种寓兵于民的制度使得齐国没有发布扩军备战的命令就多了一支常备军,诸侯国没听到齐国扩军的消息,便不会抛出"齐国威胁论"的论调,齐国就可以在一个相对宽松的国际环境中发展。这支常备军平时该干啥干啥,春秋两季则会利用田猎来训练战阵攻防,提高作战能力。有读者会问:"这不就是一支民兵吗?能有战斗力吗?"没错,按照今天的标准,这确实是一支民兵,但是有一点不同。正是这一点不同,使得这支部队战斗力爆棚。

回想一下这支部队的组织模式。这支军队的最小组成单元是伍,这一伍的五名战士来自五个相邻的家庭,都是从小玩到大的小伙伴。再往大了说,一小戎的五十名战士,也是一个大院的孩子,抬头不见低头见。大家都是乡里乡亲的,平时一起吃一起喝一起玩,熟悉得不能再熟悉。打起仗来,要是在夜里,只要一个人咳嗽一声,大家就知道他是张三还是李四,奸细都插不进来;在白天,大家互相都能看见,足以彼此勉励,奋勇杀敌。要是有一个战士战死了,他的小伙伴们都会同仇敌忾,杀敌报仇。要是打了胜仗,那大家一起欢欣鼓舞。这样的结果便是"守则同固,战则同强",无往而不利。

这种模式组织起来的部队有一个特定的称呼:"子弟兵。"两千多年后,有一位名臣正是率领了这样一支部队,纵横大江南北,最终剿灭了肆虐大半个中国的太平军。这位名臣叫曾国藩,是晚清中兴四大名臣之一。这支部队便是大名鼎鼎的湘军。

经济方面,管仲提出了一系列经济改革措施,其中比较关键的有两项:一是均田分利,相地衰征;一是盐铁专卖。齐国的经济发展得一直都不错,是春秋头号富国,但是管仲觉得还不够,他要把这种优势扩大化,把其他国家远远地甩在身后。管仲本人是非常重视经济的,他曾经说过:"仓廪实而知礼节,衣食足而知荣辱。"这话是非常务实的,老百姓都吃不饱穿不暖,还谈什么仁义道德、礼义廉耻,纯属扯淡。

均田分利,相地衰征是针对农业的改革措施。之前齐国靠鱼盐之利赚了不少钱,这些钱拿来买粮食是绰绰有余的。虽然如此,粮食毕竟是战略资源,纯靠进口的话,一旦发生战事,敌对国家联合反制齐国,不卖给齐国粮食,齐国就得抓瞎。为了掌握这项战略资源,齐国必须发展农业。之前不是说齐国的土地都是盐碱地,不适合发展农业吗?是的,齐国建国之初,国土只有渤海到临淄中间那一片,确实都是盐碱地。到了齐桓公时代,国土扩大了十倍都不止,便有了一些适合耕种的土地。

春秋时期,各个国家普遍采用的生产方式是井田制。所谓的井田制顾名思义就是在土地上画一个"井"字,把这块土地一分为九。这九块田的最中间一块是公田,公田上打出的所有粮食归公家所有。公田周围的八块田是私田，私田上产出的粮食才归农民自己所有。因为人性总是自私的，这样做的一个弊端是，农民在公田上敷衍了事，在私田上精耕细作。久而久之，国家的粮食收入会越来越少。

管仲觉得这种制度简直愚不可及，他提出均田分利，就是不再区分公田私田，农民一视同仁地耕种，到时候根据土地的大小上缴地租就行。这样的话别管公田私田，反正你地里产的粮食多，你就得到得多，反之就得到得少。出工不出力，打不出粮食来，你自己挨饿。

这么一来确实合理了许多，但管仲觉得这样还不够。要知道土地的质量是有高低的，好地和差地都交一样的租，这绝对是不公平的。于是管仲提出要区分土地质量的好坏，好的地多交，差的地少交，这便是相地衰征。这下是又公平又合理了吧，可管仲觉得还是不够完美。

种差地的人再怎么努力，收成也赶不上种好地的人。虽然交得少，可得到得也少。凭啥种好地的人一直种好地？管仲说，咱们得轮着来。你今年种好地，别得意，明天就轮你种差地。你今年种差地，也不用埋怨，明年你就种好地了。这回终于完美了，齐国老百姓很高兴，干活也有劲头多了。

盐铁专卖比较好理解。盐和铁都是生活必需品。人十天不吃糖，血压、胆固醇都会有所好转；可要是十天不吃盐，就会四肢无力，食欲不振。人是离不开盐的，同样也离不开铁。耕地的锄头是铁做的，切菜的菜刀是铁做的，烧菜的大锅是铁做的，最重要的是，打仗的兵器也是铁做的。国家只要把这两样东西控制住，任谁也别想翻起大浪。管仲的方法是，盐可以随便晒，铁可以随便采，但是晒出来的盐和采出来的铁只能卖给国家，国家统购统销。这种做法的鸡贼之处在于，国家想要加税，不必明着跟老百姓征，只需要悄咪咪地把盐价和铁价往上调那么一点点就可以了。这样既不会引起百姓的反感，还把钱拿到手了。

外交方面，管仲采取的是近交远攻的策略。也即跟邻国搞好关系，去打跟自己比较远的国家。很多读者可能都听说过远交近攻，那是秦相范雎给秦昭襄王出的主意。让他逮着自己的邻居往死里打，步步为营地扩大地盘，跟远方的国家却要保持好关系，防止他们跟自己作对。秦国正是采取了这种策略，才逐步壮大，最终统一全国的。那管仲却为何采取跟之后秦国完全相反的策略呢？道理很简单，两国的目的不同。此时的齐国处在春秋时期，大家都还比较客气，最高目标是称霸。称霸嘛，是让别人服你就行，没有必要灭了人家。后期的秦国处在战国时期，大家已经撕破脸皮了，最高目标是统一全国，统一全国就是要灭掉其他所有的国家。近交远攻则是先把离自己最近的国家收服了，再去打远一些的国家。最后让远近各个诸侯都服你，你就是霸主，就算大功告成。这才是齐桓公的终极目标。

齐国在齐桓公和管仲君臣的配合下迅速强大，综合国力疾速攀升。伴随着实力的增长，齐桓公觉得该做点儿事情了。管仲给齐桓公定的外交策略是近交远攻，可齐桓公上来就把两个邻居给收拾了，一个灭掉，一个打服。灭掉的是郯国，原因是齐桓公当年逃亡的时候路过郯国，郯君对他无礼。打服的是鲁国，原因很简单，那就是鲁国一直不服，一直认为齐桓公抢了哥哥公子纠的君位。

鲁庄公被打服以后，把遂邑（今山东宁阳县）献给齐桓公，请求讲和。齐桓公同意了，约定在柯邑（今山东东阿县）签署停战协议。到了签约的日子，齐桓公登坛先签，轮到鲁庄公签的时候，一名鲁国将军突然冲上祭坛，拿匕首架在齐桓公脖子上喝道："把侵占鲁国的土地还回来！"齐桓公吓了一跳，除了管仲射他那次，这是他第二次直面死亡。等齐桓公回过神来，盘算一下觉得没啥比命更重要，当即答应了这名鲁将。这哥们儿一看得手了，把匕首一扔回到了自己原先的位置，跟什么事都没发生过一样。这位鲁将名叫曹沫，他的事迹被收录在《史记·刺客列传》中。

齐桓公觉得很窝囊，辛辛苦苦抢来的地盘，被人拿刀一架，全拿回去了。从祭坛下来以后，齐桓公便悄悄地跟管仲说，让武士把曹沫砍死，自己被胁迫答应的事不能算。管仲却说，地盘是小事，信义是大事，地盘丢了还可以夺回来，信义丢了再捡起来可就难了。齐桓公想了想，还是放过了曹沫，并把侵占鲁国的土地如数奉还了。

齐桓公这次可算是塞翁失马，虽然被逼着还回了土地，却赢得了守信的美名。诸侯们都觉得齐桓公被人那样胁迫还能信守承诺，是个厚道人。这次事件两年后，齐、宋、陈、卫、郑五国首脑齐会鄄地（今山东省鄄城县），大家公推齐桓公为大哥。会后，齐桓公有点儿得意地问管仲："您看我这算不算霸业已成了？"管仲笑着说："不算，还差得远呢。"齐桓公问："那怎样才算成就霸业呢？"管仲说："还要有一个更宏大的政治目标，实现了这个目标才算是霸业已成。"齐桓公问："这个目标是什么呢？"管仲答道："首先，要尊重周王室。周王室虽然衰微已久，但毕竟是天下共主，您尊重他就是占据了道德的至高点。其次，要联合诸侯共同抵御蛮夷戎狄的入侵，捍卫华夏文明。综合起来就是四个字'尊王攘夷'。""尊王攘夷。"齐桓公小声念道。"是的，尊王攘夷。"管仲肯定地说。

◇ 尊王攘夷

齐桓公从此有了新的目标。这个目标的前半部分倒是比较好实现，周王室就在洛邑，要尊王，勤去洛邑汇报工作，多给周王送点儿礼物也就行了。后半部分比较困难，蛮夷戎狄都是流动人口，他们想来抢你就来抢你。不抢你的时候，你要是去找他们，是比较费劲的。因为他们居无定所，流窜作案。

就算是这样，机会还是来了。前663年，山戎人大举入侵燕国。燕庄公抵挡不住，向齐桓公求援。齐桓公马上派兵救燕，仗打得很顺利，齐军一直把山戎赶到孤竹才班师。燕庄公对齐桓公感激不尽，送给齐桓公各种金银珠宝，又执意要亲自送齐桓公回国。齐桓公跟燕庄公一路走一路聊，不知不觉到了齐国境内。齐桓公跟燕庄公说："兄弟您就送到这里吧。按照周礼，除了天子，诸侯之间相送不能出国境。我不能对你无礼啊！"说完就吩咐手下把燕庄公所至的齐国领土全部划给燕国。诸侯知道这事后，都非常佩服齐桓公。

自此之后，齐国就成了中原各国的保护神。前661年，狄人进攻邢国，齐桓公出兵打退了狄人，并帮助邢国把都城迁到了夷仪。前660年，狄人把卫国给灭了，又是齐桓公率领诸侯在楚丘筑城，帮助卫国复国。狄人搞定了，齐桓公把目光转向了南方的楚国。

齐桓公之所以盯上楚国，是因为楚成王围着齐国的小弟郑国打了三年。齐桓公带着八个诸侯国的军队一直打到楚国的陉山，楚国服了软，答应恢复对周王室的朝贡，这才算完。这段历史会在后文的"楚国史话"部分详述。

攘夷的事先交代到这里，回过头来说说尊王。尊王这个事，听起来很简单，不就是尊重周王嘛，其实不是。尊王不仅仅是要尊重周王室，更多的是要尊重周王室所代表的礼乐制度，也即周礼。那如果周王和周礼产生冲突，怎么办呢？当然还是尊重周礼。周礼相当于现在的法律，没有什么可以凌驾于法律之上。齐桓公就遇到了这么一档子事。

齐桓公的领导周惠王有两个儿子，嫡长子叫姬郑，少子叫姬带。周惠王很不喜欢大儿子姬郑，一心想立小儿子姬带为王，这是不符合周礼的。齐桓公为了维护周礼的权威，联合了鲁僖公、宋桓公、陈宣公、卫文公、郑文公、许僖公、曹昭公在首止这个地方会见姬郑，给姬郑撑腰，史称首止之会。周惠王非常愤怒，却也无可奈何。

齐桓公这次维护周礼的行动很快得到了回报，正是这个回报让齐桓公登上了人生巅峰，位居春秋五霸之首。首止之会后三年，周惠王去世，长子姬郑即位，是为周襄王。周襄王即位的第二年夏天，齐桓公和鲁僖公、宋桓公、卫文公、郑文公、许僖公、曹共公在葵丘会盟。像这种首脑峰会，齐桓公之前也搞过很多次，但这次不一样，因为周襄王也派人来了。周襄王为了报答齐桓公支持自己的恩情，在这次会盟时特地派宰孔把祭肉赐给齐桓公，同时还赐给齐桓公丹彩装饰的弓箭（彤弓矢）和天子乘用的车乘（大路）。这是个很不寻常的行为，意味着周天子承认了齐桓公的霸主之位，并赋予齐桓公代天子管理诸侯的权力。一般来说，霸主需要满足两个条件：天子认可，诸侯认同，齐桓公算是全部凑齐了。也正因为如此，齐桓公成了无可争议的春秋首霸。这一年，齐桓公已经整整执政了三十五年。

一个人到达巅峰之后就该走下坡路了。齐桓公没有逃脱这个规律，自从获得天子认可成为诸侯霸主以后，齐桓公就有点儿飘了。当年秋天，齐桓公再次组织诸侯在葵丘会盟。这一次，诸侯们觉得齐桓公的状态有些不对了。之前那个彬彬有礼、和蔼可亲的齐桓公不见了，取而代之的是一个颐指气使、倨傲无礼的中年男人。这次周襄王依然派了宰孔出席，宰孔见齐桓公变了，传达完周襄王的旨意之后就走了。这次会盟晋献公也在被邀请之列，可是晋献公身体不太舒服，上路晚了，正好遇到了从葵丘回来的宰孔。宰孔问明晋献公去意后跟他说："齐桓公骄傲了，他的霸业到头了，君侯去不去参会都没关系了。"晋献公一听，也就打道回国了。这次会盟齐桓公傲慢的表现确实让他很失分，许多诸侯从此与齐桓公离心离德。

在齐桓公执政的第四十一年，管仲病重。作为合作了四十多年的老搭档，齐桓公十分清楚管仲对他来说意味着什么。听到管仲病重的消息，齐桓公立刻前来探望。见到管仲之后，齐桓公的心凉了半截，他知道，这位老搭档要永远地离他而去了。管仲也知道这一点，老朋友之间说话没什么好忌讳的，于是齐桓公直接问管仲："相国百年之后，群臣谁可以做相国？"管仲没有直接回答，而是说："知臣莫如君。"他想听听齐桓公的看法。齐桓公说："易牙这个人如何？"管仲答："他杀死自己的儿子来迎合国君，不合人情，不能任用。"齐桓公又说："卫开方这个人如何？"管仲答："他抛弃双亲来迎合国君，不合人情，不可接近。"齐桓公最后说："竖刁这人总可以了吧？"管仲答："阉割自己来迎合国君，不合人情，不可亲信。"齐桓公有点儿不高兴，他重复了最初的问题："那相国觉得何人可以接任呢？"管仲没有回答他，而是转身沉沉地睡去了。这老爷子莫不是病糊涂了吧？齐桓公心道。

这里需要解释一下齐桓公和管仲的对话。两人的对话中提到了三个人：易牙、卫开方和竖刁。这三个人都十分得齐桓公的宠信，且各有各的故事。易牙是个厨师，他每天变着花样给齐桓公做好吃的，哄得齐桓公十分开心。可是再好的厨子菜样也有做完的时候，这一天齐桓公吃完饭后感慨道："天下所有的肉寡人都尝过了，就是不知道人肉是啥滋味。"易牙听了没有接话，默默地退了下去。第二天用膳的时候，齐桓公吃到了一种特别美味的肉汤，肉质细嫩，汤汁鲜美。齐桓公品遍天下美食，竟然尝不出这是什么肉，便把易牙叫来询问。易牙淡淡地答道："这是微臣三岁儿子的肉。君上说没有吃过人肉，臣就把儿子杀了给君上尝个鲜。"齐桓公听了差点儿吐出来，却十分感动，从此更加信任易牙了。

卫开方是卫国的一个贵族，很早便跟了齐桓公。同现在某些拿了外国籍就绝口不提自己是中国人的货色一样，卫开方自从到了齐国，就忘了自己是卫国人。他每天围着齐桓公打转，小心伺候，连父母亲病故也没有回卫国奔丧，这一待就是十五年。竖刁本是个正常男人，他比卫开方更狠。为了日日夜夜地守在齐桓公身边，居然挥刀自宫，自愿成了一名寺人。齐桓公对这二位的"义举"也是十分赞赏。

这三个人陪伴齐桓公多年，已经成了齐桓公肚子里的蛔虫。齐桓公喜欢什么讨厌什么，这哥仨一清二楚。甚至有时候齐桓公一个眼神，哥仨就知道是什么意思。管仲让齐桓公疏远这三人，于情，齐桓公与他们相伴多年，没了他们仨那是食不甘味，寝不安席；于理，齐桓公认为他们三个是经过时间检验和事件考验的，忠诚可靠，绝对不会有问题。因此齐桓公对管仲的这番忠告没太在意，继续重用易牙、卫开方和竖刁。

是年冬天，一代名相管仲与世长辞。中国人有句老话叫"人之将死其言也善"，齐桓公应该是没有听过这句话，其实他应该认真考虑一下管仲为什么这么说的。可惜历史不容假设，齐桓公很快就要吃苦头了。纵观中国历史，很多名士的遗言是相当有预见性的。这是他们一辈子经验的总结，如果不听，往往会出大问题。比如，前秦名相王猛的临终遗言是不要攻打东晋，可是前秦皇帝苻坚没听，认为自己的军队投鞭足以断流，牛得很。结果淝水之战被打得溃不成军，苻坚自己落了个身死国灭的下场。

扯远了，继续说齐桓公。齐桓公姜小白同志在管仲去世之后两年就病倒了，这回病来得很凶险，齐桓公知道自己可能要去找老朋友管仲了。看到齐桓公已经病得起不了身，易牙、卫开方和竖刀终于撕掉了伪装，露出了本来面目。他们把齐桓公丢在宫中不管，任其自生自灭，然后忙着拥立新君去了。齐桓公之前说自己比较好色，他对自身的评价是很正确的。姜小白同志有三位夫人，都没有生育。除此之外，还有六位等同于夫人地位的宠姬，各生了一个儿子。此刻六个儿子都在国内，都想当齐侯。易牙、竖刀抢先进宫拥立公子无亏为齐君，这引起了其他公子的强烈不满。公子们自相攻伐，原本的太子姜昭只好跑到了宋国。外头为君位打成了一锅粥，没人去管宫里的齐桓公，一代霸主居然被活活饿死。死了也没人去收尸，任由尸体腐烂生蛆，蛆虫一直爬到宫外。直到太子昭在宋军的帮助下即位为君，才把齐桓公正式下葬。

齐桓公的故事到此结束。这是个虎头蛇尾的故事，结局太过悲惨。就这么结束了吗？还没有。还要插播一个小故事。前672年，齐桓公十四年，陈国发生了内乱，陈厉公的儿子陈完逃到了齐国。齐桓公非常欣赏这位流亡公子，打算任命他为卿，被陈完拒绝了。于是齐桓公就任命陈完为工正，即掌管百工的官员。陈完接受了这个任命，并在齐国定居了下来，改姓田，也被称为田完。这件事很重要吗？是的。工正不是个多重要的官，但陈完却是个重要的人物，他是身负天命的人。在陈完很小的时候，有个精通周易的周朝太史给他算命。这位太史算出陈完的后代会得国，但不是在陈国，而是在东方的姜姓齐国。到底这位太史的话靠不靠谱呢？还要等将近三百年才能揭晓。让我们拭目以待吧。

毁誉参半的守成之主

齐桓公去世后95年，君位传到了齐景公姜杵臼手中。从谥号来看，姜杵臼应该是位明君。因为谥法有云："布义行刚曰景。"拿到这个谥号的，基本都是好君主。比如后世的汉景帝，那是旷世明君。可姜杵臼这位同志，说他是明君，比较勉强，说他是昏君，又比较冤枉。他既重用了晏婴、司马穰苴等贤相名将，又坐视田氏家族的壮大，为后世的田氏代齐埋下隐患。姜杵臼统治齐国58年，仅次于那位四千年来待机时间第一的祖先齐庄公，但存在感却不强，没见到他干了什么值得大书特书的事。最关键的是，齐国的君位本是轮不到姜杵臼的。

姜杵臼是齐灵公姜环的幼子，他有一个大哥叫姜光，当时被立为太子。到齐灵公死后，姜光在大夫崔杼的拥护下即位为君。其实姜光也差点儿当不了齐侯，因为他即位前的身份是废太子。这是怎么回事呢？原来齐灵公在立姜光为太子后，又娶了仲姬和戎姬，戎姬得到了齐灵公的独宠。仲姬生子姜牙，托付给戎姬抚养，戎姬建议齐灵公废了姜光，立姜牙为太子。这个建议获得了齐灵公的赞同，却遭到了姜牙生母仲姬的反对。仲姬是见过世面的人，她知道无故废黜太子是祸乱之源。她不是不想儿子当太子，但是比起儿子的性命，太子之位又显得微不足道。齐灵公却没意识到这一点，他很豪横地说，废立太子全在他一句话。于是太子姜光便成了废太子，被发配到了齐国东部。

仲姬所料不错，齐灵公去世后，执政大臣崔杼立即拥立废太子姜光。姜光即位，是为齐庄公（此齐庄公并非之前的齐庄公姜购，只是谥号相同，一般被称为齐后庄公）。齐庄公即位后的第一件事便是杀掉姜牙，第二件事是杀掉戎姬。就这样，戎姬因为一念之贪断送了自己和养子姜牙的性命。仲姬眼看着这一切发生，却无能为力。

齐庄公能够上位，崔杼是无可争议的首功之臣。所以齐庄公跟崔杼的关系不是一般的铁，去崔杼家里串门基本不用敲门。跟国君关系熟是件好事，但是太熟了就未必。崔杼就是跟齐庄公太熟了，一家老小都不避讳齐庄公，其中自然包括崔杼的妻子棠姜。问题正是出在这里。

棠姜本是齐国棠邑大夫棠公的老婆，姜姓，东郭氏。棠公死后，崔杼娶了棠姜。在古代一般是没人愿意娶寡妇的，如果愿意，一定有特殊的原因。比如，之后会讲的夏姬，无论丧偶多少次，都有人愿意娶，因为长得漂亮呗。棠姜的情况也差不多，虽然没有夏姬那么盛的艳名，也是妖娆多姿的大美女。齐庄公姜光则继承了高祖父齐桓公好色的本性，所以他跟棠姜顺理成章地勾搭成奸。

通奸这种事，一般来说是越隐秘越好。可齐庄公这个人浑不吝，棠姜也不讲究，很快崔杼就知道自己被绿了。事情是这样的，棠姜拿了丈夫崔杼的帽子送给情夫齐庄公，齐庄公也没当回事，一转手就当众赐给了其他的臣子。当崔杼看到自己的帽子时，脸都绿了，暗自发誓要弄死齐庄公。

机会很快来了。前548年五月，莒国国君来朝见齐庄公，齐庄公在北城设宴款待他，齐国大臣们作陪。崔杼借口生病，没有去赴宴。齐庄公听说崔杼生病，心中窃喜。十六日宴会结束，十七日庄公就去探望崔杼，说是探望崔杼，鬼都知道他是去幽会棠姜。但齐庄公不知道的是，这是崔杼布的一个局。

崔杼在知道自己被绿以后，并没有大发雷霆，而是平静地把妻子叫来，让她做个选择题。

选择一：配合自己干掉姜光。自己不但不会追究她的通奸之事，还会立她的儿子为宗子。

选择二：不配合自己。自己现在就杀了她和她的儿子，并把她通奸的事公之于众。

只要脑子没秀逗，一般都会选择第一个。棠姜虽然没啥廉耻，但是脑子还没问题，于是她便跟崔杼联手设了这个局。

十七日一大早，心痒难搔的齐庄公急火火地冲到崔杼家。与往常车水马龙不同的是，这位相国的府邸今天格外安静。这本应引起齐庄公的警惕，可惜他会情人心切，根本没注意这些。崔杼的一个亲信侍者接待了齐庄公，齐庄公问："相国病情如何？"侍者回答："相国喝了药，在外屋睡下了。"齐庄公大喜，拔腿便往内堂走。侍者急忙跟上，到了内堂门口的时候，齐庄公的卫士也想跟进去，可是被崔杼的侍者拦下了。卫士们知道齐庄公这是去干吗，也就没再坚持。侍者走进内堂，很自然地将堂门带上，并上了锁。

这时，齐庄公日思夜想的情人棠姜终于袅袅婷婷地出现了。齐庄公刚想冲上去亲热，却见一名侍婢快步走来，跟棠姜说："相国口渴，想喝蜜糖水。"棠姜应道："知道了。"然后转身跟齐庄公说："妾去取蜜糖水，马上回来。"就跟着侍婢从侧门出去了。齐庄公站在门廊中等情人，可左等不来，右等也不来，心急之下居然拍着廊柱唱起了歌："这屋子真幽静啊，是美人游玩的地方。这屋子真深邃啊，是我跟美人约会的地方。不见美人啊，心里真是着急。"歌声刚落，屋内呛啷啷响起了刀兵之声。无数甲士像是从地下冒出来的一样，把内堂围了起来。

齐庄公见情形不对，向后门疾冲而去。庄公力气很大，情急之下竟然被他破门而出，出门后见有一处高楼，忙爬了上去。崔杼的士兵当然不肯罢休，马上把楼围了起来。齐庄公冲着楼下的士兵大喊："寡人是你们的国君，不得无礼！"士兵们却回答："我们奉相国之命捉拿淫贼，不知道什么国君。"齐庄公知道中了崔杼之计，但还是不甘心，于是跟士兵们商量道："寡人知错了，可以容许寡人去太庙自尽吗？"士兵中领头的一将高声叫道："你既然已经知罪，现在就自裁吧，免得自取其辱！"齐庄公自知不免，从楼上奋力跃出，登上花台打算翻墙逃走。领头那将不慌不忙地搭箭张弓，一箭射去，正中庄公左腿。庄公惨叫一声从墙头倒撞下来，崔杼的士兵围上去一顿乱戳，可怜堂堂国君变为一摊肉泥。

齐庄公死了，国不可一日无君。崔杼跟当初立齐庄公一样，自作主张地立了齐庄公的幼弟姜杵臼，也即齐景公。姜杵臼同志就这样稀里糊涂地登上了君位。同样是被崔杼拥立的国君，如果说齐庄公对崔杼还有点儿感激之情的话，那齐景公对崔杼应该只剩下畏惧了。如果连齐景公都怕崔杼的话，那齐国上下应该就没有不怕崔杼的了。毕竟这位崔相国刚刚弄死了国君，在齐国境内没啥是他不敢干的。崔杼十分清楚齐景公的心态，也十分清楚大家的心态，因此他开始了天王老子老大他老二的生活。

一个人无敌太久了，老天爷都不会答应。很快，上天就给崔杼安排了一个克星。这个克星是个真正的高手，他会悄无声息地搞死崔杼，让崔杼在死前一刻才知道他是敌非友。真的是杀人不见血。

不卖关子了，崔杼的这个克星是庆封。庆封是齐国大夫，平时为人和善，见谁都是笑眯眯的。关键的是，他是崔杼最好的朋友。大家都是这么认为的，包括崔杼自己。于是崔杼在干掉齐庄公之后自立为右相，让庆封做左相（此时中原诸侯以右为尊），跟自己搭档。说是搭档，其实是崔杼一个人说了算。庆封被当成了摆设，却一点儿也不生气，一副乐得清闲的样子。

崔杼对庆封是一百个放心，有什么事都跟他说。而庆封则是一个忠实且耐心的听众，时不时还能帮崔杼出出主意。在齐国处于无敌状态的崔杼其实也有烦心事，那便是他的儿子们。崔杼和前妻有两个儿子：长子崔成和次子崔强，然后跟棠姜生了一个儿子崔明，另外棠姜跟前夫棠公还生了一个儿子棠无咎，也算在崔杼名下。

上次做局干掉齐庄公的时候，崔杼曾经答应立棠姜之子崔明为宗子（继承人）。到履行承诺的时候，崔杼为难了。因为长子崔成曾经为了家族的事务丢了一条胳膊，属于因公伤残。现在崔杼要废掉他宗子的身份，多少有点儿不忍心。可是崔成却很通情达理，他猜到了父亲的难处，主动跟崔杼说："我已经残了，不适合当宗子了,让崔明来当吧,只要把崔邑给我养老就行。"崔杼听后大喜,欣然应允。

崔成把宗子之位都让了出来,按说应该皆大欢喜了。可即便是这样一个方案,最终竟然没有通过,因为有人反对,反对者是棠姜的弟弟东郭偃和儿子棠无咎。他俩反对的理由是崔邑乃老崔家的大本营,只能给宗子。既然崔成放弃了宗子身份,也就没权力要求崔邑了。这话好像也有道理,于是崔杼回头又去找崔成商量。崔成听后淡淡地说:"那就这样吧。"

送走了父亲后,崔成便去找弟弟崔强吐苦水。崔强一听就炸了:"大哥,你把宗子之位都让出来了,一个小小的崔邑都不肯给。东郭偃和棠无咎这俩浑蛋,父亲还在呢尚且如此跋扈,父亲要是不在了,咱哥俩想当个家奴估计都不行了!"崔成沉思半晌,跟弟弟说:"我看庆封叔叔这人比较厚道,咱们不如去求他帮忙。"崔强点头称是。

崔成兄弟找到了庆封。庆封听完面露难色地说:"崔相啥事都听东郭偃和棠无咎的,我说话也未必好使啊!"顿了一顿又说:"现在唯一的办法是干掉这两人。你们要是敢的话,叔叔赞助你们精甲一百具,兵器随你们挑。"崔成兄弟被激得热血上涌,大声道:"那有什么不敢的?多谢庆叔支持!"

当天晚上,崔成兄弟带领徒众身披精甲,手持利刃埋伏在崔杼的住所附近。东郭偃和棠无咎每晚都要去向崔杼请安。崔成兄弟等东郭偃和棠无咎刚一进门,就指挥徒众一拥而上,把两人剁成了肉泥。相府突发如此血案,大家惊恐万状,一哄而散。崔杼大怒，好不容易找到一名小厮，驾车来到了庆封家。

见了庆封之后，崔杼痛哭流涕地把自己的家门不幸诉说了一通。庆封假装不知道，惊讶地说："两个逆子安敢如此，兄台放心，待我替兄长清理门户！"崔杼连忙谢道："兄弟如果真能杀了这两个逆子，我让崔明认你做义父！"庆封一拱手，点齐甲士直奔崔府。崔成、崔强兄弟见庆封兵到，还以为是来支援他们的，打开大门热烈欢迎。庆封带兵长驱直入，顺势将崔成兄弟团团围住。

崔成兄弟觉得有点儿蒙，问道："庆叔您这是？"庆封却变了脸，大声喝道："特奉崔相之命诛灭逆子！"言毕将手一挥。两名武士大步上前，手起刀落，崔成兄弟登时身首异处。杀了崔成兄弟后，庆封指挥甲士在崔府逢人便砍，见东西就砸，崔府顿时鸡飞狗跳，血流成河。棠姜见崔府成了修罗场，不知道发生了什么，惊恐之下，悬梁自尽。

将崔家彻底捣毁后，庆封打道回府。崔杼见庆封回来，急忙迎上去问："逆子拿下了吗？"庆封答："就地处决了。"崔杼既悲伤又愤恨，再问："夫人还安好吧？"庆封答："还在屋里安睡。"崔杼松了口气，向庆封作了一揖道："多谢庆兄，改日登门拜谢，今日多有叨扰。"说罢便离开了庆府。

回到家后，崔杼看到的是一片狼藉，遍地鲜血。再回屋一看，棠姜的尸体悬在梁上，已经僵硬了。眼见全府上下已经没有一个活口，崔杼长叹一声道："我中了庆封的奸计，家破人亡了！"说完拔剑自刎。崔杼死后，庆封顺理成章地接过了齐国的大权。大权在握的庆封比崔杼还过分，整天喝酒打猎不说，还搬到了下属卢蒲嫳家，跟他玩起了换妻游戏，所有齐国大臣有事都要到卢蒲嫳家找庆封。庆封的这种行为引起了齐国大臣的强烈反感，齐国的田、高、鲍、栾四大家族在田氏的号召下，合力击破了庆氏，庆封也逃到了吴国。

崔杼死了，庆封逃了，齐景公终于可以亲政了。亲政是需要实力的，您得懂得如何治国理政，驾驭群臣。齐景公年纪还小，这些事做不来。但是没关系，他任命了一个做得来的人为相国，这个人便是晏婴。姜杵臼能捞到"景"这个谥号，多半是因为晏婴。晏婴是姬姓晏氏，字仲谥平，史称晏子，山东夷维（今山东高密）人。这个时期能被称为某子的，都是超级大牛，比如，老子、孔子、孙子、鬼谷子、庄子、墨子、荀子、孟子，等等。晏婴的前辈管仲也被称为管子，晏婴和他并入《史记·管晏列传》，可见晏婴的历史地位。

在当时，晏婴也是绝对的老资格。他的父亲晏弱是齐国上大夫，早在齐灵公时期，晏婴就继承亡父的上大夫官爵，开始活跃在政坛上。到齐庄公被干掉的时候，所有人都不敢表态，唯有晏婴抱着齐庄公的尸体大哭了一场，他说："君上虽然是因为淫乱而死，但臣子哭他也是天经地义。"说完整理好衣冠扬长而去。有人跟崔杼建议杀掉晏婴，可崔杼觉得晏婴名望很高，杀了对自己没什么好处，愣是没敢动他。后来崔杼当政，逼着大臣们发誓效忠自己和庆封，威胁说谁要是不发誓就弄死谁，晏婴却不以为然地说自己只效忠君主。于是又有人建议崔杼杀了晏婴，可崔杼依然没敢动手。

晏婴有如此底气跟当权者叫板，除了自身家世背景强大，业务能力出众之外，还因为他公正廉明，私德很好，是百姓心目中的模范官员。在灵公和庄公时期，晏婴处事就秉公无私。亲朋好友求他办事，符合规定的就办，不符合规定的就拒，毫不留情。对于君主的赏赐，晏婴一律推辞。不仅如此，晏婴还把自己的俸禄拿出来帮助困难的亲戚朋友和穷苦百姓。虽然身居高位，晏婴吃的是粗茶淡饭，穿的是布衣短衫，住的是僻巷陋室。有这样官声的官员，谁要是敢公然干掉他，等于是与全民为敌。崔杼虽然重权在握，却也没必要触这个霉头。

当然，身为相国，仅有官声是不行的。如何治国理政，还要有具体的措施。管仲是个超一流的政治家，他的那些措施让齐国强大了起来，但是到了晏婴这里，已经一百多年了。在这一百多年间，有很多新的问题出现，是管仲的那一套解决不了的。管仲的制度运行了一百多年，也会出现偏差。这一切都是晏婴需要解决的问题。

从齐桓公到齐景公中间有九位国君，其中齐懿公和齐庄公是被臣子干掉的，而齐惠公、齐庄公和齐景公自己都是被权臣拥立的。齐景公初立的时候晋国正是晋平公当政，这位晋侯此时已经彻底被下面的六卿架空。为了避免齐景公像他的西邻一样沦为橡皮图章，晏婴首先要强大公室。跟晋国的情况类似，齐国也有国、高、田、鲍、栾几大实力雄厚的家族，不太把国君当盘菜。尤其是其中的田家（就是那位流亡的陈国公子田完的后代），这时已经传到了第五代田无宇手中。田无宇秉承田家的一贯策略，韬光养晦，暗中收买齐国民心。

这一切都逃不过晏婴的眼睛。齐景公十六年（前532年），田无宇联合鲍氏驱逐了栾氏和高氏，瓜分了两家的田产。晏婴知道后，找到田无宇，劝他把分来的田地交给公室。田无宇当然不愿意，晏婴却站在仁义道德的高度对田无宇进行了耐心的开导。由于田家一贯打的是仁德牌，所以只好吃个闷亏，把土地交给了公室。经过这件事，公室的实力大增。其他各家一看兼并的东西要归公，也就老实了很多。

当年管仲下令盐铁专卖，垄断了盐和铁这两项战略物资的经营权，让国家获利颇丰。这项政策让管仲的继任者们心眼活了，既然垄断可以获取暴利，那为啥不多搞点儿垄断呢？于是某一天早晨，当老百姓想上山砍柴的时候，发现山已经被官兵封锁了。原因是山是国家垄断的，你们不许随意上去砍柴。那下海捕鱼吧，不好意思，也有人看守，因为海也是国家垄断的。那我去湖里捞点儿水草喂牲口总可以吧？还是不行。不用说，湖也是国家垄断的。

齐国本是商业立国的。齐国的商人把海产品、手工艺品啥的运出去卖掉；外国的商人把各地的特产运到齐国卖掉，大家各取所需。管仲时期是鼓励自由贸易的，只征收很低的税。后世国君奢靡无度，没钱了，就打起商人们的主意。于是某一天早晨，商人发现各交通要道都设置了关卡。想出去做生意可以，交税吧。交多少？那得看税吏的心情。有的时候税吏心情不好，税收得太高，商人们一算，不赚钱还赔钱。那就去球吧，生意不做了，回家睡觉，总不能睡觉也收税吧？时间一长，齐国的商人不愿意出去做生意，外国的商人也不愿意来齐国做生意，这对齐国的GDP影响很大。

齐国政府这种杀鸡取卵、竭泽而渔的行为晏婴很熟悉，也很反感。等他执政之后，大力整治这种乱象。开放山河湖海，拆掉各种关卡。鼓励大家生产经营，让一切都回到正轨。由于齐国政府对老百姓横征暴敛，老百姓活不下去自然要反抗，因此齐国政府又要加重刑罚来镇压他们眼中的各种不法行为。到齐景公时，齐国的刑罚已经很重了，但是犯罪率依然居高不下。晏婴认为这不是老百姓的错，只要你实施仁政，让百姓安居乐业，谁没事非要去干那些违法的事呢？在齐国的大环境好转后，晏婴废除了很多严刑峻法。唐致卿先生在他的《齐国史》中将晏婴的政策很精辟地总结成了强公室，抑私门；薄赋敛，惜民力；省刑罚，行仁政等几条。

关于晏婴的故事有很多，像"晏子使楚""晏婴二桃杀三士"，可能不少读者都听说过。晏婴的事迹都收录在《晏子春秋》里，有兴趣的可以买一本来读。这样的贤相持国，齐景公是不需要操什么心的。但晏婴也不是无所不能，如果外敌入侵，让他统兵杀敌，就有点开玩笑了。晏婴知道这方面自己不行，所以向齐景公推荐了一位能人，那便是司马穰苴。

◇穰苴治军

司马穰苴姓田，是田完的后代，不过是支庶。虽然不是嫡系，但司马穰苴比很多田氏嫡系都要出名。为什么这么说呢？看《史记》的排位就好。司马穰苴在《史记》列传中的排位是第四，而且是单独的列传。排在他前面的是老子和韩非子合传，排在他后面的是孙子和吴起合传，排在第二位的正是管仲和晏婴合传。这回大家应该知道司马穰苴有多牛了。

司马穰苴虽然很牛，但史书上却没记载他有什么惊天动地的事迹，他在史书上的记载，用一句话便可以概括：写了一本书，杀了一个人。在司马穰苴出山之前，齐国的军队比较怂。齐景公即位时距离齐桓公逝世已经将近一百年，当初在管仲的调教下那支骁武凭陵、纵横四海的齐军早就不见了，取而代之的是一支军纪涣散、屡战屡败的齐军。晋国出兵攻打齐国的东阿和甄城，齐军战败；燕国进犯齐国黄河南岸的领土，齐国战败。连一直被齐国压着打的燕国都能欺负齐国了，齐景公愁得睡不着觉。这时晏婴跟齐景公说："主公勿忧，我保举一人，定可重振齐军军威。"齐景公问："此人是谁？"晏婴答："此人名叫司马穰苴。"齐景公说："召他来聊聊吧。"

司马穰苴就这样进入了齐景公的视线。齐景公跟司马穰苴聊了一下，发现这小伙理论功底扎实，谈兵论武一套一套的，就是不知道实战咋样。于是便任命他为将军，是骡子是马拉出去遛遛。司马穰苴接受了任命，却跟齐景公提了个条件。他说自己出身寒微，直接当将军怕众心不服，希望齐景公给他派一个国君宠信、地位尊贵的大臣当监军，以此服众。齐景公同意了，派出近臣庄贾做司马穰苴的监军。司马穰苴谢过齐景公，然后跟庄贾约定，明天正午时分点将，在营门口会齐，庄贾答应了。

第二天一大早，司马穰苴就赶到了军营。了解完情况，做好交接之后，眼看着将近正午。司马穰苴让人取来计时用的木表和漏壶，立在营门口，自己就站在营门口等庄贾。话说庄贾这边根本没把跟司马穰苴的约定当回事。他得到齐景公的宠信已久，平时都是别人捧着他，再加上这次是去做监军，所以根本不着急，此时正跟亲朋好友喝酒话别呢。正午时分就这样过去了，司马穰苴踢倒木表，摔破漏壶，回到军营巡视营地，整饬军队，宣布了各项规章制度。等一切都忙完，已经日头西沉。庄贾这时候才醉醺醺地晃进军营，找司马穰苴报到。

司马穰苴面无表情地问："庄大人为何迟到了？"庄贾面露歉意地解释："亲戚朋友给我送行，喝得有点儿多，耽搁了。"司马穰苴怒道："将领接受命令的那一刻，就该忘记自己的家庭；来到军队宣布号令后，就该忘记自己的私交；击鼓进军，战况紧急的时候，就该忘记自己的生命。现在国家有难，国君不安，战士们在前线流血，还谈得上什么送行呢！"说完就把军法官召来问道："依照军法，迟到者如何？"军法官回道："迟到者斩。"庄贾意识到了不对，忙叫手下飞马去请齐景公搭救。

司马穰苴杀心既起，又怎能容得庄贾去搬救兵呢？当即下令把庄贾拖下去斩首，不一会儿，一颗血淋淋的人头端了上来。司马穰苴让人端着人头去各营巡展，不多时，大家都知道了齐景公的宠臣、监军大人庄贾因为迟到被摘了脑壳。全军震恐。看来这位将军是个狠角色，还是老老实实地听话比较好。

庄贾的人头在军营里走了一圈，齐景公的使者才拿着节符来赦免庄贾。使者的车马飞奔直入军营，向司马穰苴宣读了齐景公的诏旨。司马穰苴验明了节符，指着边上庄贾的人头跟使者说出了那句名言："将在军，君令有所不受。"使者无奈，转身准备离开，却被司马穰苴叫住了。司马穰苴转头问军法官："在军营里驾车奔驰，依照军法，应当如何？"军法官答："营内驰车者，依律当斩！"使者顿时变了脸色。司马穰苴这次却没有拿使者开刀，他说："国君的使者是不能杀的。"使者松了口气。司马穰苴继续说："将使者的仆从斩首，砍断左边的夹车木，杀死左边驾车的马，以示惩戒！"使者又变了脸色。

打发走使者后，司马穰苴下令出兵。此次出兵，司马穰苴与士兵们同甘共苦，同吃同住，把将军特供的物资全部拿出来分享。除此之外，军中从安营扎寨到掘井立灶，从医药卫生到饮食起居，他全都亲自过问。到了边境以后，司马穰苴清点了一下人数，让老弱残兵守营，精兵出战。齐军士兵从没受到过如此礼遇，就是那些老弱残兵也纷纷要求跟着司马穰苴出战。这些情况逃不过晋燕两军斥候的耳目，两军主帅一听，赶忙撤兵。晋军溜得比较快，马不停蹄地翻过太行山回山西了。燕军渡过黄河，以为齐军不会追击了，便放松了警惕。谁想到司马穰苴并没有打算放过他们，齐军连夜渡过黄河，追着燕军大砍大杀。燕军血流成河，损失惨重，侵占的土地自然也全部被司马穰苴收了回来。

齐景公听说司马穰苴打了胜仗，亲自率领众大夫到城外迎接。司马穰苴自此受到了齐景公的重用，被授以军中要职。田氏家族也沾了司马穰苴的光，日渐尊贵起来。然而随着司马穰苴的功劳越来越大，妒忌他的人也越来越多，尤其以鲍氏、高氏和国氏三家为甚。三家人联手在景公面前告司马穰苴的黑状，终于让齐景公罢免了司马穰苴。司马穰苴无故被逐，十分郁闷，不久便忧愤而亡。一代名将殒落，他的兵法却流传了下来，这便是《司马穰苴兵法》。当然，这些都是后话。

齐景公文有晏婴，武有司马穰苴，着实做了一段时间甩手掌柜。国内没什么事，齐景公把注意力放到了国外。齐国自齐桓公之后，霸主的位子就归了晋国。到了齐景公的爷爷齐顷公的时候，晋军在鞌之战中大败齐军，连齐顷公本人都险些被俘。齐景公倒是没忘记高祖父齐桓公的霸业，所以一直想跟晋国掰掰手腕。

前530年，齐景公十八年，晋昭公即位。齐景公亲赴晋国向晋昭公道贺，晋昭公设宴款待来访的齐景公。宴会上没什么娱乐项目，荀吴作为司礼官提议投壶为乐。所谓的投壶就是拿箭往壶里扔，扔中为胜。一般在投的时候还会许个愿，要说出来的那种，投中了就意味着愿望能实现。这游戏听上去不错，大家都同意玩一把。首先由东道主先投，东道主的司礼官代表晋昭公投。只听荀吴念道："晋国有酒像淮流，有肉像高丘。寡君投中壶，称霸诸侯。"念完瞄准一投，箭正中壶中。大家齐声喝彩。轮到齐国了，齐景公抽出一支箭念道："齐国有酒如渑水，有肉像山陵。寡人投中壶，代晋称霸。"言毕随手一投，箭也正中壶中。大家又是喝彩。

本来好好的饭局，被这投壶活动搞得有点儿尴尬。饭局草草收场，齐景公跟晋昭公打了个招呼便返回齐国了。事后有人埋怨荀吴说，晋国本来就是霸主，为啥还要说那些话呢？齐景公欺负晋昭公软弱，以后怕是不会再来了。荀吴却说，晋国的军队能征善战，怕齐国干啥？实际上，齐景公倒真的是有几分实力说几分话。齐国经过晏婴多年的整治，已经颇具实力，而晋国诸卿争权，早已外强中干。齐景公这么一说，把自己的争霸之心暴露无遗。

到了第二年，楚灵王被杀，南方政局不稳。晋昭公觉得应该重新树立一下晋国的威严，就打算组织个盟会。办会这种事，齐国和晋国都是轻车熟路。无外乎是大家聚在一起喝喝酒，聊聊天，盟个誓，确定一个老大，完后各回各家，各找各妈。一般来说，会议的召集人就是老大。原因很简单，辛辛苦苦地办个会，还要跟在别人屁股后头转，图啥呢？齐景公和晋昭公都知道这里面的门道，所以当晋昭公邀请齐景公参会的时候，齐景公果断地拒绝了他。

晋昭公其实早该料到这个结果，一年前齐景公敢在宴会上怼你，现在就敢拒你。问题在于被拒之后怎么办？晋昭公有点儿不知所措。但是没关系，晋国还是有能人的，比如，名臣叔向。叔向跟晋昭公说，不用担心，只要做三件事，包管齐景公老老实实来参会。哪三件事呢？

第一，将盟会时间、地点向周天子报备，并邀请天子派代表参加。

第二，将盟会地点选在齐国边境防务最空虚的地方，并直接把军队开到盟会地点。

第三，派自己出使齐国，跟齐景公交涉。

第一件事很快办成了，天子不仅派出了代表，还把自己的仪仗队——十辆超豪华战车都派来了。第二件事也不难，会议地点就定在平丘（今河南封丘县）。封丘县有个邻县叫兰考县，兰考县有个邻县叫民权县。之前讲过，民权县就是葵丘。当初连称和管至父正是因为被发配到了这个兔子不拉屎的地方戍边，想回去又遥遥无期，才造反杀了齐襄公的。所以可以得出两个结论，首先是平丘挨着齐国的边境，其次是齐国的边境在这一带条件很不好，没人愿意守，防务比较空虚。确定在此开会后，晋昭公带领六卿中的五卿共四千乘兵车浩浩荡荡地开进了平丘，然后向齐国派出了叔向。

齐景公早料到晋昭公会派人来游说，等到叔向说明来意后，满不在乎地跟他说："这种盟会之前不是搞过吗？有诸侯背盟才需要重新盟誓。现在大家都承认晋国是老大，我看没必要重新盟誓了吧。"齐景公这话说得滴水不漏，既承认了你晋国老大的地位，又拒绝了你会盟的要求，要是一般人很容易被忽悠过去。叔向可不是一般人，人家是法律专家兼外交专家，属于复合型人才。齐景公的这些说辞早在叔向的意料之中，他不慌不忙地搬出法律条文（周礼）证明了定期会盟是有法律依据的。当然，那个时代没人拿周礼那一套真当回事了。为了防止齐景公耍无赖，叔向又告诉了齐景公一件事，周天子的仪仗队和晋国四千兵车正在平丘恭候您大驾呢。

齐景公颤抖了。他可以不把周礼当回事，但是绝对不能无视天子的仪仗和四千兵车。如果他执意不参加会盟的话，那四千兵车从阅兵场下来以后，就会直奔齐国。齐景公评估了一下，齐国现在虽然国力蒸蒸日上，但军力还不是晋国的对手，真动起手来，八成要吃亏。关键问题在于，天子的仪仗在晋国那边，打起来还没人敢帮自己。思考片刻，齐景公还是决定去参加盟会。

齐景公虽然来参加了盟会，但其中的过程只有叔向知道。叔向判断，抱着跟齐景公一样心态的诸侯应该还有，因此他建议晋昭公举行一次阅兵，敲打一下那些心里不服的诸侯。晋昭公同意了。八月四日这一天，晋军列队完毕，把旌旗高高竖起，晋昭公陪同各国领导检阅了晋军。八月五日继续阅兵。不是昨天刚阅过兵吗？各国领导人疑惑地看着晋昭公。晋昭公却笑笑说，再看看吧。到了阅兵场大家才知道晋昭公为何要二次阅兵。这次晋军的每杆旌旗上都绑了飘带，被风一吹，飘带呼啦啦作响，遮天蔽日。诸侯都暗暗心惊。

从平丘回来以后，齐景公觉得还不能跟晋国硬刚，就打起了周边小国的主意。前526年，齐景公决定拿徐国练练手。徐国是东夷国家中最强大的一个，在周穆王时期，周边有三十六个国家都要向他朝贡。后来还主动进攻周王室，被周穆王打服。此时的徐国却没有了周穆王时期的霸气，齐国大军刚到蒲隧（今安徽泗县），还没到徐国境内，徐国就怂了，派人求和。徐国这一求和，郯国和莒国也慌了，赶紧也派使臣表示臣服。齐景公于是召集徐、郯和莒国国君在蒲隧开了个会，确立了齐国老大的地位。

之前的平丘之会上刚刚确立了晋国的老大地位，齐景公此举有搞小团体另立山头的嫌疑。放在晋文公手里，绝对要收拾齐国。可是世异时移，晋国早已不是文公时期的那个晋国了。况且晋昭公此时重病在身，根本顾不上这些事。齐景公就这样走出了挑战晋国霸主地位的第一步。也正是在这一年，晋昭公去世，年幼的晋顷公即位，晋国六卿进一步分崩离析，齐景公的机会到了。

　　齐景公知道，要成为诸侯霸主，单靠武力是不行的，还得靠仁德。既然军力一时半会儿赶不上晋国，那就先收买人心好了。前522年，卫国发生了内乱，卫灵公被赶走了，叛军控制了国都。齐国使臣公孙青正奉命出使卫国，遇到这种事，公孙青有点儿吃不准，便派人请示齐景公。齐景公说："只要卫灵公还在卫国境内，他就是卫之君。"公孙青会意，依然以国君之礼觐见了卫灵公，卫灵公为此非常感动。

　　前521年，吴王僚起兵侵宋。宋元公向齐景公求救，齐景公闻讯立即发兵救援。齐、宋联军同仇敌忾，很快打败了吴军。前517年，鲁昭公不能忍受手下季孙、孟孙、叔孙氏三家（也被称为三桓）的专权跋扈，首先向季孙氏发难。没想到三家沆瀣一气，联手把鲁昭公收拾了。鲁昭公兵败逃到齐国，齐景公亲自慰问了落难的鲁昭公，并送给他两万五千户人口。齐景公这一系列举动给他加分不少，诸侯都知道齐景公是位仁德之主了。

　　仁德之名是有了，但这不是齐景公的终极目标，他的最终目标是称霸，要称霸，还是绕不过晋国。然而直接挑战晋国是件很冒险的事，一旦失败容易万劫不复，于是齐景公选择了一个相对安全的办法：欺负晋国的小弟。

　　说起晋国的小弟，排在第一位的非鲁国莫属。鲁国跟齐国比邻，没少受齐国的欺负。齐国和晋国又不对付，按照敌人的敌人是朋友的原则,鲁国便成了晋国的铁杆小弟。

齐国要收拾鲁国,把柄是现成的,现任鲁国国君鲁定公是三桓扶植的,这并不合法,因为他的前任鲁昭公还在齐国待着呢。基于这个理由,齐景公于前503年令上卿国夏兴兵伐鲁。鲁定公不甘示弱,起兵跟齐景公死磕。要是连鲁国都收拾不了,这脸就丢大了。因此齐景公命令另一位上卿高张驰援国夏,加大了筹码。

鲁定公扛不住了,向晋国求救,晋国元帅范鞅连夜召集众卿商议。其实也没啥好商议的,鲁国是晋国最忠诚的小弟,鲁国要是都丢了,晋国就彻底别混了。在严峻的国际形势面前,晋家六卿放弃了家族恩怨,携手一致对外。兄弟阋于墙而外御其侮,六家的恩怨等处理完齐国人再说吧。

晋家六卿联手,齐景公感受到了巨大的压力。齐国军队的实力他是有数的,晋人真的要玩命,自己是扛不住的。思来想去,齐景公还是下令退兵,争霸的尝试又一次失败了。

这次失败多少让齐景公有些灰心。不过没关系,六年后,一个机会又摆在了齐景公面前,这是个真正的机会。前497年,晋国的赵鞅杀死了私吞自己五百户人家的邯郸大夫赵午,引起了晋国内战。先是范氏和中行氏帮助邯郸氏围住了赵鞅,再是韩、魏、知三家给赵鞅解围,打跑了范氏和中行氏。再后来是知跞逼死赵鞅的谋士董安于,从此知、韩、魏三家袖手旁观,只剩下赵鞅一人单挑范、中行和邯郸三家。齐景公选择帮助范家和中行家,道理很简单,帮助弱者才能把水彻底搅浑。可让齐景公没想到的是,范家和中行家太弱,或者说赵鞅太彪悍,以一家之力生扛范家、中行家和所有的外援，居然还大获全胜。

前490年，赵鞅端掉了中行家和范家最后的老巢柏人。中行寅和范吉射逃到齐国，晋国内战结束，齐景公争霸的尝试再次失败。这次失败对齐景公的打击是致命的，明明占据绝对优势的局面居然被赵鞅生生翻盘，齐景公怕真的是生不逢时。抱着对争霸失败的遗憾，齐景公在这一年离开了人世。齐景公的故事结束了，但齐国的传奇还在继续。下面该看看齐国另外一个家族田家的表演了。

施惠于民的田氏奠基人

前213年，秦始皇三十四年，始皇帝在咸阳宫摆设酒宴庆祝自己的四十六岁生日，七十名博士（古代官名，掌管书籍文典，不同于现在的博士）上前为秦始皇敬酒祝寿。祝寿嘛，总得说点儿吉利话，夸夸寿星。于是有的博士祝秦始皇万寿无疆，有的博士夸秦始皇功业无双，秦始皇很高兴。轮到一名来自齐地的博士淳于越了，这位兄弟不知道哪根筋搭错了，居然借祝寿之机提意见，提的意见秦始皇还特别不爱听。由于淳于越的这些意见有攻击国家制度的嫌疑，秦始皇一怒之下重罚了淳于越和跟淳于越抱有相同政见的书生，并把这帮书生读的那些书籍全部烧掉。

淳于越到底说了些啥惹得秦始皇大开杀戒呢？这还要从秦朝的现行制度说起。秦已经于七年前统一了全国，六个国家没有了，取而代之的是三十六个郡，郡下辖县。每个郡的最高长官称为郡守，由皇帝直接任命。郡守不是世袭罔替的，在该郡征收的赋税大部分要上缴中央，对于该郡的军队也只有行政权，没有指挥权。这种制度被称为郡县制。与郡县制相对的是周朝实行的分封制，分封制在齐太公部分已经讲过了，是那种中央与地方的关系类似于集团总部与子公司的制度。

可能是分封制实行得太久了，淳于越对这种制度有着深厚的感情，他总觉得郡县制有致命的缺陷。这个缺陷便是，皇帝一个人独揽天下大权，是真正意义上的孤家寡人。一旦有不臣之臣想搞事情推了皇帝的话，皇帝的儿子和兄弟都是平头百姓，根本帮不上忙。他举的不臣之臣的例子便是晋国的六卿和齐国的田常，原话如下："臣闻殷、周之王千余岁，封子弟功臣，自为枝辅。今陛下有海内，而子弟为匹夫，卒有田常、六卿之臣，无辅拂，何以相救哉？"

淳于越口中的田常，便是本部分的主人公。当淳于博士说那番话的时候，田常已经去世两百多年了。那田常到底做了什么，使得他如此出名以至于两百多年后还要被人拿出来说事呢？下面就来说一说田常的这一生。

◇田常代齐

田常也被称为田成子，是落难陈国公子田完的六世孙。之前说过，田完是位身负天命的人，出生的时候有术士预言他的后代将会得到齐国。可能是因为这个原因，田家在齐国一直很注意影响，历任当家人都是一边积蓄力量，一边广结善缘。到了五世孙田僖子田乞的时候，正值齐景公当政。田乞在放粮给百姓的时候用大斗，收粮的时候用小斗。此举深得人心，齐国的老百姓都说老田家好。这种行为引起了晏婴的警觉，晏婴多次提醒齐景公要当心田乞，可是齐景公都置若罔闻。晏婴很失望，在出使晋国的时候私下跟叔向说："齐国的大权恐怕要归田氏了。"

晏婴的判断非常准确。齐景公生前迟迟不愿立嗣，只是在临终前传位给宠妃的儿子荼，就是晏孺子，并安排国惠子和高昭子辅佐他。这让田乞很不爽，因为田乞跟景公的另一个儿子阳生关系很好。晏孺子即位后，田乞开始耍手段。他先跟高昭子和国惠子说，大夫们都不太愿意立孺子，现在两位相国执政，大夫们都人人自危，怕是要作乱啊。转过头去又跟大夫们说："高昭子这个人很危险，想干掉咱们，咱们不如先下手为强吧。"由于田乞的人缘很好，大家都相信他，于是田乞便率众攻入宫廷。国、高二相猝不及防，高昭子被杀，国惠子则逃到了莒国。

扳倒国、高二相后，田乞又杀了晏孺子，立阳生为君，是为齐悼公，从此开启了大权独揽的生活。田常正是田乞的儿子。四年后，父亲去世，田常世袭父职，继续主政齐国。

当年跟田乞一同攻打国、高二人的有一位大夫鲍牧，是鲍叔牙的后代，在齐国朝野颇有影响力。鲍牧被田乞忽悠攻杀了国、高，本来是出于自保。后来田乞要杀掉晏孺子立公子阳生，鲍牧才发觉田乞的真正企图，可是已经晚了。在田乞的胁迫下，鲍牧被迫同意立公子阳生为君。田乞在世的时候，鲍牧不敢轻举妄动，等到田乞一死，鲍牧的心眼活了。田常毕竟刚上位，根基不稳。鲍牧趁机杀了齐悼公，立齐悼公的儿子姜壬为国君，即齐简公。

齐简公成为国君之后，重用他的一位患难之交监止，让监止与田常分任左右相。表面上田常的地位略高，可实际上齐简公啥事都找监止商量，田常渐渐受到冷落。田常心里当然很是不爽，但人家监止在齐简公流亡鲁国的时候就跟着他了，跟大领导属于故交，这是田常比不了的。既然走不了上层路线，那便走群众路线吧，密切联系群众总是没错的。田常继续使用父亲田乞的招数，用大斗放粮，小斗收粮，施惠于民。这一招依然好用，很快齐国连儿歌都在歌颂田常了。

这回还是有人看出了不对劲，大夫御鞅在上朝时提醒齐简公说田常和监止是不可并存的，希望齐简公早做抉择。可齐简公跟祖父齐景公一样，没把这当回事。他很快会后悔的。

田常还在实践群众路线，有人却要对他下手了。这个人叫子我，是监止的同族。子我平时就跟田家很不对付，看到田常故技重施，收买人心，更觉得不爽。他寻思照这个架势下去，田常早晚会成为国家英雄、全民偶像，所以必须尽早解决田氏。想法很不错，实施起来却不是那么容易。田氏在齐国经营了两百多年，树大根深，民望很高。要收拾田家，实力允不允许先不说，光是这舆论压力就够子我受的。当然，任何事物都不会无懈可击。田氏虽然十分强大，但是如果能找到一个内鬼，从内部突破，想干掉田家也不是不可能。

子我想走的正是这条路。那谁是田家的内鬼呢？目前还没有，得发展一个。子我看中的发展对象叫田豹。田豹此人很会来事，侍奉子我很得宠信。此外，他还是田氏的族人。子我觉得凭着自己跟田豹的关系，把他发展成内鬼应该没多大问题。于是便召来田豹，直截了当地跟他说："干掉田常一家，你来继承田氏宗族。"没想到田豹一口回绝，理由是他只是田氏的远房亲戚，没有资格继承田家。子我不以为然，以为田豹只是一时没想通，便也没有强求，打算过段时间再说。

子我想得太简单了。如果他看过香港警匪片，就该知道，你拉一个人入伙，又把重大机密透露给他，要是此人不肯入伙，应该果断地把此人灭口，以防机密外泄。子我大概是觉得田豹是自己的亲信，就算不跟自己合作，也不会告密。他真是太高估田豹了。本着一笔写不出俩田字的原则，田豹立即把子我的计划告诉了田常。

田常远比子我果断，闻讯马上出兵。子我住在齐简公的宫中，因此田常包围了齐宫，准备干掉子我。齐简公此时正在跟宠妃饮酒作乐，听到田常派兵包围齐宫的消息大怒，准备反击田常。太史子余却劝道："以田常的风格不会犯上作乱，他估计是来锄奸的。"齐简公这才罢手。子我闻得田常派兵围宫，知道这是冲着自己来的，忙下令关闭宫门，并派人跟田常说："齐侯很生气，后果很严重。"这其实也不能算瞎话。

行事一向果决的田常这时犹豫了，如果继续攻打齐宫，形同犯上作乱，一旦失败是要掉脑袋的。田常没有把握一定能拿下守备森严的齐宫，想着逃跑算了。可是族人田子行看穿了田常的心思，跟他说："迟疑不决，难成大事！"田常终于下了决心，下令围住齐宫往死里打。齐宫在田常强大的攻势面前很快失守，子我和监止率部逃跑。田常岂能善罢甘休，追上去一顿乱刀，将子我和监止砍死。与子我和监止一同出逃的还有齐简公，他没想到田常会孤注一掷，真的攻打齐宫，慌乱之下一路南逃。然而并没有什么用，逃到徐州（今山东滕州，不是今天的徐州）的齐简公被田常的部下抓住，一刀宰了。

田常其实并不想弑君，他只想做掉监止独揽大权。虽然弑君在田常那个年代已经不算什么大事了，就在四年前，鲍牧刚玩过一把弑君，但田常依然不想弑君。原因很简单，田家向来打的是仁德牌，如果弑君犯上，两百多年树立起来的人设就崩塌了。然而人已经死了，没有后悔药吃，田常只好立齐简公的弟弟姜骜即位，是为齐平公。

齐平公即位后，任命田常为相国，田常独断专行的理想终于实现了。由于误杀了齐简公，田常非常心虚，生怕政敌联合国外反对势力攻打自己。有鉴于此，田常十分注意睦邻友好，不仅把齐国之前侵占鲁国和卫国的土地都还了回去，还西通三晋，南和吴越，周边的国家基本都被田常摆平了。国际上没什么好操心的事儿了，田常就把精力转向了国内。在内政方面，田常还是相当在行的。首先他继续走亲民路线，颁布利民惠民政策，提升自己的民意支持率。然后，对于自己的政敌，田常铁腕镇压，肉体消灭。关于消灭政敌这件事，田常还有一个非常高大上的理论。这一天，田常对齐平公说："施行恩德是人们所希望的，由您来施行；惩罚奸凶是人们所厌恶的，请让臣去执行。"齐平公似懂非懂地点点头。

就这样，田常算是获得了齐平公授予的惩奸除恶之权。利用这项特权，田常大杀四方，在五年内清除了鲍氏、晏氏、监止和公族中较强的势力。敌人都被消灭后，田常终于露出了真面目。齐国在晏婴时期制定了很多限制世家大族的政策，到了田常这里，统统废除。不仅如此，田常还把齐国从安平（今山东淄博市临淄区）以东到琅琊（今山东青岛市黄岛区琅琊镇）的土地全划为自己的封地。这样一来，田家的封地就比齐平公的属地还要大了。

这一年，是前476年。田氏专齐这件事，正是历史上春秋和战国的分界点。

事情发展到这个地步，是个人都能看出田家要取代姜家执掌齐国了。可是田常还是不放心，不放心的原因在于自己的子嗣太少。现在自己当权，田家自然风光无限；哪一天自己不在了，大家联合起来对付田家，儿子太少是应付不过来的。儿子少就多生几个呗，田常也是这么想的，于是他从全国范围内选了一百多个身高在七尺以上的美女充实后宫。有读者会问，这也太多了吧，田常顾得过来吗？田常也是肉体凡胎，就算他业务能力再强，体力总是有限的，所以答案一定是顾不过来。但是田常脑洞很大，心胸更是宽广。一般来说，生儿子这种事必须亲力亲为。要是有人代劳，通常会引发严重的家庭冲突，轻则夫妻俩一拍两散，重则酿成血案。可田常不是一般人，他把美女招来以后，天天大宴宾客，并且从来不禁止宾客出入自己的后宫。就这样，到田常死的时候，姬妾总共生了七十多个儿子。不用说，其中一多半是宾客们的功劳，真是佩服佩服。

田常死后，儿子田盘（这位应该是田常的亲儿子）接替他出任齐国相国。在田盘主政时，韩、赵、魏三家杀死知伯，三分晋国，而田盘自己则把兄弟们派去齐国的大小城邑做大夫。笔者查了一下，齐国共有七十多座城池，田常正好有七十多个儿子，看到这儿不禁对田常的战略眼光佩服得五体投地。田常的故事到此就结束了，他的子孙还会在齐国的政坛上活跃两百多年，续写田家的辉煌。

以贤为宝的田齐掌门

田盘去世后,儿子田白继承父位。田白去世后,儿子田和继承父位,即田齐太公。田和在位的时候,姜齐的气数终于到头了。姜齐宣公姜积在位51年,死后由儿子姜贷即位,是为姜齐康公。齐康公在位26年,沉溺酒色,不理朝政(也无事可理)。田和实在忍不了齐康公了,便将其放逐到一座海滨小城养老,并把姜齐的宗庙也迁了过去,让齐康公没事祭祭祖、钓钓鱼。

能把自己的主公给流放了,田和除了没有诸侯的名分,跟诸侯已经没有任何差别了。这个时候,齐国的西邻晋国早已不复存在了。晋国的三家大夫赵、魏、韩已经取代晋国,于前403年被周威烈王正式册封为诸侯。这个先例让田和心里痒痒的,他也想要一个诸侯的名分。想要名分就自己跟周王室申请呗,田和脸皮薄又不好意思。自己不好意思申请,就得请人代劳,请谁开这个口呢?

这一天,田和正在议事,突然接到了魏文侯的一封邀请函,请田和去浊泽(今山西运城境内)喝茶聊天。田和看到邀请函眼睛就亮了,十七年前魏家刚申请成为诸侯,流程熟悉,请魏文侯代为申请最合适不过。田和越想越高兴,带上厚礼连夜奔了山西。到了浊泽之后,田和献上礼物,然后向魏文侯提出了那个要求。魏文侯满口答应,当场便给周天子写推荐信,力荐田和为齐侯。魏文侯其时风头正盛,是三晋中最强的诸侯,也是全中国最强的诸侯。周安王慑于魏文侯的名头,同意了他的推荐。就这样,在前386年（齐康公十九年），田和终于如愿以偿，位列诸侯，是为田齐太公。

田和成为诸侯后两年就去世了，这也不错，好歹过了把诸侯的瘾。田和的儿子田午即位，是为田齐桓公。田齐桓公去世后，儿子田因齐即位，就是本部分的主人公齐威王了。

齐威王刚即位的时候，齐国很不太平。也许是觉得齐威王软弱可欺，大家都来打齐国。齐威王在位的前九年，史书上留下了一连串齐国挨揍的记录。

齐威王元年，三晋攻打齐国灵丘。

齐威王六年，鲁国攻克齐国阳关。

齐威王六年，魏国进攻齐国，打到博陵。

齐威王七年，卫国进攻齐国，攻取薛陵。

齐威王九年，赵国进攻齐国，占领甄城。

三晋揍齐国还说得过去，因为实力本来就比齐国强，可是鲁国居然也来凑热闹；鲁国凑热闹也就罢了，卫国这种三流国家也能在齐国攻城略地。真是把齐威王当成病猫了。那齐威王这九年都干了些什么事呢？这位仁兄啥事都没干。这么说也不严谨，田因齐同志还是干了四件事的，那便是吃、喝、玩、乐。如果田因齐同志继续这样下去，那等到他向老祖宗田完报到的那一天，他的谥号应该是"灵"或者"幽"。可是这位老兄的谥号是"威"，这说明事情发生了转机。

转机正是发生在齐威王九年。这一年春天，齐威王不知道是吃错了药还是受了啥刺激，突然召集各地长官开会。由于齐威王不理朝政已久，大家都不知道他葫芦里卖的是什么药。等各位长官到了齐宫大殿，却发现殿外摆着十几只大鼎，鼎下生着火，鼎里咕嘟咕嘟不知道煮着什么玩意儿。看样子八成是要请我们喝汤吧，大家心道，可是这么点儿人哪喝得完这十几鼎汤呢？

眼看着各地长官都到齐了，齐威王开始训话。他首先让即墨大夫出列，跟这位大夫说："自从你老哥就任即墨大夫的那天起，每天都有人在我耳边说你的坏话。可是我派人去即墨一看，荒地得到开发，百姓生活富足，官府也没有积压的公文。这说明老哥你干得不错，可惜你不太会做人，没有买通我的左右替你说好话。"说完当场嘉奖了即墨大夫，赏给这位大夫一万户食邑。

然后齐威王又让阿城大夫出列，对这位大夫说："自从你小子就任阿城大夫的那天起，每天都有人在我面前夸你。可是我派人去阿城一看，田野荒芜，百姓贫苦。前年卫国夺取薛陵，你居然都不知道。今年赵国攻打甄城，你也没派兵去救。就这样还有人说你的好话，那些人收了你多少钱？！"说完喝令武士把阿城大夫拿下，丢进殿外的大鼎里煮了。随即展开一份名单，一个名字一个名字地念下去。念完了，把名单往地上一摔，冷笑道："这些人都是说过阿城大夫好话的，统统给我拿下煮了！"武士照单抓人，不多时，殿外传来一片瘆人的惨叫声。原来大鼎是煮人用的啊！幸存的大夫们细思极恐，都偷偷地擦了一把冷汗。

处理完这些事，齐威王下令发兵。先向西进攻赵、卫，收复了甄城和薛陵。然后兵锋直指魏国，在浊泽大败魏军，围住了魏惠王。魏惠王吓得赶忙献出观城求和，赵国也把齐长城还给了齐威王。从此以后，齐国人都老老实实做事，踏踏实实做人，再也没有人敢文过饰非了。

经过这件事以后，齐威王开始励精图治。笔者强烈怀疑齐威王是听说过楚庄王的事迹的，只不过齐威王更能忍，楚庄王三年就一鸣惊人了，齐威王足足等了九年。齐威王在位时期是田齐的高光时刻，其实不止是齐国，战国七雄在这个时间窗都特别的热闹。

先看南方的楚国，楚国正处在两位最英明的君主楚宣王和楚威王统治时期。到底如何英明，不太容易描述。只说一个事实，楚国自楚庄王之后，只有这个时期能被称为盛世——宣威盛世。再说西方的秦国，秦国更是不得了，此时正是秦孝公执政。秦孝公重用商鞅，大力推行变法改革，国力直线上升。

然后看看三晋。赵国处在成侯和肃侯的统治时期，这两位没什么名气。可是到了齐威王后期，赵武灵王上台执政，这位老兄声名赫赫，应该不用笔者介绍了。很多读者应该都听说过他，他最大的功绩就是胡服骑射，将赵国的战力提升了一个等级。魏国相对平庸，处在魏惠王统治下。韩国也不算太出彩，处在釐侯和威侯统治下。历史上对两位记载不多，但是单看韩威侯谥号中的那个"威"字，应该也不是泛泛之辈。只有燕国稍微惨一点儿，正处在燕易王执政时期，这个国家马上要遭逢一场浩劫。

就算在这样一个强手如云的环境中，齐威王的表现依然非常抢眼。齐威王当政的时候，没有诸侯敢打齐国的主意，更别说攻打齐国了（前九年不算）。反倒是齐国主动出兵，坑了魏国两把，直接把一个超一流强国打成二流国家。田因齐同志能够取得这样的成就，离不开他的两个优点，那便是善于纳谏和重视人才。

关于纳谏这个事，可能大多数读者都读过那篇《邹忌讽齐王纳谏》，如果笔者没记错，应该是一篇初中课文。可能对于很多读者来说，初中已经是一个遥远的过去了，那现在笔者就跟大家一起重温一下这篇课文，顺便回忆一下中学那段美好时光。

《邹忌讽齐王纳谏》的原始出处是《战国策·齐策》，故事讲的是齐国的相国邹忌和国君齐威王。话说齐国的这位相国邹忌长得又高又帅，风度翩翩。这天早上，邹相国在照镜子的时候被自己的帅气震惊了，便问妻子："你看我跟城北徐公谁更帅呢？"妻子回答："当然是您帅啦！"徐公是当时齐国有名的美男子，已经成了帅哥的代名词。大家可能没见过徐公，但一定听说过徐公的大名，有点儿类似现在的吴彦祖。邹忌听了有点儿不大相信（看来还是有自知之明的），便去问小妾。小妾答道："徐公可没您帅气！"邹忌还是不放心。第二天有位客人来访，邹忌跟他聊完正事后随口问道："我和徐公谁帅？"客人说："徐公比不上您！"

又过了一天，徐公居然亲自登门拜访邹忌。邹忌细细打量了这位传说中的大帅哥，不由得自惭形秽。等徐公走了以后，邹忌拿起镜子来仔细对比，更觉得远不如人。晚上邹相国躺在床上就琢磨了，为啥我明明不如徐公帅，可是妻子、小妾和客人都说我比较帅呢？这个问题很容易想明白，因为老婆偏爱他，小妾惧怕他，客人有求于他呗。想明白了这个问题，邹相国第二天便去朝见齐威王。邹忌把事情大概跟齐威王讲了一下，然后对他说："齐地纵横千里，宫中的妃嫔没有不偏私大王的，朝中的大臣没有不畏惧大王的，齐地的百姓没有不有求于大王的。这样看来，您基本上听不到什么真话了。"齐威王赞道："您说得对！"于是下令："不管是当官的还是老百姓，能当面指出寡人过失的，受上赏；能上书劝谏寡人的，受中赏；能在大庭广众之下批评朝政，被寡人听到的，受下赏。"诏令刚刚颁布时，臣民们都来进谏，朝堂门庭若市。过了几个月，偶尔还有谏言上奏。一年之后，人们即使想进言，也没什么可说的了。燕、赵、韩、魏四国听说了这件事，纷纷来齐国朝见。齐威王这招可比百万雄兵管用多了。

关于重视人才这个事，我们其实可以从之前他奖赏即墨大夫那件事上看出来。但真正让齐威王爱才之名广为流传的，是他与魏惠王的一次对话。齐威王二十四年，齐威王与魏惠王在郊外打猎。可能是收获颇丰，两位国君开始愉快地聊天。魏惠王问齐威王："大王有宝物没？"齐威王说："没有。"魏惠王说："不可能吧？魏国这么小，还有能照亮前后各十二辆车的直径一寸的夜明珠十颗。齐国那么大，怎么可能没宝物呢？"齐威王说："大王这么说我就明白了，不过寡人对宝物的理解与大王有些不同。"魏惠王问："怎么不同了呢？"齐威王说："寡人有位大臣叫檀子，派他镇守南城，楚国人便不敢向东犯我边境，泗水沿岸的十二位诸侯都来朝拜。还有位大臣叫盼子，有他镇守高唐，赵国人便不敢到东边的黄河里打鱼。又有位大臣叫黔夫，让他守徐州，那么燕国人和赵国人便天天烧香磕头，祈求这位爷别去打他们。同时这兄弟还民望极高，他上任以后，搬家追随他的有七千多户。最后还有位大臣叫种首，由他负责公检法，那么齐国就道不拾遗。这些大臣都是光照千里的人物，岂止是十二辆车呢？"魏惠王听了十分惭愧，败兴而归。

◇孙庞斗智

　　齐威王善于纳谏、重视人才，这些都是齐国强大的必要条件。但是齐威王能够威震天下，凭借的却是他的武功。之前说过，齐威王出兵坑了魏国两次，直接把魏国从一个超一流国家打成了二流国家。这两场战争的实操者是一对黄金搭档，主将叫田忌，军师叫孙膑。这两人读者应该都不陌生，田忌赛马的故事早已经家喻户晓了。田忌是田氏宗亲，由于之前田常请宾客帮忙生儿子，其血统是否纯正不得而知。不过这不重要，重要的是田忌很能打，南征北讨的立下不少战功，很得齐威王赏识。

　　孙膑的人生则更为传奇，他是兵圣孙武的后代，齐国人。早年时期的孙膑曾经拜大名鼎鼎的鬼谷子为师，学习兵法，还有一个同门师弟叫庞涓。在师兄弟学艺的第三年，魏惠王招贤纳士，待遇优厚。庞涓是魏国人，听到这个消息不由得大为心动。鬼谷子是天下奇士，庞涓自忖这三年的学业已经足以让他天下无敌、扬名立万了，便向师父辞行。鬼谷子倒也没阻拦，庞涓就这样下山来到了魏国。

　　庞涓的判断还是比较准确的，魏惠王跟庞涓聊了一下，觉得小伙子是个将才，便让他统兵征战。庞涓的本事自然不是盖的，把周边的小国收拾了一遍，就是齐军的进犯，也被他打退了。魏惠王大为高兴，对庞涓委以重任，命为大将。穷小子庞涓从此鱼跃龙门，尽享荣华富贵。同所有一夜暴富的人一样，庞涓最担心的便是失去现在所有的一切，倒不是担心自己的本事不济，而是他知道这个世界上还有一个人本领比他还要高强，那就是庞涓的师兄孙膑。孙膑天分比庞涓高，学习比庞涓刻苦，最重要的是他是孙武的后人，被师父鬼谷子授以孙子兵法十三篇。现在孙子兵法随便百度一下便能搜到，那个时候可是不传之秘。也就是说，孙膑不出山还则罢了，一旦出山，也就没他庞涓什么事了。

俗话说怕什么来什么，正在庞涓为师兄出山问题愁得睡不着觉的时候，魏惠王召见了他。这是一次寻常的召见，魏惠王跟庞涓聊了聊最近的生活起居，又聊了聊军情动态。全都聊完了，庞涓起身告辞，却被魏惠王叫住了。魏惠王把玩着手中的如意，云淡风轻地问出了那个令庞涓心惊肉跳的问题："听说爱卿有个师兄叫孙膑，本事也不错。能让他下山，你们师兄弟共同辅佐本王吗？"该来的终于还是来了，庞涓心道。但是魏惠王既然已经开口，绝对不可驳他的面子。于是庞涓满口答应，表示自己这就写信召师兄下山。

接到师弟的信后，孙膑满心欢喜，收拾行李就来到了魏国。魏惠王见孙膑一表人才，谈吐不俗，本领似乎不在庞涓之下，大为欢喜，当场要任命孙膑为庞涓的副职。不需要面试一下吗？根本没必要，就凭庞涓的师兄、鬼谷子的高足这两个身份，孙膑便足以当起国家栋梁之名。然而让人没想到的是，一向唯魏王马首是瞻的庞涓这时却跳出来反对这项任命。他反对的理由是：孙膑是自己的师兄，本领又在自己之上，不太合适当自己的副职。那怎么办呢？庞涓建议魏王先让孙膑担任客卿（一个闲职，类似于顾问），等他有了战功以后，自己再把大将之位相让，自己给孙膑当副手。这个建议合情合理，魏惠王当即同意。师兄，你等不到立功的那一天了。庞涓心道。

庞涓决定给师兄孙膑挖个大坑，彻底解决自己的心头大患，但表面上，庞涓却对孙膑十分亲近。他不仅三天一小宴五天一大宴地招待孙膑，还对孙膑嘘寒问暖，无微不至地关怀师兄的饮食起居，生怕师兄有半点儿不习惯。一段时间过去，魏国上上下下都知道孙客卿有位好师弟。孙膑自己也十分感激庞涓，对他无话不说。

这一天，庞涓同往常一样跟孙膑拉家常。跟孙膑同窗这么多年，从来没有听孙膑讲过自己的身世，这让庞涓十分好奇。今天看孙膑心情不错，庞涓试探性地建议孙膑把父母兄弟接过来享享清福。没想到这句话戳到了孙膑的痛处，孙膑登时泪流满面。庞涓大惑不解，忙问缘由。孙膑擦干眼泪说，自己从小父母双亡，寄养在叔叔家里，只有两个堂兄孙平、孙卓，后来也断了联系。原来是这样，我知道了，庞涓心说。话聊到这里有点儿尴尬，庞涓好言安慰了孙膑，便匆匆告辞而去了。

又过了一段日子，突然有一名自称是丁乙的汉子造访孙府，来人一口山东口音，说是受人之托给孙客卿捎封信。孙膑疑惑地展开信，只见信里回忆了他儿时的一些往事，诉说了对孙膑的思念，并劝他早日回齐国任职，为国效力，落款是孙平、孙卓。信中的描述和来者的山东口音让孙膑不疑有他，他又惊又喜，立刻提笔给两位堂兄回信。在信中简述了自己这些年的经历，向叔叔和堂兄们问好，最后说自己在魏国任客卿，魏王和师弟庞涓对自己都非常好，所以不可妄言回齐国任职的事云云。待墨迹晾干，孙膑将信折了交给丁乙，并再三嘱咐一定要交到堂兄们手中，丁乙满口答应。

可是出了孙府，这位丁乙兄弟却没有去齐国，而是环顾四周无人，偷偷折进了庞涓的大将军府。你猜得没错，这个丁乙是庞涓派出的奸细，那封信自然也是假冒的。那天庞涓从孙膑处回家，套得孙膑的身世底细后，便设下了一条毒计。只见庞涓打开孙膑的信细细看完，然后冷笑一声，在一张帛书上模仿孙膑的笔迹把书信的前半段抄了一遍，却把信的末尾改成了自己一定寻个机会逃出魏国，回齐国任职，等等。这么一改，孙膑就从一个知恩图报的谦谦君子变成了忘恩负义的无耻小人。

庞涓满意地收好伪造的书信，第二天便进见魏惠王。他神神秘秘地让魏王屏开左右，然后掏出那封伪书给魏惠王看。魏惠王见过孙膑的笔迹，倒没有怀疑信是伪造的。可是他看完信并不生气，而是跟庞涓说："孙膑心怀故土，是不是因为寡人没有重用他啊？"可见国君就是国君，不仅胸怀宽广，而且极富自省精神。庞涓说："大王您想多了，当年孙膑的祖先孙武，为吴王立下那么大的功劳，最终还是回到了齐国。大王就算重用孙膑，他也还是心恋故国。孙膑的才能不在臣之下，如果归了齐国，那绝对是魏国的劲敌，不如杀掉他。"魏惠王摇头道："孙膑是寡人召来的，现在罪状未明便杀了他，天下人都会觉得寡人不重视人才啊！"庞涓无奈，只好说道："大王说得也对。这样好了，我再去劝劝这位师兄，如果他肯留在魏国，那大王给他加官晋爵；如果不肯，请大王把他交给我处理吧！"魏惠王答应了。

庞涓从王宫出来，立即去找孙膑。见到孙膑庞涓就问："师兄，听说你收到了家里的来信？真是可喜可贺啊！"孙膑是个实在人，竹筒倒豆子般把事情的来龙去脉说了一遍。庞涓听完说："师兄何不跟大王请两个月假回家看看哥哥，扫扫墓，然后再回来呢？"孙膑摇头道："这样不好，恐怕大王会起疑心。"庞涓却说："思念故乡是人之常情，师兄大可不必担心，尽管上表请假，我也会从旁相助的。"孙膑听了十分高兴，忙道："全靠师弟玉成。"

当天晚上，庞涓又跑去见魏王，跟魏王说："臣已经尽力劝阻了，可孙膑执意要走，而且对大王多有怨言。如果最近孙膑上表请假回齐国的话，请大王治他个私通齐国的罪名，然后交给臣处置吧！"魏王没有多说什么，点头答应了。第二天，孙膑的请假条递了上来。魏王这回终于怒了，在请假条上批示道："孙膑私通齐国，辜负寡人，削去官职，交大将军府问罪。"

众武士领命将孙膑押至大将军府，向庞涓宣读了魏王的旨意。庞涓假装惊讶，跟孙膑说："师兄这是被冤枉了啊！我这就去跟魏王解释。"说罢登车前往王宫。见了魏王，庞涓说："孙膑私通齐国是实锤了，但是罪不至死。不如把他膝盖挖了，这样他便不能到处乱跑，还能成全大王仁慈之名。您看如何？"魏王说："这样最好。"

庞涓得到魏王的许可后，驱车回府。见了孙膑，庞涓一脸无奈地说："魏王很生气，后果很严重。我苦苦相劝大王才答应免你一死，但是要把你膝盖挖掉以示惩戒。"孙膑叹道："也是命该如此，多谢师弟保全性命！"庞涓一挥手，下令武士行刑，然后背过身去。

被挖掉膝盖的孙膑心灰意冷，每天只能盘腿坐着，看着窗外发呆。那庞涓为啥不直接干掉孙膑一劳永逸呢？肯定不是顾念师兄弟情分，而是之前说过的，孙膑身怀孙子兵法的绝学。孙膑受刑之后，庞涓继续无微不至地关心他，还给他打气，说冤情一定会得以昭雪的，这让孙膑十分感动。等到孙膑伤势恢复得差不多了，情绪也平复了，庞涓便问孙膑有什么打算。孙膑摇摇头说自己废人一个了，还能有什么打算。庞涓劝道："师兄身负大才，冤情得雪后一定会被大王重用。"顿了顿又道："师兄养伤期间，如果身体条件允许的话，能否把孙子兵法十三篇写给师弟学习一下呢？"孙膑想了想，反正闲着也是闲着，万一自己不在了，能把祖上的孙子兵法传下去也好，便答应了庞涓。

庞涓大喜，马上给孙膑安排竹简。孙膑受刑之后，身体十分虚弱，每天只能写二三策。庞涓知道后大怒，忙让孙膑的侍者催孙膑快写。侍者可怜孙膑无辜受刑，很不理解庞涓为什么这么着急，就去问庞涓的近侍。近侍说："这你还看不出来吗？庞将军表面对孙客卿很好，实际非常忌惮他的本事，又垂涎他家的孙子兵法。等到孙客卿写完后，庞将军便会干掉孙客卿。"末了补了一句："这是机密，你千万别说漏了！"

侍者大惊，回去就告诉了孙膑。孙膑如梦初醒，事情的前后因果顿时想通，他万万没想到自己同窗多年的师弟竟然是这种人。

事情明了，兵法是万万不可以写了，但是不写恐怕庞涓当时就会加害，没办法，孙膑只好装疯卖傻，趁机把写好的竹简也烧了。至于装疯卖傻的细节，可能会引起读者的不适，便略过不表。反正像孙膑这样智商超群的人，演技也是一流的，庞涓很快被孙膑骗了过去，放松了对他的警惕。

庞涓自以为陷害孙膑的事做得十分隐秘，没人看得出来。可是他忘了中国有两句老话，第一句叫："若想人不知，除非己莫为。"另一句叫："世上没有不透风的墙。"这件事很快便传了开去，很不幸或者说很幸运的是，消息传到了齐威王耳朵里。齐威王一听说齐国还有这等奇才在魏国无辜受难，当即便要发兵相迎。田忌却说："大王您这样会害死孙膑的，庞涓既然不容孙膑在魏国出仕，更不会让他来咱们齐国，只怕得到消息就会对孙膑下毒手。"说完又与齐威王附耳低言了几句。齐威王一拍桌子，就这么办了。

计议已定，齐威王派人假借献茶之名，到魏国把孙膑偷运了回来。孙膑临走前将破衣烂衫都脱在井口边，造成自己投井自杀的假象。庞涓在井里没有捞到孙膑的尸体，但他认为孙膑已经疯了，是死是活并不重要了。孙膑就这样回到了齐国，庞涓很快便会得到他应有的报应。

庞涓当然没有感到危险将至，相反，孙膑的消失让庞涓感到了无与伦比的舒心。这世界上再也没有人比他强了，既然如此，那么是否得到孙子兵法已经不再重要。庞涓从此开启了大杀四方模式。

这一年，齐威王突然接到了赵成侯的求救，说是邯郸被魏军围了，危在旦夕，请求火速支援。不用说，魏军主将正是大将军庞涓。需要说明一下的是，魏军是当时各诸侯国中的最强武力。晋国人打仗本来就很猛，魏国继承了晋国的衣钵，军力也很强。但这不是关键，关键在于魏国在魏惠王的爷爷魏文侯的时候迎来了一位战神，这位战神便是大名鼎鼎的吴起。吴起的名号很多读者都应该听过，对于没听过的读者，笔者讲几个事实：

1. 吴起与兵圣孙武齐名，他俩的合传"孙子吴起列传"在《史记》中位居列传第五位，位于司马穰苴之后，伍子胥之前。
2. 吴起与孙武是能打仗的代名词，因为对一名将军的最高评价就是说他有"孙子吴起之能"。
3. 吴起镇守魏国的河西地区时，秦国人从来不敢到他的地盘上闹事，反倒是天天祈求吴起别来找他们麻烦。
4. 秦魏边境的秦国百姓，一般会拿吴起的名字来吓唬孩子。只要孩子啼哭不止，大人们就会吓唬他说吴起来了，这时候孩子肯定会马上停止啼哭，警觉地四处张望。
5. 吴起这辈子没打过败仗。

有这样的大神加盟魏国，魏军真是想低调都不行。吴起不但个人指挥能力出神入化，还给魏国训练了一支战力极为恐怖的武装——魏武卒。魏武卒是魏国的特种部队，选拔极其严格。需要士兵身披重甲，头顶重盔，拿着拉力为十二石的弩弓，背着装有五十支箭的箭袋，佩剑持戈，半天之内跑一百里。这还只是体能要求，其余的对格斗、射击、阵法等技能要求也极高。总之能通过选拔成为魏武卒的都是老A，兵王之王。这支特种部队的战绩是"大战七十六，全胜六十四，余则均解（平局）"。吴起正是带领这样一支军队把秦人打得跟孙子一样，夺取了秦国黄河西岸五百多里土地，秦人只能躲在华山以西的关中平原瑟瑟发抖。

吴起后来虽然遭到迫害离开了魏国，但是魏武卒和武卒制度却留了下来。庞涓率领的魏军中就有魏武卒的身影，魏武卒的战力加上庞涓的指挥，这正是魏军纵横诸侯未逢敌手的原因。这样的魏军攻打赵国，赵国肯定扛不住，于是赵成侯才会向齐威王求救。齐威王想都没想便答应了，一方面是因为最近几年魏国在诸侯间一直是横着走，想欺负谁就欺负谁，让齐威王很是看不过眼；另一方面是他知道孙膑的实力，有孙膑在还怕什么魏国。

齐威王想任命孙膑做大将，被孙膑拒绝了。孙膑的理由是任命一个受过刑的人做大将会让别国嘲笑齐国无人，于是齐威王便任命田忌为大将，孙膑做军师。孙膑把自己隐藏在带有帐篷的车里，暗中出谋划策，他不想过早让庞涓知道自己还活着。师弟，当初欠我的，现在该还给我了吧！

田忌下令全军火速奔赴邯郸，却被孙膑制止了。田忌疑惑道："不去救赵了吗？""赵是一定要救的，不过救赵不一定去邯郸。"孙膑说。"那去哪里？"田忌问。"去打魏都大梁。"孙膑答。看着一头雾水的田忌，孙膑解释道："两个人打架，您去劝架，冲过去抓住两人的拳头不是最好的方法。魏国攻打邯郸，一定是投入了大部分精锐，这样大梁城的守备必然空虚。我们进攻大梁，庞涓必然会回师救援，到时候我们就在他们回师的必经之路上以逸待劳地等着他们就行。"田忌恍然大悟，立即下令兵发大梁。

要说这庞涓还是有两把刷子的，齐军刚到大梁，邯郸城便被他攻破了。大梁城里的魏惠王听说自己被齐国大军围了，大惊失色，急忙派人去邯郸命令庞涓回师相救。庞涓刚坐下来喝口水，就接到了魏王的命令，说是齐国十万大军兵围大梁，让他火速救援。庞涓一口水喷了出来。其实在庞涓眼里，齐军全是怂兵熊将，要是在战场上遇到，庞涓一点儿都不怕。可目前大梁全是老弱残兵，齐军人多，要是真把大梁拿下了，自己有十个脑袋也不够砍的。没办法，庞涓立刻集合部队，回师大梁。

孙膑知道庞涓回师后，让田忌撤围大梁，北上至桂陵设下埋伏。桂陵在山东菏泽，今天菏泽市曹州牡丹园的东区还有桂陵之战纪念碑亭和千年桂陵古井。齐军到达桂陵之后，孙膑便让将士们好好休整，吃吃烧烤唱唱歌。与之形成鲜明对比的是庞涓的魏军，特种兵魏武卒刚刚拿下邯郸，热饭都没吃一口，就奉命火速回援国都。魏武卒是人不是铁人，是人就要吃饭休息，像这样连续高强度的运动，就算魏武卒战力强悍也扛不住了，很多武卒是在咬牙苦撑而已。就这样，风风火火又疲惫不堪的魏军开到了桂陵。孙膑没有多废话，直接让齐军发动冲锋。战争的过程不用描述，结果不难预测，魏军全军崩溃，庞涓只带少数亲军逃离战场。

山东菏泽桂陵之战纪念碑亭（涂安琪 绘）

吃了这么大的亏，庞涓丝毫没有想到是师兄孙膑在背后捣鬼，只觉得是个巧合，被齐国人从背后捅了一刀，心里还暗下决心，下次在战场上正面交锋，一定饶不了这帮瓜怂。庞涓记吃不记打，继续在列国间横行。这位庞兄多年来东征西讨，威风八面，不知道他可曾想过为什么要打仗。也许是想过的，答案也很简单，那便是为了保住自己大将军的地位。庞涓可以这么想，但是魏惠王作为一国之君是绝对不可以这么想的。一个国家一定要有正确的政略，由政略去指导战略，通俗地说就是打仗为了啥一定要清楚。

春秋时期晋国打仗是为了争霸，所以楚国要问鼎中原，晋国就收拾楚国；齐国要争夺霸主之位，晋国就把他打服；魏文侯时期魏国打仗是为了赢得良好的发展环境，所以魏国要打秦国，拿下河西之地，给自己增加战略纵深。而同为三晋的赵国和韩国，魏文侯会搞好关系，三晋一心，则国际上没有哪个国家敢打他们的主意。到了魏惠王，这位仁兄好像是为了打仗而打仗，那就不用想那么多了，谁弱打谁就行。谁弱呢？赵国和韩国，所以庞涓这些年基本是逮着这两个国家坑。

在桂陵之战的十三年后，庞涓率大军包围了韩国都城新郑，想把韩国从地图上抹掉。韩釐侯见魏国大军来势汹汹，忙向齐国求救。齐威王当然不会坐视魏国把韩国灭掉，成为自己的劲敌。于是再次派出田忌和孙膑组合，救援韩国。田忌经过桂陵之战后，已经学聪明了。军队一开出临淄，田忌就跟孙膑说："这次咱们还是直奔大梁呗？"孙膑微笑着点点头。

庞涓休养生息十三年，元气刚刚恢复，就直扑韩国。刚把新郑围上四面攻打，便传来消息，说是大梁又被齐军围了。庞涓气得一佛出世二佛升天，心说齐国这帮兔崽子也太没礼貌了，上次被他们阴了一把还没找他们算账，这次又来了，一定要杀他们个片甲不留。想到这儿，庞涓当即下令回兵。

孙膑听到庞涓回师的消息又撤围东去，继续打埋伏吗？埋伏是要打的，不过孙膑想玩点儿花样。在齐军撤退的第二天，孙膑突然下令："全军只许起一半的炉灶。"意思就是原来五人一灶，现在十人一灶，邻伍并灶而食。这是什么意思？全军上下包括田忌在内都不解其意。孙膑却笑而不语，说是自有用处。鉴于孙军师一向料事如神，齐军还是忠实地执行了孙膑的命令。谁曾想到了第三天，孙膑又下令："全军再减一半的炉灶。"也即是二十人才允许起一个灶。这便有点儿困难了，二十个人一锅，吃不饱肚子咋办？大家疑惑地向孙军师请示。孙膑笑道："我又没说只让你们煮一锅，一锅吃不饱煮两锅，两锅吃不饱煮三锅，分批就餐就行了啊！"大家一头雾水地回去，心说多开点儿灶不行吗？非要这么麻烦干吗？疑惑归疑惑，军令还得执行。大家匆匆忙忙地吃完饭，继续赶路。孙膑看着冒烟的灶群，心道："师弟，这是师兄留给你的礼物。"

庞涓真的是气死了。他风风火火地赶回大梁，却发现齐军又溜了。不给你们这帮兔崽子点儿颜色瞧瞧，你们就不知道马王爷三只眼！庞涓气急败坏地下令追击齐军，追上以后格杀勿论。第一天，魏军赶到齐军的营地，发现齐军早已人去营空，只留下一堆冷灶。庞涓围着营地转了一圈，下令清点灶数。不多时，军士回报："共计两万灶。"庞涓屈指算算，五人一灶，也就是齐军共有十万人马。第二天，魏军继续追赶，结果跟第一天差不多，又是齐军人去营空。庞涓再次下令清点灶数。这次军士回报："共计一万灶。"庞涓喜道："齐人胆怯，不过一天就有一半的齐兵逃亡了！"第三天，魏军又扑了个空。这回的灶数只有五千。庞涓再也按捺不住激动的心情，大声下令道："步兵留下清理战场，所有骑兵上马，只带三日干粮，与我追上这帮齐国胆小鬼！"

这边齐军在孙膑的指挥下撤到了一处叫马陵道的地方。这条古道夹于两座山丘之间，山上树林茂密。孙膑命令把树木砍倒，阻塞古道，然后把一棵树的树皮刮去，露出白白的树干。孙膑提笔在树干上写下:"庞涓死于此树下,孙膑示。"做完这一切后,孙膑吩咐手下将官,黄昏时分,但见树下有火光,便朝火光处万箭齐发,随后冲下去收人头。说完找地方睡觉去了。

孙膑已经为庞涓打开了地狱之门,庞涓却毫不知情,还快马加鞭地朝着这扇大门狂奔,这情形像极了当初庞涓给孙膑挖坑。庞涓的骑兵紧赶慢赶,终于在黄昏时分赶到了马陵道,孙膑所料丝毫不差。到了马陵道之后的庞涓却发现,道路被砍倒的树木堵住了。这让庞涓不怒反喜,砍树阻道,说明齐军心虚得紧,所以只要追上他们就必胜无疑。想到这里,庞涓忙下令搬开树木,继续前进。不多时,一名军士来报,说发现一棵树被刮了树皮,上面好像还写了字,甚是诡异,请大将军前往查看。庞涓到树前一看,果然如此,白花花的树干上似有字迹,但是天色已晚,看不大清楚。于是他下达了这辈子最后一道命令:"取火把来!"

在火光的照映下,庞涓终于看清了那几个字,不禁惊呼中计。话音未落,只听一声梆子响,箭如飞蝗。身边的魏兵纷纷倒地,一时间惨叫声、马嘶声、羽箭破空声响成一片。不多时,箭雨停了,漫山遍野地响起了齐军的喊杀声。庞涓知道自己彻底栽了,叹道:"成就了孙膑这小子的名声啊!"说完拔剑自刎。魏军全军覆没。

马陵之战蚀了魏国的老本,不仅精锐被歼,大将自尽,太子魏申也被俘虏了。从此之后魏国一蹶不振,直至亡国。齐威王有此功业,也对得住他谥号中的那个"威"字了。然而金无足赤,人无完人,齐威王晚年的时候发生了一件事,这件事给齐威王熠熠生辉的一生留下了小小的污点。

　　事情是这样的。前文提到的那位帅哥相国邹忌，虽然很有才华，但是人品却不咋的，尤其是跟性情耿直的田忌很是不对付。下面的人知道这一点，投其所好，给邹忌出了个损招。田忌在桂陵之战和马陵之战后名声大噪，成了齐国家喻户晓的大英雄。这一天，临淄城最有名的算命馆来了一位客人。这位客人衣着华贵，出手阔绰，还特别高调。一进门就大喊自己是田忌的人，然后让手下抬进来十斤黄金。馆主吓了一跳，忙问来客所测何事。客人大剌剌地说："我们田大将军三战三胜，威震天下，想测测做大事的话，是吉是凶？"此言一出，不仅是馆主，馆中所有的人都大惊失色。田忌官拜大将，已经是位极人臣，他所说的做大事指的是什么，不难理解。这可是要掉脑袋的事啊，馆中人纷纷掩耳疾走，偌大的算命馆只剩下了馆主、来客和两位随从。

　　还没等馆主从惊愕中回过神来，来客便哈哈大笑道："馆主好好替我家主人算算，三日之后，来大将军府告诉我们结果。"说完拱了拱手，飘然而去。馆主看着厅中黄澄澄的十斤黄金，感觉像是在做梦。不多久，梦就醒了。一队官兵冲了进来，把馆主团团围住，声称接到举报说有反贼光天化日之下在命馆行大逆不道之事，要他交出反贼。馆主真是百口莫辩，只能说反贼已经走了。官兵哪里肯信，当即把馆主拿了去见齐威王。是的，你没猜错。那位华服客人正是邹忌派人假扮的，官兵也是早就准备好的，整个事件都是邹忌这家伙自编自导的一出戏。

　　然而这场戏演得实在是太过拙劣，漏洞明显得不能再明显。

就算田忌真的决定造反，也不会蠢到拿着大喇叭满大街宣扬。以齐威王之英明，自然也不会相信这出闹剧。所以田忌其实大可不必担心，到时候当堂对质，要求揪出幕后黑手，从而把邹忌扳倒也不是不可能的事。可是田忌没这么做，不知道是被气糊涂了还是智商真的不在线，他选择了一种最笨的方法：发兵攻打临淄，捉拿邹忌。造反的罪名就此坐实。看来邹忌对田忌十分之了解，也能推断此时孙膑并不在田忌身边，可能是归隐去了。田忌率部众攻打临淄，当然是取胜不了的，却闹得临淄满城风雨，都说大将军田忌造反了。田忌无奈，只好逃去了楚国。

这件事看上去跟齐威王没有半毛钱关系，但实际情况却并非如此。邹忌这等嫉贤妒能的人能够窃居相国之位如此之久，齐威王是不是有失察之责呢？齐威王的故事到此便结束了，齐国还将在四代齐王的统治下绵延近百年。然则，威王之后再无威王了。

番外

● 子之之乱

前文说到，齐威王在台的时候燕国正处在燕易王执政时期，而这个国家即将遭逢大劫。这里就讲讲燕国的这场劫难。之所以要讲燕国的这场劫难，是因为这场劫难与后面要讲的齐国的一场大劫有关，前后因果，不得不交代清楚。

燕易王比齐威王早去世一年，燕易王去世后，儿子姬哙即位，史称燕王哙。姬哙同志年纪也不小了，却非常单纯，属于满脑子童话的那种人。这种人很容易被忽悠，如果所处的环境简单一点儿还好，偏偏姬哙同志所处的环境非常复杂，周围都是想坑他的人。

这些想坑姬哙的人不是想骗点儿赏赐，或者骗个官职，而是想骗姬哙让位给一个人，从而使自己获得更多的赏赐和更高的官职。这个人叫姬子之，时任燕国国相。姬子之处事果断，赏罚分明，很得下属拥护。大家觉得跟着子之这样的领导要远比跟着姬哙同志有前途，于是就想让姬哙给子之腾个位子。

虽然姬哙同志天真烂漫，但是直接开口让他让位好像也不是回事，那便只能忽悠他，要他主动让位了。忽悠一个君王主动让位，在中国五千年的历史上，是一件骇人听闻、难度系数高到近乎不可能的事。不仅非常难，而且非常危险。如果有大臣胆敢尝试，一般会有两种可能：1. 杀头，2. 灭族，视君王当时的心情而定。因为绝大多数君王都知道这样一个道理：君王的王位与其生命是高度绑定的，如果失去王位，也就命不久矣。姬哙同志就属于那极少数人。很不幸的是，这一点被臣子们发现了，于是大家便开始忽悠他，还是组团忽悠。

首先出手的是苏代。苏代是苏秦的弟弟，苏秦是一个知名度高到不用笔者介绍的人，他其实还有一个身份：子之的亲家，这样便很容易理解苏代为何要替子之说话了。苏代时任齐国国相，此次奉命出使燕国。燕王哙热情款待了苏代，然后问了苏代一个问题："齐王这个人怎么样？"苏代答道："不咋的，肯定不能称霸。"燕王哙问："为什么呢？"苏代回答："因为他不信任他的大臣。"燕王哙看了子之一眼，若有所思地点点头。从此，燕王哙完全信任子之。真是好忽悠啊！

这还不算完。不多久，一位名叫鹿毛寿的大臣也出手了。鹿毛寿这老头子坏得很，他给天真无邪的燕王哙讲了个故事。故事的主角是尧，说尧曾经把天下让给许由，但是许由没有接受，因此尧有了让天下的美名却没有失去天下。故事讲完，鹿毛寿劝燕王哙道："如果大王把国家让给子之，子之也一定不敢接受，那样您不就跟尧一样有让天下的美名了吗？"燕王哙觉得很有道理，就把国家托付给子之。子之确实没敢接受，但是地位却益发尊贵起来。

忽悠还没有结束。又有大臣跟燕王哙说："当年大禹把天下传给伯益，却任用儿子启的臣子当官吏。等大禹死后，启与同党攻打伯益，夺走君位。天下都说大禹这是名义上把天下传给伯益，实际让儿子自己夺回天下。现在大王名义上把天下托付给子之，大臣却都是太子的人，这跟大禹的做法不是一样的吗？"燕王哙听了以后，便将俸禄三百石以上的官吏的任免权交给了子之。不多久，朝堂之上全都是子之的亲信了。这些亲信联名上书，要求燕王哙让出王位。这样，姬哙不得不交出王位，自己成了子之的臣子。

燕王哙被人组团忽悠，还是有很多人看不下去的，其中最不能忍的是燕太子平。太子平是燕王哙的长子，当他听说父亲把王位让给子之的消息后就蒙了："您老人家脑子秀逗了不想当王，我可怎么办呢？"满腔愤懑的太子平找到了将军市被，准备干掉子之。子之也确实不是东西，当上燕王后，胡作非为。不到三年光景，把燕国搞得乌烟瘴气。诸侯们都觉得燕国最终还会是太子平的，于是齐宣王便派使者找到太子平，表示愿意支持他夺回燕国大权。

有了齐国撑腰，太子平顿时有了底气。他跟市被联手包围了王宫，攻打子之。子之虽然昏庸无道，却是武将出身，打仗是一把好手。太子平联军攻打多时，竟然没能拿下。眼见王宫久攻不克，市被居然反水了，他率领本部兵马反攻太子平，想在子之那里捞一个将功赎罪。太子平见市被倒戈，悲愤交加，与市被以死相拼，竟然跟市被双双战死了。

消息传到齐国，齐宣王采取孟子的建议，以匡章为将，派兵入燕平乱。燕国上上下下都恨透了子之，齐国这次出兵是以讨伐子之，为太子平报仇的名义，所以燕兵全都打开城门不做抵抗。齐军一路势如破竹，到了燕都蓟城，子之发兵相抗，大败亏输，子之本人和那位天真的燕王哙也被齐军抓住杀了。

燕国人本来以为齐军是燕国的解放者，没想到他们却是侵略者。燕王哙和子之死了之后，齐国却没有撤军的意思，反倒留在燕国作威作福。燕国人民真是才出虎穴又入狼窝，苦不堪言。齐军赖在燕国不走，相当于把燕国吞并了，这种情况是诸侯不能容忍的。由于齐国目前打的旗号是维持燕国秩序，各国也不好出兵干预。但是不出兵不意味着没办法赶走齐国人，赵武灵王的脑子比较好使，他只把一个人送到了燕国，便彻底赶走了齐国人。

是谁这么猛，仅凭一己之力赶走了几十万齐军？是个吕布似的无双猛将吗？不是，是个文质彬彬的书生，但是身份比较特殊，此人便是太子平的弟弟，燕王哙的儿子姬职。子之之乱的时候，姬职同志正在韩国当人质。子之之乱后，爸爸和哥哥全没了，赵武灵王便派兵护送姬职同志回国即位，是为燕昭王。燕昭王即位后的第一件事就是发动燕国军民起来反抗齐国侵略，齐军顿时陷入燕国人民战争的汪洋大海，不得不撤军回国。

● 千金买马骨

　　燕昭王即位后，矢志向齐国复仇。这不是一件容易的事。要知道，燕国的国力一向不如齐国，几百年来都是被齐国随意欺负的存在。再加上刚刚遭遇浩劫，国力更是衰退得厉害，照这个架势，能够自保就不错了。可是燕昭王不信邪，他认为齐国人也是人，都是俩肩膀扛一个脑袋，凭什么只能齐国欺负燕国？

　　要复仇就要提升国力，要提升国力，首先要招揽人才。燕昭王拿出丰厚的聘礼来招募贤才，他听说燕国有位贤者叫郭隗，很有名气，便亲自去拜访他。见到郭隗后，燕昭王开门见山地问："齐国乘人之危，破我燕国，杀我父亲。我想报仇雪恨，愿拜先生为军师，如何？"郭隗呵呵一笑，说道："大王求贤之心可以理解，但是老夫已经老了，大王需要比老夫更有才能的人辅佐，才能完成复仇大业。"燕昭王问："那到底怎样才能找到这样的贤才呢？"郭隗没有正面回答，而是给燕昭王讲了个故事。

　　话说古时有位国君特别喜欢千里马，花千金求购，可是寻访三年都没能买到。有个近侍见状便跟国君说："让我去买吧。"国君同意了。三个月后，这个近侍果然找到了千里马，可惜马已经死了。近侍还是花了五百金把马骨买了下来，然后回国复命。国君怒道："死马有什么用？白白花了五百金！"近侍胸有成竹地跟国君说："大王您花重金买马骨的事情已经传开了，天下人都知道您爱马如痴，对于死马尚且肯花五百金，更何况活马呢？您放心，不多久便会有真正的千里马送来的。"果然，不到一年时间，就有三匹千里马被进贡给国君。

　　故事讲完了，郭隗指着自己说："老夫便是马骨。"燕昭王瞬间明白。没过多久，一座黄金台拔地而起，燕昭王邀请郭隗登台，隆重地拜郭隗为师，待遇优厚。又过了不久，天下英才都来投奔燕昭王，其中最有名的是魏国人乐毅。乐毅的名气非常之大，不

河北保定市定兴县黄金台遗址（王永兴 摄）

仅在《史记》中有单独的列传，还与管仲并称为管乐。后世的诸葛亮在成名之前便经常称自己有管乐之才。乐毅最终会帮助燕昭王完成复仇大业，并成为齐国人的噩梦。最后再补充一句，燕昭王建的黄金台也叫招贤台，其遗址就在河北保定市定兴县。

八百年传奇的悲情落幕

齐威王去世后,儿子田辟彊即位,是为齐宣王。从谥号可以看出,齐宣王是位不错的君王,但是比父亲齐威王还是差一些。到了齐宣王的儿子齐湣王即位,情况就不一样了。谥法有云:在国逢难曰湣。齐湣王在位期间,齐国确实遭逢了一场大难。齐国的这场大难堪比燕国的子之之乱,而事情的起因正是子之之乱。

前文说过,燕昭王即位之后,一直想报子之之乱时齐国趁机灭亡燕国的一箭之仇。经过郭隗的指点,燕昭王招来了顶级人才乐毅。乐毅的到来让燕国的军力直线上升,已经具备向齐国寻仇的实力了,只是缺一个机会。这个机会在前287年的时候终于来了。

前287年,齐湣王发兵灭了宋国,这个享国八百多年的古老国家终于成为历史。齐湣王吞并宋国,引起了各诸侯国的恐慌。各个国家打了这么多年仗,已经形成了一种微妙的平衡,任何一种打破平衡的行为都会引起连锁反应般的震荡。诸侯国们觉得,吞并了宋国后的齐国过于强大了。乐毅敏锐地捕捉到了这一点。他跟燕昭王说:"复仇的机会来了,只要鼓动诸侯各国联合攻齐,齐国必亡。齐国一亡,最得益的还是燕国。"燕昭王觉得有道理,便派人去各国串联。结果赵、魏、韩、秦、楚五家积极响应,连同燕国自身,共六国联军,以乐毅为统帅,从齐国的西北边境如泰山压顶般杀入。

齐湣王看到战报倒不慌张,派兵渡过济水迎敌。齐湣王的淡定是有资本的，自己刚灭了宋国，势力如日中天，而联军的头羊燕国三十多年前差点儿被齐国灭了。短短三十年的时间，你还成精了不成。齐湣王真的是大意了，三十年的时间可以改变很多事情。现在的燕国已经不是当年的那个燕国了，现在的燕军是一支复仇之师。最可怕的就是复仇之师，齐军很快便会尝到厉害。渡过济水的齐军发现气氛有些不对，一向散漫的燕军正军容壮盛地等着他们，眼神像是看着即将到手的猎物。没等齐军多想，燕军就发动了冲锋。不可一世的齐军被冲得七零八落，被赶到济水里淹死的不计其数。

乐毅率领燕军长驱直入，其他国家的部队则分头劫掠齐国边境的城邑。齐湣王明显没料到燕军来势会如此凶猛，连夜弃临淄而逃。临淄城被燕军攻陷，齐国的宗庙宫室被付之一炬，金银财宝尽数押运回燕国。到这个地步，燕昭王可以说是大仇得报了。但是乐毅并没有打算放过齐国人，本着除恶务尽的原则，乐毅一路尾随追击齐军，并于沿途攻城略地。齐军一溃千里，共有七十多座城被燕军占领，所剩的只有聊、莒和即墨三座城。

齐湣王见形势不对，连夜逃到了卫国。按说你一个落难君王，就低调老实点儿呗。齐湣王偏不，国家都快被人灭了还要耍大牌。卫国人可不惯齐湣王这臭毛病，直接把这位兄弟赶了出来。卫国待不下去了，齐湣王又跑去邹国和鲁国。都已经被人赶出来一次了，该吸取点儿教训了吧。可齐湣王依然颐指气使，不出意外，这位老兄又被邹国和鲁国赶了出来，没办法只好跑到莒城暂时栖身。

在莒城，齐湣王终于盼到了援军——楚将淖齿奉命援救齐国。

齐湣王像迎接救星一样把淖齿迎进了莒城，没想到的是，齐湣王的这个举动竟然断送了自己的性命。淖齿第一次见齐湣王就对这个愚蠢又狂妄的昏君没有一丝好感，居然自作主张，列举了齐湣王的十大罪状把他给弄死了。然后率军出城，同燕军一起瓜分齐国的土地和宝物，趁火打劫。这应该是齐国历史上最黑暗的时刻，全天下都在与齐国为敌。如果齐国就此灭亡，那也没什么值得惊讶的。可是老天爷并不想让齐国就此谢幕，所以他给齐国安排了一个救星，助齐国转危为安。

◇田单复齐

时间倒回到燕军进攻临淄时，此时齐湣王已经逃走，临淄城一片混乱。许多大户人家不清楚燕军的意图，所以犹豫要不要逃离临淄。一名身材瘦小的男子大踏步走入家中，大声吩咐家人收拾细软，立即出城。这名男子叫田单，时任临淄的市场管理员（市掾）。田单虽然是王室的远亲，但在满城富贵的临淄城实在是个很不起眼的角色。他判断燕军此次为复仇而来，断不肯善罢甘休，留在临淄城便是等死，就带着家人逃到了安平。

安平离临淄很近，田单带领家人在此稍做休息。在休息期间，田单让家人干了一件匪夷所思的事，那就是把车轴锯短，然后在车轴两端包上铁皮。大家都不明白田单这是要干什么。很快传来消息，燕军即将进攻安平城。城内臣民纷纷夺路而逃，由于慌乱，道路被堵塞，大家你挤我我挤你，很多人因为车轴太长被别断没有跑出去，被燕军俘虏了。唯有田单家因为对车轴做过特殊处理，一路顺顺利利地逃到即墨。

前文说过，齐国未被燕军占领的只有莒城和即墨。莒城并未失守，是因为齐王室所在，军民拼死抵抗；即墨没有失守，则是因为田单。田单到即墨不久，燕军就尾随而至。即墨大夫很勇敢地出战，当场战死，这样即墨便成了无主之城。燕军大兵压境，没个首领也不是办法，于是大家想到了田单。市场管理员田单同志之前未雨绸缪，成功从安平逃脱的事迹流传很广，大家觉得田单这小伙子可能不懂军事，但是脑子一定很好使，好赖就是他了。

事实证明，别管懂不懂军事，脑子好使就足够了。田单上任后，坚守不出，先稳住阵脚，再慢慢等待战机。经过观察，田单发现乐毅是个非常厉害的对手，能够在短时间内拿下齐国七十余城，绝非幸致。之所以没拿下莒城和即墨，应该是怕这两座城的军民做困兽之斗，徒增燕军伤亡。还有一点就是，这两座城已经是孤城了，只要困个三年五载的，等到城中粮尽，自然可以不战而胜。应该说乐毅的这个想法是没毛病的，但是他忘了中国有句古话叫夜长梦多，你围困的时间越长，变数越大。

前282年，一个重大变数出现了：礼贤下士，全力支持乐毅的燕昭王去世了，燕昭王的儿子燕惠王即位。燕惠王在做太子的时候便跟乐毅不太对付，这个信息被田单敏锐地捕捉到了。于是田单派人到蓟城大肆宣扬，说乐毅之所以不拿下莒城和即墨，是想借机滞留齐国，收买齐地人心，以便自己做齐王。还说齐国人最怕燕国再派一个将军来，那样莒城和即墨一定完蛋。燕惠王相信了这些谣言，派骑劫接替乐毅统率燕军。乐毅在燕军中极有威望，燕惠王的这次临阵换帅很不得军心，燕军士卒都愤愤不平，士气受到很大影响。这只是田单的第一手棋。

在骑劫上任后不久，田单又下达了一道诡异的命令，让即墨军民在吃饭前必须用食物在庭院中祭祖。这样每到饭点便会有大量的飞鸟在即墨城上空盘旋觅食，燕军对此感到很奇怪，田单却令人散布说："飞鸟临城是神助即墨的象征。"为了把戏做全套，田单还宣称会有神人降临，指导即墨军民守城。有一位士兵随口说了一句："我就是那位神人啊。"田单便弄假成真，真的拜这名士兵为师，以后每有命令都说是出自神人授意。这一顿操作下来，不仅燕军相信了齐人有神人相助，就是即墨军民自己也笃信有神灵保佑。

即使是这样田单依然觉得不够，为了彻底点燃即墨军民的抗战热情，田单又在燕军中散布谣言，说齐军最怕燕军用割掉鼻子的齐军俘虏打头阵攻城，还说齐军最怕燕军刨即墨城外的齐军祖坟。智商掉线的燕军一一照办。当城内齐军看到自己的同胞被割掉鼻子、自己的祖坟被刨的时候，无不痛哭流涕、同仇敌忾，纷纷要求跟燕国人拼了。

田单见齐军士气高涨，知道决战的时候到了，便下出了他最关键的也是最后一步棋。这一天，燕军大营外出现了一队衣着华贵的人，身后是数车财货，领头一人上前作揖，说是要求见主帅骑劫。骑劫接见了他们。这队人自称是即墨城中的富商代表，因为知道即墨城不久便会投降，所以提前跟燕军打个招呼，希望燕军入城以后对他们这些富户手下留情。说完把带来的礼物奉上，是一千镒黄金。不仅如此，这些人还向骑劫透露了投降的具体日期。骑劫大喜过望，愉快地收下了黄金，然后开始等待即墨城投降的日子。很快，燕军上下都知道即墨城即将投降，全部沉浸在轻松愉悦的气氛中。

很明显，这队所谓的富商代表是田单派去麻痹燕军的。与燕军的轻松愉悦形成鲜明对比的是即墨军民的紧张备战，田单知道这是他最后的机会，所以丝毫不敢大意。他在城内征集了一千多头牛，给牛披上画有五彩龙纹的缯衣，在牛角上绑了锋利的尖刀，牛尾上绑了浸过油的芦苇。除此之外，田单又让人在城墙根处挖了几十个洞。这些洞并未把城墙打穿，而是留了数寸，所以从城外根本看不出来。一切准备就绪后，田单开始养精蓄锐，等着那一天的到来。

这一天终于来了。黄昏时分，燕军士兵全都拥到军营外，准备见证齐军投降的时刻。到了约定的时间，燕军惊奇地发现，即墨城的城门并没有打开，城墙上却突然冒出了几十个大洞，从洞里钻出了千余头牛。正当燕军看得一头雾水的时候，这些牛的尾巴被人同时点着，千余头牛嘶叫着狂奔向燕军，地动山摇。牛群后跟着五千名齐军勇士，赤裸着上身。燕军大惊失色，被牛群冲得溃不成军，牛角所触，非死即伤。混乱中主帅骑劫也被捅死。燕军四散奔逃，齐军乘胜追击，燕军主力就这样被田单的火牛阵报销了。燕军主力被歼的消息传遍齐地，被占领地区的齐人纷纷起来响应田单，燕军终于被驱逐出齐国国境，齐国成功复国。

田单这边顺利地歼灭了燕军主力，莒城那边齐人也另立了新君。新君便是齐湣王的儿子田法章，史称齐襄王。齐湣王被杀的时候，场面极其混乱。田法章同学为了自保流落民间，改名换姓，在莒城太史敫家当仆人。要说这姓名可以改，但是相貌气度却改不了。太史敫的女儿从见到田法章第一面起就觉得他不是一般人，所以经常给他送吃送穿。后来莒城军民在王孙贾的带领下杀了淖齿，拥立田法章为君，太史敫的女儿自然就成了王后，史称君王后。齐襄王五年的时候，田单彻底赶走了燕军，齐襄王回到临淄主持朝政，田单被封为安平君，任齐国国相。

齐国经过这场险些灭国的大劫之后，落下了两个后遗症。第一是国力一直没有恢复，再也不复齐威王时代的风光了；第二是齐国再也不相信其他诸侯国，觉得他们都是坏人。齐襄王即位十九年便去世了，他和君王后的儿子田建即位，是为齐王建。齐王建执政时期，秦国已经彻底崛起了。赵、魏、韩、燕、楚五家都意识到如果不联手，极有可能被秦国逐一灭掉，但是齐王建不这么想。首先是齐国离秦国最远，怎么打也打不到自己头上；其次在齐国眼里，赵、魏、韩、燕、楚五国和秦国都不是啥好东西，他们之间掐架属于鬼打鬼，自己乐得作壁上观。

其实齐王建完全错了，所谓没有永恒的朋友，也没有永恒的敌人，只有永恒的利益。齐国是被其他六国联手欺负过，但是在崛起的秦国面前，齐国和赵、魏、韩、燕、楚才是真正的盟友，齐国唯有全力支援五国，才能够延续国祚。不过说这些已经没什么意义了，因为赵、魏、韩、燕、楚五国自身也并不团结。齐王建四十四年（前221年），五国悉数被灭，秦国大军从齐国的北部边境发动了突然袭击。齐军无力抵抗,齐王建投降,被迁到共城活活饿死。享国八百余年的齐国从此灭亡,这回再也没有田单可以复国了。

本章参考书目:《史记》《韩诗外传》《资治通鉴》《战国策》《说苑》《东周列国志》,宣兆琦、杨宏伟:《齐国史话》,李玉洁:《齐国史话》,王阁森、唐致卿:《齐国史》

晋国风云：十大家族的恩怨情仇

春秋时代，晋国是一个举足轻重的诸侯。论历史，晋国的历史几乎与周朝一样长。论地位，晋国的开国君主是周成王的亲弟弟，是个侯爵国。论影响力，晋国在春秋时期称霸百余年。只要讲春秋史，就绕不开晋国。论地理位置，这个要好好解释一下。围棋里有金角银边草肚皮的说法，在历史地理中也一样。自周朝以来三千多年的历史中，称得上金角的地盘有两块：关中平原和东北平原。只要占据了这两块地，退可守家园，进可图天下。中国历史上第一个封建王朝秦朝就是占据了关中平原，最终统一中国；最后一个封建王朝清朝则是占据了东北平原，最后席卷天下。

能称得上银边的地盘只有一块，那就是山西。山西自古被称为表里山河，是形容他外有黄河，内有太行，地势险要。其实远没有这么简单，山西的西边是吕梁山，东边是太行山。两山之间夹了珍珠般的一串盆地：大同盆地、忻定盆地、太原盆地、临汾盆地和运城盆地，同时西边和南边又以黄河为界。这条银边地理位置之优越，已经不输于关中平原。山西是晋国的发源地，直到今天山西的简称还是晋。太行山是华北脊梁，这条脊梁正好是山西的东墙，也就是说晋人只要翻过东墙就可以将华北收入囊中。黄河是山陕两省的分界，一度也是秦晋两国的分界，也就是说晋人只要渡过黄河，就可以进入秦人的腹地。历史上从山西起家的王朝，有大名鼎鼎的唐朝。这样看中国历史真的是很有意思，头尾两个王朝以金角起家，中间一个王朝以银边起家。

扯远了，回到正题。占据了如此得天独厚的地理位置，又具有如此之大影响力的晋国却在春秋末期一分为三。即使如此，分出来的魏国又称霸百余年才彻底沉沦。甚至有学者认为，晋国只要不分裂，秦国绝难统一中国。但晋国还是分裂了，到底是什么原因呢？笔者在整理晋国史料的时候发现，这段历史实在是太乱了。出场人物多、时间跨度大不说，国君在大多数时间里居然是配角。造成这一历史现象的其实是一个很偶然的事件。提到"事件"这个词，笔者才有了继续写下去的勇气。晋国六百多年历史中，大多数时间是由十多个大家族在台上唱戏，而决定晋国历史的，笔者认为只有九个事件。以下就以这九个事件为线索，为读者讲述晋国六百年的历史和十大家族的恩怨情仇。

戏言成就的开国之君

晋国的开国之君叔虞是周武王的儿子，周成王的亲弟弟。叔虞的母亲邑姜是姜太公的女儿，周武王的王后。换句话说，叔虞是姜太公的外孙。叔虞的出生很有传奇色彩，母亲邑姜在怀他的时候，做了一个胎梦。梦中天帝对她说："我给你的儿子取名为虞，并把唐地赐给他。"等到叔虞出生以后，邑姜发现他的掌纹果然像一个虞字，就为他起名为虞。

武王灭纣两年后就去世了，将一个庞大而不稳定的王朝留给了年幼的儿子成王，由弟弟周公姬旦辅政。所谓主少国疑，周公旦的摄政引起了同为武王弟弟的管叔、蔡叔和霍叔的不满，而这三位又有一个特殊的身份，那就是监视负责管理商朝旧地的商纣王之子武庚，号称三监。三监对周公的不满情绪被敏锐的武庚捕捉到了，他顺势煽动三监发动叛乱，对抗以周公为代表的周室，史称三监之乱。在这场历时三年的叛乱中，很多同情商朝的诸侯国都参与其事，其中就包括了山西南部的一个小国——唐。

唐国位于山西省襄汾县、绛县、侯马市和翼城县四地之间，有浍河流经其国。这是个很古老的国家，国民是传说中帝尧后裔的一支。三千年前的山西南部，雨量充沛，温度适宜，遍地泉涌，十分宜居。不仅如此，从这片土地往南过了中条山，再渡过黄河，便是从关中进入中原的通道。这样一个战略要地，周室自然不能容许落入敌对势力之手。就在平定三监之乱的同时，周室派大军灭掉了这个古老的唐国。

◇桐叶封弟

这一年深秋,年幼的成王和更年幼的弟弟叔虞在园中玩耍。父亲武王很喜欢桐树,生前在这园中种了很多桐树,秋风一起,桐叶遍地。成王今天兴致很高,随手捡起了一片桐树叶,剪成了珪的形状,递给弟弟说:"我就拿这个封你吧!"弟弟叔虞似懂非懂地接过了这片桐叶。珪即是玉圭,是周时封官爵的信符,就是今天的委任状。成王拿桐叶玩了一把封官加爵的游戏,觉得很是满足,就回宫休息了。这件小事被史佚知道了,当晚就找周成王核实。成王满不在乎地说:"我那是跟弟弟闹着玩呢。"史佚却一脸严肃地说:"天子无戏言,说到就要做到。"

封叔虞这件事就这么被定了下来,但是封到哪里还是需要考虑的。成王突然想起了之前哥哥武王跟他说过的关于叔虞的那个胎梦,叔虞是注定要统治唐地的,那刚被灭掉的唐国不正是为他准备的吗?于是乎,唐国这个古老的国家便成为叔虞的新封地,叔虞也因此被称为唐叔虞。周成王万万不会想到,自己的一句戏言居然成就了一个春秋时期举足轻重的霸主国。这个事件非常梦幻,史称桐叶封弟。

叔虞刚刚被封的唐国,在汾河之东,只有方圆百里,是一块弹丸之地。那时的山西南部也并不太平,有许多戎狄部落杂处其间。如居于平陆县的茅戎,居于阳城县和垣曲县的骊戎,居于夏县和永济市的条戎,居住在长治地区的赤狄,居住在山西西部的白狄等。这些部族并不打算与叔虞这个外来户和平共处,所以与其说叔虞是来享福当地主的，不如说是被叔叔周公安排到这里创业的。叔虞没有辜负叔叔的期望，他以翼城为都，在唐地站稳了脚跟，并逐渐发展壮大起来。到了叔虞的儿子燮父的时候，大概是觉得唐这个国号已经用过了，不太吉利，就用国都旁的晋水将父亲留给自己的国家改名为晋，这个国号一直用了六百多年。

这位燮父与楚国的首任君主熊绎曾经一殿为臣，共同辅佐过周王朝第三代君王周康王。《左传·昭公十二年》记载楚灵王在回忆自己的祖先时说道："昔我先王熊绎与吕伋、王孙牟、燮父、禽父并事康王。"这里吕伋是姜太公之子，王孙牟是卫康叔的儿子，禽父即伯禽，是周公旦的长子。如果排除楚灵王自抬身价的可能，那说明晋、楚、齐、鲁、卫都是当时周室的股肱之臣，如果楚灵王真是在自抬身价的话，更说明了晋、齐、鲁、卫是当时一等一的国家。

燮父的儿子叫宁族，是为晋武侯，武侯将晋都从翼迁到了绛；宁族的儿子叫服人，是为晋成侯；服人的儿子叫福，是为晋厉侯；福的儿子叫宜臼，是为晋靖侯。到晋靖侯时，晋国才有确切的纪年。到了晋靖侯十七年的时候，周室发生了暴动，国君周厉王被流放到彘地（今山西霍州市）。靖侯去世后，儿子司徒即位，是为晋釐侯；釐侯去世后，儿子籍即位，是为晋献侯。不是笔者偷懒，实在是从晋武侯到晋献侯这六代晋侯，历史记载太少。到了晋献侯的儿子晋穆侯费壬即位时，事情终于起了变化。

名字导致的公族之乱

前805年,山西南部的条戎作乱,晋穆侯奉周宣王之命讨伐。也许是太过大意,戈甲鲜明的晋军居然被衣衫褴褛的条戎打得大败。这件事让晋穆侯很恼火,堂堂周王朝的封疆大吏,竟连小小的条戎都收拾不了,实在是太没面子了。好巧不巧穆侯的夫人姜氏给他生了个儿子,姜氏兴冲冲地跑过来向晋穆侯求名字。晋穆侯正在生闷气,想着如何向条戎报仇,随口就给儿子起名为仇。又过了三年,前802年时,千亩(今山西介休市)的戎人又发动了叛乱,这次憋了一股气的晋穆侯小心谨慎、稳扎稳打,最终大胜戎人。回到绛都后,又传来弄璋之喜,自己的小儿子出生了。这真是双喜临门,晋穆侯高兴地将这个儿子命名为成师。

关于给小孩起名字,其实是件蛮重要的事。就算是寻常百姓家,给孩子起名也要翻翻古籍,再不济也要翻翻字典。生怕名字起得不好,孩子将来被人笑话。身为一方诸侯,给子女起名字更要小心,因为大家很容易从子女的名字中抿出父母的一些真实想法。晋穆侯给长子起名的态度就明显不够严谨,长子的名字与次子的名字形成了强烈的反差,这让大家觉得晋穆侯并不喜欢自己的长子,却很喜欢自己的次子。这有什么关系吗?当然有!事实上晋穆侯这种胡乱起名的行为造成了相当严重的后果,以至于如果他知道后果有多么严重,在当初起名的时候绝对会多考虑考虑。

这个世界上是没有如果的,太子姬仇就这样顶着这个名字在大家嘲笑的眼神中长大了。太子不受待见,很多有想法的人心眼就活了，其中就包括姬仇的亲叔叔殇叔。殇叔在穆侯在世的时候就暗中培植自己的势力，穆侯甫一去世，殇叔就发动政变夺取了政权。太子姬仇猝不及防，只好逃出晋国暂时避难。当然，晋国内部一定还有不少支持传统宗法，支持太子的人。四年后，姬仇在这些支持者的帮助下，袭杀了殇叔，夺回了属于自己的君位。

姬仇即位是为晋文侯，文侯姬仇是一位很有能力的君主。晋国在他的领导下安定了几年，到了文侯执政的第十年（前771年），发生了一件大事。周幽王由于宠爱褒姒，废了太子宜臼，改立伯服。废太子宜臼逃到外公申侯那里，申侯不忿，引犬戎攻破镐京，杀了周幽王。攻破镐京的犬戎并没有收手，在京师烧杀抢掠，为所欲为。晋文侯在得到消息后，立即率晋军西渡黄河进入关中。配合秦军和郑军赶跑了犬戎，保护太子宜臼至洛邑登基，是为周平王。

宜臼以太子身份即位，按照宗法本来是没有疑义的事。偏偏有人提出了质疑，这个人就是虢公翰。在虢公翰看来宜臼有三大罪状：第一是勾结宿敌。犬戎一直是周王朝的敌人，而宜臼为了夺回太子之位不惜勾结敌国，是不折不扣的周奸。第二是弑父杀弟。在这场变故中，周幽王和伯服被犬戎杀死。虽然不是宜臼亲自动手，但是事情确实因他而起。第三是灭亡周朝。天子被杀，京师被破，宗庙被毁，这是周朝立国以来的第一次浩劫，与亡国无异。这一切宜臼都难辞其咎，周王朝被他弄得一地鸡毛，他早已不能作为天子的继承人了。

与虢公翰持相同看法的还有不少诸侯，他们认为幽王无道，宜臼失德，这一支不适合继任天子。既然如此，理应从周幽王之父周宣王其余的儿子里再选一个做天子。虢公翰选中了周宣王的次子，周幽王的弟弟，周平王的叔叔余臣，史称周携王。所以在一段时间里，周王朝有两位天子，一个是洛邑的周平王，一个是虢国的周携王。

晋文侯是周平王的铁杆粉。倒不完全因为晋文侯觉得周平王年轻有为，更有可能取得最后的胜利。之前刚说过，晋文侯曾经被亲叔叔篡位，四年后才夺回君位，这跟周平王的情况有些类似。所谓同病相怜，晋文侯支持周平王也在情理之中。实际上，支持二位天子的两大派系代表了两种不同的思想。晋文侯这边代表的是传统宗法，就是无论如何都要坚持父子相继，坚持嫡长子继承制。虢公翰那边则代表的是一种可变通的宗法，就是在保持王室继承血统不变的情况下，可以选择血缘相近且更有德之人作为天子，比如，可以兄终弟及。不过谁更有德是个见仁见智的事，虢公翰认为宜臼弑君杀父，大逆不道；晋文侯则认为是周幽王有错在先，宜臼是正当防卫，除掉昏君，替天行道。

周平王知道自己顶着弑君的恶名，做事格外小心，也很注意拉拢人心。他毕竟是宗法支持的继承人，大多数人认为，有争议的情况下，最好还是按照原则来，因此周平王的支持率也逐渐高了起来。为了感谢晋文侯最初对他的支持，周平王重赏了晋文侯，赏赐物不是金银珠宝，而是一张弓，一百支箭。这也叫重赏吗？是的。这些弓矢并不是一般的弓矢，它们有一个学名叫彤弓彤矢，代表天子授予你的专征大权，专门征讨那些不廷之臣。整个晋国六百年的历史中，获得此种特权的只有三位：叔虞、文侯和后世的晋文公。周平王的这个赏赐不可谓不重，其暗示也相当明显。那就是，不廷之臣还在虢国呢，快去弄死他呀。晋文侯理解了周平王的暗示，在前760年攻破虢国，杀死了周携王，结束了长达十年的二王并立局面。

晋文侯成了周室的再造功臣，声名显赫，他执掌晋国的二十五年，晋国十分稳定。到了前746年文侯去世的时候，情况发生了变化。继任的晋昭侯能力远没有父亲强，有点儿控制不住局面。特别是晋南的戎人，文侯在世的时候他们慑于文侯的威名，服服帖帖。文侯去世，他们开始蠢蠢欲动。刚上任的昭侯为了稳住局面，迫切需要一个帮手。因此他把自己的亲叔叔成师封到了曲沃，替他守绛都的南大门。

这是一种饮鸩止渴的行为。曲沃是一块风水宝地，处于汾河和浍河交汇处的三角洲，土地肥沃，交通便利。成师受封时已经五十八岁了，远比晋昭侯经验丰富，这一分封让成师如鱼得水。晋昭侯似乎忘记了父亲晋文侯被叔叔夺位的教训，为了渡过眼前的难关，起用了叔叔成师，亲手打开了灾难之门。

◇ 曲沃代翼

成师受封曲沃，是为曲沃桓叔。到了曲沃以后，成师以晋靖侯的庶孙栾宾为相，安抚百姓，减轻赋税，训练军队，壮大自己的实力。哥哥晋文侯治理晋国三十五年，成师旁观了三十五年，对于治国理政相当熟悉。在成师的努力下，曲沃发展得风生水起，人口众多、经济发达，风头已经盖过了绛都。也许是感受到了叔叔的威胁，晋昭侯把都城又迁回了翼城，期望能离叔叔远一点儿，有个缓冲地带。这是远远不够的，如果想取代你，这点儿距离算什么呢？在发展自身势力的同时，成师还在侄子身边安插了卧底，打算来个里应外合。

晋昭侯七年，成师觉得时机成熟，指示卧底动手。昭侯身边的大臣潘父得令，杀了昭侯打开城门迎接成师。昭侯执政七年，虽无大功，也无大过，对百姓还算不错。潘父的这种吃里爬外的卑鄙行径犯了翼城百姓的众怒，成师的曲沃军一入翼城就陷入了人民战争的汪洋大海，不得不撤回曲沃，卧底潘父也被首都人民干掉了。这次曲沃入翼事件正式拉开了以曲沃系为代表的晋室小宗和以翼城系为代表的晋室大宗的对抗。

史籍对这次叛乱记载得很简略，倒是《诗经》很详细地描述了此次曲沃入翼事件。

扬之水，白石凿凿。素衣朱襮，从子于沃。既见君子，云何不乐？

扬之水，白石皓皓。素衣朱绣，从子于鹄。既见君子，云何其忧？

扬之水，白石粼粼。我闻有命，不敢以告人。

——《诗经·唐风·扬之水》

诗词大意是勇武的桓叔（成师）带着我们去造反，我们很开心，我们一点儿也不担心，我们要保密。

造反都造得兴高采烈，光明正大，不知道的还以为是去平叛。用这种气势造反，这次虽然失败，成功应该是早晚的事。

昭侯死后，支持正统宗法的大臣们立了昭侯之子姬平为国君，是为晋孝侯。而成师估计是受了打击，再加上年事已高，八年后就去世了。成师死后，儿子鱓接过了造反的大旗，继续对抗晋国大宗，是为曲沃庄伯。这时的晋孝侯日子比父亲昭侯更加难过，他的首都翼城遭到了东部长治地区赤狄的持续打击。曲沃庄伯看准了机会，在孝侯十五年（前723年）秋十月攻入翼城，弑杀了孝侯。晋国正统派拼命抵抗，派人去南部的荀国借兵才击退了曲沃军，复立孝侯之子郄为君，是为晋鄂侯。

你能请救兵，我就不行吗？前718年，曲沃庄伯联合了郑、邢两国攻打翼城，这都是毛毛雨。关键是曲沃庄伯不知如何买通了周桓王，让周桓王派出了大夫尹氏和武氏率王师助战。这一下战争性质完全变了，原本的造反变成了奉王命讨逆。也不知道周桓王为什么会帮助曲沃系，他应该是忘记了晋鄂侯的曾祖父晋文侯曾经帮助自己的爷爷周平王稳固了王位。也许在周桓王看来，利益面前，这些都不重要了。也正是从这一刻起，周王室不再是传统宗法的捍卫者，而变成了金钱的代言人。曲沃庄伯进了翼城，眼看要登上国君的宝座，周桓王却突然翻脸了。翻脸的原因史籍上没说，估计是曲沃庄伯见君位快到手了，想赖账吧。

跟曲沃庄伯撕破脸的周桓王或许是不愿意打自己的脸，转而支持晋鄂侯的儿子姬光，派王师迎立了姬光为君，是为晋哀侯。

同时掉头攻打曲沃庄伯，惩罚他的言而无信。前716年，见煮熟的鸭子飞了的庄伯忧愤而死，造反大业又一次失败了。不过没关系，庄伯的儿子姬称即位后，继续造反，是为曲沃武公。曲沃武公从父亲手中接过的是一个烂摊子，因为得罪了周桓王，原本的盟友邢国、郑国、董国纷纷反水，背后的条戎也不安分了起来。晋哀侯见此机会，起兵讨伐曲沃，在曲沃武公的家门口大败曲沃军。曲沃武公刚即位就遭到惨败，胜利的天平开始偏向晋国大宗了。

好在曲沃系的根基还算扎实，曲沃武公在渡过最初的混乱后，逐步站稳了脚跟，而先前占据优势的晋哀侯却出了一个昏着。本该广泛团结一切可以团结的力量的哀侯，贸然发兵入侵了陉庭，陉庭旋即倒向曲沃。陉庭这个地方正好位于曲沃和翼城的中点，曲沃武公因此与陉庭谋划共同伐翼。

前709年春天，准备就绪的曲沃武公以陉庭为前进基地，誓师伐翼。晋哀侯也悉起大军迎战，双方在翼城郊外展开厮杀。曲沃武公在此战中身先士卒，以韩万为御者，梁弘为车右，奋力厮杀。战斗持续了一天，翼军终于顶不住，全线崩溃。哀侯逃跑时慌不择路，战车的骖马被树枝挂住，被曲沃军俘虏。被俘的哀侯不久被曲沃武公杀害，晋大宗方面只好立哀侯的儿子小子（是名字不是昵称）为君，是为晋小子侯。

又过了四年，曲沃武公突然跟小子侯说："咱们同根同源的，不要再打了，还是和好吧！你来曲沃，我请你吃饭。"小子侯说："少来这一套，谁知道是不是陷阱。"曲沃武公又是赌咒又是发誓，还送了一大堆金银珠宝，保证绝对是真心实意的，小子侯这才启程去了曲沃。谁知刚到曲沃，热茶还没喝上一口，曲沃武公就翻了脸，直接把小子侯砍死，随从也全部罹难。晋大宗群龙无首，曲沃武公顺势进入了翼城。

本以为这回终于造反成功了，谁料曲沃武公的这种做法实在太损人品，本就与曲沃系不对付的周桓王这回找到了借口。他派卿士虢仲率王师会同芮、梁、荀、贾四国部队联合讨伐曲沃武公，曲沃武公难以抵挡，只好又撤回了老窝曲沃。晋大宗就此立了晋鄂侯之子缗为晋君，是为晋侯缗。

这样看来，曲沃桓叔、庄伯和武公祖孙三人的命运还真是惊人的相似，都是在最接近成功的时候全面崩盘。与父亲和祖父不同的是，曲沃武公的心理素质相当过关。既然功亏一篑，那便退回曲沃继续修炼。心若在，梦就在，只不过是从头再来。退居曲沃的武公不再急于进攻翼城，而是苦练内功，静待变局。前697年，周桓王去世，曲沃武公没有动作；前682年，周桓王的继任周庄王也去世了，曲沃武公还是没有动作。直到前679年，曲沃武公确信可以一举消灭晋侯缗，并且不会有任何外界势力干预了，才发兵一举灭掉了奄奄一息的晋大宗。

曲沃武公吸取了父亲庄伯的教训，用抢来的晋大宗的重宝贿赂了周天子周釐王。刚即位不久的周釐王很高兴，命虢公传旨封曲沃武公为晋侯，正式继承晋大宗的法统，批准他建立一军。周礼规定，天子可建六军，诸侯大国三军、次国二军、小国一军。周釐王只给了曲沃武公小国的编制，但总算是位列诸侯了。从此，我们要改口称姬称同志为晋武公了。胜利来得虽然很迟,但终于还是来了,晋武公开始了他的统治。

或许是造反事业耗尽了晋武公所有的精力,在造反成功的第二年(前677年),晋武公与世长辞,将一个崭新的统一的晋国留给了儿子诡诸,也就是晋献公。从成师受封曲沃,到武公最终得国,历时六十七年。整个过程中杀掉了五位晋君,驱逐了一位晋君,晋国历史上这段以小宗取代大宗的事件被称为曲沃代翼,一切的一切都源于晋穆侯那次随意的起名。

番外

● 郑伯克段

父母疼爱小儿子是一件挺普遍的事,没什么大不了。但是在古代,尤其是帝王之家,这事就比较严重,往往会引发祸乱,刚刚讲过的曲沃代翼就是一个很典型的例子。晋穆侯对小儿子的疼爱引起了晋国大宗、小宗六十七年的对抗,五位国君死于非命。在曲沃代翼事件的同一时期,有一件更为有名的事件,也是由于父母疼爱小儿子导致的,那就是郑伯克段事件。

这个事件的主角是郑庄公,郑庄公的父亲是郑武公,郑武公就是护送周平王东迁的三大功臣之一(另外两位是晋文侯和秦襄公)。郑武公娶了申国国君的女儿名叫武姜,生了郑庄公。郑庄公出生的时候不太规矩,是脚先出来的。这个动作相当危险,特别容易引起产妇大出血,所以武姜吓了一跳。出生以后,武姜给这个差点儿要了她命的孩子取名寤（wù）生。古代寤同牾，是逆的意思，寤生就是逆着出生。

刚出生就整了这么一出，指望老娘待见你，基本是不可能的。不久之后，郑庄公的弟弟出生了。这孩子规规矩矩地出生，母子平安，武姜很喜欢他，给他起名为段。没对比就没伤害，武姜从此越看老大越不顺眼，甚至请求废掉老大，立老二为太子。废长立幼是严重的违制行为，郑武公果断地拒绝了她。

遭到拒绝的武姜并不死心，等到郑庄公即位，她就开口为小儿子段讨封。武姜为段讨的封地叫制邑，这个地方在现在的郑州市上街机场附近，地势险要，大名鼎鼎的虎牢关就在此地。郑庄公显然不可能把这么重要的地方封给明显心怀不轨的弟弟，便以父亲遗命不许分封为由拒绝了。武姜岂能罢休？又给段讨封京城，这个京城不是郑国的都城，而是一座名为"京"的大城。这座城的遗址在荥阳市京襄城遗址生态公园，当年的京城是一座不亚于郑都的大城市。郑庄公虽然很不愿意，但是也没有其他理由拒绝了，只好答应了母亲。

郑庄公的弟弟段就此赴京城任职，被称为京城大叔。郑国朝中的大臣有的看不下去了，一位叫祭仲的大臣跟郑庄公说："先王规定，大城市的规模不能超过国都的三分之一，中等的不能超过五分之一，小的不能超过九分之一。现在京城的规模都快跟都城差不多了，这样的话肯定是个祸害啊！"郑庄公说："这是老太太要这样，还能怎么办呢？"祭仲说："老太太哪有满足的时候？不如及早动手，免得尾大不掉。"郑庄公却说："多行不义必自毙，咱们等着瞧吧！"

不久之后，大叔命令郑国西部和北部边邑既听命于国君，又听命于自己。郑庄公的叔叔公子吕不忿地跟郑庄公说："天无二日，国无二君。如果您打算把君位让给大叔，我就去侍奉他；如果不打算的话，请干掉他，免得让百姓有其他想法。"郑庄公笑笑说："不用着急，他必然自食其果。"大叔见哥哥没有动静，更加肆无忌惮，将整个西北地区收入囊中。公子吕这回真的坐不住了，他心急火燎地找到郑庄公说："大叔的势力越来越大，到时候民心倒向他，那可不好收拾了。"郑庄公还是不紧不慢地说："正义不在他那边，势力大反倒崩溃得快。"

大叔终于做好了所有的准备。在动手之前，大叔给母亲武姜送了封信，通报了起兵的日期，请母亲作为内应打开城门。武姜的回信被一直紧盯着母亲和弟弟的郑庄公逮个正着，郑庄公一边派人假冒母亲的信使骗弟弟按期起兵，一边派公子吕率二百辆兵车埋伏在京城周围。到了起兵的日子，大叔的部队一离开，公子吕就率军拿下了京城，然后一路尾随大叔而来。郑庄公则早早地把奸细拿下，在城里等着弟弟。大叔到了郑都，看到城门紧闭，顿觉事情不对。这时郑庄公打开城门杀出，大叔猝不及防，匆匆败退。败退的大叔迎头撞上了公子吕尾随的部队，被杀得大败，又听说京城老巢已经被拿下，连忙逃到鄢地。哥哥郑庄公并不打算放过他，也追到了鄢地。大叔只好奔回自己最初的封地共城，他自觉无颜面对哥哥，就拔剑自刎了。

同样是父母宠爱小儿子，郑伯克段这件事的破坏力明显小于曲沃代翼，但这件事的知名度却远大于后者。能有这么高的知名度，是因为孔子在《春秋》中对此事做了记载，只有短短的六个字："郑伯克段于鄢。"短短六个字居然能让这件事有这么高的知名度，说明越简短的广告，传播影响力越大吗？不完全如此。这六个字能广为流传，是因为每个字都具有深意，孔子不是随便写写的。

首先说这个"段"字，段是郑庄公的弟弟，但是他的所作所为完全不像个弟弟，所以只用他的名字"段"，而不用"弟"字。再说"郑伯"这两个字，郑伯就是郑庄公。他虽然是哥哥，但也丝毫没有一个兄长的样子。面对弟弟的胡作非为，他非但没有教诲，反倒纵容弟弟，最后才给弟弟致命的一击。有不少人说郑庄公假仁假义，就是希望弟弟死，才欲擒故纵的。这一点孔子自然也看出来了，他对这种行为很是鄙夷，所以也不用"兄"字，只用郑庄公的爵位"郑伯"。再就是这个"克"字，这一般是用于两个国君之间的争斗。郑庄公和段之间的斗争，出手都没给对方留情面，就像两个国君打仗一样，所以用了"克"字。最后是"于鄢"，段最终是出奔到了共城，并死在那里。孔子并没有用"出奔于共"这种字眼，是因为他觉得堂堂国君之弟，竟然会出奔，太有失体统了。

至此，"郑伯克段于鄢"终于解释完了，想不到短短的六个字包含这么多深意吧！这种以短短几个字说出很有深意的东西的写法被称为"春秋笔法，微言大义"。这项技能过于高端，建议没什么功力和名气的朋友不要轻易使用。

大器晚成的流亡霸主

晋献公姬诡诸从父亲手中接过了一个统一的晋国,这个晋国经历了六十七年的内战,既不强,也不大。用晋国大夫卜偃的话说就是:"今晋国之方,偏侯也,其土又小,大国在侧。"晋国是个老牌诸侯,开国之君是周成王的亲弟弟,又有拥立周平王之功,但这些在实力面前还是很苍白。献公即位的时候,东方的齐国在齐桓公的带领下发展了八年经济,国富民强,已经成为霸主。南方的楚国刚经历了楚武王、文王的两代经营,国力迅速提升,也是一个地方千里的大国。反观晋国,连山西南部都没有完全统一,影响力更是有限。

影响力不大,就想办法扩大影响力。在晋献公即位的那一年,周惠王也刚刚即位,同时还要迎娶自己的王后。这是个表现的好机会,晋献公跑前忙后地帮着从陈国迎接王后,然后还给周惠王送了重礼,一则祝贺他即位为王,二则恭贺他新婚之喜。周惠王非常高兴,设宴款待了前来贺喜的诸侯。在宴会上,周惠王允许晋献公向自己敬酒,还赏给了晋献公、虢公每人玉五对、马四匹。允许诸侯向天子敬酒,是很高的接待规格。至于给晋献公的赏赐物,也是超过礼制规定的。虢国是公爵国,晋国是侯爵国,晋献公拿到的赏赐跟公爵一样,无形中提升了晋国的影响力。

影响力提升了以后,是不是该开疆拓土了?还没到那一步,在对外扩张之前,晋献公要先解决一些内部事务。具体来说,就是要解决他的同族。在曲沃系与正统系对抗的六十七年间,曲沃桓叔、庄伯的子孙有钱出钱，有力出力，与桓叔、庄伯、武公三代主公齐心协力，同舟共济，这才有晋献公今天的局面。这些与三代曲沃伯共同创业的同族兄弟被称为桓庄之族，曲沃系创业成功，桓庄之族都巴巴地指望着能够分红。如果只是给点儿分红，晋献公也不必担心。问题在于，经过半个多世纪的斗争，桓庄之族在不断地壮大。在武公正式取代大宗执掌晋国之后，桓庄之族的势力也到达了顶峰。

伴随着桓庄之族势力提升的还有晋献公的担心：曲沃系本身是晋室小宗，既然小宗被证明可以取代大宗，那桓庄之族这些小宗又为什么不能取代晋献公这个大宗呢？话虽如此，但相信大多数桓庄之族不会这么想，因为毕竟小宗取代大宗也不是那么容易的事，曲沃系是经过了大半个世纪的奋斗才成功上位的。这种成本过高、风险过大的事，一般人是不会去碰的，除非是野心家或者亡命徒。一般人给点儿分红，过过小日子也就算了。

晋献公却不这么想，哪怕有万分之一的可能，也要消除掉。不为自己，还要为儿孙考虑呢。晋献公有这种想法，桓庄之族就必须死，一个都不能留。具体怎么操作，却必须慎重之慎重。目前的桓庄之族，有的财大气粗，有的手握重权，远不是献公一个命令可以全部铲除的，弄不好引火烧身，献公的君位都会不保。正当晋献公为如何铲除桓庄之族挠头的时候，有位大臣站了出来，主动要求替晋献公排忧解难。

这位大臣名叫士蒍。说起士氏家族，与山西南部这片土地还颇有渊源。士氏家族的祖先正是被周公灭掉的古唐国公室，古唐国被灭后，公室被迁到杜地（今陕西西安东南），称为唐杜氏。西周后期，唐杜氏子孙杜伯被周宣王冤杀，儿子杜隰叔逃到晋国避难，被任命为士师（法官）。从此，杜隰叔的后代便以士为姓。士家后来成为晋国十大家族之一，出了很多优秀人才，比如，这位士蒍就是晋献公的主力谋士。

士蒍为晋献公策划的消灭桓庄之族行动分为三步走。第一步，士蒍在桓庄之族中散布谣言，说富子这个人是内奸，他出卖族群的利益，换取自己的荣华富贵。实际上，富子正是桓庄之族的智囊。桓庄之族的群公子听信了谣言，把富子赶走了。第二步，士蒍再次造谣，说游氏二子也不是好东西（不知道金庸小说《天龙八部》中聚贤庄游氏双雄是不是受此启发）。事实上，游氏二子也是桓庄之族中颇有号召力的人物。桓庄诸公子再次中计，杀死了游氏二子。第三步，士蒍修建了一座聚邑城，说是专门为桓庄之族准备的，里面非常舒适豪华，配套设施齐全，把桓庄之族悉数迁到城中。最后，士蒍让晋献公突然带兵包围了聚邑城，将桓庄之族屠戮殆尽，彻底解决了晋献公的心腹大患。

公族问题解决后，晋献公终于可以安安心心地把目光投向国外了。当时，晋国周边有一些小国。如位于山西霍州市的霍国，位于河南三门峡市的虢国，位于山西平陆县的虞国，位于山西芮城县的魏国（古魏国，不是后来战国七雄的那个魏国），位于山西河津市的耿国，这些小国正是晋献公的开拓目标。

晋献公积极扩军备战，建立了两军，这是中等诸侯国的编制。父亲武公受封时，周釐王只给了一军的编制。晋献公擅自扩军，放在早些年可是大逆不道的举动。可是周室从周桓王之后已经逐渐沦为橡皮图章，早已无力控制诸侯了。晋献公自领上军，由太子申生领下军，于前661年开始南征北讨。在这次军事行动中，赵夙为晋献公驾驭战车，毕万担任车右。晋国大军首先北上灭了霍国，然后向西灭了耿国，最后南下灭了魏国。整个行动如摧枯拉朽一般，三国瞬间灰飞烟灭。晋献公非常满意，回国后就将耿国封给了赵夙，魏国封给了毕万。

赵夙是晋国十大家族中赵家的始祖，说起赵家，那是源远流长，最早可追溯至黄帝孙子颛顼的外孙大业。到了商朝末年，赵家的祖先蜚廉是商纣王的大臣。蜚廉的大儿子恶来是秦人的祖先，小儿子季胜就是赵人的祖先。到了周朝，赵人的祖先造父为周穆王驾车有功，被封在赵城，这就是赵氏的由来。造父的七代孙叔带时，周幽王无道，叔带就跑到晋国侍奉晋文侯。叔带在晋国落地生根，又传了五代才到赵夙。

毕万是晋国十大家族中魏家的始祖，说起魏家，那也是大有来头。魏家的先祖姬高是周武王的弟弟。武王灭商后，姬高因功被封在毕地（今陕西咸阳北），又称毕公高。后来毕国被灭，毕公高的后代逃入晋国繁衍生息，这位毕万即是毕公高的后代。

在灭亡霍、耿、魏三国之后的三年，晋献公又开始打虢国的主意。这虢国可是晋国尤其是曲沃系真正的敌人，两国的恩怨可以追溯到晋文侯时期。那时晋文侯支持周平王，而虢公翰则力挺周携王。到了曲沃系与正统系对峙时期，虢国又多次会同王师帮助正统系征伐曲沃。虽然最后是虢公传周釐王的旨意封曲沃武公为晋侯，那也是大势所趋。最为过分的是，桓庄之族的许多幸免于难者都逃到了虢国，可以说虢国是反晋的桥头堡和大本营。

虢国敢跟晋国叫板，自然还是有一定的实力做支撑的。历任虢君都是周朝的卿士，这个政治资本使得虢国在春秋初期能够呼风唤雨。虢国的大本营在黄河南岸的河南三门峡市，但是黄河北岸也有他的地盘，这块地盘以下阳（今山西平陆县北）为中心。这个位置正好扼住了从关中通往洛邑的通道，是水陆交通的要道。晋献公时的虢国已经不复当年的荣光，但瘦死的骆驼比马大，虢国依然是个不可小觑的敌人。最关键的是，虢国与晋国并不接壤，中间隔着虞国。

如果晋国直接攻打虢国，虞国很可能会在背后捅刀子。如果晋国先打虞国，虢国一定会全力相救。以晋国目前的实力，还不能把两国一勺烩，晋献公又犯难了，而这次给出解决方案的是大夫荀息。荀息是晋献公的又一位能臣，他的两个孙子荀林父和荀首分别是晋国十大家族之中行家和智家的始祖。荀息给出的解决方案是，用宝物贿赂虞君，拉着虞君一起灭了虢国，然后再回过头来收拾虞国。

晋献公采纳了这个建议。他派人给虞国国君送去了屈地产的宝马和垂棘的璧玉，然后跟虞君说："我们晋国跟虢国是一天二地恨，三江四海仇，希望借贵国的道去讨伐虢国，如果您同意的话，好处大大的。"虞君见了宝马和宝玉，乐得合不拢嘴，当即答应了晋献公的要求。不仅如此，虞国还派兵引导晋将荀息、里克，一举拿下了虢国在黄河北岸的中心据点下阳。又过了三年，前655

年，晋献公再次向虞国请求借道伐虢。这回虞国大夫宫之奇看出了不对，他跟虞君说："虢国跟虞国是互为援手的国家，好像嘴唇跟牙齿一样。如果嘴唇没了，牙齿就会冷（唇亡齿寒）。一样的道理，虢国如果被晋国灭了，那虞国也不能独存。"虞国国君却不以为然地说："我跟晋国国君都是姬姓，同根同源，晋侯是不会对我下手的。"宫之奇快气背过气去了："要是论血缘关系，那桓庄之族不比您更近？还不是被姬诡诸给群灭了？"虞侯因为收了晋献公的重礼，最终还是没听宫之奇的意见。

晋献公从中条山的虞坂古道穿过，又从平陆县的茅津古渡渡过黄河，包围了虢国都城上阳。战争持续了两个月，到了冬十月，虢都上阳城破，虢国灭亡。晋献公回师北渡黄河，顺手灭了虞国，完全在宫之奇的预料之中，这便是假途伐虢典故的由来。晋兵把宝马和宝玉从虞国宫室中搜出来，献给晋献公。晋献公笑笑说："马还是那匹马，不过老了几岁罢了。"经此一役，晋国已经把山西南部全部收入囊中，河南西北部和陕西东南部也归入晋国版图，成了北方举足轻重的大国。

在事业上顺风顺水的同时，晋献公还收获了爱情。前672年，执政五年的晋献公起兵攻打骊戎。骊戎哪里是训练有素的晋军的对手，被打得大败，骊子被杀。骊人只好将骊子的两个女儿骊姬和少姬送给晋献公求和，晋献公答应了骊人。骊姬生得天姿国色，又善解人意，晋献公很是宠爱她，不久就跟她生了儿子奚齐。晋献公已经有八个儿子了，比较有贤名的有：太子申生，是他跟齐姜生的；重耳是他跟狄国的狐姬生的；夷吾是他跟狐姬的妹妹生的。

等到奚齐出生的时候，重耳已经三十二岁了。

骊姬是个有政治野心的人，她想让自己的儿子奚齐做太子，这看上去是个不可能的任务。无论是按照立贤还是立长的原则，都轮不到奚齐，骊姬又不能把这八个儿子全部干掉，那就只剩一条路：立嫡。只要骊姬正位成为晋献公的夫人，奚齐就可以凭借嫡子的身份，超越八位哥哥成为君位继承人。这件事并不难办，因为决定权在晋献公手里。当然，晋献公是国君，国君的家事就是国事，立夫人的事还是要跟大臣们商量一下的。没想到晋献公一提出立骊姬为夫人的议案，就遭到了大臣们的一致反对。大臣们也不是傻子，早看出了骊姬的真实意图是让奚齐做太子。奚齐还这么小，晋献公却已经老了。一旦晋献公去见列祖列宗，奚齐这毛孩子即位，主少国疑，群公子在侧，国家不乱才怪。

晋献公被大臣们怼得没办法，就说那占卜一下吧。古人都比较迷信，晋献公想借老天爷来压一下众大臣。于是让卜官拿来了龟甲，一通操作后龟甲显示：不吉利。看来老天爷也不帮忙，晋献公很生气，下令换种方式继续占卜。现在大家都知道，占卜这种事是个概率问题。就好比您玩抛硬币游戏，只要次数足够多，一定能抛到您想要的那一面。这个道理晋献公也懂，所以他的策略是只要不吉利就继续占卜，一直卜到吉利为止。这次占卜的工具是蓍草，占卜的结果是：吉利。晋献公当即宣布，以此次结果为准。但其实在占卜界，龟甲预测的是长期运势，蓍草只能预测短期运势，卜官因此建议以龟甲的预测结果为准。晋献公没理他，骊姬终于被立为夫人。

被立为夫人只是骊姬的第一步。为了将儿子推上太子之位，必须将现任太子申生拉下来。为了让儿子将来的君位坐得稳，还必须把晋献公三个民望最高的儿子申生、重耳和夷吾干掉。两件事都不简单，太子申生为人宽厚仁慈，多有战功；重耳和夷吾则各有一批贤臣追随，已经形成气候。如果硬来的话，别说三位公子的追随者不答应，就是整个朝野都会与骊姬为敌。硬来不行，就玩阴的。

有一次，骊姬知道晋献公要出去打猎，就跟申生说："国君梦见你母亲齐姜了，你赶快去祭祀一下她吧！"申生不知是计，就去曲沃祭祀了母亲。祭祀完后，申生把祭祀的酒肉带给父亲吃。正好晋献公出去打猎不在，申生把东西放下就走了。六天以后，晋献公回来了。骊姬把下了毒药的祭酒祭肉拿给晋献公吃，说是申生祭祀完齐姜送来的。晋献公刚要喝酒吃肉，骊姬拦住说："外面来的食物还是试一下为好。"晋献公点头，把酒泼在地上，地面立即鼓起个包。又把一块肉丢给狗，狗吃了立刻蹬腿死了。骊姬假装不信，让小内侍试吃。小内侍哪里敢吃，就让人按住他，把酒肉灌了进去。酒肉一下肚，小内侍立即七窍流血而死。

骊姬假装吃惊，跑下堂大呼道："天哪！天哪！这大晋国将来肯定是太子的，国君已经老了，太子连这点儿时间都不肯等，非要毒死自己的亲生父亲吗？"说完泪流满面。过了一会儿，骊姬又说："太子这是冲着臣妾母子去的啊！既然如此，臣妾愿意替君上去死，好让太子安心。"一边说一边去拿酒碗，晋献公一把夺过酒碗，摔在地上，气得说不出话来。

等到冷静下来，晋献公派两名亲信东关五和梁五点兵车二百乘讨伐太子。朝中有跟太子交好的大臣立即密报了身在曲沃的太子，太子申生又把这事告诉了师傅杜原款。杜原款觉得这事没那么严重，他说："祭祀的酒肉在宫中放了六天，如果是你投的毒，毒药也早就变质了，这明显是宫里人自己下的毒嘛。"有鉴于此，杜原款建议太子上书辩解，事情真相自然会水落石出。太子却说："父亲年事已高，如果骊姬因此获罪，父亲会不高兴的。"真是个孝子啊。杜原款摇摇头，说："既然这样，那你不如逃到别的国家，以图东山再起。"太子也摇了摇头说："现在事情还没搞清楚，我就这么跑了，诸侯都以为我弑父未遂，又怎么肯接收我呢？"这下杜原款也没辙了，太子却笑笑说："看来我只有以死证明清白了。"就这样，太子向着绛都的地方拜了拜，从容地自缢而死。

太子申生死了，骊姬却没打算放过他，她跟晋献公说，太子这是畏罪自杀。这还不算，骊姬又跟献公说，据她了解，重耳和夷吾也参与了此事。这真是火上浇油，晋献公正在气头上，也不去分辨真伪，当即下令缉拿重耳和夷吾。重耳和夷吾不想像大哥那样坐以待毙，就跑回了各自的驻防地。重耳跑回了蒲地，夷吾跑回了屈地。二位公子的不辞而别在晋献公看来是畏罪潜逃，于是派寺人披领兵攻打蒲地。重耳知道抵抗没有任何意义，反而会坐实自己的罪名，就下令全城不许抵抗，自己跳墙逃跑了。寺人披晚了一步，只砍断了重耳的袖子。重耳就此逃出生天，到了外公家狄国避难。

第二年，晋献公又派大夫贾华攻打屈地。夷吾不服，拼命抵抗，可哪里是贾华大军的对手。眼看屈地守不住了，夷吾也想逃到狄国（毕竟也是他的外公家）。这时郤芮劝道："你跟重耳都跑到狄国，好像串通好了一样。不如去梁国，梁国跟秦国关系不错。"因此夷吾就跑到了梁国。太子申生自杀，公子重耳、夷吾逃亡，骊姬认为儿子奚齐终于可以稳稳当当地坐上君位了，后来发生的事证明她只对了一半。就在夷吾逃亡后的第三年，晋献公的生命即将走到尽头。对于当前的形势，晋献公远比骊姬看得清楚。他知道，奚齐太小，两位公子虽然逃跑了，但是在国内还各有大把的支持者。在这种情况下，奚齐的君位是坐不稳的，必须把他托付给一个威望足以服众的人。

晋献公选中的这个人是荀息。在士蒍死后，荀息成了晋献公的第一谋士。选择荀息做托孤重臣，并不完全因为他足智多谋、德高望重，还因为晋献公认为他是个靠得住的人。临终前的晋献公与荀息有一段简短的对话，晋献公说："我让奚齐继承君位，大臣们都不服，恐怕会有变乱，你能保他吗？"荀息回答："能！"晋献公问："何以为凭呢？"荀息答道："假如您死而复生，我保证见了您不感到惭愧，以此为凭。"晋献公听了十分欣慰，把骊姬、奚齐母子叫来，当面托付给了荀息，随后溘然长逝。

事实证明，晋献公的担心是有道理的。他刚去世一个月，还没下葬，中大夫里克就反了。里克这个人既不是太子党，也不是重耳、夷吾的拥趸，他是一个有良心又善于明哲保身的人。当年骊姬陷害太子的时候，最先联系的就是他。里克认为只要晋献公还活着，骊姬就一定能够得逞，所以他对骊姬的阴谋采取了睁一只眼闭一只眼的默许态度。现在晋献公已死，里克觉得到了该做点儿什么的时候了。晋献公九月死去，里克十月就联系了三位公子的部属，径直杀进了宫。里克武夫出身，做事很直接，他把吓得浑身筛糠的奚齐拎到晋献公灵前，白刀子进，红刀子出，宰了。等荀息反应过来，已经是凶案现场了。

荀息没有办法，只好又立了骊姬妹妹少姬的儿子卓子。里克认为少姬和骊姬是一丘之貉，卓子和奚齐都是孽根祸胎，因此十一月里克又带人杀了卓子。杀完卓子，里克想这一切都是骊姬造成的，首恶还在宫里呢，就又带人把骊姬抓了起来。抓住了骊姬的里克召集大臣开了个会，这个会开得十分血腥。里克见大臣都到齐了，吩咐把骊姬带上来。此时的骊姬一脸惊恐，眼前这个人杀了自己的儿子，现在不知道又要对自己做什么。没关系，很快就会知道了。

里克一伸手，接过下属递来的鞭子。他把手高高举起，使劲一挥，啪的一声脆响，伴随着一声惨叫，骊姬的身上多了一道血痕。里克哈哈大笑，不停地挥鞭，骊姬惨叫连连，大臣们看得目瞪口呆。朝堂成了刑场，这是晋国立国以来的头一次。有些大臣觉得不忍，掩住了眼睛。更多的大臣还清晰地记得四年前骊姬是怎么害得太子自缢身亡的，便冷冷地看着这一幕。骊姬的惨叫声越来越小，遍体鳞伤的她终于倒在地上，走完了罪恶的一生。

最尴尬的是荀息。一个月前，他没能保住奚齐。现在他不仅没保住卓子，连先君最宠爱的女人都被杀了。这一切虽然都是骊姬罪有应得，但荀息身为托孤重臣，根本难辞其咎。一边是对先君的誓言，一边是迟到的正义，荀息选择自尽，兑现自己对献公的承诺。献公泉下有知，不知作何感想。他虽然没有选对托付之人，可是也没看错人。荀息把忠诚坚守到了生命的最后一刻，可以毫无愧色地去见晋献公了。

荀息死了，里克暂时掌握了晋国大权。里克最先想到的君位继承人就是重耳，因为重耳在晋献公所有的儿子里年纪最长，也最有贤名，于是他向狄国派出了使者。重耳在问明使者的来意后，十分感动，然后拒绝了他。现成的国君都不做吗？是的。但重耳绝对不是一个清心寡欲、没有政治野心的人，他之所以拒绝做国君，是因为晋国现在实在是太乱了。两任国君刚刚被杀，国内人心不稳。太子、夷吾和其他各位公子都各有支持者，局势不明。现在回去，重耳自己也没把握能搞好。还有一点是笔者猜测的，那就是重耳自认为目前所有的国君候选人都没有能力收拾这个危局，等这帮人把国内搞得一团糟的时候，民众就会想起他。那个时候，他会以救世主的姿态登上晋国君位，众望所归。反正就是一句话：这个摊子太烂，我不接，爱谁接谁接。

使者回报后，里克不由得一愣。重耳这是咋回事？佛系了吗？既然不想当这个国君，也不能把你绑回来硬让你当，那就算了吧！无奈的里克只好派人去梁国接夷吾回国即位。这是一个顺理成章，却让里克追悔莫及的决定。

夷吾接到里克的邀请后，十分高兴，拍拍屁股就准备回国即位，却被人拦下了。拦他的人叫郤芮，是夷吾的主力谋士。郤芮的父亲郤豹随晋献公南征北讨，被封在郤邑。郤芮是郤豹的嫡长子，郤家人才辈出，位列晋国十大家族之一。郤芮能够拦住夷吾，说明他并非浪得虚名。实际情况是，重耳看到的问题郤芮也看到了，不过郤芮解决问题的思路略有不同。重耳的思路是找个炮灰先去当国君，然后再拿他当上马石，自己即位为君。郤芮则认为千羊在望，不如一兔在手，国内虽然很乱，但到手的君位绝对不可以放过。至于重耳担心的问题，郤芮给出了一个完美的解决方案。他让夷吾贿赂秦国，借秦国的威势回国即位，这样国内的各派反对势力就会老老实实地俯首听命，不愁君位坐不稳。

夷吾采纳了郤芮的解决方案，那到底拿什么贿赂秦国呢？

"就拿晋国的河西之地吧！"郤芮说。

正在吃饭的夷吾筷子掉在案上。

"那可是几代晋国先君打下来的战略要地啊，送给秦人以后他们不就直接饮马黄河了？"夷吾站起身大声道。

"如果君位都被别人抢了去，那这个国家还有什么值得我们珍惜的？如果咱们得到君位、得到百姓，这点儿土地又算得了什么呢？"郤芮平静地说。

夷吾想了想，缓缓地坐了下去，他意识到，郤芮说得没错。国家都还不是自己的呢，心疼个啥。想通了的夷吾马上派郤芮出使秦国，请求秦国出兵相助。秦国此时执政的是秦穆公，郤芮见了秦穆公，把之前商量好的条件开出来，然后请秦国出兵护送夷吾回国即位。秦穆公听完条件后，并没有很激动，转而悄悄地问大臣公孙枝，夷吾这个人怎么样？公孙枝附耳告诉秦穆公，夷吾这哥们儿能力欠点儿意思，指望他安定晋国估计够呛。那就行了，秦穆公当即答应了郤芮的请求。

秦穆公也是高手，郤芮这点儿心思根本瞒不过他。他所考虑的是晋国会不会迎来一位明君，成为秦国的劲敌。在得到否定答案后，就答应了拥立夷吾，与河西那块地真的没有太大关系。郤芮棋差一着，如果他知道秦穆公这种想法的话，根本没必要花这个血本。这边搞定了秦穆公，夷吾又派人给国内的里克送了一封信。信中说："如果您能助我上位，我愿意把汾阳城封给您。"看来郤芮的套路夷吾已经学会了，还现学现卖地用在了里克身上。

前651年，打通了内外关节的夷吾在秦军的护送下，回到晋国。霸主齐桓公听到晋国内乱，也打算来凑个热闹。他派大夫隰朋率军赶到晋国，正好遇到了护送夷吾的秦军，就跟秦军一起送夷吾回到绛都，算是蹭了一份拥立之功。次年，前650年，周襄王派代表周公忌父同秦、齐大夫共立夷吾为君，夷吾正式即位，是为晋惠公。

在即位之前，晋国的土地还不知道是谁的，晋惠公显得十分大方。即位为君以后，晋国的土地都是他的，就开始反悔了。晋惠公首先派邳郑向秦穆公道歉道："当初我是答应把晋国河西之地送给秦国，我现在有幸成为国君，本想兑现承诺，可是底下的大臣们不答应啊。我也没办法了，请秦君原谅。"这纯属屁话。大臣们反对你就没办法了，到底谁是老大？秦穆公本来也没想得到晋国的河西之地，但是听到邳郑当面抵赖还是十分气愤。河西之地不给就算了，好歹给几座城意思意思啊。就算不给城，给点儿礼物也行啊。可邳郑道完歉就没了下文，眼睛直勾勾地看着秦穆公。

秦穆公算是明白了，这夷吾是个白眼狼，过河拆桥，一毛不拔，毫无感恩之心。好吧，既然如此，梁子算是结下了。

对秦穆公耍赖，还可以说是为了国家利益。可是当年许给里克的汾阳城，晋惠公也不打算给了。不但不给，还要管里克再要一样东西：他的脑袋。这一天，巴巴盼着晋惠公封赏的里克等到了一封信，是晋惠公写给他的。信中首先感谢了里克的拥立之恩，随后话锋一转，提到里克杀死两位国君（奚齐和卓子）和一位大夫（荀息）的事。说你里克有这种黑案底，我做你的国君很害怕啊！里克一看就明白了，原来夷吾这是想要自己的命啊！他气愤地说："没有我杀死两位国君，你夷吾能上位吗？想让我死就直说呗，讲这种话有意思吗？"说完伏剑自杀。早知如此，何必当初。

孔子有云："人而无信，不知其可也。"就算是个普通人，也要讲信用。夷吾身为国君，如此言而无信，晋国民众都很不服气。按下夷吾这头不表，再说正主重耳。重耳当年逃到狄国，有五个小伙伴跟着。这五个小伙伴个个身负大才，被称为五贤士，他们是赵衰、狐偃、贾佗、先轸、魏犨。

赵衰是赵夙的孙子；狐偃是重耳的舅舅，狐氏是唐叔虞沦落于狄族的后代，狐家也是晋国十大家族之一；贾佗是贾国公室的后代；先轸是晋国的军神，当然这是后话；魏犨是毕万的孙子。这五位小伙伴可以说都是大有来头。除了这五位比较有名的，还有十多位不太出名的，也跟着重耳跑了出来。他们都认为重耳将来一定会即位为君，将晋国发扬光大。不过现在，重耳只是个流亡在外公家的落魄公子。

◇重耳流亡

在重耳逃到狄国的第五年,晋献公去世了。之后的那段已经说过了,重耳拒绝了君位,弟弟夷吾即位为君。夷吾执掌晋国的第七年,国内已经被他弄得一塌糊涂,这时他想起了哥哥重耳。想起重耳并不是因为想请他回国帮忙,恰恰相反,是怕他回国夺位,要干掉他。这次派出的还是寺人披(看来是位职业杀手)。得到线报的重耳跟赵衰等人商量,他认为狄国离晋国太近,如果夷吾刺杀不成,起大兵来要人,狄国是抵挡不了的。而齐国的贤臣管仲和隰朋去世,齐桓公求贤若渴,肯定会接纳他们的。赵衰等人觉得有道理,大家就准备同去齐国。

重耳四十三岁的时候逃到狄国,在狄国已经待了十二年,早已娶妻生子。重耳的妻子叫季隗,是狄国攻打赤狄咎如部俘获的(重耳居住的是白狄)。季隗还有位姐姐叫叔隗,嫁给了年纪比重耳大的赵衰。重耳在逃去齐国前跟老婆季隗说:"我现在被夷吾追杀,要跑路去齐国了,不知道什么时候才能回来。如果我二十五年不回来,你就改嫁吧!"要是搁现在,谁敢这么跟自己老婆说话,估计会吃一记耳光,外加一句"神经病"。可重耳的老婆季隗却一点儿也不生气,她笑着回答:"二十五年我的坟头都长柏树了,即便这样,我还是会等你。"得妻如此,夫复何求!重耳含泪告别了妻儿,重新踏上了逃亡之路。

重耳一行要去齐国,先要经过卫国。卫文公一看是个落魄公子,连句客气话也没说,就把他们赶走了。没办法,只好饿着肚子继续东行。走到五鹿（今河南濮阳县南）的时候，重耳实在是饿得不行了，看到农民在田埂上休息吃饭，就厚着脸皮去讨口吃的。农民们觉得这帮衣着光鲜的家伙竟然会沦落到要饭的地步，很有意思，就拿了块土坷垃放在碗里递给了重耳。重耳火大了，本来讨饭就够丢人的了，还要被人这样戏耍，立马就要动手。赵衰却说："土坷垃是土地的象征，老百姓把土地送给您，这说明公子要得国了啊！"重耳这才转怒为喜。

到了齐国以后，重耳终于苦尽甘来。齐桓公果然很重视重耳，送了二十辆车给重耳，还把一名宗室少女齐姜嫁给了他。见待遇如此优厚，重耳又在齐国定居了下来。重耳定居齐国的第二年，齐桓公就去世了。齐桓公的几个儿子争位，国内打成了一锅粥。齐国的国力急剧下降，明显不能帮助重耳回国登基了，虽然如此，重耳却没有走的意思。因为齐国的生活太安逸了，每天美酒美食，美女相伴，对于漂泊了十多年的重耳来说是难以拒绝的诱惑。就这样，重耳在齐国又住了三年，小伙伴们不干了。

小伙伴们个个有经天纬地之才，扭转乾坤之能。追随重耳就是为了有朝一日重耳登基为君，自己能够施展平生所学，不负男儿之志。可重耳倒好，夜夜笙歌，早已忘了自己的初心。这一天，赵衰、狐偃等人在桑树下商量如何让重耳离开齐国的事。狐偃说："可以诈称请重耳出去打猎，出了城劫了就走，不由得他不答应。"大家都说是个好办法。然后再商量去哪儿，赵衰认为宋襄公正在图谋霸业，说不定可以帮忙，如果不行，就去楚国或者秦国。大家觉得很有道理，计划就这么定了下来。

俗话说隔墙有耳，赵衰等人的密谋正巧被在树上采桑的齐姜的侍女们听到。侍女们连忙去告诉齐姜，齐姜听完呵斥道："哪有此事？不许胡说！"随后吩咐人悄悄地把这几个侍女杀掉了。齐姜当然知道侍女们说的都是真的，但是出逃的事何等机密，是绝对不可以泄露的。当天晚上，齐姜试探着问重耳："您的部下想让您去别的国家，在树下密谋，被我的侍女听到了。我怕走漏了风声有人会阻拦你，就把这些侍女杀了，我看您还是早点儿准备离开吧！"重耳却说："这里多舒服啊，我就老死在这，不走了。"一代霸主竟说出这话，跟后世刘禅那句"此间乐，不思蜀也"有得一拼。看来不论贤愚美丑，人性总是相同的。齐姜见状劝道："自从夫君离开晋国以来，晋国没有一天安生。现在夷吾无道，百姓不服，这是天赐良机。希望夫君以大局为重，回国即位，咱们夫妻自有重逢之日。"重耳想了想，还是不肯。

第二天一早，赵衰等人依计到宫门外请重耳打猎。重耳还在睡觉，齐姜听到后，把狐偃单独召进宫来。她屏退左右，问狐偃来意。狐偃说："公子在狄国的时候，每天打猎。现在到了齐国，好久不动弹了，想约他出来打打猎，舒活舒活筋骨。"齐姜笑着说："这次打猎的目的地是宋国、楚国还是秦国呢？"狐偃大惊，忙说："打个猎哪能跑那么远呢。"齐姜说："你们想劫持公子去别的国家，我都知道了，不用瞒我。其实我也曾经劝他回国即位，怎奈他不听。今晚我可设宴把他灌醉，你们用车把他驮出城，就可以了。"狐偃叩首道："夫人能割舍夫妻之情，成就公子的大业，真是女中丈夫。"

当天晚上，齐姜准备了一桌好菜。重耳有点儿奇怪，问齐姜这是为何。齐姜说："妾知道夫君要远行，特意来给您饯行。"重耳说："人生苦短，何必折腾，我不想走。"齐姜说："苟且偷生，非大丈夫所为。您的属下都是忠臣，您还是跟他们走吧。"重耳生气了，把酒杯一推就要离席。齐姜笑着拉住了重耳，说道："您是真不想走呢，还是在骗我？"重耳说："当然不想走啦，骗你干吗？"齐姜说："既然不想走，那这酒就当是挽留你的，咱们夫妻喝个痛快吧！"重耳大喜，跟齐姜你一杯我一杯地喝了起来，不多时就喝得酩酊大醉，倒在席间。齐姜给重耳盖上了一床被子，随后通知狐偃来接人。狐偃和魏犫来到宫中，把重耳连人带席抬到车上。狐偃亲自驾车，驶离齐国。齐姜虽然以大局为重送走了丈夫，这时想到与丈夫不知何年何月才能相见，不觉泪流满面。

狐偃等人一路疾行，到凌晨鸡叫的时候，已经离临淄很远了。重耳翻了个身，唤宫人给他取水解渴。狐偃答道："要喝水得等天亮了。"重耳又觉得很是颠簸，就命人扶他下床。狐偃说这是车不是床。重耳觉得声音不对，睁开惺忪的醉眼问道："你是谁啊？"狐偃回答说："我是狐偃。"重耳顿时明白了，一骨碌爬起来骂道："你们也不通知我，带我来这里干吗？"狐偃说："我们打算把晋国送给您。"重耳说："还没得到晋，先丢了齐，我不想走，送我回去！"狐偃说："我们离临淄已远，齐侯知道你逃跑，肯定会派兵来追，已经回不去了。"重耳大怒，抄起魏犫的戈就刺狐偃。狐偃连忙下车躲避，重耳也跳下车来。大家见状连忙拉住重耳，重耳把戈扔到地上恨恨地说："这次要是成功也就罢了，要是不成，我一定吃了舅舅的肉！"狐偃却笑着答道："如果不成功，狐偃早不知道死哪儿去了，你哪里吃得着？如果成功了，大外甥你钟鸣鼎食，老舅的肉又腥又臊，你哪吃得下去呢。"大伙也纷纷劝重耳不要儿女情长，要以江山为重。重耳见已经没了回头路，这才打起精神，变回了那个胸怀大志的重耳。

离开齐国的第一站是曹国。曹共公见重耳来到，很热情地接待了他。酒足饭饱之后，曹共公提议让重耳去泡个澡解解乏。重耳觉得曹共公真是体贴入微，便答应了。正当重耳宽衣解带、入盆沐浴的时候，曹共公带着几个宠臣便衣来到了重耳的浴室之外，掀开门帘向里偷偷观望。曹共公偷看重耳洗澡，并不是因为他是偷窥狂或者同性恋，而是因为他听人说重耳是骈胁。所谓的骈胁就是肋骨不是一根一根的，而是长成了一整块。偷看就偷看吧，还笑出了声。重耳听到门外喧哗，大喝一声。曹共公这才慌忙逃走，正好迎头撞上了闻声而来的狐偃。狐偃见曹共公仓皇地从重耳的浴室外离开，立刻明白了怎么回事。他进去告诉了重耳，君臣都很气愤。

离开了无礼的曹共公，重耳和他的小伙伴来到了宋国。宋襄公是真的对重耳很好，可惜他刚刚在泓水之战中被楚成王打败，有心无力。宋襄公给重耳准备了很丰厚的礼物，然后嘱咐他去找大国帮忙。离开了宋国的重耳到了郑国，郑文公连城都没让重耳进，无奈之下，重耳一行又来到了楚国。楚成王厚待了重耳，设宴招待他，并在宴会上问重耳如何报答他。重耳不卑不亢地回答，在战场上如若两军相遇，我晋军会退避三舍。楚成王并没有在意重耳的回答，把他送到了秦国。

秦国此时还是秦穆公当政，他正在后悔把夷吾扶上君位。夷吾这个家伙实在是太没良心，答应的事情不兑现就不说了。当年晋国饥荒，秦国举全国之力给晋国运粮。从秦都雍城到晋都绛城八百里水路，运粮船首尾相连，络绎不绝，就像打仗一样，史称"泛舟之役"。等到秦国也闹饥荒了，夷吾竟然趁人之危来攻打秦国。秦国同仇敌忾打败了晋军，俘虏了夷吾。后来秦穆公宽宏大量放回了夷吾，夷吾这才派太子姬圉到秦国当人质。秦穆公对太子圉不薄，把宗室女怀嬴嫁给了他。可是等到夷吾病重，太子圉招呼都不打就跑回了晋国，真是有其父必有其子。秦穆公对夷吾父子是深恶痛绝，又拿他们没办法。重耳的到来让秦穆公见到了希望，重耳颇有贤名，夷吾父子那种忘恩负义的事，重耳估计是干不出来。因此秦穆公决定送重耳回国，把太子圉拉下君位。

重耳的春天到了，秦穆公一口气把五名宗室女子嫁给重耳，其中就包括怀嬴。怀嬴是重耳的侄媳妇，这多少让重耳有些尴尬。胥臣却劝道："姬圉的国家都快没了，何况老婆呢？您现在有求于秦君，别惹人不高兴啊。一切都是为了尽快回到晋国嘛，成大事者不拘小节！"重耳觉得有道理，就接受了这五名女子。秦穆公很高兴，心想重耳这哥们儿果然实诚，没那么多虚文，就设宴招待重耳他们。在宴会上，赵衰说："今天高兴，我给大家唱首歌吧。"秦穆公同意了，于是赵衰唱了一首《黍苗》。

芃芃黍苗，阴雨膏之。悠悠南行，召伯劳之。

我任我辇，我车我牛。我行既集，盖云归哉。
我徒我御，我师我旅。我行既集，盖云归处。
肃肃谢功，召伯营之。烈烈征师，召伯成之。
原隰既平，泉流既清。召伯有成，王心则宁。

——《诗经·鱼藻之什·黍苗》

这首歌描写的是周宣王时，营建谢邑的役夫和兵卒在城邑建造完毕后的思归之情。秦穆公是文化人，一听就懂了。他跟赵衰说："我知道你这是想回家啊！放心吧，我会尽快送你们回去的。"重耳和赵衰闻言连忙离席拜谢。

前637年九月，执掌晋国十四年的晋惠公病死，儿子姬圉即位，是为晋怀公。到了这个时候，晋国国内都知道重耳已经在秦国，而且颇得秦穆公赏识的事了。大夫栾枝、郤縠暗中联络赵衰，希望重耳尽快回国，他们做内应。栾枝是栾宾的孙子，栾宾之前说过，是晋靖侯的庶孙，成师的相。栾家是晋国十大家族之一。郤縠是郤豹的儿子，却跟哥哥郤芮走了一条完全不同的路。事实上，晋国想当重耳内应的远不止栾枝和郤縠。晋国国内暗潮汹涌，这种情况晋怀公也感觉到了，他十分恐慌。为了孤立重耳，防止更多的人倒向重耳，晋怀公发布了一道命令：凡是跟随重耳在外的臣子，限期归国，过期不归者满门抄斩。这道命令好像没起什么作用，到了规定的日期，一个回国的都没有，大家开始议论纷纷。晋怀公气得七窍生烟，拿我说的话当放屁是吧，那就打个样给你们看看。

在重耳所有的从亡人员里，狐偃和赵衰绝对是核心人物。而狐偃的哥哥狐毛也在从亡之列，相比之下狐家可说是重耳的头号铁杆粉。狐毛、狐偃的父亲狐突年事已高，留在了晋国。作为狐家的掌门人和核心从亡人员的父亲，狐突是个反面得不能再反面的典型，晋怀公下令逮捕了他。狐突是反面典型没错，可是他还有一个身份。重耳和夷吾的母亲是亲姐妹，狐偃是重耳的舅舅，也是夷吾的舅舅；狐突是重耳的外公，也是夷吾的外公。也就是说，狐突是晋怀公的外曾祖父。

晋怀公对外曾祖父还是很客气的，好吃好喝地招待了狐突一顿。吃饱喝足之后，晋怀公让人拿来纸笔，笑吟吟地跟狐突说："有劳您老人家写封信，把二位舅爷（狐毛、狐偃）召回来吧。"狐突答道："做人哪，最重要的就是忠诚。我的两个儿子在重耳手下已经有年头了，现在把他们喊回来就是教他们不忠，不忠何以事奉国君？所以请国君见谅，我不能召他们回来。"晋怀公收起了笑容，下令把狐突拖出去杀了，同时被杀的还有重耳所有追随者的家人。这下好了，本想孤立重耳的晋怀公把自己彻底孤立了。

前636年春天，重耳在秦军的护卫下进入晋国。二月甲午日，晋军在晋怀公的严令下进军庐柳，监视秦军动向。秦穆公派公子絷找到了晋军将领，只说了一句话："我军护送的是公子重耳。"晋军将领没有多说，领军退至郇地。辛丑日，狐偃和随军的秦国大夫到了郇地，随军的晋国大夫都表示愿意拥立重耳为君，于是大家结盟。壬寅日，重耳到郇地接过了晋军的指挥权。丙午日，重耳率军进入曲沃，祭祀了祖先。丁未日，重耳在晋武公的宫殿中朝见了群臣,开始执掌晋国大权,是为晋文公。戊申日,重耳派人在高梁杀死了逃跑的晋怀公。

山西省侯马市晋文公雕像(涂安琪 绘)

重耳只用了十四天就完成了从流亡公子到晋国国君的华丽转变,细心的读者会发现,重耳接手晋军之后,并没有直接杀入绛都即位为君,而是先去了曲沃祭祖。重耳这样做并不是闲着没事干了,回老家逛逛,而是有着深刻的政治含义。他的这一举动就是告诉国民,自己是正宗的晋武公后人,不仅血统纯正,而且有能力继承武公遗志,将晋国发扬光大。两千年后的1402年,造反的燕王朱棣终于打下了南京城。正当他骑马准备进入皇宫大殿登基时,一个瘦弱的书生拦在他的马前阻止了他。这位书生问朱棣:

"您是应该先去祭陵呢，还是先即位？（先谒陵乎，先即位乎？）"朱棣听了恍然大悟，立刻拨转马头去明孝陵给父亲上坟去了。

朱棣先谒陵和重耳先祭祖都是一个道理。那位拦朱棣马头的书生叫杨荣，后来官至内阁大学士。他能够劝朱棣先去谒陵，笔者强烈怀疑他是看过《左传》中关于重耳即位的这段记载的。

重耳即位为君时已经六十二岁了，放到今天，也已过了退休年龄，但重耳的职业生涯才刚刚开始。重耳流亡十九年，方才登上君位，跟唐僧历尽九九八十一难才取得真经有得一拼。这样说也不严谨，唐僧是在历经八十难后取得真经。观音菩萨一算还差一难，就让师徒四人在通天河落水，补齐了八十一难。重耳的状况也一样，在开始他国君的幸福生活之前，他还有一个劫难。

这个劫难源自一个误会。事情是这样的，郤芮和吕省是晋惠公夷吾的死忠，迫于形势，迎重耳回来即了位。重耳即位之后，一连数日，没赏一个功臣，也没罚一个罪人，这让郤芮和吕省非常的不安。一般来说，发生这种情况有两种可能性：一是重耳根本没打算追究他们的责任，二是重耳打算把他们往死里整，只不过没想好怎么整，正在憋坏主意。郤芮和吕省算了算，正是因为夷吾，重耳在国外多漂了十四年。十四年啊！郤芮和吕省越想越觉得是第二种可能，不禁毛骨悚然。

其实他们真的小看重耳了，十九年的磨砺，早让重耳把这些恩恩怨怨看得很淡了。况且郤芮和吕省属于各为其主，也无可厚非。郤芮和吕省却觉得既然注定要死，不如放手一搏，他们打算弄死重耳。这谈何容易，重耳现在是国君，守卫森严，不是你想杀就能杀的。但也不是绝对没可能，因为惠公执政十四年，郤芮和吕省还是有不少党羽的。郤芮觉得这还不够，他还要争取一个关键人物，那就是职业杀手寺人披。寺人披虽然两次刺杀重耳都没成功，但他是重耳的死敌，绝对可靠。而且两次刺杀不成，积累了丰富的行刺经验。

果然，当寺人披知道了郤芮的计划后，满口答应，并表示这次一定不再失手，三人随后歃血为盟。郤芮觉得弄死重耳，最好的办法是火攻。把重耳的宫室围住放火，然后挡住前来救火的部队，就可以把重耳活活烧死。计议已定，大家各回各家，等待时机。

郤芮这回又算漏了。他认为最可靠的寺人披，偏偏就当了叛徒。寺人披从郤芮那里出来后，心里就在合计：自己两次刺杀重耳都是奉命行事，谈不上跟重耳有什么个人恩怨。现在晋国已定，自己再去刺杀重耳，别说他身边那些从亡豪杰绝对放不过自己，就是晋国百姓一人一口唾沫也会把自己淹了。这又是何必呢？不如向重耳投诚，把郤芮的阴谋告诉他，也好作为自己的进身之阶。

主意是拿定了，但毕竟自己两次刺杀重耳未遂，案底太黑。寺人披怕重耳不见自己，就找到狐偃，跟狐偃说自己有重要的事要面见国君。狐偃一听就知道不是小事，忙带着寺人披去找重耳。重耳果然不见寺人披，说："这家伙砍断了我的衣袖，那件衣服我还留着呢，他还有脸见我？"狐偃却说："寺人披敢来找你，必有大事，希望您大人有大量，见他一面。"重耳这才勉强召寺人披进见。

寺人披一见重耳就向他道喜。重耳却冷冷地说："寡人即位多日，你才来道喜，晚了点儿吧？"寺人披却说："一点儿也不晚，您登基为君，没什么好祝贺的。现在得到我，您的君位才算稳，这才值得祝贺啊！"重耳听得他话里有话，便屏开左右，让寺人披把话说明白。寺人披就把郤芮的阴谋一五一十地告诉了重耳。

重耳听完大吃一惊，忙叫狐偃进来商议。狐偃觉得绛都内外都是郤芮的党羽，只有去秦国避一下才能渡过此劫。事不宜迟，重耳和狐偃当晚便微服离开了晋国，奔秦国而去。走之前，重耳吩咐心腹内侍对外宣称主公染病，需要静养一段时间，某月某日再恢复朝会。寺人披则继续回到郤芮处当卧底。

第二天，朝中传出消息说主公染病，要静养至某月某日。郤芮、吕省都觉得机会难得，准备在重耳出关的前一日纵火。寺人披大呼好主意，并建议郤芮的人守前门，吕省的人守后门，自己则负责拦住救火的人。郤芮和吕省点头称是。

到了起事的日子，三人依计行事，四面围住宫室放火。前门杀入的郤芮正撞上后门杀入的吕省，却都说没见到重耳。这下坏了。外面救火的人很快就到了，郤芮和吕省只好退到郊外。没杀死重耳让郤芮有点儿蒙，寺人披却说不妨，晋君的废立向来都是秦国说了算。只要对秦国诈称重耳被烧死，向秦国借兵再拥立一位公子就完了嘛！郤芮觉得有道理，便派寺人披去秦国探探口风。

寺人披到了秦国，找到重耳后，重耳决定诱杀郤芮和吕省。先由秦穆公亲笔回复二人，声称借兵没问题，可来秦国接兵。郤芮和吕省接到回信后大喜，就来到了信中指定的王城。秦穆公亲自设宴招待郤芮和吕省,这让他们十分安心。酒到半酣,秦穆公说我给你们介绍个老朋友吧!二位死活想不起哪位老朋友还在秦国,这时重耳踱着步从屏风后走出,郤芮、吕省一见大惊失色,忙跪下称死罪。秦穆公没工夫跟他们多废话,挥手让拖出去砍了。郤芮这时还没忘拖人下水,大呼说寺人披也是共犯,理当同罪。重耳怒道:"要不是他,我早被你们烧成灰了!"郤芮这才知道自己被出卖了,可惜已经太迟了。

成功渡劫的重耳回到晋国,准备大展拳脚。刚一即位就遭遇刺杀,重耳痛定思痛,认为这是自己恩信未立,当务之急是要立信。所谓人无信不立,晋文公立信有两层意思,一是要大家信任自己,二是要大家知道自己是个守信之人。说起来容易,真正实施起来,第一点都不容易做到。要知道晋惠公执政了十四年,再不济也有不少拥护者,郤芮和吕省只是其中的代表人物,他们两个正是因为不信任晋文公才起兵造反。在晋国,像郤芮和吕省这样的人还有很多,统称为旧族望门。要取得旧族的信任,拿着大喇叭到处喊:"新君即位,旧族既往不咎!"这样的效果是不会好的。晋文公对此事日思夜想,相当挠头。

这次帮助晋文公解决问题的不是狐偃,也不是赵衰,而是晋文公的一个仇人,这个人名叫头须。头须当年也跟着重耳一起逃亡,是逃亡团队的重要人物。他之所以重要,并不是因为他像狐偃、赵衰那样足智多谋,也不是因为他像魏犨那样刚猛无俦,而是因为他掌管逃亡团队的所有经费,是个管家。这位管家立场不坚定,看重耳没啥前途,居然卷款逃跑了。这下坑苦了重耳,整个团队立马断顿。重耳饿得不行，还是团队里一位忠心的臣子叫介子推，割了自己大腿的肉给重耳炖了汤（重耳当时并不知情），才不至于饿死。堂堂公子，居然沦落到吃人肉充饥，重耳估计想砍死头须的心都有。

等到重耳登基，头须竟然主动找上门来，并宣称自己能让晋国安定，让大家信任晋文公。晋文公一听就火了，让使者转告头须："你还有啥脸面来见寡人？还说什么要安定晋国？"头须听了也不生气，反问使者："君主是在洗头吗？"使者回答："没有啊。"头须说："我听说洗头的时候人的心是倒的，说话也颠三倒四。君主既然没洗头，说话为何也这么颠倒呢？"使者回复晋文公，晋文公感到很奇怪，便接见了头须。

头须见了晋文公，面无愧色，仰头说道："君主离开国家太久了，国内说您坏话的人太多。现在您回来了，大家人人自危。我偷了您的细软逃跑，害得您吃介子推的肉，这个全国人都知道，我这是犯了诛十族的大罪。如果您赦免了我，跟我同车出游，让大家都看到的话，大家自然会相信您宽宏大量，不念旧恶啊。"晋文公听了很高兴，就选了个节日跟头须同车出游。国人一看晋文公如此宽宏大量，便都安下心来。

当然，这些还不足以让旧族望门完全放心。要想得到他们的信任，晋文公必须拿出真金白银的干货。这一点晋文公非常清楚，所以在任命官员的时候，晋文公大批昭雪和起用旧族，让旧族子弟担任位高权重的实职，自己的从亡集团反倒排在旧族之后。头号逆臣郤芮被诱杀后，郤芮这一支被贬为庶民。郤芮的儿子郤缺躬耕于冀邑郊外,夫妻和睦。这一切被晋文公的从亡之臣胥臣发现了,他觉得宠辱不惊的郤缺是个人才,就把他推荐给了晋文公。晋文公考察之后,发现郤缺确实德才兼备,便重用了他。晋文公的这一系列举措终于让旧族安心,他们心怀感激,更加尽心于国事。

晋文公成功地让大家相信了自己,剩下的就是让大家知道自己是守信之人,这样大家在执行自己政令时才会不打折扣地贯彻到底。这件事倒是相对容易一些。有一次晋文公攻打原邑的时候,下令带三天的口粮,打不下来就班师。打到第三天,原邑还没有打下来,晋文公就下令班师。这时原邑中晋国的卧底传出信息来,说原邑快投降了,让晋文公再坚持几天。晋文公却说:"信,国之宝也,民之所庇也,得原失信,何以庇之?所亡滋多。"大家看晋文公如此守信,对他的政令也就不再怀疑了。

晋文公的父亲晋献公其实是位很有能力的国君,历史上称他"服国三十八,并国十七",晋国由此成了名副其实的大国。晋献公与齐桓公是同龄人,到了齐桓公晚年,晋国大有盖过齐国的势头。可惜晋献公去世,晋国大乱。再加上晋惠公执政时期晋国国力的下滑,现在的晋国已经不复当年的威势。晋文公要恢复并超越父亲执政时晋国的荣光,就要在诸侯间立威。

也是晋国该当成就霸业,在晋文公登基的当年冬天,上天就送给他一个在诸侯间扬名立万的机会。这个机会就是,他们的老大周襄王出事了,被人赶出了国都洛邑。是谁这么大胆把堂堂周天子赶走了呢?是周襄王同父异母的弟弟王子带。王子带聪明伶俐、仪表不俗，很得父亲周惠王的喜爱。周襄王即位的第三年（前649年），王子带就勾结伊洛之戎进攻京师。危急时刻，晋惠公和秦穆公联军勤王，才击退了伊洛之戎。后来还是齐桓公出面调解，王子带才得以返回成周。

作乱不成的王子带并没有消停，他勾引了周襄王的狄人王后隗氏。事情做得太高调，被周襄王发现了，便废了隗氏。这一举动让周襄王彻底得罪了狄人，王子带串通狄人，大败周军，周襄王只好逃到郑国的氾地。逃到郑国的周襄王派人向晋国和秦国求救，十三年前就是你们两国出兵解的围，这次还要麻烦你们。秦国的反应比较快，第二年春天就带兵到了黄河边上，准备勤王。晋文公刚刚即位，千头万绪，自己还找不着北呢，就没想管这事。赵衰却跟他说："您要是想在诸侯间立威，没有什么比勤王更有效的了。当年晋文侯拥立周平王，得到诸侯的拥戴，现在这么好的机会摆在面前，君上您可要把握啊。"

晋文公这才下决心勤王。既然决心勤王立威，自然不希望有人来分一杯羹，于是晋文公派人好言劝退了秦军，自己亲自率大军顺黄河而下。大军到达阳樊（今河南济源市西南）后，晋军兵分两路：左路军赴氾地迎接周襄王还朝，右路军包围了王子带所在的温地（今河南温县）。在晋国强大的军事压力下，狄人很快土崩瓦解，王子带在温地被抓住杀了，周襄王不到半个月就顺利地回到了洛邑。

王位失而复得的周襄王很高兴，在洛邑设宴招待了晋文公。宴会上周襄王允许晋文公向自己敬酒，之前说过，这是很高的接待规格，晋献公就享受过这个待遇。这是虚的，下面这个才是实实在在的好处，周襄王下令把阳樊、温、原、攒茅四邑赏给晋文公。看上去很大方，其实是慨别人之慷，因为这四邑都不在周襄王的势力范围内。那是谁的地盘呢？正是那位刚刚被杀的王子带的领地。人是你杀的，地你有本事就拿去，这就是周襄王的逻辑。

晋文公当然有本事将四邑收入囊中，因此这是一次名利双收的行动。晋文公凭此在诸侯间树立了威望，又拿到了本属于王子带的四邑。说明一下，这四邑全都在黄河北岸，归了晋国以后，晋国黄河南北的土地就连成一片了。现在的局势是，齐国在齐桓公死后已经衰落，晋国取代齐国成了北方第一强国。这也不算什么，因为南方的楚国早在齐桓公时期就已经崛起。晋文公要想制霸全国，必须打赢楚国。对于楚国来说，情况也一样，如果他们想称霸中原，也要打赢晋国。楚国目前正处在楚成王的统治下，晋楚各逢明君，两强的碰撞已经不可避免。

楚国是老牌大国，军事实力强劲，有时候不太讲道理，跟他们玩仁德那一套通常不好使。要想制伏楚国，还要靠军事手段，所以晋文公还要立兵。晋国最初的军制是一军，这是周釐王给晋武公定的编制。到了晋献公时，军制被其擅自扩大为二军。再到晋文公时，为了应对强大的楚国，二军也不够用了，因此晋文公建立了三军，这已经是诸侯大国的编制规模了。

晋国的三军为中军、上军、下军，其中中军地位最高，上军次之，下军最低。三军的长官和副长官分别称将和佐，这样三军就有六位军事长官，按地位高低依次为中军将、中军佐、上军将、上军佐、下军将、下军佐。这六位军事长官被称为六卿,由于晋国采取军政合一的体制,这六卿上马管军,下马管民。六卿中地位最高的中军将是晋国军政最高长官,被称为正卿或元帅,相当于国相兼武装部队总司令。地位次之的中军佐被称为亚卿,相当于副相。

建成三军之后,就要任命三军的长官。在晋文公所有的臣子中,狐偃和赵衰的功劳最大,如果论功授爵的话,那中军将和中军佐的职位非狐偃和赵衰莫属。如果论与晋文公关系的亲密程度,那就没人能超过赵衰了。赵衰跟晋文公娶了叔隗、季隗姐妹,是连襟。等到回国后,晋文公又把自己的女儿嫁给了赵衰,所以赵衰又是晋文公的女婿。如果从赵衰的大老婆论的话,晋文公要管赵衰叫哥;如果从赵衰的小老婆论的话,赵衰又要管晋文公叫爸。关系是混乱了一点儿,但亲上加亲却是铁的事实,所以大家都猜测中军将的位子一定是赵衰的。

赵衰推辞了,推辞的理由是有人比他更适合中军将这个位子,这个人就是郤縠。赵衰推荐他的理由是知书达理,这是一个很牵强的理由,晋文公却瞬间明白了。郤縠适合做中军将的真正原因是,他是旧族望门的代表。晋文公为了团结旧族集团做了很多努力,从亡集团也做出了很大的让步,在职务安排上基本是旧族优先。这次六卿的任命可以说是晋国内部排座次,晋文公也不能违背当初的既定方针,因此郤縠被任命为中军将,郤縠的弟弟郤臻被任命为中军佐。

正卿和亚卿两个最重要的位子都给了旧族,晋文公已经拿出了最大的诚意，剩下的职位就好安排了。

上军将：狐偃　　上军佐：狐毛
下军将：栾枝　　下军佐：先轸

这样看来，六卿之中郤縠、郤溱、栾枝是旧族集团，狐偃、狐毛、先轸是从亡集团，旧族集团和从亡集团各占三席。从重要程度来说，正卿、亚卿和下军将都是旧族，旧族集团略占优势。这正是晋文公想要的结果。从亡集团都是贤达之士，不会在乎这个结果，而旧族集团却感觉自己受到了重用，一定会忠于晋文公。值得一提的是赵衰，这位从亡功臣，晋文公的女婿兼连襟，这次居然未能位列六卿。赵衰的大度为晋国开启了让贤之风，从此两大集团紧密团结在晋文公身旁，为晋国的霸业齐心协力。

◇城濮之战

楚成王没有给晋文公这位昔日的座上宾太多时间，晋文公刚完成对晋军的整编，楚成王就率军北上包围了宋国。要说宋国和楚国也算是天生的冤家，一个是前朝王族，一个是后起新秀；一个爵位高实力弱，一个爵位低实力强，各方面都是满拧的，这样的两个国家要是不敌视就见鬼了。前638年泓水之战之后，宋襄公霸主梦碎，被迫与楚国盟誓。到了前636年晋文公即位，晋国霸相渐露，宋国也于前634年倒向晋国。楚成王当然不会答应，当即北上伐宋，围了宋都睢阳。

宋国立即派遣大夫公孙固赴晋请援，晋文公为难了。于私，宋襄公和楚成王当年对他都不薄；于公，晋国绝不能允许楚国拿下宋国，在中原揳入一颗大钉子。狐偃给晋文公出了个主意：发兵去攻打楚国的新盟友曹国和卫国，借口是当年曹国和卫国都曾对流亡的重耳无礼。如果楚成王援助曹、卫的话，必然要放弃宋国。这样既能避免与楚国主动交锋，又能解宋国之围，一举两得。

晋文公采纳了狐偃的意见，亲率大军以荀林父为御戎，魏犨为车右，杀奔曹、卫。需要提一下的是，中军将郤縠在接受任命的第二年就病逝了。这回晋文公没有再客气，直接将智勇双全的先轸提升为中军将，以胥臣接替先轸原先的下军佐之职。曹、卫小国，禁不起晋国大军的猛攻，很快被拿下，这边楚成王却不肯放手。宋国很是着急，又派门尹般来晋军中求救。这回是新任元帅先轸给晋文公支了一招，那就是让宋国重金贿赂齐、秦两国，让两国出面向楚国说和，再由晋国割让曹、卫两国的土地补偿宋国的战争损失。如此一来，楚国要是再不退兵，那就是不给齐、秦两大国面子。到时候齐、秦、晋三大国联手，楚国就得吃不了兜着走。

齐、秦两国出面，楚成王感到了极大的压力，他深知已经不能跟晋国对抗了，只好下令撤军。楚国令尹成得臣却不服，拒不执行撤退命令。楚成王很生气，只让他带领直属的若敖六卒和陈、蔡、郑、许四个仆从国的军队与晋军交战，自己则率大军返回楚国。咄咄逼人的成得臣率军北上，晋文公兵退九十里，兑现了自己当年退避三舍的诺言，然后在城濮大败成得臣。

晋军获胜后，周襄王决定亲自劳军。晋军就在践土给周襄王修了一座行宫，以欢迎周天子。周襄王到达践土后，晋文公把此次城濮之战中缴获的楚军战利品献给周襄王。周襄王则当场策封晋文公为侯伯，并赐彤弓彤矢等信物及虎贲三百人。晋文公和到场的齐昭公、鲁僖公、宋成公、蔡庄公、郑文公等诸侯盟誓，效忠周天子。至此，晋文公成了春秋时期继齐桓公之后又一位名副其实、毫无争议的霸主。

打赢了楚国后，晋文公将精力转向了国内。当时晋国周边还有很多狄人，不时侵扰晋国。由于狄人多处于山中，不适合战车作战，晋文公就建立了三支步兵部队来对付狄人。这三支步兵部队被称为三行，任命荀林父为中行将，屠击为右行将，先蔑（先轸之弟）为左行将。狄人的威胁很快解除，晋文公又在三行的基础上成立了上、下新军，这样晋国就有五军的编制了，新的五军将佐是这样的：

中军将：先轸　　中军佐：郤溱
上军将：先且居　上军佐：狐偃
下军将：栾枝　　下军佐：胥臣

新上军将：赵衰　新上军佐：箕郑
新下军将：胥婴　新下军佐：先都

这里先且居是先轸的儿子，接替已故上军将狐毛。箕郑、胥婴、先都都是新人。晋国变成了五军十卿，赵衰终于无可推托地位列十卿了。春秋时期，诸侯往往利用田猎活动来检阅军队、任命将帅。这种田猎活动被称为大蒐礼，可以视为阅兵加将官任命仪式的合体。晋国的这次十卿任命就是在一次大蒐礼上进行的，这次大蒐礼位于清原（今山西闻喜县），又称清原之蒐。

做完这些事后，晋文公的生命也走到了尽头。前628年，一代霸主晋文公溘然长逝，儿子姬欢即位，是为晋襄公。晋文公留下了一个强大的晋国，留下了五军十卿的制度。他绝不会想到，正是这个制度将晋国推向巅峰，也是这个制度让晋国最终一分为三。流亡公子重耳，一代霸主晋文公的故事，到此结束了。

专权引发的弑君血案

一代霸主晋文公去世，晋国内部波澜不惊。没有出现政权的动荡，也没有出现国力的明显下滑。这一切都要归功于晋文公逝世前留下的五军十卿制度，这种制度实质上是一种集体领导制。在晋文公的精心安排下，这十卿虽然个个都是豪杰之士，却各安其位，通力合作。

如果单论才能，先轸绝对冠绝群雄；如果将才能、品德、资历等综合考虑，那就无人能出赵衰其右。单凭与晋文公的关系，赵衰就足以坐定正卿之位，可是他没有。可以说十卿之中正因为有了先轸和赵衰，大家才能没有非分之想，老实干活。道理很简单，论才能，你比不过先轸，不用妄想正卿之位；论综合实力，你比不过赵衰，而赵衰只位列十卿第七，你还有什么不满足的呢？

看上去这是一个很稳定的组合，可实际情况是，这个组合非常之不稳定。清原之蒐的当年，狐偃就去世了，比晋文公还早走一年。先且居请求增补上军佐，赵衰以极高的人气越三级擢升为上军佐，位列十卿第四，十卿也就此剩了九卿。又过了仅仅两年，到了晋襄公元年（前627年），元帅先轸也战死了，而且死得十分悲壮（番外会详细说）。先轸死后，晋襄公感其忠烈，念其大功，命其子先且居为中军将。又过了两年（前625年），中军佐郤溱也去世了，赵衰才得以升为亚卿。这时十卿只剩下七卿了。到了晋襄公六年（前622年），赵衰、先且居、栾枝、胥臣同年去世。转过年来，胥婴也去世了。八年的时间，十卿只剩下箕郑和先都两位。这个最大的不稳定因素竟然是十卿的寿命。

前621年，十卿制彻底玩不下去了。晋襄公决定再在夷地举行大蒐礼，重新整编军队，任命将帅。由于十卿几乎损失殆尽，晋国一时没有那么多人才，所以晋襄公废除了新上下两军，恢复了三军六卿制。晋襄公本想任命士縠为中军将，梁益耳为中军佐。两位十卿遗老箕郑和先都各升五级，分任上下军将。士縠是士芳的儿子，时任司空，梁益耳则是晋襄公座下大将。这个任命没什么好解读的，就是晋襄公借着十卿凋敝，重新洗牌之机，把自己的两位亲信推上正卿和亚卿的位子。可惜的是，这个想法没有实现。原因是有人反对，反对的人叫先克，是前任中军将先且居的儿子，前前任中军将先轸的孙子。晋襄公可以无视先克，但是不能无视先轸和先且居巨大的影响力，虽然他们都已经不在了。

先克提出，中军将佐的人选应该在狐偃和赵衰的后人中选择，因为他们是先君晋文公从亡集团的两大核心，这是一个无可抗拒的理由。先克这样提议并不是毫无缘由的，他的提议是为了推一个人：赵衰之子赵盾。为了做得不那么明显，这才扯上了狐偃。之所以要推赵盾，是因为先克是个百分百的赵党。希望大家还记得当初狐毛去世，先且居代替狐毛成为上军将的那段。其实当时上军将的位置与先且居并没有什么关系，晋文公想提拔赵衰做上军将。是赵衰极力推辞，并保举先且居做上军将，这才让先且居平步青云地走上了上军将的位子。这就很明显了，先克成为赵党，力挺赵衰的儿子，是为了报答赵衰力荐父亲先且居的恩情。

晋襄公采纳了先克的意见，准备任命狐偃的儿子狐射姑为中军将，赵衰的儿子赵盾为中军佐，这个任命将在夷地的大蒐礼上正式宣布并生效。赵盾这一年三十四岁，按说三十啷当岁官至亚卿，已经够可以的了。偏偏有一个人认为不可以，这个人就是晋襄公的师父阳处父。阳处父认为，以赵衰的影响力，其长子赵盾竟然要屈居亚卿，实在是很不合适，要做就做正卿嘛。不用说，阳处父也是个赵党。事实上，阳处父不仅是赵党，还对狐家成见颇深。阳处父能够成为时任太子姬欢的师父，离不开赵衰的举荐，但是在狐偃手下做事的时候，阳处父就没这么好的待遇。史载阳处父"因咎犯（狐偃），三年不达；因赵衰，三日而进"。这是说跟着狐偃混，三年都没晋升，跟着赵衰，三天就升职了。换了是谁，都会感恩赵衰而记恨狐偃的。

阳处父为赵盾的亚卿之职很是不平，他决定报答赵衰。报答的方法很简单粗暴，也很有效。晋襄公命令部队大蒐于夷的时候，阳处父正好出使卫国回来，路过夷地。他直接篡改了晋襄公的命令，改蒐于董（今山西闻喜县东北），连任命也改了。更改后的任命如下：

中军将：赵盾　　中军佐：狐射姑
上军将：箕郑　　上军佐：荀林父
下军将：先蔑　　下军佐：先都

这个任命中，狐射姑和赵盾的职位对调了一下。赵盾一举成为一人之下，万人之上的正卿，等到晋襄公知道自己的任命被改时，已经晚了。碍于师父阳处父的面子，晋襄公默认了这个事实。赵衰的荐贤让能最终得到了回报，受益人正是他的儿子赵盾。

阳处父这一手玩得非常之不地道，很多人都相当不满。这次矫诏为晋国之后的诸卿争权埋下了祸患，也给阳处父自己惹来了杀身之祸，这是后话。在这次事件中，最郁闷的还是晋襄公。想提拔点儿自己人，被否了；发布了一项任命，被改了。这些手下好像完全没把晋襄公当盘菜，想怎么来就怎么来。也许是太过郁闷，在董之蒐的当年（前621年），晋襄公就驾鹤西去，再也不用受这帮无法无天的臣子的窝囊气了。

晋襄公仅执政七年，去世的时候还很年轻，他的儿子夷皋此时还是个奶娃，考验赵盾执政能力的时候到了。晋襄公在任期间得罪了秦国（著名的崤之战），南方的楚国处在楚穆王的统治下。楚穆王是杀了父亲楚成王上位的，连父亲都能杀的人，是一个很恐怖的存在。所以说这时候的晋国外部环境很不好，大多数臣子希望国家能有一位年长的国君掌掌舵，赵盾也是这么想的。既然晋襄公的太子夷皋不堪立，就要从晋襄公的兄弟，也就是晋文公的儿子中间找一位立为国君。

在立谁为君的问题上，正卿赵盾和亚卿狐射姑产生了分歧。赵盾认为在秦国的公子雍比较合适，理由是公子雍乐善好施，年纪又长，最关键的是公子雍长期在秦国做官，跟秦国关系很好，即位后可以将秦国引为强援。狐射姑则认为在陈国的公子乐更合适，理由是公子乐的母亲受到了晋怀公和晋文公两位国君的宠爱。

解释一下，公子乐的母亲是怀嬴，就是那位先嫁给晋怀公，又被秦穆公嫁给晋文公的宗室女。这个建议当场被赵盾给否了，在赵盾看来，侍奉两位国君就是不守妇道。母亲不守妇道，儿子又能好到哪里去？再说陈国又小又远，难以引为外援。

客观地说，国君之位确实是公子雍更合适一点儿，但优势也并没有那么明显。如果狐射姑说话策略得当的话，还是有得一搏的。首先，公子乐的母亲怀嬴嫁人和改嫁都是身不由己，完全是出于秦国的政治需要，与个人作风无关，赵盾攻击她不守妇道明显是冤枉好人。其次，要论外援的话，公子乐的母亲就是秦国的宗室女，公子雍可以引入秦国外援，公子乐也一样可以。至于什么乐善好施之类的美德，那根本是说你有你就有的软指标。

不过这一切都不重要，重要的是赵盾才是正卿，官大一级压死人。赵盾当即拍板，派先蔑和士会（士芳之孙）去秦国迎接公子雍，连跟狐射姑辩论的兴趣都没有。赵盾这种霸道的作风引起了狐射姑的不满，谁都知道赵盾的正卿是靠阳处父作弊得来的，正卿之位本来就该是狐射姑的。现在立国君这么大的事你都不让大家讨论一下，自己直接就决定了，凭什么？

满心不服的狐射姑自作主张，也派人去陈国接公子乐回国。狐射姑的行为引起了赵盾的极大愤怒，这么大的事你都不服从领导，以后还真管不了你了！赵盾立即派人去刺杀公子乐，在郫地把公子乐干掉了。这回狐射姑也怒了，公子你都敢杀，就没有你赵盾不敢干的事了吧？

愤怒归愤怒，狐射姑毕竟还不敢直接对赵盾下手，思来想去，阳处父就成了替罪羊。要不是你阳处父矫诏，也轮不到他赵盾在这里周吴郑王。越想越气的狐射姑派本家狐鞫居杀了阳处父，矛盾升级了。赵盾当然知道杀阳处父是冲自己来的，当即把狐鞫居抓住杀掉，并声称要追查幕后真凶。狐射姑这下怂了，他见识过赵盾的手段，知道干不过他，便连夜跑到了狄国。赵盾倒也没有赶尽杀绝，反而派臾骈把狐射姑的家属都送到了狄国。那意思就是，在狄国待一辈子吧，别回来烦老子了！就这样，狐家成了十大家族中第一个消失在晋国历史舞台上的家族。

　　堂堂晋国亚卿都跑路了，但还是有人反对立公子雍，是谁这么有种呢？正是太子夷皋的母亲穆嬴。跟狐射姑明刀明枪与赵盾硬刚不同，穆嬴用的是女人特有的武器——眼泪。自从得知赵盾派人去秦国迎接公子雍即位后，穆嬴天天抱着夷皋在朝堂上哭。这还不算，等赵盾下班回家后，穆嬴又抱着孩子堵在赵盾家门口哭。赵盾三十岁出头的年纪，天天有个美貌少妇抱着孩子在家门口哭，影响实在是不好，不知情的还以为赵盾生活作风出了问题。被缠得没办法的赵盾只好接见了穆嬴。

　　穆嬴见了赵盾，水都没喝一口就向赵盾发出了灵魂三问："先君有什么罪？他的合法继承人又有什么罪？放着嫡子不立，跑到外面去找人当国君，你打算怎么安置这个孩子？"赵盾被问得哑口无言。穆嬴见赵盾犹豫了，趁热打铁地替他温习了一遍晋襄公临终遗言，穆嬴说："先君临终前捧着这个孩子嘱托您，说孩子如果成才，那就是拜您的恩赐；如果不成才，也只能怨恨您。现在先君刚刚去世，言犹在耳，您就准备违背他的遗嘱了，您觉得这样做合适吗？"赵盾惭愧无地。

彻底被穆嬴说服了的赵盾于是决定改立夷皋为君，这也没什么，问题在于赵盾改立新君后并没有通知秦人，秦人还在整顿兵马准备护送公子雍回国。阳春三月，护送公子雍的秦军从秦都雍城启程，一路向东，迤逦而行，渡过黄河，慢慢悠悠地向绛都进发。秦军官兵都很开心，因为他们知道，这一趟护送的是晋国的新君。这位新君与秦国关系一向不错，他即位之后，赏钱是少不了的。

赵盾这边也得到了秦军渡过黄河的消息。这时候的赵盾实际上有两种选择。

第一种选择就是，派人带着大批金银珠宝找到秦军，向秦军解释说我国已经另立新君，不好意思让你们白跑一趟，这些金银珠宝是给你们的辛苦钱，麻烦你们回去吧。

第二种选择就是，直接派兵驱逐秦军，让公子雍滚蛋。

对于第一种选择，可能有两种结果。第一种结果是秦军虽然很不情愿，但是看在钱的面子上还是选择带公子雍回秦国。第二种结果是秦军不在乎眼前这点儿钱，更看重的是公子雍即位后给秦国带来的巨大利益，所以坚持要给公子雍讨个说法。

仔细分析一下就会发现，第二种结果的可能性不大。原因很简单：立谁为君是晋人的家事，秦军现在脚踩的是晋人的地盘。退一万步讲，秦人如果坚持不依不饶，晋国再发兵击之，道义也在晋国这边。

分析来分析去还是第一种选择对赵盾最为有利，可赵盾还是毫不犹豫地选择了第二种。因为我们都忽视了一个因素，赵盾三十冒头就官至正卿，面子对于他来说是非常重要的。如果选择第一种，那秦人势必会问一个问题：你们为什么要改立夷皋？这是一个赵盾羞于回答的问题。所以说还是第二种选择对于赵盾来说最为干净利索，大棍子把你赶出门去，不跟你废话。至于可能会产生的后果，那就顾不了那么多了，面子重要嘛！

赵盾点齐了军队，以死党先克代替跑路的狐射姑为中军佐。以上军将箕郑留守，荀林父以上军佐的身份统上军，先蔑、先都统下军（先蔑提前从秦国回来了），三军齐出，杀奔秦军。赵盾做人不太讲道义，打仗还是有一手的。他命令军队夜间疾行，悄咪咪地迫近秦军，在令狐（今山西省临猗县西）这个地方大败秦军，一直把秦军赶到刳首（今陕西合阳县东南）才回师。挨了闷棍的秦军丈二和尚摸不着头脑，后来才知道原来是赵盾改立新君，他们跟着公子雍吃了挂落儿。

令狐之战的一个结果是，秦晋关系彻底破裂。本想改善秦晋关系的赵盾因为面子，彻底失掉了秦国这个盟友。另一个结果就是，先蔑和士会跑路去了秦国。这两人为什么要逃跑呢？仔细想一下就会发现他们不跑很可能就没命了。从赵盾宁可得罪秦国也要打这场令狐之战可以看出，他是不会为自己改立夷皋的错误埋单的。为了确保自己正卿的权威，这个错误一定要有人来担，而去迎接公子雍的先蔑和士会正是最合适的人选，虽然是赵盾派他们去的。

先蔑和士会落得今天这个下场，完全在一个人的意料之中，这个人就是上军佐荀林父。早在赵盾派先蔑和士会赴秦国迎接公子雍的时候，荀林父就曾经劝过先蔑："先君夫人和太子都在，却要去迎立身在国外的国君，这肯定是行不通的。您不如借口生病，派一个手下去接新君。不然的话，怕是会有祸患啊！"先蔑当时并没有在意。事实证明，荀林父的判断完全正确。荀林父已经看见，一出悲剧正在上演，剧终没有喜悦。在先蔑跑路后，荀林父派人把先蔑的妻儿和财物全部送到秦国，并表示：身为同僚，老夫只能帮你到这儿了。

可以肯定的是，先蔑和士会都不是赵党。他两人的跑路，只不过是让赵盾的异己又少了两人而已。赵盾新任正卿后做的两件事：换君和袭秦都很不得人心，但赵盾并不自知，反倒为自己以铁腕赶走狐射姑，吓跑先蔑和士会感到得意，并在执政过程中继续着自己的强势。赵盾的这种行事风格影响了自己的小弟们，这些小弟也开始依仗赵盾的权势作威作福起来，最典型的就是先克。

赵盾能够上位正卿，功劳最大的就是先克和阳处父。没有先克，赵盾根本进不了六卿；没有阳处父，赵盾只是个亚卿。现在阳处父已死，先克一根独苗，加上位居亚卿，更是肆无忌惮。前619年，嚣张的先克看中了一块土地，这块土地位于堇阴（今山西万荣县东南），本属于大夫蒯得。当先克知道土地属于蒯得后，连招呼都没跟蒯得打就把地给占了。这些年先克的状态一直是想任性就任性，想倔强也能倔强，看你们谁能把我怎么样。这次夺地事件先克以为跟往常的强取豪夺没什么不一样，所以也没放在心上，事实上他错得很离谱。

蒯得这个人在历史上没什么名气，估计也没什么权势，所以先克夺他的地才会毫无顾忌。但其实这些年已经有相当多的人对先克不满了，只是慑于赵盾的权势都不说话，蒯得正是这沉默的大多数中的一员。大多数人不说话不代表没意见，等到自身利益被肆意践踏后，沉默的大多数也会爆发，蒯得就属于这种情况。

于是，出离愤怒的蒯得开始思考报复之策。蒯得发现，先克之所以这么嚣张，是因为他赵党头号大将的身份。在晋国的高层中，有几个人与赵党有不共戴天之仇。这几个人是箕郑、先都、士縠、梁益耳。

箕郑是老资格，晋文公时期就是十卿之一，司职新上军佐。董之蒐之前，箕郑是两位硕果仅存的十卿之一。董之蒐阳处父矫诏，赵盾和狐射姑分任正卿和亚卿，箕郑任上军将。对于这一点，箕郑是没什么意见的，赵盾和狐射姑的父亲赵衰和狐偃都是大名鼎鼎的先君重臣，箕郑是比不了的。熬到前620年令狐之战前，狐射姑被逐。按理说箕郑应该顺次上位，升为中军佐，可是赵盾直接把先克提为中军佐，就没箕郑什么事了，箕郑的愤怒和失望可想而知。

先都的情况跟箕郑差不多，也是董之蒐前两位硕果仅存的十卿之一。十卿时期先都就排在第十位，董之蒐之后，先都排名依然甩尾。但是如果按照晋襄公最初的想法，先都该任下军将，是六卿中的第五位。结果被先克和阳处父一顿操作，变成了原地踏步，先都对先克的仇恨也可想而知。

士縠和梁益耳更不用说了，在晋襄公最初的想法中，这二位分别是正卿和亚卿的人选。被黑箱操作后，他们连六卿都没进，所以这几个人中，对赵盾和先克仇恨最大的就是他俩。

蒯得联系了这四个人。果不其然，这四位一听说要搞先克，无不欢欣鼓舞，当即就答应了蒯得。五人筹划了几个月，在前618年的正月，五人向先克派出了杀手。正月初二这一天，埋伏在先克家附近的杀手袭击了出门祭祖的先克，先克毫无防备，当场身亡。赵党头号大将在家门口遇刺，这在晋国可是个爆炸性新闻。赵盾大为震怒，严令有司限期破案。正月十八日，有司查到先都、梁益耳与此事有关。赵盾下令：杀！三月二十八日，有司查到箕郑、士縠、蒯得也是同党。赵盾下令：杀杀！至此，五位主谋全部伏法。由于五位主谋全是晋国大夫，这次事件就被称为五大夫之乱。五大夫之乱后，六卿又少了三位，加上之前跑路的先蔑，六卿只剩下赵盾自己和荀林父了。

前615年，秦人打来了。秦人会来，一点儿也不奇怪。五年前的令狐之战，秦人莫名其妙地被痛揍了一顿。赏钱没拿到，刀剑倒是吃了不少，到现在才来报复晋国，也是够能忍的。面对秦人的报复，赵盾排出了自己的阵型：

中军将：赵盾　　中军佐：荀林父

上军将：郤缺　　上军佐：臾骈

下军将：栾盾　　下军佐：胥甲

在这个任命中，老实巴交、政治中立的荀林父终于媳妇熬成婆，升任亚卿。郤缺是由胥臣发现并举荐给晋文公的，最终投靠赵盾成了赵党的骨干分子。臾骈是赵盾的家将。栾盾是栾枝之子，胥甲是胥臣的儿子，这两位都不是赵党，跟荀林父一样属于中立人士。由此可见，这次任命的六卿中有三位赵党，三位中立人士。照顾到了荀、郤、栾、胥等大家族，又不影响赵盾的独裁，还是一个质量蛮高的任命。

除了六卿之外，赵盾又任命韩厥为司马。韩厥是韩万的玄孙，韩万是曲沃武公的御者，姬姓，因采邑于韩原故以韩为氏。韩厥自幼由赵氏家族抚养大，明显是亲赵的。韩厥是晋国十大家族中韩家的重要人物，至此，晋国十大家族全部出场亮相。晋军中的司马一职，地位仅次于六卿。主要负责管理军赋，组织训练和执行军法，是军队的大管家，类似现代军队中的参谋长一职。赵盾把这个位子给了韩厥，意图不用解释。

这一年冬天，来犯的秦军一路高歌猛进，渡过黄河，攻克了羁马（今山西永济市南）。赵盾率三军迎敌，秦晋两军在河曲（今山西芮城风陵渡黄河转弯处）相遇。上军佐臾骈是个打仗比较内行的人，他给赵盾献计道："秦军远道而来，不能持久，咱们只需要高垒深沟等着他们就行。"赵盾采纳了这个意见。应该说这是一个非常正确的策略，秦军走了这么远的路，急于求战。如果晋军不出战，秦军的士气就会泄掉，到时晋军趁势出击，秦军必然会被赶到黄河里喂鱼。

这个后果臾骈很清楚，秦康公也看到了，他忧心忡忡地找士会商量。士会足智多谋，又了解晋国内情，他跟秦康公说："这肯定是赵盾新提拔的上军佐臾骈的主意，打算消耗我军的锐气，再一举击溃我军。赵盾有个堂弟叫赵穿，是晋国先君（晋襄公）的女婿。此人年少轻狂，有勇无谋，现在上军中供职。如果我们派人去挑衅上军，或许能从赵穿那里找到突破口。"

秦康公听从士会的建议，派兵袭击晋国上军。赵穿带兵追击，但是没追上。回到军营的赵穿大发脾气，非要上军出战。军士们纷纷劝道："咱们是在等待战机，不能轻易出战啊！"赵穿却说："我不懂什么计谋，我要自己出战。"说完就集合本部兵马杀了出去。军士忙去报告赵盾，赵盾无奈地说："赵穿是先君的女婿，一旦被俘，就相当于俘虏了一位卿。如果是这样，我有何面目见晋国父老呢？"事已至此，别无选择的赵盾只能全军出战。

好在秦军似乎还没有做好准备，两军一接触就体会到了对方的实力，于是各自罢兵。当晚，秦康公主动派使者请战，跟赵盾说："今日之战，两军都没尽兴，咱们明日再战。"普普通通的一次请战，臾骈却从中看出了不对。等使者走后，他对众将说："这位秦使眼神游移不定，声音颤抖，这是害怕我们的表现，看来秦军要连夜逃跑了。"赵盾问："那我们应该如何？"臾骈答："咱们趁夜偷袭秦军，把他们逼到黄河边上，就一定能赢！"赵盾点头称是。

当天夜里，晋军人衔枚，马摘铃，秘密集结。刚准备出营，却发现两个人拦在营门口。是谁这么大胆敢阻挡大军出征呢？没错，又是赵穿！还有跟着起哄的下军佐胥甲。赵穿理直气壮地说："阵亡的将士还没有收尸，这是不仁慈；没到约定的时间而把人逼到险地，这是没勇气，身为军人怎么能不仁不勇呢？"驸马爷发话，赵盾也没办法，只好作罢。第二天天亮的时候，秦军果然跑了个干净，晋军丧失了一次全歼秦军的机会，赵盾只好恨恨而回。由于这一战发生在河曲，史称河曲之战。

虽然错失了歼敌良机，但河曲之战毕竟还是打赢了。打赢了也要总结一下，这一仗晋军一开始差点儿输掉，后来也未能全胜，究其原因只有两个。赵穿这个绣花枕头自作主张，无视军令，固然要承担主要责任。而士会这个家伙对晋国的内情门儿清，他发现了赵穿这个命门，并给秦康公建言献策，这才是最要命的。

赵穿是驸马爷，拿他没办法。士会这个二五仔却绝不能再留在秦国，赵盾如是想道。鉴于改立新君事件已经过去，士家又是晋国十大家族之一，赵盾判断，士会还是想回国的。因此赵盾派了一个人去策反士会，这个人名叫魏寿馀。

为了接近士会，赵盾跟魏寿馀配合演了一出戏。首先由魏寿馀假装带领魏地人反叛，赵盾率军平叛，把魏寿馀一家抓了；然后赵盾吩咐看守睁一只眼闭一只眼放走魏寿馀；最后让魏寿馀跑到秦康公那里，诈称要将魏地并入秦国。这场戏演得非常成功，秦康公接见了魏寿馀，当他听说魏寿馀要把魏地并入秦国后，高兴得不能自已。秦国群臣也非常兴奋，议论纷纷。魏寿馀趁乱踩了一下身边的士会，士会立刻就明白了。等秦国君臣平静了，魏寿馀又提出一个要求：需要有一位能够跟魏地官员说得上话的人，跟他一起回去办理交接手续。这个条件不难满足，眼前就有一位，那就是士会。

眼看计谋要成功了，士会却想得更远：他回晋国了，他的妻子儿女可都还在秦国呢。于是士会拒绝了秦康公的派遣，他跟秦康公说："晋国人都是豺狼虎豹，素来不讲信用。如果他们把下臣扣住，那下臣死不足惜，只是下臣的妻子儿女也要遭到牵连被杀，这样对秦君您也没有任何好处啊。"秦康公一心想得到魏地，当即承诺："如果晋人不让您回来，我一定会将您的妻儿送还晋国，河神可以做证！"士会这才答应离开。

一到魏地，晋人听说士会回来了，无不欢呼雀跃，拥着士会去了。秦康公听到士会不再回来的消息，也没有食言，将士会的妻儿送回了晋国。士会留在秦国的家人就改姓刘氏，他们的后人有一位非常出名，那便是汉高祖刘邦。

◇ 桃园弑君

河曲之战后，赵盾声望日隆，更加独断专行。他忽视了一件事，那就是晋灵公在一天天长大。长大后的晋灵公发现，自己说话并不好使，大家怕赵盾远多过自己。身为国君却没人把自己当盘菜，这种感觉很不好，晋灵公决定改变这种情况。晋灵公九年（前612年）秋，齐国侵犯了鲁国的西部边境，鲁国派季文子向大哥晋国报告。亲政的晋灵公冬天就在扈地召开盟会，会议的主题是商讨攻打齐国，伸张正义。宋昭公、卫成公、蔡庄侯、陈灵公、郑穆公、许昭公、曹文公参加了这次会盟，会盟结束后，晋灵公就派赵盾率联军攻打齐国。

齐懿公一看晋国动了真格，忙派人给晋灵公送去了大票金银珠宝。晋灵公一看齐懿公这么识相，立即下令赵盾班师。这时候赵盾的联军还没走到齐国边境，无奈的赵盾只好撤了回来。这件事对晋国的影响很不好，那么多国家联合出兵讨伐侵略者齐国，晋国收了齐国的黑钱就下令撤军，闹了半天这位中原霸主只认钱啊。但晋灵公却觉得很爽，因为通过这件事他知道了赵盾还是不敢违抗自己的命令，自己的命令还是管用的。

又过了一年（前611年），宋国发生了一起弑君事件。宋昭公被自己的祖母给杀了，祖母立了另一个孙子宋文公为君。赵盾听闻后集结了卫、陈、郑三国，加上晋国自身组成了四国联军，大张旗鼓，浩浩荡荡地杀奔宋国。刚走到一半，又收到了晋灵公的命令。这回的命令是不要讨伐宋国，到了宋国以后，要承认宋文公的合法性，然后就回国。很明显，这又是晋灵公收了宋文公的贿赂。赵盾这回是有多大脸，现多大眼。自己当初大张旗鼓就是为了伸张正义，结果国君一道命令，自己反倒要拥立弑君者，传出去真不知诸侯会怎么看自己。

通过这两件事，诸侯得出了两个结论：一是晋国还是晋灵公说了算，二是晋国唯利是图，已经承担不起霸主的责任了。赵盾对这两件事非常恼火，晋灵公却大受鼓舞，他认为晋国还是他说了算的。事实证明，他错了。

看到赵盾不敢违抗自己的命令，晋灵公决定进行一次大的人事调整，彻底清除赵党，把大权夺回来。就在那一年（前611年）夏天，晋灵公下令在黄父（今山西沁水县西北）举行大蒐礼，相信这时候他的手里一定有一份新任六卿的名单。可是等到大蒐礼结束后，晋国六卿没有任何变化。史料没有记载为什么会这样，但是不难猜测，一定是赵盾在里面起了作用。晋灵公大换血的企图就此破灭，赵盾用实力告诉晋灵公：娃娃，想夺权，你还差得远。

晋灵公并没有善罢甘休，他又下令在扈地会盟诸侯。在这次大会上，晋灵公因为郑国亲楚而不接见郑穆公，打算把郑国踢出同盟。郑国大夫子家派人给赵盾去了封信，解释了郑国倒向楚国的苦衷。赵盾看完信后立即让巩朔去郑国，两国和谈很成功，赵盾和郑穆公当即决定互派大臣到对方国家去当人质，实际就相当于现在的两国互派大使。就这样，郑国又被赵盾拉回了同盟。

这两件事让晋灵公认清了赵盾的实力，自己虽然摆了赵盾两道，却没啥用处，外交和人事等大事还是要听赵盾的。经过这几件事，晋灵公和赵盾君臣彻底分道扬镳。晋灵公十三年（前608年），赵盾突然以不服从上级命令为由，把下军佐胥甲流放到了卫国。胥甲在七年前的河曲之战中，跟着驸马爷赵穿起哄，拦住了晋国大军，赵盾现在才惩罚他，实在是一件很奇怪的事。有学者根据当时的政治环境推测，胥甲应该是想拥立灵公亲政，被赵盾识破，这才翻了他的旧账把他发配了。

晋灵公十四年（前607年），灵公对赵盾越来越不满，脾气也越来越暴躁。处于青春期的孩子，当发现自己的诉求不能满足的时候，就会寻找其他的方式发泄。晋灵公在郁闷的时候会站在高台上拿弹弓打人，看大家躲避弹丸，笑得前仰后合。有一次厨师蒸熊掌，因为熊掌很难熟，晋灵公一直在催，厨师怕晋灵公怪罪，就把半生不熟的熊掌端了上来。晋灵公吃了生熊掌，大怒，当场令人把厨师砍死。完后还让人把尸体装在箕畚里，令女人顶着箕畚走过朝堂。赵盾得知事情的缘由后，苦口婆心地劝晋灵公不可如此。这是一个将晋灵公内心对赵盾的恨转化为痛恨的行为。

军国大权都被你拿走了也就罢了，现在还要干涉我的私生活！晋灵公越想越气，决定干掉赵盾，一位名叫鉏麑的刺客被选中来完成这项任务。鉏麑还是有够专业的，他选择在清晨赵盾出门上朝的时候动手。这天一大早，鉏麑就埋伏在赵盾家门外的一棵大树上。等了不多时，赵府的门居然吱呀呀开了。因为离上朝的时间还早，赵盾穿戴整齐，正襟危坐在厅堂正中的椅子上打盹儿。鉏麑看了好生惭愧，心说这才是一心为百姓办事的好官啊。杀了这样的好官，是为不义；不杀，就违背了国君的命令，是为不忠。鉏麑内心挣扎了良久，终于从树上跳了下来，径直走向赵盾，将晋灵公的命令一五一十地告诉了赵盾。赵盾还没来得及惊讶，鉏麑便向赵盾道了声珍重，一头撞死在堂前的槐树上。

刺杀行动失败，晋灵公并不甘心。就在这一年的九月，晋灵公在宫中请赵盾喝酒，并埋伏下甲士。上次在你家门口没能干掉你，这次在我的地盘，看你还往哪儿跑。赵盾落座后，刚喝了没几杯，车右提弥明就发觉了不对。他快步走上殿堂，向晋灵公叩首道："我听说臣子陪国君饮酒，超过三杯就是违背礼节。"说完就搀着赵盾走下殿堂。眼看煮熟的鸭子要飞，晋灵公忙放出一条猛犬来追咬赵盾。提弥明徒手格毙了猛犬，扶着赵盾继续前行。赵盾叹息道："不用忠臣而用猛犬，犬再猛有什么用呢？"

晋灵公的卫士一步步围了上来，提弥明虽勇，可是双拳难敌四手,被卫士们砍得浑身是伤,渐渐体力不支。眼看赵盾就要成为卫士们的刀下鬼,突然一名卫士倒戈攻击其他卫士。这一举动让卫士们不明所以。趁着卫士们没反应过来,这名倒戈的卫士拉着赵盾登上了宫门口的一辆车,扬长而去,赵盾就此逃出生天。捡了一条命的赵盾问这名卫士的名字,以及为什么要救他。这名卫士恭恭敬敬地回了一礼,说:"小人名叫灵辄,当年在首阳山快饿死了,是相国您打猎路过首阳山发现了小人,给小人很多吃的,小人这才活了下来。后来小人去国君那里当了卫士,遇到了今天的事,这才出手相救。"说完就退了下去,不知所踪。

连续两次被晋灵公刺杀,赵盾觉得晋国已经待不下去了,他决定逃走避避风头。晋灵公得知赵盾出走的消息,就好像没有老师管着的小学生,心里别提多爽了。当晚就下令带着宫眷搬去桃园居住,离开这压抑闷充满了赵盾身影的宫室。赵盾的堂弟赵穿得知兄长被国君两次刺杀未遂,已经逃离绛都的消息,怒不可遏。这么多年过去,赵穿已经不是当年那个拦营门的愣头青了。他知道,哥哥赵盾是自己最大的靠山。要想让哥哥回来重掌权柄,就必须除掉晋灵公,而晋灵公并不是那么容易干掉的。

思来想去,赵穿决定先向晋灵公服软,取得他的信任,再一举杀掉他。于是第二天一早,赵穿找到晋灵公,痛哭流涕,说自己是罪臣赵盾的弟弟,不能再侍奉君王了,请求晋灵公免了他的职。晋灵公看到赵穿痛改前非,与赵盾划清了界限,也就安慰他说:"赵盾欺寡人太甚,与你无关,你安心干活就好。"赵穿千恩万谢,然后趁机向晋灵公建议道:"主公的桃园硬件设施确实不错,就是后宫空虚，没什么拿得出手的美女。"然后还举出了齐桓公、晋文公妻妾成群、美女如云的例子，建议晋灵公在全国范围内挑选美女，充实后宫。

赵穿这话真是说到了晋灵公心坎里。赵盾在的时候，自己哪敢纵情声色，更别说选美女了。赵盾走了，赵穿来了，上来就建议挑选美女，还举出了齐桓公、晋文公两位老霸主的光辉事迹，连舆论问题都帮他解决了。这同样是兄弟俩，做人的标准怎么就差得这么大呢？晋灵公当即就采纳了赵穿的建议，这个建议瞬间拉近了赵穿和晋灵公的距离。赵穿又建议晋灵公派心腹大臣去操办此事，这是必须的，晋灵公准奏。赵穿还建议晋灵公重新挑选精兵二百加强桃园的守卫，最好由自己来操办，晋灵公准奏。

妥了。晋灵公的心腹被支走选美女去了，二百精兵护卫又是赵穿亲选的，晋灵公不死都难了。这一天赵穿陪晋灵公在桃园高台上饮酒，二百精兵在台下守卫。晋灵公见这二百精兵个个身形高大，目光炯炯，明显是百里挑一的勇士，不禁大喜。没有了赵盾的管束，晋灵公放飞自我，想到马上就能有大批美女到手，更是心旌荡漾。赵穿连连敬酒，晋灵公不久就喝高了。赵穿看时机已到，向台下一挥手，二百勇士一拥而上，将晋灵公乱枪戳死。这便是历史上很有名的桃园弑君事件。

晋灵公死了，赵穿派人给赵盾送信，让他还朝主政。赵盾好像跟赵穿心有灵犀似的，居然还没跑出国境，听到晋灵公被刺的消息，屁颠屁颠地又回来了。晋灵公荒淫无道不假，但赵盾的这种行为也实在太可疑，说他没跟赵穿串通，估计都没人相信。于是史官董狐在史册上写道："赵盾弑其君。"然后拿给赵盾看。赵盾一脸无辜地说："国君不是我杀的。"董狐却没有跟赵盾客气，一针见血地指出："身为执政大臣，逃难没出国境，回来以后又不惩办凶手，说你不是主谋有人信吗？"赵盾哑口无言，只好默认了这个事实。

晋灵公执政十四年被杀，死的时候还是个高中生，没留下子嗣。赵盾因此迎立了晋文公的儿子，晋襄公的弟弟黑臀（名字比较有个性）即位，是为晋成公。赵盾弑君，名声在外，晋成公知道自己也是他手上的提线木偶，但是晋成公并不甘心一直当赵盾的傀儡，他还要争取一把。晋成公所谓的争取并不是干掉赵盾，这条路晋灵公已经拿生命证明行不通；也不是罢免赵盾，你罢免一个试试；而是收买人心。

晋成公收买人心的方法叫异姓公族制。晋国的公族在晋献公时已经消灭殆尽了，这么多年来晋国一直处于无公族的状态。晋成公规定众卿大夫的嫡子现在可以列为公族，余子为公室余子，庶子为公行。这些假公族、假余子、假公行虽是异姓，却享受之前晋国公族同等的待遇，有田园、土地和食邑。这对于众卿大夫来说确实是个重大利好，大家都念晋成公的好。然而，并没有什么用。赵盾依然是稳操权柄，大家感谢晋成公，却并不想反对赵盾。晋成公拿公族的名额打了个大水漂，从此晋室彻底没有翻身的可能了。

前601年，执政二十年的赵盾终于撒手西去。赵党大将郤缺越过亚卿荀林父直接成为正卿，这明显是赵盾逝世前的人事安排。

郤缺投李报桃,将现任下军佐胥克(胥甲之子)以有病为由废掉,提拔赵盾之子赵朔为下军佐,一个没有赵盾的后赵盾时代即将开始。

番外

● 军神先轸

　　先轸在晋人眼中是神一般的存在,虽然史料记载他打过的仗不多,只有城濮之战、崤之战和箕之战。城濮之战不必多说,是先轸的成名之战,打败了不可一世的楚国令尹成得臣,奠定了晋文公的霸业。崤之战这个高中课文里有,记载的是秦国趁晋文公去世,越过晋国去偷袭郑国。结果郑国没偷袭成,还在回师的路上在崤山被先轸打了埋伏。这一仗秦军输得很惨,《左传》说得很客气,只是说败秦师于崤,《公羊传》则记录得很形象,说是"匹马只轮无反者",就是说全体秦军都被埋在崤山的山谷里了。

　　崤山之战晋军俘虏了秦将孟明视、西乞术、白乙丙。孟明视是秦相百里奚的儿子,西乞术和白乙丙都是上大夫蹇叔的儿子。这一仗秦国实在是太丢人,有一个人看不下去了,这个人就是晋文公的夫人文嬴。文嬴又叫怀嬴、辰嬴,是秦穆公的女儿,前夫是晋怀公。文嬴不忍心看着三位秦将被砍头,就向晋襄公求情,请求放了三人。晋襄公碍于文嬴的面子,同意了她的请求。

　　先轸听了后大怒,说了一句很经典的话:"武夫力而拘诸原,妇人暂而免诸国,堕军实而长寇仇,亡无日矣!"就是说当兵的在战场上拼死拼活把人抓了，凭一个女人一句话就把人放了，以后当兵的谁还给你卖命？等着亡国好了。气急的先轸还做出了一个不雅的举动，当面朝晋襄公吐了一口唾沫（不顾而唾），这是严重的君前失仪。好在晋襄公问心有愧，没有追究先轸的责任。

到了这一年的八月，狄人打来了。晋惠公和晋文公的母亲都是狄人，晋文公流亡时更是在狄国待了十二年，按说两国关系不错。但是据说晋文公即位后并没有给狄国什么好处，当时的狄国国君忍了（不忍也没办法）。等到晋文公去世，狄国也换了国君，这笔账就要算算了，所以狄人来找晋襄公讨个说法。他们实在是找错了人。

要知道晋文公虽然已经去世了，但先轸还是晋国的元帅。先轸连楚国和秦国都收拾了，小小的白狄根本不在话下。白狄打到了晋国的箕地，与晋军相遇。这一仗没什么技巧，纯粹是实力的对决。狄军大败，连狄君白狄子都被俘虏了。仗打赢了，先轸想起了他的君前失仪行为。晋襄公可以原谅他，但他不能原谅自己，贵族的血统让他觉得自己必须受到惩罚。于是，先轸给晋襄公留了一封遗书，对自己的行为表示歉意，然后脱掉盔甲单枪匹马杀入狄军阵中。狄人都已经准备投降了，突然见到这么个不知死活的人杀入阵来，大砍大杀，还不穿盔甲，也太不把自己当回事了，不禁来了脾气。先轸勇猛，狄人近不了身，就在远处放箭。先轸一心求死，不闪不避，被当场射死。狄人这才知道这个不要命的家伙正是大名鼎鼎的晋国元帅先轸，十分佩服他的勇气，就把先轸的头还给了晋国人。先轸面色不变，跟活着一样。

《史记》掩盖的历史真相

赵盾在世时,堂弟赵穿杀了晋灵公。赵盾回来以后并未惩办赵穿,致使大家把弑杀晋灵公的账算到了赵盾的头上,赵盾也认了。由于晋灵公确实干了不少出格的事,再加上赵盾权重望崇,在赵盾活着的时候,没人敢找他的麻烦。等赵盾死了,就有人要为晋灵公报仇了。

◇赵氏孤儿

这个人名叫屠岸贾,拜后世的很多戏剧和民间传说所赐,这位老兄的知名度很高。在他之前,应该只有商纣王的大臣费仲、尤浑能与之齐名;在他之后,也只有赵高、杨国忠、潘仁美、严嵩等人能与之比肩。是的,这是一位大奸臣。屠岸贾在晋灵公时期非常得宠,晋灵公被刺后,他沉寂了一段时间。等到赵盾死后,他投奔了晋景公,很快做到了司寇(司法部长)。

司寇虽然并未位列六卿,但也是天天能见到国君的高级官员,这已经足够了。屠岸贾一有机会就在晋景公面前哭诉,控告赵盾弑君犯上、专权欺主,并指出:晋成公之所以执政七年就去世,正是被赵盾憋屈死的,至今朝堂上还是赵党的天下。客观地说,屠岸贾这话不是完全没有依据。晋成公之所以开放异姓公族,多少也是因为感觉到了赵盾的压迫,想收买人心。现在的朝堂也确实是赵党把持,其中的代表人物就是韩厥。

说实话,晋景公对自己的这位堂兄晋灵公并无好感,而且如果不是赵穿杀了他，也轮不到自己的父亲晋成公上位。从这一点来说，晋景公其实是应该感谢赵盾的。但是父亲被赵盾憋屈死，朝堂上遍布赵党，他就不能无动于衷了。父仇不共戴天，谁也不希望当一个傀儡。这样看来，赵党必须被扳倒，而桃园弑君事件正是一个完美的借口。想到这里，晋景公沉默了。沉默就是同意，屠岸贾在晋景公的默许下，展开了对赵党的清洗。

赵党毕竟树大根深，所以屠岸贾需要先造舆论。在一次朝会上，屠岸贾突然向晋景公提出，应该追查弑杀晋灵公的凶手，揪出幕后的阴谋集团。事情都过去这么多年了，想要追查早干吗去了，赵盾活着的时候你咋连个屁都不敢放呢？赵党成员十分气愤，韩厥当场出来反驳道："晋灵公遇害的时候，赵盾身在外地。先君在世的时候都认定赵盾无罪，所以没有杀他。你这时候提出要追究赵盾的责任，莫不是想否定先君的决定？"屠岸贾说："赵盾虽然没有参与弑君行动，却是弑君逆贼的首领，不然的话他为什么事后不惩处弑君贼子呢？"两人就在朝堂上争辩起来，一个抓住赵盾没有惩治凶手的事实，一个抓住先君的决定，谁也说服不了谁。屠岸贾说得义愤填膺，涕泪俱下，仿佛受了天大的委屈和迫害。晋景公在上面冷冷地看着韩厥与屠岸贾唇枪舌剑，等到两人都没话说了，晋景公就宣布退朝，一句多余的话都没说。

领导没有表态，但其实态度已经很明显了。他不方便公开支持屠岸贾，因为认定赵盾无罪确实是父亲晋成公的决定，无论这个决定是在什么情况下做出的。韩厥不傻，事到如今他已经知道晋景公想干啥了，于是他连夜派人通知赵盾之子赵朔：主公要收拾你了，快跑！

赵朔不跑，因为跑了就相当于认罪了，赵氏家族将永无翻身之日。他跟使者说："我是不会逃的，但是请韩君一定不能使赵氏的香火断绝，我也就死而无憾了。"韩厥听完十分感动，答应了赵朔的请求。这边屠岸贾在晋景公的默许下，带兵包围了赵氏的下宫。赵朔的妻子赵庄姬是晋成公的姐姐，当时已经有孕在身。她知道丈夫在劫难逃，就向丈夫求孩子的名字。赵朔说："如果是个男孩，就取名叫武。你好好抚养他，让他长大后为赵氏复仇。如果是个女孩，就取名叫文，我赵氏也就复仇无望了。"话音未落，屠岸贾已经带兵冲了进来。赵朔、赵同、赵括、赵婴齐等赵氏大佬从容赴死，赵家惨遭灭门，赵庄姬却趁乱跑到了晋景公的宫中躲了起来。

不久之后，赵庄姬分娩生下了一个男婴，取名赵武。屠岸贾得到消息后立即带人去宫中搜查，要斩草除根。赵庄姬把婴儿藏在裤管里，对婴儿说："小祖宗你要是让赵氏宗族灭绝，就大哭；不想让赵氏宗族灭绝，就别出声。"等到屠岸贾搜到赵庄姬这儿的时候，婴儿居然没出声，算是躲过了一劫。这一次虽然躲了过去，但并非长久之计。屠岸贾已经在宫门外设置了关卡，严查进出宫人员，随时有可能卷土重来。婴儿在宫中实在是不安全，必须想个办法。

赵氏唯一的血脉危在旦夕，赵朔的门客公孙杵臼和赵朔的朋友程婴非常着急。他俩合计了一下，觉得如果让屠岸贾认为婴儿还在宫中的话，他一定不会放松警戒。只有把他的注意力引开，让他觉得婴儿已经不在宫中了,才有机会浑水摸鱼,把婴儿带出来。程婴和公孙杵臼打算这样操作:先找个婴儿由一个人带到深山里藏起来,假装是小赵武。再让另一个人到屠岸贾那里去告密,带着屠岸贾把假赵武杀死。等屠岸贾杀掉假赵武后,自然会撤掉宫门警卫。真赵武就可以瞒天过海,顺利出宫。

问题来了。在两人的这个计划中,带着假赵武隐匿深山的那个人一定会遭到屠岸贾的毒手,而去告密的那个人要背负着卖主求荣的骂名将小赵武抚养成人。到底谁去藏假赵武,谁去告密呢?

公孙杵臼问程婴:"你觉得死容易还是抚养遗孤容易?"

程婴说:"当然是死容易,抚养遗孤很难。"

公孙杵臼说:"着啊!赵氏先君对您不薄,那您就勉为其难,去抚养遗孤。我去做容易的事,先行赴死吧。"

程婴含泪同意了。两人找了一个男婴,用考究的锦被包好,然后在深山里找了一间小屋。等公孙杵臼和男婴安顿好,程婴就出发去找屠岸贾。见到屠岸贾之后,程婴表示,自己手头比较紧,如果屠岸司寇能给他一千金的话,他就说出赵武藏在哪儿。屠岸贾正在发愁找不到赵武,突然有人送上门来,真是喜从天降,当即让人拿了一千金给程婴。程婴拿到钱后,就带着屠岸贾和众位将军进了山。在山中的那间小屋中,屠岸贾果然发现了怀抱婴儿的公孙杵臼。

什么都不用说了。屠岸贾一把抢过婴儿,见锦被包裹,显然是个富贵人家的婴孩,深信这就是赵武。而公孙杵臼则大惊失色,拼命想抢回婴儿，可是被屠岸贾的军士给按住了。公孙杵臼看到屠岸贾身边的程婴，好像明白了什么似的，对程婴破口大骂："程婴小人！当初是你跟我一起商量藏匿赵氏孤儿的，现在却出卖我，你对得起赵氏先君吗？"程婴假装惭愧地低下了头。公孙杵臼又苦苦哀求屠岸贾，让他饶了这个无辜的婴孩，只杀自己就可以了。屠岸贾当然不会放过这个仇人的孩子，将婴孩高高举起，掼死在地，然后回手一剑，把公孙杵臼刺死。看着歪倒在地的公孙杵臼和没了声息的婴孩，屠岸贾满意地带着甲士走了。

既然"赵氏孤儿"已死，也就没必要在宫门口设卡查人了。真正的赵武因此被顺利地转移出宫，带到深山里由程婴抚养长大。时光飞逝，岁月如梭，转眼十五年过去了。晋景公在这一年突然生了场奇怪的病，怎么查也查不出原因，于是便派人占卜。占卜的结果说是大业的子孙不顺利，所以在作怪。先前说了，大业是颛顼的外孙，是秦人和赵人共同的祖先。秦人顺不顺利与晋景公有毛线关系，明显说的就是赵氏。韩厥是知道赵氏孤儿尚在民间的，因此他跟晋景公说："赵氏一门当年无辜被灭，晋国人都觉得冤枉。如今鬼神也看不下去了，所以在占卜的时候显示出来，您还是好好考虑考虑吧。"

晋景公慌了，他虽然贵为国君，但是得罪了鬼神可不是闹着玩的。好在当年自己并没有下令屠岸贾灭赵家满门，大可以把锅甩到屠岸贾头上，就是不知道鬼神认不认这笔账。想到这儿，晋景公恭恭敬敬地问韩厥："赵家还有在世的子孙吗？"韩厥就把当年赵氏孤儿惨案一五一十地告诉了晋景公。知道赵氏还有子孙后代之后，晋景公长舒了一口气，当即下令召赵武进宫，要给他平反。韩厥马上派人给程婴带话，让他立刻带赵武入宫。当这个十五岁的英武少年站在晋景公面前的时候，晋景公确信自己这回有救了。

晋景公跟韩厥商量了一下，决定先以探病为由召众将军进宫，然后再由韩厥公布事情的真相，替赵武平反。众将军听说晋景公病重，纷纷进宫探望，却发现韩厥早已侍立在侧，身后还站着一个十五六岁的少年郎，不禁大感不解。韩厥见大家都到齐了，就把当年赵氏的灭门惨案，赵武如何逃出生天的事跟大家说了一遍。这时候傻子也知道晋景公什么意思了，就争先恐后地给自己洗白。这个说自己早想去寻找赵氏的后人了，那个说都是屠岸贾的主意，是他假传君令，酿成人间悲剧。

提到屠岸贾，在场君臣的意见得到了高度的统一，大家都认为屠岸贾才是罪魁祸首。于是晋景公下令将原属赵氏的土地还给赵武，追责屠岸贾矫诏之罪，派众将军带兵把屠岸贾灭了族。

这个故事名叫赵氏孤儿，名气很大，流传很广，是一个酣畅淋漓的复仇故事，容易引起人们的极度舒适。也正是因为如此，这个素材被元杂剧等文学作品反复加工。为了增加故事的冲突，有些文学作品还设定那个被屠岸贾摔死的婴孩就是程婴自己的儿子。还有些文学作品让程婴带着赵武投入屠岸贾门下，并让赵武拜屠岸贾为义父，这样屠岸贾就在毫不知情的情况下亲自养大了仇人之子。总之，怎么热闹怎么来，怎么好看怎么改。

看过《史记》的读者应该知道，赵氏孤儿这个故事出自《史记·赵世家》。正是这个原因，很多人都认为赵氏孤儿这个故事是根据历史史实改编的，是真有其事。很可惜，太史公司马迁给我们开了个玩笑，赵氏孤儿这个故事除了历史人物以外，都是彻头彻尾的虚构。也许是太史公太喜欢这个故事，所以故意保留在了《史记·赵世家》中。但是这个故事的破绽太明显，以至于在同一部书的《史记·晋世家》中，都能找到与之矛盾的记载。

事实的真相与赵氏孤儿这个故事差距极大，就记载在《左传》中，下面就为大家揭晓赵氏灭门惨案的真相。

前文说到，赵盾死后，郤缺继任为正卿，赵盾之子赵朔被郤缺提拔为六卿甩尾的下军佐。赵盾并没有看错人，郤缺不仅忠于赵氏，还很有能力。前600年时，楚庄王包围了郑国，郤缺带兵救援，在柳棼将这位后来的霸主打了个稀里哗啦，展示了超强的军事才能。郤缺什么都好，就是寿命短了点儿。前597年，就在赵盾去世后的第四年，郤缺就追随老领导而去了。也正是这一年，楚庄王又来了。万年老二荀林父这回终于修成正果，正位为中军将，率军迎敌。两军在邲地相遇，这便是历史上有名的邲之战。

邲之战中晋军的配置是这样的：

中军将：荀林父　中军佐：先縠　中军大夫：赵括、赵婴齐
上军将：士会　　上军佐：郤克　上军大夫：巩朔、韩穿
下军将：赵朔　　下军佐：栾书　下军大夫：荀首、赵同
司马：韩厥

在这份名单中的都是晋国的精英和实权人物，六卿六大夫总

共十二个人，赵家人占了三分之一。除此之外，郤克、栾书与赵朔是好朋友，韩厥是赵盾的亲信。这样算来，赵党超过半数，依然是可以控制政局的势力。赵盾的儿子赵朔此时已经晋升为下军将，政治前途是看好的。

这一仗的过程和结果将会在下文的"楚国史话"部分详述，这里不做展开。概括一下就是老实人荀林父控制不了先縠这个官三代，而赵括、赵同两位小兄弟又跟着先縠瞎胡闹，直接导致了晋军的大败。

邲之战后的一年，先縠因为害怕被追责，勾结赤狄攻打自己的祖国，被灭族，煊赫一时的先氏家族也就此退出晋国历史舞台。又过了三年，到前593年时，老资格、老好人荀林父也去世了，上军将士会和上军佐郤克递补为正卿和亚卿。

士会是我们的老熟人，不用介绍了。郤克是郤缺的儿子，是由荀林父提拔的。士会足智多谋，为人沉稳。郤克虽然也很有才能，但是锋芒毕露，心胸不是那么开阔。士会看出了郤克的强势，对他处处容让，到最后直接告老还乡，让郤克执掌国政。不仅如此，士会还告诫儿子士燮，不要去惹郤克。

士会可说是对郤克非常了解，但并不是所有人都了解郤克。偏偏有一位老兄不知死活，拿郤克开了个大玩笑，并引发了一场战争。前592年，晋景公派郤克出使齐国，邀请齐国加盟。郤克在出使的路上遇到了鲁国使者季孙行父和卫国使者孙良夫，这两位也要去齐国朝见，于是三人结伴同行。当齐顷公见到这三位使者后，差点儿忍不住笑出声来。原来这三位使者身体都有点儿小缺陷，郤克是驼背，季孙行父是跛足，孙良夫是独眼。三人站在一起，让齐顷公觉得特别滑稽。齐顷公起了恶作剧之心，他准备让场面更滑稽一些。

　　正式朝见的时候，齐顷公派出了三位引导者。第一位是驼背，负责引导郤克；第二位是跛足，负责引导季孙行父；第三位是独眼，负责引导孙良夫。安排妥当后，齐顷公请母亲萧同叔子在楼上观看这滑稽的一幕。当萧同叔子看到驼背引着驼背、跛足引着跛足、独眼引着独眼出现在齐国大殿上的时候，笑得前仰后合。这种拿人家的身体缺陷开玩笑的行为实在是不好，放在郤克身上，后果就更加严重。郤克循着笑声看到了楼上的萧同叔子，瞬间全都明白了。愤怒的郤克发誓，这个仇要是不报，这辈子就不过黄河了。

　　回到国内的郤克立即向晋景公请求攻打齐国，晋景公没有答应。又请求带领自己的部曲攻打齐国，晋景公也没有同意。士会在旁边听完，私下跟晋景公说："齐君侮辱郤克，以郤克的性格，这仇是非报不可的。你不让他报仇，他就会在国内搞事情，何不答应他报仇，让他去折腾齐国呢？"晋景公这才答应了郤克。

　　齐国毕竟是个实力强劲的大国，虽然晋景公同意出兵，也不是说打就能打的。郤克为了复仇，扎扎实实地准备了三年。前589年，郤克一切准备就绪，向晋景公请求发兵。晋景公说："咱们派出七百辆兵车吧。"郤克未置可否，反问晋景公道："您看您跟先君文公比谁更厉害一些呢？"晋景公不知道郤克为何要这么问，一头雾水地说："那还用说吗？我哪里比得了爷爷的英明神武啊。"郤克继续问："那您看我跟先轸元帅比如何呢？"先轸是晋人心目中的军神，晋景公再怎么顾及郤克的颜面也不便当面扯谎，就讪讪地说："郤大夫足智多谋，勇猛无敌，但是比起先元帅来，好像还差那么一点点。"郤克听了哈哈大笑，说："主公过奖了，郤某跟先元帅岂是差一点点，我连当先元帅的仆人都不够格。"郤克顿了顿，继续说道："城濮之战时咱们就派出了七百辆兵车，那时候有英明的先君文公和先元帅。现在咱们君臣都不如他们，齐国也不比楚国弱，您觉得出动七百辆兵车收拾得了齐国吗？"晋景公恍然大悟，下令出动八百辆兵车。

点齐了兵马，郤克任中军将，士燮以上军佐的身份统领上军，栾书任下军将，韩厥任司马，八百兵车浩浩荡荡杀奔齐国。请注意晋军的这个配置，栾书出任下军将，而赵朔并未出现在名单中，说明此时赵朔已经去世了。晋齐两军在鞌地（今济南市长清区）摆开阵势，开始厮杀。这一仗打得十分惨烈，主将郤克受了箭伤，血一直流到鞋上。郤克的御者解张的手臂受了贯通伤，血把车轮都染成黑红。但仗还是打赢了，齐顷公座驾被围，本人险些被俘，是逢丑父冒充齐顷公，才让真正的齐顷公逃了出去。

鞌之战的胜利大大增强了晋国的信心，晋国在第二年（前588年）进行了史上最大规模的扩军，由三军扩为六军，规模翻了一倍。这不是问题的关键，希望大家还记得，周礼规定，天子才可以保有六军，大的诸侯也只能保有三军。晋国一下子扩成六军，意味着他们准备撇开周天子单干了。设立了六军，就意味着有了十二个卿的位子，之前很多没有名分的世家子弟都有了编制，十二卿的人选是这样的：

中军将：郤克　　中军佐：荀首

上军将：荀庚　　上军佐：士燮

下军将：栾书　　下军佐：不可考

新中军将：韩厥　　新中军佐：赵括

新上军将：巩朔　　新上军佐：韩穿

新下军将：荀骓　　新下军佐：赵旃

这个任命里韩厥、赵括、荀首、巩朔、韩穿等人都是参加过邲之战的老资格，之前一直未能得到卿位，这次给他们解决了位子问题，也算是对他们功劳的肯定。十二卿中值得一提的有两位：一位是荀首，这位兄弟在邲之战晋军大败的情况下，孤身杀入楚军，射死一将射伤一将。虽然动机是为了换回被俘的儿子荀䓨，但其勇猛的表现确实出彩。荀首的采邑在知邑（今山西临猗县），所以他也被称为知首、知庄子，是后世大名鼎鼎的知家的祖先。荀首的亲哥哥荀林父因为担任过中行将，也被称为中行林父，是中行家的祖先。知家和中行家同根同源，都位列晋国十大家族，而且都还会在晋国的历史舞台上待很久。

另一位值得一提的是韩厥。韩厥是晋国政坛的新星，赵盾当年曾经预言韩厥未来一定会成为元帅，可见韩厥的潜力。早在河曲之战的时候，韩厥就是司马了。后来无论六卿如何调整，韩厥总是稳坐司马之位。前文说过，晋国司马的地位仅次于六卿，大致相当于今天军中的参谋长。熟悉军事的朋友应该知道，参谋长在军中是个多重要的职位。大多数情况下，担任参谋长的同志是会往上走的。韩厥也是一样，在司马的位子上干了这么多年，终于在扩编之后一举拿到卿位，位列十二卿第七位。当然，韩厥同志的前途还远不止于此，我们暂且按下不表。

此次的十二卿中，赵家依然占据了两席。加上中军将郤克与父亲郤缺一样是铁杆赵党，下军将栾书是赵朔的至交好友，韩厥就不必说了，因此晋国的整个政治格局并未发生大的变化。然而，这个格局很快会发生剧变，变化的起因是一起桃色事件。

◇下宫之役

晋国大扩军的第二年（前587年），中军将郤克去世，晋景公越级提拔下军将栾书为中军将。栾书是栾盾之子，栾枝之孙。栾家的祖先栾宾是晋靖侯的庶孙，栾家和晋公室同姓。晋景公的这个任命意图很明显，就是想用同姓贵族改变赵党一家独大的局面。栾书能升为正卿，除了他的血统外，还有一个重要原因，那就是他是赵家的政敌。且慢，上一段不是刚说栾书是赵朔的至交好友吗？怎么又成了赵家的政敌？没错，栾书既是赵朔的好友，又是赵家的政敌。为了说明这个问题，我们需要重新捋一下赵家的内部关系。

话说当年赵衰跟随重耳流亡，娶赤狄女子叔隗为妻，生下赵盾。等到重耳回国即位后，又将女儿嫁给赵衰，史称赵姬。赵姬给赵衰生了赵同、赵括、赵婴齐。身为赵衰正妻的赵姬非常大度，一定要赵衰把身在狄国的叔隗母子接回国，并坚持要赵盾做赵衰的继承人，这才有后来权倾朝野的赵盾。赵盾与赵同、赵括、赵婴齐同父异母，分属于赵氏的两支。这就可以解释为什么栾书既是赵朔的好友，又是赵氏政敌的问题了。

赵朔继承了赵盾极强的业务能力，但性格上又没有赵盾那么强势，反倒有点儿像爷爷赵衰。他在任下军将的时候，栾书任下军佐，两人在工作中结下了深厚的友谊。栾书既佩服赵朔的能力，也敬重赵朔的为人。反观赵同、赵括、赵婴齐三兄弟，栾书就没什么好感。这哥仨的业务能力实在是不敢恭维，邲之战中正是赵同、赵括兄弟跟着先縠瞎胡闹才导致了晋军的大败。赵朔死后，赵同、赵括、赵婴齐兄弟成了赵家的代言人。说栾书是赵氏的政敌，是因为栾书看不上这哥仨。

就在栾书升任正卿的这一年，赵家发生了一起桃色事件。赵朔的妻子赵庄姬耐不住寂寞，跟三叔赵婴齐通奸，被人发现了。叔叔和侄媳妇儿通奸，这是个非常大的丑闻，尤其是在赵家这种名门望族。赵家的掌门人赵括为了赵氏的清誉，决定把赵婴齐放逐到齐国去。赵婴齐是赵氏三兄弟中能力最强、头脑最清楚，当然应该也是最帅的一个。当赵婴齐得知自己即将被流放后，苦苦地哀求大哥和二哥，他说："现在赵氏已经很危险了，栾书一直想收拾咱们，正是因为有我在，他才没敢动手。你们要是把我流放了，栾书一定会找你们的麻烦。咱们都是兄弟，何必搞得手足相残呢？"赵同和赵括干别的不行，执行家法倒是铁面无私。不管赵婴齐怎么哀求，还是在第二年（前586年）将三弟流放了。

赵庄姬怒了，她是晋景公的姐姐（《史记》误记为晋成公之姐）。从小到大，就算她做错了什么事，也没人敢把她怎么样。这次赵同、赵括兄弟不仅放逐了她的情夫，还把他们偷情的事公之于众，这让赵庄姬情何以堪。愤怒的赵庄姬随即向弟弟晋景公告状，说赵同、赵括意欲谋反。这真是刚想瞌睡就有人送上枕头，晋景公和栾书早想对赵同、赵括兄弟下手了，一直苦于没有借口。这下你们自家人告你谋反，可不是我们陷害你。为了让事情更加可信，栾书还拉上了郤锜（郤克之子），一起证明赵同、赵括确是密谋造反无疑。

三个证人都是重量级的，证据确凿，晋景公却并没有立即向赵氏兄弟下手。因为他知道，赵氏在晋国独揽大权四十余年，不是那么容易扳倒的。要是打草惊蛇，被赵氏兄弟反扑一把，自己的君位能不能保住都是个问题。但这也并不意味着晋景公打算放过赵家，晋景公的策略是，来日方长，咱们慢慢来。

晋景公针对赵家下的第一步棋叫迁都。赵家原先在绛都经营多年，已经树大根深了。为了剪除赵家在国都的势力，晋景公于前585年以绛都不堪居住为由迁都新田（今山西侯马市）。迁都完毕后，晋景公和栾书配合，逐步削减了赵氏兄弟的权力。经过两年的准备，晋景公终于在前583年发兵包围了赵氏下宫。赵同、赵括被杀，田地被没收并赐给了大夫祁奚。这段时间赵庄姬带着儿子赵武住到了晋景公宫中，以免被误伤。直到晋景公生病，韩厥才借机进谏，让晋景公把赵氏被没收的土地返还给了赵武，并立其为赵氏的后嗣。这个事件史称下宫之役。

这才是赵氏灭门惨案的真相。所谓的赵氏灭门事件只是赵氏一门因情色引起的内部倾轧，没有正义和邪恶。赵氏孤儿故事中的正面人物程婴和公孙杵臼是虚构的，反面人物屠岸贾同样是虚构的。这次事件表面上看是赵氏被灭了门，从此中衰，其实最大的受益者正是赵朔之子赵武。遭到灭顶之灾的是赵同、赵括这一支，通过这次事件，他们的田产都被转移到了赵武名下。这是赵庄姬利用权力对赵氏家族进行的一次剪枝，使用的是阴谋的手段。

从此，赵氏家族只剩下赵盾这一脉，直至赵氏独立建国。在这次事件中，赵庄姬偷情在前，诬告在后，行为实在是恶劣。赵氏建国后，当然不能容许这样的事情保留在自己的史料中，于是就编造了一个奸臣迫害赵家，赵氏孤儿在忠义之士的帮助下逆袭的故事，瞬间让祖先的形象高大起来。太史公在撰写《史记》的时候，估计也没有仔细考证，就把赵国的史料搬了过来。下宫之役后，赵武虽然赚了个盆满钵满，但毕竟年纪还是太小，国家大权遂转移到了栾家和郤家手中。晋国的后赵盾时代，结束了。

多行不义的郤氏家族

下宫之役中,晋景公依靠栾书和郤锜彻底铲除了赵氏的赵同、赵括这一支,结束了赵党专政,栾氏和郤氏因此得到晋景公的宠信,开始执掌大权。晋景公在下宫之役两年后(前581年)去世,其子州蒲即位,是为晋厉公。晋厉公继续重用栾氏和郤氏,国家大政基本都由这两家说了算。

栾家和郤家虽然共掌国政,但其实差别还是蛮大的,下面我们来做个比较。郤家的发达是从郤缺开始的。郤缺当年追随赵盾,并在赵盾死后继任正卿。郤缺去世没几年,儿子郤克又位居正卿。可以说整个后赵盾时代都是郤家在台前唱戏,赵家在幕后支持,也可以称为郤赵时代。而栾家则不同,栾家的祖先栾枝虽然是支持重耳即位的晋国内应,但并未受到重用,最高做到上军将。栾枝的儿子栾盾是被赵盾拉入六卿的,但他对于赵盾的独裁很是不满,从来不买赵盾的账。因此,栾盾一直在原地踏步,至死职位都只是下军将。到了栾盾的儿子栾书,是等到郤克死后,晋景公为了改变赵党独大的局面,才将其提拔为正卿。与郤家比起来,栾家只能算是新贵。

在行事作风上,栾书和郤家人也是大相径庭。栾书同父亲栾盾一样,信奉"君子不党"的原则,从不拉帮结派,行事低调内敛,还很简朴。郤家人则信奉"人多好办事""一个篱笆三个桩,一个好汉三个帮"等原则。郤克有三个儿子,长子郤锜,次子郤至,三子郤毅,此外还有一个堂弟郤犫。郤家人中以郤犫、郤锜、郤至这三个出镜率最高，被合称为三郤。所谓结党营私，是说结党的目的往往是营私。郤家人正是结党营私的典范，他们行事高调，强男霸女，巧取豪夺，清除异己，干了不少坏事。栾书虽然官居正卿，但郤家人多势众，又是老牌贵族，明里暗里并没把栾书当盘菜。

就在晋厉公即位的第一年（前580年），郤犨受命访问鲁国。在访问的时候，郤犨发现了一位相貌绝美的女子，一打听才知道这位美女已经嫁人了，丈夫是鲁国大夫施孝叔。换作别人估计也就算了，天涯何处无芳草呢。郤犨可不这么想，他总觉得郤家在晋国都是横着走，在鲁国那就更不用说，所以他看中的就是他的。于是郤犨找到了美女的异父哥哥，同是鲁国大夫的声伯。声伯知道郤家在晋国是怎样的存在，只好逼迫妹妹跟施孝叔离婚，跟郤犨走。这位美女还是蛮有骨气的，她先问自己的丈夫施孝叔："鸟兽还知道保护自己的配偶呢，你打算怎么办？"施孝叔却怂怂地说："我是不会为这事去死，也不会带你逃跑的。"美女听了大为伤心，只好跟着郤犨走了。

叔叔郤犨在鲁国抢美女，侄子郤至也不甘寂寞，他看中了一块地，想据为己有。按说一块地而已，肯定比抢个大活人简单多了。其实不然，那要看这块地是谁的。很不幸，这块地位于鄇地，主人正是当朝天子周简王。周王室虽然早已威严扫地，但毕竟还是名义上的天下共主，是意见领袖。这样明目张胆地抢周王室的地，舆论影响那是相当不好。周简王知道自己刚不过郤至，只好去找了郤至的领导晋厉公。晋厉公知道舆论的厉害，当即下令郤至不要再跟周天子争地，这才算把事情摆平。

连周天子的地都敢抢，那就没啥事是郤家人不敢干的了。大夫伯宗比较正直，看不惯郤家的飞扬跋扈，说了几句公道话。三郤大怒，在晋厉公面前大进谗言。晋厉公也怒了，在未查明事实真相的情况下杀了伯宗。伯宗的儿子伯州犁因此逃到楚国。后来伯州犁的儿子伯郤宛又被楚国令尹囊瓦冤杀，伯郤宛的儿子伯嚭又逃到了吴国。这祖孙四代的命运，实在是令人唏嘘感慨。

与郤氏家族胡作非为形成鲜明对比的是晋厉公和栾书的励精图治，晋国在这两位的领导下取得了外交和军事上的一系列胜利。晋厉公心里十分清楚，当今世上四大国：秦、晋、齐、楚，晋国的位置在最中间。虽说有山河之险，但如果处理不好与其他大国的关系，很容易成为众矢之的。晋跟齐的关系是新兴中原霸主和老牌中原霸主的关系，一直不算和睦。而晋国跟楚国则是一个要保持中原霸主的地位，一个要挑战中原霸主的权威，也一直处于对立状态。如果晋国再跟秦国交恶，那就真的是三面受敌了。

虽然如此，秦国和晋国的关系在晋文公之后长期紧张，大小冲突不断。总的来说，是晋国亏欠秦国的。比如崤之战，秦人不过是没有知会晋国，去偷袭了郑国，晋军就把秦军打了个全军覆没。令狐之战，明明是晋人改立了新君，连个招呼都不打，就偷袭了前来送公子雍即位的秦军。晋厉公知道这些年晋国对不起秦国的地方太多，因此刚一上位就向秦桓公伸出了橄榄枝。两国国君约定，在令狐举行一次会盟。前580年，晋厉公为了表示诚意，先行到了令狐。但秦桓公却耍了大牌，他到了河西以后死活不肯过黄河，只派出了大夫史颗到河东和晋厉公结盟。没有办法，晋厉公也只好派出郤犨到河西与秦国结盟。

这次结盟秦国显得很没诚意，士燮一眼就看出秦国不久就会背盟。士燮看得很准，秦国其实根本没想跟晋国结盟，秦桓公回去后就联合楚国和狄国共同伐晋。楚共王还算是比较厚道，拒绝了秦国的请求，并派人向晋厉公报信。秦桓公见楚共王不上道，就约了白狄一起进攻晋国。这也怪秦桓公没看历史战绩，他如果知道白狄跟晋人交手就从来没赢过的话，估计会换个合作伙伴。

前579年秋，晋军在交刚大败白狄。晋厉公觉得秦桓公忒不识好歹，属于那种敬酒不吃吃罚酒、蹬鼻子上脸、不打不服类型的人，就准备好好教训他一顿。前578年春，晋厉公将原先的六军压缩为四军，浩浩荡荡开往周都王城。由于晋国采用军政合一的体制，从各军长官的任命往往能看出政治的格局，老规矩还是要介绍一下此次晋国各军的配置：

中军将：栾书　　中军佐：荀庚

上军将：士燮　　上军佐：郤锜

下军将：韩厥　　下军佐：荀䓨

新军将：赵旃　　新军佐：郤至

还有郤毅为晋厉公的御者，栾针为车右。从这个配置可以看出，四军八卿加上国君的御者、车右共十位大佬，郤家占了三席。其中八卿之中占了两席。栾家虽然也占了两席，但栾书的儿子栾针只是车右，势力是不如郤家的。这次秦国勾结狄人进犯晋国，有错在先，晋厉公决定抓住机会好好教训他一顿。晋国的中原霸主身份现在终于派上了用场，在晋厉公的号召下，齐、宋、卫、郑、曹、邾、滕七个国家的军队齐集周都王城，周简王也派出了大夫刘康公和成肃公率王师助战。虽然王师的战斗力比仪仗队强不了多少，但人家毕竟是周王室的军队，有了他们，晋厉公就可以理直气壮地对秦桓公喊出"我要代表正义消灭你"的拉风口号。

有了王师的加持和七国联军的辅助，晋厉公率领大军直奔秦国。在道义上，晋国占据了制高点，是奉诏讨贼；在兵力上，晋国联军占据绝对优势，这种仗是没什么悬念的。秦桓公见晋厉公大兵压境，带兵渡过泾河迎敌，双方在麻遂（今陕西泾阳县北）遭遇。激战之后，秦军大败。晋国联军乘胜追击，又打到侯丽（今陕西礼泉县）才收兵。

这一仗秦国被打吐了血，秦将成差和女父被俘，晋国联军这边则只有曹宣公战死沙场。晋厉公利用反击秦国的机会再次联合了诸侯，还获得了周天子的支持。可以说是外交和军事上的双重胜利，而外交胜利的意义又远大于军事胜利。经此一役，秦国数世不振，很长一段时间都不敢再犯晋国边境。

晋国刚刚打服西边的秦国，南边的楚国就又来了，真是按下葫芦起来瓢，事情的起因是二五仔郑国。郑国这个国家这么多年一直在晋、楚两个超级大国间摇摆，属于有奶就是娘，谁的腿粗抱谁的类型，毫无节操。前575年，楚共王派公子成给郑国送上了汝阴的土地，然后跟郑国说："还是跟着我们楚国混吧！"郑国不负墙头草之名，立马投向了楚国的怀抱。倒向楚国后，郑国立即向宿敌宋国发动了进攻。郑国之所以敢肆无忌惮地欺负宋国，是因为宋国是楚国的死敌。郑国进攻宋国，楚国一定会全力支持。而晋国虽然跟宋国关系不错，但晋国对待盟友远不像楚国对待盟友那么实在。晋景公执政时，宋国被楚国围了，晋国明明不想救，还要派解扬去忽悠宋国，让宋国拼死抵抗。摊上这样的大哥，宋国也是欲哭无泪，一肚子苦水。

郑国算来算去，都是稳操胜券，就派子罕率军攻宋。事实证明，纸面的实力终究是纸面的实力，能不能打赢还要打过才知道。郑国遇到的就是这种情况，信心满满的郑军遭到了同仇敌忾的宋军的迎头痛击，被打得大败亏输。打了胜仗的宋军大剌剌地走了，毫无防备。吃了败仗的郑军并不甘心，派兵抄小路伏击了宋军，宋军大败，两位主将被俘。郑国的这种行为非常类似于在擂台上被人打趴下，又趁人家转身离去的时候从背后下死手，是很不道德的行为。然而战争本身就没有道德可言，郑国最终还是赢了。

郑国打了晋国的小弟宋国，算是跟晋国彻底掰了。晋厉公想出兵教训郑国，士燮却觉得郑国是翻不起什么大浪的，保留郑国这个外患还可以有效转移晋国内部的矛盾。最后是栾书一锤定音，他说："郑国是一定要打的，不能在我们这一辈执政的时候失去盟国。"于是晋国四军齐出，杀奔郑国。这次晋国四军的配置与三年前麻遂之战差不多，只是由于中军佐荀庚的离世，原上军将士燮递补为中军佐，原上军佐郤锜递补为上军将，荀庚之子荀偃补了上军佐的缺。中军将栾书派下军佐荀罃留守,其余七卿全部随晋厉公出征。

郑国听说晋国出兵,连忙向新老大楚国求救。楚国毫不含糊,楚共王亲自带兵,以司马子反率领中军,令尹子重率领左军,右尹子辛率领右军,北上援郑。晋、楚两国之间为了霸权,每隔二三十年就会爆发一次大战。最早一次是前632年的城濮之战,霸主晋文公亲自出马,超级巨星先轸靠前指挥,大胜成得臣率领的骄横狂妄的楚军。最近一次是前597年的邲之战,霸主楚庄王亲自上阵,一代贤相孙叔敖运筹帷幄,大胜荀林父率领的将帅不和的晋军。总比分是1:1,大家旗鼓相当打个平手。这次听说晋国国君统兵,精锐尽出,楚共王不敢大意,不仅一把手令尹、二把手司马、三把手右尹全部出战,连养由基、潘党等名将也悉数登场,可以说也是搭上了全部家底。看阵容就知道,这是一场两强之间的实力碰撞,巅峰对决!

◇鄢陵之战

晋军四月出兵,五月渡过黄河,六月在鄢陵迎头撞上了前来救援的楚国大军,好戏即将开始。

首先出招的是楚国。六月二十九日清晨,气势汹汹的楚军突然出现在晋军面前,压着晋军的营寨列阵,大有把晋军生吞活剥了的架势。面对楚军这种上来就要玩命的劲头,栾书非常冷静。他认为楚国这是匹夫之勇,只需要深沟高垒把楚军的锐气消磨掉,然后再全力反击,一定可以大获全胜。郤至却提出了反对意见,他以作论文般的严谨精神在晋厉公面前慷慨陈词，指出了楚国的六个弱点。比如二卿不和、亲兵衰老、阵容不整、军心不齐等，然后得出了一个结论：只要立即出击，定能击败楚军。

由于郤至论点鲜明、论据充分，晋厉公决定采纳郤至的意见，主动进攻。可是营寨外就是楚军，根本没有布阵的空间，怎么办呢？很简单，营寨外布不了阵就在营寨内布。晋军把水井填了，炉灶平了，营帐拆了，原地列阵。那边楚共王登上了高高的楼车，亲自查看晋军的动向，逃亡到楚国的伯州犁侍立在共王身后。楚共王对晋国的军队礼仪很感兴趣，伯州犁就为他一一讲解。晋厉公身边也有一位楚国亡臣，就是楚国叛臣斗越椒的儿子斗贲皇。斗贲皇逃到晋国后，得到了晋景公的重用，并受封苗地（今河南济源西）。斗贲皇从此以苗为氏，又被称为苗贲皇。斗家在楚国世代公卿，执掌军政大权，对楚军的虚实可以说是一清二楚。因此，苗贲皇没有跟晋厉公讲什么楚军礼仪这些虚的东西，而是直接点出了楚军的死穴，并给出了进攻方案。

苗贲皇对晋厉公说："楚军的精锐部队全在中军的王族亲兵，左右两翼的仆从国军队都很废柴。只要我们用精兵去攻击楚军左右两翼，然后再集合三军全力攻击中军的楚王亲兵，就一定可以获胜。"晋厉公采纳了苗贲皇的意见。应该说苗贲皇的方案还是很靠谱的，但是执行起来却并不是那么顺风顺水。原因在于楚国仆从国的军队没有苗贲皇想象中的那么没用，楚国王族亲兵的战斗力更是超出了苗贲皇的预期。

战斗进行得异常激烈。晋将魏锜在乱军之中发现了楚共王的战车，张弓搭箭一箭射去，正中楚共王右眼。楚共王虽然没有夏侯惇拔矢啖睛那么有种，却也是忍着剧痛没下火线。血流满面的楚共王召来了神箭手养由基，给他两支箭让他射魏锜。养由基当年一箭射穿斗越椒的脑袋，这次也是抬手一箭，射穿了魏锜的脖子。魏锜颈血狂喷，伏在弓套上死了。养由基给楚共王报了仇，拿着剩下的一支箭向楚共王复命。

　　楚王中箭，晋将阵亡，仗打到这个份上，双方的军人都在搏命。虽然如此，大家却十分讲礼貌，该有的战场礼仪一样都没少。用现在的话讲，叫大家都很有绅士风度。命都没有了还要讲礼貌吗？是的，命可以没有，礼貌不能不讲，这就是春秋时期军人的风骨。

　　比如，那位飞扬跋扈的郤至，在战场上三次遇到了楚共王。楚共王此时已经负了伤，十分虚弱。郤至只要冲上去补一刀，或者再给他一箭，就能要了楚共王的命，收取战胜楚军的全功。可是郤至没有这么做，反倒是在每次见到楚王的时候，都会下车步行，并脱下头盔以示敬意。楚共王十分感动，派人给郤至送了一张弓。郤至恭恭敬敬地接受了楚王的馈赠，又三次向使者肃拜后才退走。

　　下军将韩厥在追赶郑成公的时候，御者发现郑成公的御者东张西望，注意力很不集中，忙问韩厥要不要追上去。韩厥却说不能羞辱国君，就让御者停止了追击。

　　晋厉公的车右栾针在战场上发现了楚国令尹子重的将旗，便向晋厉公请求给子重进酒。因为当年栾针出访楚国的时候子重礼遇了他，现在不打个招呼不礼貌。晋厉公答应了，派了名使者拿着酒器去给子重奉酒。说实话，笔者到现在都无法想象那是个什么场景，在刀光剑影、箭如雨下的战场上，一名抱着酒坛的使者小心翼翼地穿行，只为了给对方的主将送上一杯酒。晋国使者冒着生命危险把酒送到子重面前，并说明了来意。子重想起了当年他与栾针的那段交情，将酒一饮而尽，客客气气地把晋国的使者送走，然后继续擂鼓开打。

这场仗从清晨开始，一直打到天黑，大家都看不见了，也都没力气再打了，才各自收兵。楚国的司马子反好酒，这一天仗打下来精疲力竭，下属好心给他上了点儿酒。他喝着喝着不觉酩酊大醉，沉沉地睡去了。由于今天这仗未分胜负，明天还要继续开干。楚共王处理完伤口后，便召集众将军开会，商讨明日的战术。这时有人报告楚共王，司马子反喝得不省人事，参加不了会议了。二把手缺位，这会是开不成了。楚共王又急又怒，仰天长叹道："这是天要亡楚啊，还等什么呢！"当即下令全军连夜开溜了。

第二天早上，列队完毕的晋军发现对面的楚营没了动静，冲进去一看才知道人去营空。晋国就这样取得了鄢陵之战的胜利，楚军留下的粮食让晋军足足吃了三天。鄢陵之战打赢了，晋国上下都很兴奋，只有士燮忧心忡忡。士燮当初就反对跟楚国发生冲突，倒不是怕打不赢。恰恰相反，正是害怕打赢楚国没了外患，内部矛盾就要大爆发了。士燮跟父亲士会一样，看问题向来相当精准，这一次，又被他言中了。

鄢陵之战中，表现最抢眼的是郤至。晋厉公正是因为采纳了他的意见，才打赢了楚军。在战场上，郤至又三次放走了楚共王。

仗打完之后，郤至就飘了，觉得这场仗能打胜全靠他，他是当之无愧的全场 MVP。有些事心里想想就行，最好不要说出来，郤至却没这个觉悟。战后晋厉公派郤至去洛邑给周简王进献战利品的时候，郤至逢人就吹嘘自己在鄢陵之战中的功劳，生怕别人不知道。周室那边也是有明白人的，比如，卿士单襄公就看出了不对劲，他跟同事们说："郤至恐怕死期将至了，身为八卿之中甩尾的角色，却如此夸耀自己的功绩，他的七位上司又将置于何地呢？"

单襄公说得很对，郤至的七位上司心里确实都不是很舒服，最不爽的还要数正卿栾书。栾书对郤家的胡作非为已经忍了太久，当郤至的那些话传到栾书耳朵里的时候，栾书终于决定要对郤家下手了。鉴于郤家在晋国势力极大，且郤至刚刚立下大功，明刀明枪地干掉他肯定不行，所以栾书准备对郤家玩阴的。周星驰的电影《九品芝麻官》里有句台词："贪官要奸，清官更要奸，这样才能治得了贪官。"栾书应该是深谙此道，因此他给郤至挖了个大坑。

鄢陵之战中晋军俘虏了楚国的公子茷，栾书收买了公子茷，让他跟晋厉公说，这次鄢陵之战就是郤至勾结楚国所致，目的是利用楚军打败晋军，然后改立在洛邑的姬周为国君。晋厉公听后将信将疑，就请教栾书。栾书说："这事好办，只需要派郤至去洛邑，暗中观察他接触哪些人不就知道了。"晋厉公觉得有道理，便派郤至出使洛邑。这边栾书得到郤至出使的消息后，连夜派人通知姬周，让他准备迎接晋使郤至。郤至一到洛邑就受到了姬周的热烈欢迎，刚开始郤至还搞不清什么情况，转念一想，觉得肯定是自己在鄢陵之战后名声大噪,所以走到哪里都有祖国的粉丝迎接,不禁十分得意。然而这一切都被晋厉公的密探看在眼里,密探回报晋厉公说郤至果然跟姬周见面了,两人还聊得很开心。这一下晋厉公彻底相信了郤至通敌,不由得恨得牙根痒痒。

栾书的计谋得逞了,但他不知道的是,即使他不给郤至挖这个坑,郤家的好日子也到头了。因为晋厉公身边有三个宠臣,这三个宠臣都是郤家的仇家,他们也正憋着收拾三郤呢。三郤到底是怎么得罪这三个宠臣的呢?

第一个宠臣名叫胥童,细心的读者可能看到名字就知道他为何是郤家的仇人了。没错,因为胥家跟郤家是世仇。当年郤缺为了报答赵盾的知遇之恩,以有病为由免掉了胥克下军佐之职,提拔赵朔为下军佐,将胥家彻底排除在六卿之外。胥家人认为,郤缺对谁下手也不该对胥家人下手,因为郤缺是罪臣郤芮之子,要不是胥臣向晋文公力荐,郤缺这一辈子可能就蹲在乡下种田了。郤缺不报恩也就算了,还罢免了胥臣之孙胥克,这是典型的忘恩负义行为。胥童正是胥克的儿子,郤缺虽然去世已久,但是这笔账不能算完,全都记在郤家后人头上。

第二个宠臣名叫夷羊五。夷羊五的封地与郤家相邻,这就只能怪夷羊五命不好了。跟谁做邻居不好,偏偏要挨着郤家这个煞星。郤家可是连周王室的地都敢抢的,遇到夷羊五这种小虾米更是毫无心理负担,直接把夷羊五的土地收为己有。郤家权势熏天,夷羊五没处说理,只能怀恨在心。

第三个宠臣名叫长鱼矫。长鱼矫的问题跟夷羊五差不多,也是土地被郤家侵吞了。但是长鱼矫比夷羊五的仇恨更深，因为郤犨抢完地之后还不算完，把长鱼矫的父母妻子都绑在了一条车辕上羞辱。长鱼矫因此也跟郤家不共戴天。

栾书和晋厉公的三个宠臣都看郤家不顺眼，郤家已经坐在了火山口上，可惜他们毫不自知，还在作死的路上越走越远。晋厉公对郤家的忍耐已经快到极限了，郤至恰到好处地送上了压垮骆驼的最后一根稻草。

◇ 车辕之役

这一天，晋厉公去郊外打猎，宫中的妃子们也都换上戎装随行。晋厉公与妃子们红尘做伴活得潇潇洒洒，策马奔腾共享人世繁华，对酒当歌唱出心中喜悦，轰轰烈烈把握青春年华，心情大好。郤至见主公心情这么好，也趁机献上了一头野猪。这本来是挺好的事，谁想到野猪却被一名不知死活的寺人孟张夺了过去，连声招呼都没打。平时都是郤家人抢别人东西，今天居然有人抢到他们郤家人头上，真是活得不耐烦了。郤至大怒，一箭射去，正中这名寺人后心，把他射死了。本来欢乐的气氛戛然而止，射猎活动不欢而散。

看着倒在地上的孟张，晋厉公大怒不已。郤家人欺男霸女，晋厉公可以忍。郤家人飞扬跋扈，晋厉公可以忍；郤家人巧取豪夺，晋厉公还是可以忍，但是今天郤家人射死了他的亲信寺人，欺负到了他头上，再忍就成忍者神龟了。回到宫中，晋厉公马上组织三个宠臣开会，商量如何干掉郤家人。

事情发展到这个地步，只要不是傻子，都知道国君要对郤家动手了。郤家人不傻，因此他们也开了个会。会上郤锜主张先下手为强，在晋厉公动手之前把他做掉。郤至却主张静观其变，他的理由是人生在世，信、智、勇是立身之本。有信用就不能背叛国君，有智慧就不能残害百姓，有勇气就不能发动祸乱，所以还是听天由命吧。不看郤家之前的所作所为，单听郤至的这番话，还真以为郤家是一门忠烈，就是不知道他们当初在为非作歹的时候怎么没想起这些道理。

郤家的发兵计划遭到了郤至的反对，郤家的命运就此确定。这边晋厉公君臣决定发动八百甲士进攻郤家，这是国君能直接控制的所有部队。就在胥童、夷羊五要带兵出发的时候，长鱼矫拦住了他们。晋厉公、胥童和夷羊五都面带疑惑地看着长鱼矫。

长鱼矫平静地说："这点儿人马攻打郤家是不够的。"

"那怎么办？寡人可没有更多的兵了！"晋厉公说。

"我并没有说要增兵，主公有身手好的贴身侍卫吗？"长鱼矫问。

"有的，清沸魋的身手是最好的。"晋厉公答道。

那就行了。长鱼矫的计划是这样的，让自己跟清沸魋在郤府门口假装扭打，然后让人带着去找三郤评理。等见到三郤后直接把他们刺死，那时候郤家群龙无首，自然可以一举消灭。大家觉得这个计划相当可行。

计议已定，长鱼矫和清沸魋操着长戈到了郤府前，确认过眼神，开始打斗。胥童和夷羊五则带着八百甲士悄悄埋伏在郤府附近。长鱼矫一边打一边喊："你这无赖，欠我钱不还，还要加害于我，我一定要找郤大人评评理！"清沸魋则冷笑道："你这家伙血口喷人，我何时欠过你的钱？正要让郤大人主持公道！"两人扭打成一团。街坊邻居闻声而来，都围在郤府前看热闹，一时闹得沸沸扬扬。郤府的仆人突然听到门外人声嘈杂，也出来看个究竟。长鱼矫正好上前跟仆人说明原委，仆人不疑有诈，便带着长鱼矫和清沸魋去找主人。

三郤听到有人要找他们评理，马上让人收拾了一处亭台水榭，摆好时令水果，准备一边休闲一边看看热闹。三郤坐定后，长鱼矫和清沸魋被带到了这处水榭中。见三位正主都在，长鱼矫向清沸魋使个眼色，两人抽出长戈一戈一个，将郤锜和郤犨刺死在座位上。郤至身手比较好，逃到了门外的车上。长鱼矫追到门外，一戈刺去，正中郤至后心。郤至惨叫一声，趴在车辕上死去了。三郤全部被杀，长鱼矫向胥童和夷羊五发出了信号，胥童和夷羊五随即带领甲士冲入郤府，将郤家上下杀了个干净。郤氏家族就这样离开了晋国的历史舞台，这是十大家族中第三个消失的家族。晋厉公恨极了三郤，下令将三郤的尸体陈列在朝堂上。三郤被灭，史称车辕之役。

杀红了眼的胥童顺势劫持了栾书和荀偃，长鱼矫向晋厉公建议杀掉这两个人。因为长鱼矫早就看出栾书和荀偃并非善男信女，三郤只是他们的第一个目标。三郤覆灭后，他们很快会将战火烧到自己头上。可是晋厉公却不忍心杀他们，因为一天之内已经有三卿陈尸朝廷了，不想再杀更多的人了。长鱼矫痛心疾首地跟晋厉公说："栾书绝非善类，您不忍心杀他，他可是忍心杀您啊！"晋厉公还是下不了决定，于是长鱼矫就独自逃到了狄国。

长鱼矫逃跑后，晋厉公专程派人向栾书道歉，声称是误会一场，这事也就暂时揭过去了。真的过去了吗？当然不是。长鱼矫说得很对，栾书不是善茬。他是不会允许能够威胁到自己性命的人的存在的，无论这个人是谁。因此，栾书和荀偃趁着晋厉公出去游玩的时候抓了他，于次年将其杀害，与晋厉公一同被杀的还有胥童。晋厉公被杀后，栾书拥立在洛邑的姬周为君，是为晋悼公，晋国至此彻底由栾书说了算了。

骄横跋扈的栾氏后人

姬周的祖父姬捷是晋襄公的庶子，也就是说姬周是晋襄公的曾孙。晋襄公死后，赵家和狐家因为继承人问题大打出手，国内的局势十分混乱。姬捷的儿子也即姬周的父亲姬谈怕祸及自身，逃到洛邑避难。逃到洛邑的姬谈不问政事，专心学术。姬周是姬捷的二儿子，就出生在洛邑，自幼拜饱学之士单襄公为师，小姬周聪明伶俐，年纪轻轻就很有学问。

姬周被拥立为国君的时候才十四岁，这个年纪搁在今天才刚上初二，是个懵懂无知的年纪。但姬周明显有着与年龄不符的成熟，父亲姬谈应该是从小就把晋公室以及晋国世家大族之间斗争的那些事当成睡前故事讲给姬周听了，所以姬周不但知道这帮大臣为何要立他为君，还知道立他为君之后这帮大臣想干吗。少年姬周跟着前来迎接他的荀䓨和士鲂走到了清原（今山西闻喜县），见到了等候已久的栾书和众位大臣。

栾书对面前这个孩子很是满意，他想起了晋灵公和赵盾的往事。姬周却心里暗暗冷笑，栾书的心思他早已看透。这位晋国第一权臣手上沾满了自己堂叔的鲜血，现在又想拿自己当提线木偶，这个算盘打得倒是蛮精明的。可姬周不是晋灵公，他扫视了一眼前来迎接的群臣，开始了他的第一次当众演说。

姬周说："我本来不想当这个国君，是你们让我当国君的。立我当国君，又不听从我的命令，要国君有什么用呢？我劝诸位今天好好考虑一下，到底要不要我当国君。恭敬地侍奉国君，神灵都会保佑的。"栾书听完倒吸了一口凉气,这孩子好似看穿了自己的想法一般,不但上来就封住了自己专权的可能,还把神灵都搬出来了。栾书隐隐觉得好像选错了人,但事到如今也不能退货了,只好带领群臣宣誓效忠新君。姬周这才满意地随群臣进入都城,走完所有的流程后,正式即位为君。这一年,是前573年。

晋悼公即位的第一件事是驱逐了七名"不臣之臣",即犯上作乱的臣子。在这份驱逐名单中,夷羊五和清沸魋赫然在列。车辕之役是由晋厉公的三个宠臣胥童、长鱼矫和夷羊五发动的,清沸魋是晋厉公派去的帮手。其时胥童已经被杀,长鱼矫已经逃走。说夷羊五和清沸魋这哥俩犯上,其实是蛮冤枉的。晋厉公要是不点头,借他们十个胆子也不敢拿郤氏开刀。他们唯一的错误应该是在灭了郤氏后又武力囚禁了栾书,还差点儿杀了他。

这个错误可比犯上严重得多。在晋国,国君可以得罪,但执政的正卿最好不要得罪,因为他们比国君牛多了。在自身安全受到威胁的情况下,他们会杀掉国君。比如,之前的赵盾和现在的栾书。姬周初来乍到,情况不熟,一切都要靠栾书。如果不把栾书拉过来,那些政务搞不定还好说,堂叔晋厉公血淋淋的例子可就在眼前呢。少年老成的姬周深刻地认识到了这一点,所以他在敲打完栾书后,马上用这种方式表明政治立场。其实是告诉栾书:"你的敌人就是我的敌人,咱们是一伙的,你安心干活吧。"

栾书一心想拿晋悼公当傀儡,而晋悼公的应对之策也很简单,那就是一个字:熬。俗话说多年的媳妇熬成婆,千年的大道走成河。晋悼公想反正自己还年轻,现在说了不算又如何,等你栾书挂了以后这晋国还是我的。晋悼公舒活舒活筋骨，做好了跟栾书长期斗争的准备。但不久之后，晋悼公就发现自己想多了。因为栾书在新君即位的当年就死了，自己甚至连热身运动都没做好。

栾书死了，正卿的位子空了，考验晋悼公用人能力的时候到了。晋悼公心目中的正卿应该是这样的：首先政治上要保持中立。政治本质上是个玩平衡的技术，任何一家独大都不利于国君的统治。其次业务上要有相当的能力。晋国这么大，事情这么多，业务能力不行国君就得累死。再次是不能太暴力。像赵穿、栾书那种一言不合就把国君宰了的人，是万万要不得的。在晋国众卿中，同时符合这三个条件的还真是不多，韩厥正是其中之一。

韩厥虽然从小在赵家长大，但是做事从来都是不偏不倚。下宫之役他没有参与，车辕之役他没有参与，到最后栾书邀请他一起逮捕晋厉公他还是没有参与。这人就像瑞士一样，是个永久中立国。对于执政正卿来说，这是个难得的品质。业务能力方面，韩厥自然没的说。他从赵盾时期就出道了，晋楚之间的三场大仗他参加了两场（邲之战和鄢陵之战），血雨腥风的下宫之役和车辕之役也都经历过了。可以说是打过大仗、经历过大事的人。最后一个条件韩厥更是没问题。下宫之役赵氏快被灭门的时候，是韩厥建议晋景公恢复赵武的待遇。车辕之役他明确拒绝栾书捕杀晋厉公的邀请，已经表明了他反对弑君的态度。最难能可贵的是，以韩厥这么深的资历，到现在才只是下军将，他也毫无怨言。

这正是晋悼公心中正卿的完美人选。因此，晋悼公把韩厥从下军将直接升为中军将，赵盾当年的预言终于实现了。对于栾书这个人，晋悼公虽没什么好感，但毕竟是他迎立了自己，所以还是将其子栾黡提为公族大夫。晋悼公知道，偌大的一个晋国，单靠韩厥一个人是不行的，即使他很有能力。在韩厥的引荐下，晋悼公又重用了两个人，一个是荀䓨，一个是魏绛。

荀䓨是邲之战中楚军的战俘，战后在楚国一直待了十多年。后来晋楚关系缓和，互换俘虏，才得以回国。在回国之前，荀䓨跟楚共王有一段经典的对话。

楚共王问荀䓨："您在楚国待了这么多年，恐怕会怨恨寡人吧？"

荀䓨答道："两国交战，下臣无能，所以被俘。大王不杀我，已经是恩惠了，怎么敢怨恨大王呢？"

楚共王又问："那您感激寡人吗？"

荀䓨回答："两国各自为了国家利益，互相释放战俘，以结成友好。两国友好，下臣并未参与，又能感激谁呢？"

楚共王继续问："您回去准备怎么报答寡人呢？"

荀䓨答："下臣既不报怨，也不报恩，又拿什么报答您呢？"

楚共王无奈地说："即使是这样，那您有什么想法，告诉我一下总可以吧？"

荀䓨说："如果我回国侥幸不死，还能够继承父业的话，那么很有可能在疆场遇到大王的左右。即使是这样，下臣也不敢违背礼仪避而不战，一定会全力拼杀以至于死，以尽人臣之本分。"

荀䓨这番话说得不卑不亢，软中带硬。楚共王听后不禁感慨，晋国有这等人才，是不可以与之争锋的了。于是就给荀䓨送了厚礼，然后恭恭敬敬地送他回国。

荀罃在楚国待了这么多年，属于有驻外工作经历，具备国际视野的干部。晋国最大的对手正是楚国，因此晋悼公就向荀罃询问对付楚国的策略。荀罃笑了，他在楚国这么久，深知楚国虽然强大，但并非不可制伏。所谓牵牛要牵牛鼻子，楚国的牛鼻子有两处，一处是吴国，另一处是郑国。

吴国位于楚国的后方，楚国每次北上中原与晋国争霸，都担心吴国在背后捅刀子，因此吴国跟晋国是天然的盟友。实际情况是，晋国在景公时期就开始联吴抗楚了，还派了巫臣之子狐庸教吴军车战之法。荀罃建议晋悼公，加大对吴国的援助力度，助他崛起以彻底牵制楚国。晋悼公同意了。在晋悼公当政期间，晋国对吴国进行了无私的国际援助，要钱给钱，要装备给装备。兵法韬略只要吴国人想学，晋国人就倾囊相授。

晋国的这种扶持很快就见了成效。前570年，深切感受到吴国威胁的楚国派令尹子重率精锐楚军大举侵吴。吴军在吴王寿梦的指挥下避敌锋芒，诱敌深入，然后在横山侧击楚军，将楚军分割包围了。子重显然没料到吴国已经会玩套路了，被打得落花流水，楚先锋大将邓廖被俘。吴军趁势追击，夺取了楚国边陲重镇驾邑（今安徽无为县）。消息传回楚国后，楚国舆论一片哗然。令尹子重因为压力过大，心脏病发作去世了。

晋悼公眼见吴国已经崛起，马上邀请吴王寿梦到鸡泽会盟。为了壮大声势，晋悼公还邀请了周朝卿士单顷公、齐太子光、宋平公、鲁襄公、卫献公、郑僖公、莒子和邾子。可惜的是，吴王寿梦因为道路不通（可能是被洪水冲毁了），未能到会。中原盟主给脸，吴国肯定要兜着。吴王寿梦怕晋国误会，于前568年遣大夫寿越出使晋国，解释上次鸡泽之会未能参加的原因，并打听下一次盟会的时间。要说这吴王寿梦的反射弧也是够长的，隔了一年才想起跟人家解释。好在晋悼公不在意，为了拉吴国入伙，晋悼公不惜再次组织诸侯盟会。

为了保险起见，晋悼公这次让离吴国较近的鲁国和卫国人先会见吴国，并告知与会日期。于是鲁国使臣孟献子和卫国使臣孙文子在善道（今江苏盱眙县）跟吴国使者接上了头，孟献子和孙文子把这次的会议日期告诉了吴国使者，然后反复叮嘱这次别再放我们鸽子了，不然我们还得再开一次会！这一年九月二十三日，诸侯们在戚地会盟，吴国使者总算赶上了。这次会盟比上一次鸡泽会盟的规模还要大，共有晋、吴、宋、鲁、齐、陈、卫、郑、曹、莒、邾、滕、薛、鄫十四国参会，这是吴国第一次加入以晋国为盟主的华夏联盟。至此，晋国以吴国牵制楚国后方的战略部署已经完成。此后就是晋国和吴国的蜜月期，前563年，晋悼公亲自率军南下，与十一国国君和齐太子光会盟于柤邑（今江苏邳县），这回吴王寿梦亲自赴盟。寿梦死后，其长子诸樊于前560年伐楚失败。晋悼公闻讯，于次年亲率十二国大夫与诸樊会盟于吴国的向邑（今安徽怀远县），给诸樊打气。晋吴这种友好关系一直维持到晋悼公去世。

说完吴国再说说郑国。郑国在本书中的曝光率可是不低，晋国和楚国三次大战中的两次（邲之战和鄢陵之战）都是为了他。

郑国毫无骨气的随风倒行为让晋国头疼不已，每次郑国一倒向楚国，晋国就要出兵。如是反复，毫无新意。前597年的邲之战，晋国正是为了争夺郑国被楚国打得大败，荀䓨也是在这一战中被俘，开启了他十多年的驻外工作生涯。这一次，荀䓨要彻底解决郑国问题。

当年荀䓨从郑地被解送往楚国，身为战俘的他没有闲着，而是仔细观察了从郑到楚沿途的山川风貌。通过观察荀䓨得出了一个结论，那就是从楚国到郑国跟从晋国到郑国相比，直线距离虽然差不多，但路途之艰险却远超后者。正是这个结论帮助荀䓨彻底解决了郑国问题。

荀䓨建议晋悼公将部队分为三队，每次出动一队袭扰郑国。等楚国出兵救郑国的时候，这队晋军再撤回去。晋军这边是三班倒，楚国那边就受不了了，每次总要组织大军救郑，疲于奔命。后来伍子胥把吴军分为三队疲扰楚国，估计就是从荀䓨这里学的。当然，只是这样还不足以彻底解决郑国问题。荀䓨还建议在制邑筑城，派兵值守。制邑之前在郑伯克段那部分说过，地势非常险要，有大名鼎鼎的虎牢关。最为要命的是，这个地方的地势比郑都新郑要高。从这个地方打新郑，如果兵力足够，绝对可以造成大水崩沙、利刀破竹的效果。也正是因为这个原因，当年郑庄公宁可忤逆母亲，也决不把这块地封给弟弟叔段。

现在倒好，晋国直接在这个地方筑城驻军，就好比在郑国人头上悬了把达摩克利斯之剑。晋国人要是想给你脑袋开个瓢，随时都可以，真是要了亲命了。郑国人盘算着，楚国那边已经快被拖死了，晋国这边又离自己这么近，真要指望楚国，都城可能都被拆了。思来想去，郑国决定彻底倒向晋国。前557年，郑国正式向晋国派出使臣，请求加盟。十二月，晋平公率十一个盟国会于萧鱼，接纳郑国加盟。从此，郑国这个二五仔终于死心塌地地服晋了。

如果把楚国比成一头牛的话，此时这个头牛的尾巴被吴国拽住，牛头被郑国按住，一时动弹不得。在晋悼公以为自己可以喘口气的时候，戎人又来了。中国古代把跟咱们华夏风俗习惯不同、尚未开化、没有固定职业、以游牧或射猎为生的少数民族统称为蛮夷戎狄。注意这是四支少数民族的合称，即东夷、西戎、南蛮、北狄（不是东邪西毒南帝北丐）。一般根据名称就能判断这是哪里的少数民族。比如，灭了西周的犬戎，就是西方戎族的一支。楚国立国之初一直跟蛮族斗争，以至于中原诸侯也会用南蛮来指代楚国。齐国是在夷族的包围中杀出一条血路，才得以立国。晋国则是一直跟狄族斗争，既斗争又融合，融合的结果是晋文公、赵盾等晋国高层都有狄人的血统。

这次来的戎人叫北戎。虽然名为戎族，但实际生活在北方，即今山西、河北两省的北部。北戎中最强大的一支叫无终（很仙侠的名字），无终人生活在今山西太原市东。前569年，无终酋长嘉父派使者孟乐代表北戎各部入晋。孟乐献上了无终特产虎豹皮，并提议与晋国修好。听上去是件好事，晋悼公却非常的不屑。晋悼公认为这帮戎人从来不讲信用，今天跟你讲和，明天就来打你是常有的事。至于那些虎豹皮，晋悼公也不能拿来铺在椅子上，那样就成山大王了。晋悼公刚想下令驱逐无终使者的时候,一个人站出来阻止了他,这个人就是魏绛。

魏绛是魏犨的长孙,魏佚的儿子。鄢陵之战中射瞎楚共王的魏锜正是魏绛的二叔,前文说过,魏家是晋国的十大家族之一。魏绛继承了魏犨的刚直不阿,还因此差点儿被晋悼公砍了。

那是一年前,晋悼公在曲梁会合诸侯,举行盛大的阅兵仪式。此时晋悼公的弟弟扬干小孩了心性,看到行列式很好玩,就驾车冲进了阅兵队伍,冲乱了队列。笔者算了一下,这一年晋悼公十七岁,弟弟扬干估计也就十一二岁,正是多动好奇的年龄。魏绛时任司马,主管军纪。当他看到有人破坏阅兵时,非常愤怒,当场执行军法,把扬干的车夫给剁了。扬干从小到大哪受过这个气,哭着去找哥哥告状。晋悼公听了之后大怒,当场就要把魏绛抓来杀掉。大夫羊舌赤劝道,魏绛一心为公,不是个怕事的人,不劳君王下令,魏绛自会来解释的。话音刚落,魏绛就走了进来,将一封信交给晋悼公就准备拔剑自杀,被身边的大臣们拉住了。这边晋悼公读完信,知道魏绛坦荡无私,是难得的人才,就恭敬地赦免了他。不仅如此,晋悼公还提拔魏绛做了新军佐。

魏绛这次极力反对晋悼公跟无终部开战,讲出了五条理由。其中比较核心的有三条:第一是无终人重视财物而轻视土地,可以从他们手里买地。第二是如果无终人都服了,对于其他诸侯是个很大的威慑。第三是不打仗省钱啊,打起仗来可是日费斗金,绝对烧钱,这才是最重要的。晋悼公采纳了魏绛的建议,无终人好像也没他想象中的那么不堪,至少在他任期内没有找什么麻烦,大家相安无事。

到目前为止，南方的楚人和北方的戎人都被晋悼公搞定了，就剩东边的齐人和西边的秦人了。齐国对晋国的感情是比较复杂的。齐国是春秋时代的第一个霸主国，齐桓公当霸主的时候，晋文公重耳同志还在满世界流浪。可惜齐国的霸业太短，齐桓公死后齐国的霸业就随着内乱而付诸东流了。齐国失去霸主之位后，晋国接过了霸主的接力棒，接棒人正是晋文公。晋文公本人虽然在位时间只有短短的九年，但是晋国的霸业却断断续续地保持了下来。在这个时期，齐国的地位是很尴尬的。说是晋国的小弟吧，齐国实在是不甘心。说是晋国的对手吧，齐国也没那个实力，况且齐国和晋国还有楚国这个共同的敌人呢。

前589年的齐晋鞍之战，齐顷公险些被俘，这让齐国很是老实了一段时间。十多年过去，齐国又开始蠢蠢欲动了。前573年，晋悼公刚即位就组织诸侯在虚打开会，齐灵公派大夫崔杼与会。这本是不错的事，可是等到晋国率领诸侯联军进攻彭城的时候，齐国却未遣一兵一卒。晋悼公虽然年纪小，却也不是个好欺负的主，战后就派人去谴责齐国背盟，言辞十分激烈。齐灵公很害怕，忙派齐国太子吕光到晋国做人质，这才算把事情摆平。谁知道仅仅过了两年，前571年，晋悼公在戚地会盟诸侯，齐国又没有参会。不仅如此，齐灵公还指使滕国、薛国和小邾国不去参会。滕国、薛国和小邾国都是齐国的铁杆小弟，齐国这样做摆明了就是跟晋国过不去。这次晋国连使臣都懒得派了，直接让鲁国给齐国带话："你要是不服，就干你！"齐国这次又是秒怂，就在当年冬天，晋悼公依然在戚地组织盟会，这一次齐国乖乖地带着小弟们来参加了会议。之后齐国就服服帖帖地跟着晋国混了，晋国东方的威胁也从此解除。

晋国解决南、北、东三面威胁的过程好像太顺利了，顺利到几乎没费什么力气就搞定了楚、齐、戎三方势力。经验告诉我们，太顺利的事情往往会有问题。一点儿也没错，晋国的问题不久就出现了，正是出现在西方。

西方的秦国一直不服。前578年的麻遂之战，秦国被打吐了血，依然不服。老秦人实在，觉得打仗就打仗吧，有种单挑啊。结果麻遂之战你晋国拉了八个小弟来，这算什么？拉这么多人来围殴自己也就算了，还把周王室的仪仗队也弄来了，搞得一副道理全在你家的样子，给谁看呢？自此之后，秦国一边疗伤一边跟楚国保持密切往来，伺机报复晋国。

事实证明，只要耐心等待，机会总是有的。秦人等了十六年，前562年，机会终于来了。这一年，晋国的两个小弟郑国和宋国打起来了，起因是郑国先越境入侵了宋国。宋国是晋国的传统盟友，是个铁杆小弟。而郑国，笔者说过很多次了，是个二五仔，最近才刚刚跟了晋国大哥而已。这次又是郑国先动的手，晋国大哥当然要好好教训一下郑国这个混账小弟。于是晋悼公率大军南下，准备胖揍郑国一顿。得到消息的楚国第一时间通知了秦国，秦国沸腾了，这么多年了，晋国这只老虎总算离山了。

秦景公立刻组织军队，以庶长（秦军官名）鲍和庶长武为将，兵分两路，进攻晋国。晋国的主力都跟着晋悼公教训郑国去了，只留下士鲂看家。士鲂听到秦军来袭，并不在意，打着哈欠开始调兵。麻遂之战后，秦人在晋人眼里就是个瓜怂的形象，打仗是不灵光的。当士鲂带兵到达栎地，看到庶长鲍率领的稀稀拉拉的秦军时，对秦人的鄙夷简直到了极点。庶长鲍率领秦军向晋军逼近，在他能看到晋兵面部表情的那一刻，他断定这一仗秦军赢了，因为他看到每个晋兵脸上都大大地写着四个字——"满不在乎"。庶长鲍令旗一挥，下令冲锋。原先漫不经心的秦军突然好似猛虎出柙，挥舞着铜剑狂叫着冲向晋军。晋军没有想到秦军会玩命，阵型登时被冲得大乱。士鲂刚指挥晋军稳住阵脚，从身后又传来了震天的呐喊声。原来庶长武从辅氏渡河，偷偷绕到了晋军的背后。士鲂绝望地闭上了双眼，仗打到这个份上，赢是不要妄想了，只能尽量保全部队了。是役晋军大败，士鲂仅带少数随从撤离战场。

仗打成这样，士鲂非常惭愧。晋悼公没有怪罪士鲂，心里却重重地记了秦景公一笔。背后偷袭，卑鄙无耻！早晚要给你好看！晋悼公心道。

时间到了前560年，荀罃和士鲂去世了，晋国的人事发生了变化。需要介绍一下的是，早在前564年的时候，正卿韩厥退休，晋国的人事就经历过了一次变化。荀罃帮助晋悼公彻底按住了楚国，收服了郑国，交好了吴国，使晋国南部无战事，居功至伟，因此在韩厥退休后继任正卿之职。士匄为亚卿，辅佐荀罃。韩厥之子韩起为上军佐，赵武为下军将，魏绛为下军佐。前560年，荀罃逝世，正卿的位子又空了出来。晋悼公因此在绵上举行大蒐礼，重新确定了诸卿的人选：

中军将：荀偃　　中军佐：士匄
上军将：赵武　　上军佐：韩起
下军将：栾黡　　下军佐：魏绛

因为实在找不出合适的人选统领新军，干脆就让新军从属于下军，这样晋军又恢复了三军六卿的编制。这次的任命非常重要。如果把晋国的历史看作十大家族的斗争史，那进入半决赛的有六家，进入决赛的有四家，最终胜出的有三家，正是那三家（韩、赵、魏）瓜分了晋国。进入半决赛的六家是韩、赵、魏、知、范、中行，这次任命除了知家（荀首、荀罃系），韩（韩起）、赵（赵武）、魏（魏绛）、范（士匄）、中行（荀偃）五家都出现在了六卿名单中。不过，接下来的主角还不是这六家，而是栾家。

晋悼公安排好了人事，准备来年春天去找秦人报一箭之仇，可到了第二年（前559年）春天的时候，晋悼公却接到了吴国新任国君诸樊的一封信，信中说吴国被楚国揍了，还被揍得很惨，求安慰。这件事前文已经说过了，但是前文没说吴国为啥被揍。这里说一下，是吴国欠揍，活该，咎由自取。

前560年，吴王诸樊起大兵伐楚。之所以打楚国，是因为楚共王去世了。趁别人国丧去讨伐人家本来就是一件很不道德的事，放在诸樊身上就更不应该。因为就在一年前，诸樊的父亲寿梦才刚刚去世。"己所不欲，勿施于人"，看来诸樊没这个觉悟。自己的丧服才脱掉，就去打同样是刚失去父亲的楚康王。楚康王悲愤交加，祭出了楚国国宝级宿将——神箭养由基。

养由基神技惊人，却不打算力敌吴军。他跟副将子庚说："吴国人乘丧发兵，一定会轻视我们。你可以设下三处伏兵，等我去引诱吴军。"子庚领命而去。养由基带领楚军遇到了诸樊亲自挂帅的吴军，且战且退，将吴军引到了庸浦。骄横的吴军正准备一举击溃楚军的时候，伏兵四起。愤怒的楚军对吴军大砍大杀，吴军大败，公子党被俘。回到吴国的诸樊包扎好伤口就给晋国大哥写信，报告自己兵败的情况。虽然是吴国理亏，但毕竟是铁杆同盟。晋悼公接到来信后，连夜会合诸侯来给吴国站台。就这样，十二国大夫与诸樊会盟于吴国的向邑。在这次会上，士匄非常的不忿，拒绝见吴人。晋悼公却好言安慰了诸樊一番，当然，应该也会嘱咐这位老弟别再找麻烦了，大哥家里还有一堆事呢！

安慰完诸樊后，晋悼公回国整顿兵马，准备收拾秦国。这次晋国带了鲁、莒、郑、卫等小弟，由荀偃挂帅，杀奔秦国。在秦国看来，带着小弟群殴就是没种。晋国却觉得，有小弟跟着混也是本事，有能耐你秦国也弄几个小弟啊。秦国说，我没能耐，打不过你们这么多人，我跑还不行吗？晋国说，想跑没那么容易，兄弟们追！秦军就这么在前面跑，晋军带着小弟们在后面追。追到泾水，晋国的小弟们不干了。

晋国虽然是大哥，但是历次砍人行动中却没给小弟们发一分钱的奖金，小弟们帮忙都属于义务劳动。这时正值盛夏，大家都热得不行，纷纷表示既然秦国已经认怂，咱们也就别追了，回家吃西瓜算了。荀偃不同意，这次打击秦国就是为了报三年前栎地之役的仇。现在仇还没报，就这么回去，没法跟国君交代啊。于是荀偃下令：渡河追击。大家怨声载道，但好歹鲁国和莒国是晋国的铁杆粉，率先执行了荀偃的命令。郑国和卫国见状，也只好渡河，并劝其他小弟还是赶快渡河吧。

渡过泾河以后，晋国联军驻扎了下来。秦人开始使坏了，他们在泾河的上游投毒，晋国联军喝了不干净的泾河水，死伤无数。主帅荀偃觉得不能再拖下去了，就下了一道命令："鸡叫时套车，把井填了，灶平了，看着我的马头行动（唯余马首是瞻）。"荀偃这是准备找秦军玩命了，但他的这道命令却惹恼了一个人。这个人就是下军将栾黡。栾黡是个典型的官二代，平时为人很是嚣张。也正因为如此，他最讨厌嚣张的人。荀偃的命令过于霸道，栾黡不干了。栾黡说："晋国自立国以来，就没有过这样的命令。凭啥要看你的马头行动？我的马头偏偏要向东！"说完便带领下军撤退了。

下军佐魏绛二话不说，跟着栾黡就走。左史问魏绛："不等中行伯（荀偃）了吗？"魏绛说："中行伯的命令是让我们跟随主将，栾黡就是下军的主将，跟他走有什么不对吗？"荀偃听了之后叹道："这确实是我的命令有误，现在说这些已经没用了，还是撤退吧！"于是就下令全军撤退了。

栾黡抗命不尊，主帅荀偃也拿他没办法，这情况跟当年先縠违抗荀林父的军令如出一辙，看来下克上还真是晋国的传统。如果这件事就此揭过也就算了，偏偏栾黡有一位弟弟叫栾针。与栾魇不同的是，栾针相当有正义感。他觉得大军追到这里，无功而返是晋国的耻辱。为了挽回晋国的颜面，栾针拉着小伙伴士鞅带本部兵马杀入秦阵。结果是栾针壮烈牺牲，士鞅却一身是伤地回来了。听闻此事的栾魇大怒，跟上司中军佐士匄说："我弟弟本不想去冲阵，是你儿子非要拉着我弟弟去。结果我弟弟死了，你儿子回来了。这是你儿子杀了我弟弟，你要是不赶走你儿子，我这就去杀了他！"

天地良心，明明是栾针拉着士鞅去的好吗？但栾针毕竟是战死了，死无对证，这事跟栾魇算是掰扯不清楚了。士鞅知道栾魇这二杆子说得出做得到，真的会砍了自己，就逃到秦国去了。因为这件事，栾家算是跟范（士）家结了仇。也因为这次结仇，栾家的灭亡进入了倒计时。

逃到秦国的士鞅跟秦景公有一段对话。

秦景公问士鞅："晋国的世家哪一家会先灭亡？"

士鞅答："应该是栾家吧！"

秦景公问："是因为栾家的骄横吗？"

士鞅答："没错，栾魇太骄横了。但是栾魇自己应该没事，祸难恐怕会落到栾魇的儿子栾盈身上。"

秦景公问："为什么呢？"

士鞅答："栾书当年私德很好，老百姓很怀念他。栾魇有栾书的余德罩着，应该不会有事。但到了栾盈那一代就不行了，栾书的余德已经用尽，栾魇骄横的恶果就会显现出来，正好轮到栾盈遭殃。"

抛开士鞅与栾家的私人恩怨，士鞅的这番话还是很有见识的，秦景公听了频频点头，就替士鞅向晋国求情，让士鞅官复原职了。

之后发生的事情严格印证了士鞅的预测。前558年，晋悼公病死。这位执掌晋国十五年的国君，去世时才二十九岁。谥法有云："年中早夭曰悼。"从他的谥号中能看出晋国人对这位青年国君的惋惜和思念。晋悼公执政期间，齐国与戎人宾服，吴国强势加盟，楚国被压制得无所作为，唯一不服的是秦国，也对晋国造不成什么威胁。晋悼公动辄组织十几国的诸侯会盟，说他恢复了晋文公时期的霸业也不为过。可惜天不假年，晋悼公英年早逝，晋国向上的势头也就此打住了。

前557年春季，晋国人安葬了他们敬爱的国君。晋悼公之子姬彪即位，是为晋平公。前556年，栾黡去世，儿子栾盈袭位为下军佐。前554年，荀偃去世，士匄继任正卿之职，栾家的好日子彻底到头了。

栾家和范家现在势同水火，但其实这两家是姻亲。具体来说，栾黡娶了士匄的女儿栾祁为妻。换句话说，士匄是栾黡的岳父。也就是说，栾黡之前逼自己的岳父驱逐自己的大舅哥。实在是太没有礼貌了。

栾黡如此骄横无礼，他的老婆栾祁也好不到哪里去。栾黡刚一去世，栾祁就与管家州宾私通，帮助州宾侵吞了栾家的很多家产，栾盈都有些看不下去了。栾祁做贼心虚，害怕儿子发难，居然跑回了娘家。跑回娘家也就算了，还跟父亲士匄诬陷儿子栾盈要造反。为了情夫居然诬陷亲生儿子造反，也真是让人很无语了。

就这人品跟栾黡也是有得一拼，真是不是一家人，不进一家门啊。

栾黡夫妇如此品性，偏偏栾盈与父母都不一样，他的人品很好。不仅乐善好施，还广结良朋，很多名士都归附了他。但这一切在外公士匄的眼里竟然成了结党营私，意图造反的证据。士匄知道不把栾盈调离老巢曲沃是没法收拾他的，于是命令栾盈去著地修城，然后在半路上派兵赶走了他。栾盈首先逃往楚国，前文说过，楚国在悼公时期被晋国按得死死的。见楚国无力支持自己复仇，栾盈又逃到了齐国。齐庄公见有机可乘，欣然收留了栾盈。

这边士匄见栾盈已逃，就在国内展开了大清洗。箕遗、黄渊、羊舌虎等十位栾盈的死党全部罹难。知起、中行嘉、州绰、邢蒯四人与栾盈交好，害怕士匄对他们下手，全都跑到了齐国。栾盈知道自己被外公士匄陷害，每天都跟小伙伴们盘算如何复仇。齐国受够了晋国的气，也乐于扶植反晋的势力。前550年，晋国要嫁女儿给吴国。齐国主动要求陪嫁，派析归父护送媵女。解释一下，媵就是陪嫁之人，男女都可以做媵。栾盈及小伙伴就藏身于析归父的车队中，等到车队路过曲沃的时候，栾盈他们偷偷离开车队，溜进了曲沃城。

回到曲沃后，栾盈秘密约见了曲沃大夫胥午。栾盈的人缘不错，胥午很痛快地答应跟着栾盈混。他把栾盈藏在家中，然后请曲沃有头有脸的人物来喝酒。众人一边喝酒一边聊天，聊着聊着就聊到了旧主栾盈。曲沃是栾家的大本营，栾盈平时对大家都很好，大家也都知道栾盈这次是冤枉的，因此都不禁唏嘘感慨。胥午见状，试探性地问道："如果找到小栾同学了，大伙会如何呢？"

众人纷纷说道："找到主人为他而死，虽死无憾。"说完，人们又是摇头又是叹气，有些受过栾氏恩惠的还开始擦眼泪。

胥午见时机成熟，就让栾盈现身。人们见栾盈突然出现，又惊又喜，立刻表示愿意跟随栾盈水里水里去，火里火里去。栾盈也是十分感动，对众人一一拜谢。栾盈虽然得到了曲沃人民的拥护，但总体看来，栾氏还是非常孤立的。目前晋国最有实力的家族是韩、赵、魏、知、范、中行六家。其中赵家跟栾家因为下宫之役结怨，是仇家。等一下，下宫之役栾书做伪证灭掉的是赵同、赵括一支，这实际上不是帮了赵武这一支的忙吗？那不管，一笔写不出两个赵字，无论你灭了哪一支都是赵家的仇人。……原来是这样，那好吧。韩家一直是跟定赵家的，所以韩家也是栾氏的仇家。中行家因为栾黡当年违抗中行偃（荀偃）的军令，也是栾氏的仇家。知家的当家人还小，而且知家、中行都出自荀家，所以知家跟着中行家走，也成了栾氏的仇家。范家就更不必说，这次栾盈跑路就是拜范家所赐。

六家中只有魏家帮着栾家。这是因为当年栾黡当下军将的时候，魏绛是下军佐，两人关系还不错。后来栾黡去世，魏绛升为下军将，栾盈当下军佐，跟魏绛合作得很愉快。此外，栾盈跟魏绛的儿子魏舒关系很铁。魏家就这么成了栾家唯一的友军。

即便是这样，栾盈还是差点儿要了士匄的命。原因就是栾盈唯一的朋友魏舒身居要职，负责首都绛地的防务，这就足够了。栾盈在魏舒的安排下，把曲沃军开进了绛都。士匄当时正在家里休息，突然有人报告说栾盈带兵进城，士匄大吃一惊，一时竟不知所措。好在还是有明白人的，晋平公的宠臣乐王鲋正跟士匄在一起。此人素来机敏，一眼看出了问题的关键所在。他安慰士匄说："栾氏树敌很多，势单力孤，不足为惧，而您手握重权，一定可以成功平叛！"看到士匄平静下来，乐王鲋说出了他的方案，方案分为三个步骤。

首先，士匄应立即进宫找到晋平公，跟他一起转移到防守严密的固宫，这样栾氏的叛乱就从针对士匄的复仇变成了犯上作乱。

其次，士鞅要立即找到魏舒，不管用什么方法，一定要把他拉过来，最不济也要迫使他两不相帮。

最后，以国君的命令火速征调韩、赵、知、中行四家的军队护驾，配合范家军围攻曲沃军。

事情十万火急，成败的关键就在魏舒。各家护驾的军队不可能那么快集结，一旦栾魏联军攻下固宫，就全完了。士鞅心急火燎地去找魏舒，发现魏家军已经列队完毕，登上战车，准备去跟栾军会合了。千钧一发之际，士鞅快步向前，一边走一边高声道："栾氏叛乱，家父和几位大夫都在国君那里，特派鞅来接魏大夫入宫！"话音未落，士鞅一个箭步跨上魏舒的战车。魏舒还没反应过来，士鞅已经右手按剑，左手搭在了御者的肩膀上，下令驱车离开。御者转头看到一脸杀气的士鞅，战战兢兢地问去哪里。士鞅冷冷地说："速速进宫。"

风风火火地赶到宫前，士匄已经在阶前等候了。见到魏舒后，士匄一把拉住魏舒的双手，当场答应把曲沃送给他。曲沃是栾氏封地，士匄这纯属拿别人家的东西送礼。但无论如何，魏舒已经被控制住，魏家军群龙无首，原地解散。

到了这个地步，栾盈依然有很大胜算，因为他手里还有一张王牌，这张王牌就是大力士督戎。督戎是个恨天无把、恨地无环的勇士，武力值极高，有点儿类似纣王手下的恶来。不仅如此，他还全国闻名，是个实力兼偶像派选手。栾盈知道督戎的本事，此战委任他为先锋。当范家军知道此战他们要直面督戎的时候，都吓得肝儿颤。乐王鲋这时也没了办法，让他运筹帷幄可以，让他拿着刀枪跟督戎硬刚，这玩笑就开大了。

也许上天真的要灭亡栾氏，在这危急的关头，一个人站了出来，平静地说："我可以解决督戎。"士匄和乐王鲋都以为自己听错了，惊愕地看着这个人。这个人又朗声重复了一遍："我可以干掉督戎。"稍微顿了顿，又说："但是我有个条件，你们要烧了我的丹书，给我自由。"丹书是奴隶的卖身契，此人是范家的奴隶，名叫斐豹。当士匄确信自己没听错之后，兴奋得不能自已，当场表示："只要你能弄死督戎，不但废除你的奴籍，还要重重地赏你。"斐豹于是走出宫门，向督戎挑战。

督戎正在宫门口叫战，突然看到一个破衣烂衫的奴隶走出来，而且指名道姓要跟他单挑，不禁一怔，随即乐得前仰后合。斐豹却毫不在意，平静地说："有种跟我来。"说完一溜烟跑了。跟你来就跟你来，你就算埋伏了帮手我也不怕，督戎心道。斐豹一路狂奔，督戎紧追不舍。奔到一处矮墙，斐豹腾空而起，翻过矮墙，然后背靠墙根蹲下，等着督戎。等到督戎也翻过矮墙时，斐豹偷偷从他背后靠近，猛击督戎的后脑。督戎猝不及防，当即被打倒在地，断了气。

先锋督戎被杀，栾军的战力损了大半。栾盈知道，目前唯一的希望就是攻克固宫，擒住国君和士匄，再以国君的名义处死士匄。因此栾盈亲自督战，发动了猛烈的攻势，务期必克。栾军箭如雨下，范军有点儿顶不住了，开始后撤，栾军趁势登上了宫门。眼看固宫就要陷落，士匄把儿子士鞅叫了来，跟他说："如果箭射到国君的屋里，你就去死吧！"士鞅知道父亲从不开玩笑，也不会在这种场合开玩笑，真正决定生死存亡的时刻到了。于是他抽出铜剑，大声呼喝着带领亲信发动了反冲锋。看到领导都在玩命的范军大受鼓舞，也纷纷怒吼着反击敌人。栾军攻势受挫，也就无力再战了。

栾军没有攻下固宫，其他各家的兵马却在集结，有几家动作快的已经在赶往固宫的路上了。眼看着有被各家军队包饺子的危险，栾盈无奈地下令撤退，栾军就这样全部撤回了曲沃。士匄当然不会轻饶了栾盈，范家军会合各家军队顺势包围了曲沃。由于实力相差太过悬殊，曲沃很快被攻破，栾氏被灭族，栾家从此退出晋国历史舞台。至此，十大家族仅剩六家，半决赛开始了。

五百户酿成的灭族事件

栾家被灭两年后，知（荀）罃之孙知盈进入六卿之列。此后，六卿由六家各占一席，不再有外人进入，晋国开始了六卿联合执政的时代。六家势均力敌，谁也动不了谁，这让晋国的政坛很是太平了一段时间。具体来说，是半个世纪。这期间六家有斗争也有联合，但都没什么大事。到了前497年，出大事了。

这件把晋国六卿都牵涉进来的大事，起因是赵氏家族的内部矛盾。赵家自下宫之役后不是只剩赵武这一根独苗了吗，怎么还会有内部矛盾？是的，下宫之役把同是赵衰之子的赵括、赵同、赵婴齐这一支彻底灭掉了，从此赵盾这一支就成了赵衰唯一的传承。但是别忘了还有一位很有影响力的赵家人，那就是赵盾的堂弟，晋襄公的女婿，弑杀晋灵公的赵穿。赵穿的儿子赵旃参加过邲之战，曾任新下军佐和新军将。赵旃的儿子赵胜开始移居邯郸，并以邯郸为氏。赵胜的儿子赵午就是本次赵家内部矛盾的主角之一。而另一位主角，正是赵武的孙子，后来的晋国正卿赵鞅。

事情是这样的。前500年，赵鞅率领晋军包围了卫国，卫国非常害怕，就给赵鞅进贡了五百户人家。其时赵鞅正在营造自己的大本营晋阳，没处安放这五百户人家，便暂时寄存在邯郸，由赵午替他保管。到了前497年时，晋阳城竣工，赵鞅要拿这五百户人家去填充新城，就跟赵午说："把那五百户人家还给我吧。"赵午答应了。可回去跟父老兄长一商量，父老兄长们不答应了。他们认为，邯郸与卫国的关系全靠这五百户人家维系，如果迁到晋阳，邯郸与卫国的关系有恶化的风险。说实话，这个道理笔者是没看懂的。笔者觉得，邯郸想要留下这五百户，哪怕留下五百户的一部分，还是有理由的。那就是在赵鞅包围卫国的战斗中，赵午身先士卒，带了七十名步兵进攻卫国西门，冲阵斩将，颇有功劳。

如果跟赵鞅好好商量一下，赵鞅估计会看在同宗的分儿上，多少给邯郸留下几户人家。可邯郸氏偏偏用了一种很无赖的方式拒绝了赵鞅，那就是，邯郸氏侵扰了齐国，然后用防卫齐国的理由拒绝归还五百户人家。赵鞅不是傻子，一打听就知道是怎么回事，大怒不已。愤怒的赵鞅马上召赵午来晋阳，未经公开审判就杀掉了他。大祸因此酿成。

要知道赵午不是一个人在战斗，他的背后是整个邯郸赵氏。赵午又是中行寅的外甥，而中行寅则是范吉射的儿女亲家。因此邯郸氏、中行氏和范氏是一损俱损，一荣俱荣。赵鞅把赵午杀了还不解气，还以正卿的身份征调军队包围邯郸，非要夺回那五百户人家。中行氏和范氏当然不会听从赵鞅的调遣，他们对赵鞅滥用私刑非常不满，联手进攻赵氏的宫室。赵鞅想不到中行氏和范氏会反戈一击，毫无防备，只能逃往晋阳大本营。中行氏和范氏没打算收手，又带兵包围了晋阳。

晋国六卿中的三卿已经打起来了，剩下的三卿也不想闲着。韩家一直追随赵家，此时韩不信和中行寅很不对付，而魏曼多跟范吉射也有宿怨。至于知跞，倒是跟其他各家没什么恩怨，但是他不希望中行和范家把赵家灭了，从而坐大。另外，知跞也有自己的小算盘,他很宠信一个名叫梁婴父的大臣,想让梁婴父做卿。中行和范家这边并不是铁板一块,范家的范皋夷因为不受重用,投靠了魏曼多,成了范家的内鬼。有鉴于此,韩、魏、知三家开了个会,决定合力驱逐中行寅,由梁婴父替代其为卿;驱逐范吉射,由范皋夷替代其为卿。计议已定,知跞就去觐见晋定公。

知跞跟晋定公说:"按照晋国法律,先挑起祸乱的处死。现在赵鞅、中行寅和范吉射三人首先发动祸乱,只驱逐赵鞅是不公平的,请把中行寅和范吉射一并驱逐。"

晋定公说:"好的,那你去揍他们吧。"

知跞说:"不是我,而是我们,您也要一起去。"

晋定公:……

就这样,晋定公被知跞、韩不信和魏曼多挟持着进攻中行寅和范吉射。到此为止,晋国六卿全部卷入战争。这场战争把晋国的诸家势力分为两大阵营,一方是赵氏、魏氏、韩氏和知氏,另一方是邯郸氏、中行氏和范氏。其中赵氏和邯郸氏同出赵氏,知氏和中行氏同出荀氏,却分别归属不同阵营,真是件很有意思的事。

中行氏和范氏把晋阳四面围住打,本以为这回搞死赵鞅是十拿九稳了,谁想到知、韩、魏三家来横插一杠。知、韩、魏三家来打抱不平可以理解,这晋定公居然也跟着起哄。中行氏和范氏在盛怒之下做出了一个愚蠢得不能再愚蠢的决定:攻打晋定公。晋定公虽已没什么实权,可毕竟是名义上的国君。对于知、韩、魏三家,往死里整都属于同事间的矛盾,但是打了晋定公,那可是对抗领导，属于犯上作乱，性质就变了。这正是知跞要的结果。

晋国的老百姓一看中行寅和范吉射连国君都敢打，那还了得？纷纷支持知、韩、魏联军，报信的报信，送粮的送粮。中行家和范家的部队陷入了人民战争的汪洋大海，赵鞅见时机已到，立马打开城门向中行家和范家的军队发动反攻。在内外夹击之下，中行家、范家联军很快崩溃，中行寅和范吉射逃亡到朝歌。

晋阳之围解除了，赵鞅在韩不信和魏曼多的求情下官复原职，继续执掌晋国政坛。危机看似已经过去，其实远远没有。知跞当初决定救赵鞅，并不是因为他跟赵家有多深的交情，只是不想让中行氏和范氏壮大，同时也为了给宠臣梁婴父谋个卿位。现在中行寅和范吉射败逃，赵家反倒比之前更加强大了，这是知跞不愿意看到的事情。梁婴父揣测主公知跞的意思，知道他想削弱赵鞅，就献策道："赵鞅的核心智囊叫董安于。晋国法律规定，先挑起祸乱的处死。中行氏和范氏虽然发动了叛乱，但我们可以推说是董安于首先挑起的祸乱，借机除掉赵鞅的外脑。"知跞点头称是，随即派人向赵鞅追究董安于祸首的责任。董安于知道，这是知跞在发难，自己不死，赵鞅就得死，于是自缢身亡。

赵鞅非常悲痛，但还是把董安于暴尸街头，然后跟知跞报告说祸首已死，这才得以与知家结盟。事后，赵鞅把董安于陪祀在赵家祖庙中。董安于用生命换来的只是知家与赵家表面上的结盟。赵鞅是绝对不会放过中行家和范家的，但知、韩、魏三家却不想再拼命了，他们更乐于坐山观虎斗，看赵家和中行家、范家拼个你死我活。无论如何，赵鞅又可以用晋公室的名义讨伐不臣了。

对于赵鞅来说，这已经足够。本来他也没指望那三家能帮上什么忙，别在背后捅刀子就阿弥陀佛了。

前496年夏，赵鞅率军包围了朝歌，准备彻底解决中行寅和范吉射。奇怪的是，身陷重围的范吉射却一点儿也不慌乱，每天饮酒作乐，歌舞升平，仿佛被围的不是自己一样。范吉射如此淡定，不是因为他的心理素质好，而是因为朝歌是范家的大本营，经营多年，固若金汤。最关键的是，范吉射和中行寅并不孤单，这哥俩还有六个帮手，分别是齐、鲁、郑、卫、宋、狄。这六个国家早已不满晋国的霸道，这次见中行寅和范吉射窝里反，自然全力支持。这么看来，赵鞅是以一己之力单挑中行寅、范吉射和六国。难怪范吉射一点儿也不慌，该慌的应该是赵鞅才对。

赵鞅也不慌，他打定主意弄死中行寅和范吉射，管你有多少帮手，来一个灭一个，来俩灭一双。不慌归不慌，该来的还是会来。首先出手的是狄人。得知中行寅和范吉射被围后，范氏别支析成鲋联合了赤狄首领小王桃甲引狄兵攻打绛都，想逼赵鞅回师救援。赵鞅嗤之以鼻。之前说过，狄人跟晋人交手，胜绩为零，是块废柴。这一次，狄人果然不负废柴之名，被绛都守备的晋军一个反击打得溃不成军。析成鲋逃到了洛邑，小王桃甲则跑到朝歌，找范吉射哭诉去了。

该年冬天，外围的范氏部队翻越了太行山，准备再次进攻绛都。这回赵鞅不敢大意，亲自率师拦截。在潞地（今山西长治市潞城区东北四十里）遇到了刚刚翻过山的范家军。之前赵家军被范家军堵在晋阳城里好几个月，心里都憋着股火。现在仇人相见，分外眼红，废话不多说，直接开打。话说赵家军的战斗力还是比范家军高一个档次的，所以范家军毫无悬念地大败，向东南方向撤退，继续爬太行山。赵鞅哪能轻易放过这支范军，在其后紧追不舍。范军刚翻过太行山就遇到了前来增援的郑国军队，心下甚慰，就在百泉（今河南辉县西北七里）列阵，准备再跟赵军较量一番。郑国是个墙头草国家，军队能有多少战斗力可想而知。赵鞅见范军找了这种帮手，顿觉毫无压力。直接说战争结果吧，赵军"又败郑师及范氏之师于百泉"。

这一仗打完后，中行寅和范吉射消停了一段时间。他们龟缩在坚固的朝歌城中不出，赵鞅还真拿他们没办法。相持两年后，到了前494年，赵鞅改变了策略。赵家军除了少数继续包围朝歌外，主力部队北上攻打邯郸。邯郸的守将是赵午的儿子赵稷，跟龟缩在朝歌的中行寅和范吉射相比，赵稷的兵力十分单薄。赵鞅主力撤围朝歌，中行寅和范吉射反而慌了。因为邯郸与朝歌互为掎角之势，邯郸一失，朝歌就危险了。

中行和范家的帮手们也看到了这一点，为了让赵鞅放手邯郸，齐、卫联军出兵围了晋国的五鹿（今河北大名县）。赵鞅不为所动。秋天，齐、鲁、卫、鲜虞四国联军又攻占了棘蒲（今河北赵县）。五鹿位于邯郸东南，棘蒲位于邯郸正北，赵鞅感受到了被夹击的危险，这才从邯郸撤围而去。

朝歌虽然城坚池深，但毕竟粮草有限。从前496年起，朝歌已经被赵鞅围了三年多，粮草渐渐耗尽。眼见中行氏与范氏联军有被饿死的危险，齐国慷慨地捐赠了大批粮草，这批粮草由郑国大将子姚和子般派重兵护送。如果粮草进了朝歌城，攻取朝歌就不知道何年何月了，因此赵鞅亲率主力南下迎战运粮的郑军。

两军在铁丘（今河南濮阳市南）相遇。赵鞅登高望去，前面密密麻麻全是郑军。郑军战力虽渣，但架不住人多，赵鞅的部将看到郑军人多势众，不禁都有些胆怯。考验将帅能力的时候到了。赵鞅慷慨激昂地发表了战前演说，首先严词斥责了中行氏和范氏的倒行逆施，表明自己是替天行道；然后颁布了赏格，只要立功，要官给官，要田给田，绝不玩虚的。演说完毕，赵鞅身先士卒，杀入敌阵。赵军将士在主帅的感召和重赏的诱惑下，奋勇杀敌，人人争先。郑军人多，赵军人猛，两下杀得难解难分。其间赵鞅肩头中箭，趴在弓袋上吐了血，却依然坚持指挥（伏韬呕血，鼓音不衰）。打到黄昏，未分胜负，两家各自罢兵回营。到了晚上，赵军中的公孙龙率五百勇士夜袭郑军，缴获了主帅子姚的帅旗蜂旗。郑军这才彻底崩溃，齐国援助的千辆粮车全部落入了赵军之手。

朝歌快扛不下去了。前492年夏天，赵鞅发现周室大夫苌弘有给朝歌运粮的打算，于是起大兵讨伐周室。赵鞅这段时间把中行氏和范氏的帮手打了个遍，未尝败绩，早已威名赫赫。周王室也不敢得罪这个狠人，只好车裂了苌弘，算是给赵鞅一个交代。这样一来，天下就再也没人敢给朝歌输送粮草了。赵鞅看着时机已到，在当年十月向朝歌发起了总攻。中行寅和范吉射无力回天，只好突围而去。中行寅逃进了邯郸，范吉射则跑到了柏人（今河北隆尧县）。

朝歌都被攻破了，邯郸就更不在话下。赵鞅乘胜追击，前491年九月兵临邯郸城下。在赵军强大的军事压力下，邯郸军民果断放弃了赵稷，表示愿意归入晋阳赵氏。反正都是赵氏，跟着谁混不是混呢。中行寅惨了，只能继续跑路。中行寅和范吉射已经没有立锥之地了，齐国却还没打算放弃这哥俩。没有地盘，就给你俩打出一片地盘来。齐景公派出大将国夏，连夺晋国的邢（今河北邢台）、任（今河北任县）、栾（今河北赵县）、鄗（今河北高邑县）、逆畤（今河北保定市西南）、阴人（今山西灵石县）、盂（今山西盂县）、壶口（今山西壶关县）等邑，硬生生地打出了一片以柏人为中心的根据地。整个晋国太行山以东的地盘岌岌可危，中行氏和范氏有死灰复燃的迹象。齐国真是很够意思了，可惜他们遇到的对手是赵鞅。

大丈夫以寡敌众，也是等闲之事。赵鞅在最困难的时候，单挑中行、范、齐、鲁、郑、卫、宋、狄八方势力，现在这点儿状况对他来说简直就是毛毛雨。在整片失陷的土地中，柏人是关键，赵鞅十分清楚这一点。于是在休整了一冬之后，赵鞅在前490年春天大举反攻柏人。范氏家臣张柳朔拼死抵抗，却无能为力。不久之后，柏人陷落，中行寅、范吉射逃亡齐国。历经六年艰苦卓绝的斗争，赵鞅终于取得了最后的胜利。中行家和范家从此离开晋国舞台，晋国只剩知、赵、魏、韩四家，最终的决赛即将到来。

中原霸主的分崩离析

赵鞅在世的时候，以一敌八，打遍天下无敌手。赵鞅去世后，儿子赵无恤代立为卿，正卿之位却由知瑶继任。知瑶是知跞的孙子，知申的儿子。与知瑶同朝为卿的还有韩家的韩虎和魏家的魏驹。

知瑶身材高大，相貌堂堂，射箭驾车一把好手，各项技艺无一不精，能言善辩，刚毅果敢。就是这样一位文武全才，当年还有人反对他继承卿位。反对者名叫知果，是知氏家族的军师。知果反对知瑶做知家继承人并不是因为妒忌，而是他看出知瑶缺少一项基本的素质，那就是仁德。也就是说，知瑶有才无德。按照现在的话讲："德才兼备是正品，有德无才是次品，无德无才是废品，无德有才是危险品。"知果认为知瑶相当危险，一定会让知家灭族。可惜知瑶的父亲知申看不了那么远，他本着"是人才就要使用"的原则，坚持立知瑶为继承人。知果知道后，连忙跑到太史那里要求分族，改姓为辅氏，与知氏划清了界限。

不管知果说得对不对，新任正卿知瑶当前很是威风。晋国是当时首屈一指的强国，知瑶身为世界头号强国的掌门人，四卿的龙头大哥，可以说已经登上了人生巅峰。当然，这些都是老爹给的，没啥好炫耀。知瑶上位后，东征齐国，南讨郑国，北灭仇由，每次都是大胜而归。知瑶用自己的能力证明了自己绝对配得上晋国正卿这个位子。少年得志难免目中无人，骄横狂妄，这一点在知瑶身上表现得尤为明显。在他看来，老子天下第一，其他人都是笨蛋废物二百五,可以肆意羞辱。

在《东周列国志》中记载了这样一个故事,有一次知瑶在兰台设宴款待韩虎,正好有人进献了一幅卞庄刺虎图,知瑶就把图铺在案子上,与韩虎一同观看。卞庄子是鲁国大夫,颇有勇力。有一天两只老虎进村,扑杀了一只羊。卞庄子想把两只老虎干掉,手下人却跟他说:"两虎竞食,一定会大打出手。到时肯定有一只老虎死掉,一只老虎重伤,那时你再出手,可收全功。"卞庄子深以为然,就在一边等待时机。两只老虎果然因为争食撕咬了起来,一只老虎被咬死,另一只也奄奄一息。卞庄子大剌剌地出来,把那只垂死的老虎砸死,收了刺死双虎之功,名声大噪。

在进献给知瑶的这幅图中,不知是因为画匠无知还是为了突出卞庄子的勇敢,居然画了三只老虎。这引起了知瑶的兴趣。他突然想到客人韩虎名字中也带了一个虎字,就想开个玩笑。知瑶用嘲讽的口气跟韩虎说:"我翻遍史册,发现历史上有三个名字跟你一样的人。一个是齐国的高虎,一个是郑国的罕虎,再加上你韩虎,可以凑齐三只老虎了。"这话在今天听起来好像没什么,放在当时却是非常的无礼。我们知道古人是有名有字的,名一般用于自称或者长辈称呼晚辈,字才是称呼一个人的正确方式。如果随便称一个人的名,那跟骂人也没什么区别。

知瑶偏就随随便便地喊了韩虎的名,还把他比成了死老虎。这个无礼的行为让韩虎的谋士段规看不下去了,他大声斥责知瑶道:"不称呼一个人的名,是基本的礼数。知伯这样戏弄我家主人,也太过分了吧!"段规个子不高,站起来只到知瑶的胸口。知瑶一看竟有个矮子给韩虎打抱不平,又好气又好笑。就拍着段规的头说:"小孩子知道啥,在这儿多嘴。我看你就是那三只老虎吃剩下的肉渣子吧!"说完拍手大笑起来。段规不敢接话,只能看向主公韩虎。韩虎敢怒不敢言,只好假装醉酒,闭着眼说:"知伯说得对啊。"不久就告辞而去。这次宴会,知瑶算是把韩虎得罪了。

还有一次,知瑶率领大军进攻郑国,赵无恤正好在知瑶身边。在进攻郑都城门的时候,知瑶扭头对赵无恤说:"攻进去!"赵无恤好歹也是未来的赵氏宗主,哪能被知瑶像小兵一样使唤,就站着没动,只说了一句:"主人在这里。"知瑶见赵无恤居然敢无视自己的命令,怒道:"你小子又丑又没种,是怎么成为赵家太子的?"赵无恤平静地答道:"因为我能忍受羞辱,对赵家没什么害处。"就这样,知瑶把赵无恤也得罪了。

知瑶的势力越来越大,就动起了统一晋国,取代晋公室的念头。要统一晋国,首先要削平赵、魏、韩三家。谋士缔疵给知瑶出了个主意,让知瑶以国家的名义向赵、魏、韩三家征地,谁不给就揍谁。谁都知道知瑶这是假公济私,征去的土地肯定是归知家所有了。韩虎可以受辱,但是祖宗留下的土地不想轻易送人。这回还是谋士段规劝道,知瑶不止向我们一家索要土地,咱们不妨满足他,一定有人不肯交出土地,到时候我们就可以看热闹了。轮到魏驹的时候,谋士任章也是这么劝他。这样一来,韩家和魏家乖乖地交出了土地。知瑶得了韩家和魏家的土地,十分得意,便向赵无恤索要蔡、皋狼之地。赵无恤的老爹赵鞅当年可是单挑王,天不怕地不怕,赵无恤也不是孬种,当即拒绝了知瑶的无理要求。知瑶大怒，立即下令攻打赵家，并命令韩、魏两家出兵协助。

韩虎和魏驹不敢违令，各起本部兵马跟随知瑶。三家联手，赵无恤再有种也抵挡不住，只好退守赵家的大本营晋阳。知、韩、魏三家兵马紧随其后，把晋阳围了个水泄不通。赵家在晋阳经营多年，前497年，赵鞅正是凭借晋阳坚固的城防才抵挡住了中行家和范家的进攻，逃过一劫。现在，晋阳又要让知瑶吃苦头了。知瑶带领三家联军日夜攻城，可是收效甚微，晋阳城依然坚挺。虽说只要坚持围困下去，赵无恤就算不被打死也会被饿死，但毕竟夜长梦多，知瑶还是希望尽快解决晋阳问题。

这一日，知瑶在晋阳城外闲逛，来到一座山下。只见山下泉水万道，汇流成河，滚滚东去。知瑶找到一名当地人问："这山这水叫什么名字？"当地人说："这山腰上有一块巨石，形似大瓮，所以叫悬瓮山。"而这水嘛，便是大名鼎鼎的晋水了。知瑶登上悬瓮山望去，发现晋水离晋阳城并不远，最近的地方只有十里左右。知瑶沉吟片刻，突然醒悟，就有了破城的主意。

回到大营后，知瑶把韩虎和魏驹召来议事。看着一脸茫然的韩虎和魏驹，知瑶说出了自己的计划：在悬瓮山山腰处挖一个大水渠，然后把晋水的上游拦住，晋水被阻一定会倒灌水渠。最近又是雨季，水渠一定不久就会蓄满水。到时候再开闸放水，晋阳城一定变成大池塘。韩虎和魏驹听完连称妙计。

说干就干。知瑶组织三家军士挖渠的挖渠，建坝的建坝。没几天，大水渠建成了。过了一个月，春雨大降，水渠很快便蓄满了水。知瑶亲临现场视察，觉得非常满意，然后下令开闸泄洪。

水流如万马奔腾般咆哮着朝晋阳城奔去，晋阳城虽然修建得极为坚固，却也架不住水势猛涨，渐渐灌入城中。晋阳城中的房屋不是倒塌，就是被淹没。老百姓只好在树上筑巢而居，把锅吊起来做饭（构巢而居，悬釜而炊）。赵无恤乘着竹筏在城中巡查，看到大伙儿都在问候知瑶祖宗，没有半点儿投降的意思，心中很是宽慰；但眼见城外水势汹涌，还在不断上涨，还有四五尺就没过城头了，心中也是暗暗惊恐。

赵无恤这边天天泡在池塘里，吃不好，睡不着。知瑶那边却把军营扎在了悬瓮山下地势高的地方，天天吃得饱，睡得香。这天知瑶来了兴致，想看看晋阳城如何了，就邀韩虎和魏驹爬山。三位宗主爬到悬瓮山顶，朝晋阳方向一看，但见洪水滔滔，晋阳城如汪洋中的一片树叶。城中一片泽国，房屋宫室全部被淹，百姓只能撑着船往来。知瑶知道晋阳撑不了多久了，扬扬得意地跟韩虎和魏驹说："我今日才知道原来水也可以亡人之国啊！"说完哈哈大笑。韩虎和魏驹却没有笑，原来魏驹的大本营安邑边上就是汾水，韩虎的大本营平阳边上就是绛水。既然晋水可以灌晋阳，那汾水和绛水也可以灌安邑和平阳。这意味着只要知瑶想收拾他们俩，方法是现成的。魏驹偷偷地用肘撑了韩虎一下，韩虎则踩了魏驹一脚，两人对视一眼，心照不宣地面露惧色。

赵无恤一刻也等不下去了，他知道大水只要一漫过城墙，就全完了，于是急火火地召谋士张孟谈商议对策。张孟谈却不慌不忙地告诉赵无恤，事情是有转机的。赵无恤一听来了精神，忙问计将安出。张孟谈说："韩虎和魏驹只是被胁迫来攻打我们的，与知瑶并不一条心。现在晋阳将破，他俩难免兔死狐悲，物伤其类，只要劝他俩反水，知瑶不难对付，我们也可以逃过一劫。"赵无恤想了想，突然对张孟谈一揖到底，口称全靠先生了。

张孟谈扶起赵无恤，回去找了一身知家军士的衣服穿上，连夜缒城而出。鉴于韩虎之前被知瑶当众羞辱，众人皆知，张孟谈首个游说的目标就锁定在他身上。见到韩虎后，张孟谈没有过多地客套，直接提出让他反水。理由有两个：第一是知瑶骄横跋扈，曾经辱你，这个仇要报；第二是知瑶贪得无厌，这次你给了他土地，下次他还会要，直到把你们榨干。好处只有一个，那就是灭了知家，赵、魏、韩三家平分其地。

韩虎动心了。自那天从悬瓮山回来，他就没睡好过，一直在苦苦思索应对知瑶水攻的策略。现在张孟谈找上门来，真是雪中送炭。只要解决了知瑶，自己之前烦恼的那些问题就全都不复存在了。想到这儿，韩虎立即派人带着张孟谈去找魏驹。魏驹也很痛快地答应了。魏驹的如意算盘是这样的，跟着知瑶混，再好不过是灭了赵家，平分赵家的土地。但是以知瑶的性格，多半会把赵家的土地独吞。因为如果不是这样，知瑶当初也没必要管韩、魏两家索要土地。而反水联合赵、韩灭了知家，那么自己铁定能够跟赵、韩两家平分知家的土地。知家的土地可比赵家大多了，自己何乐而不为呢。

韩虎和魏驹都已搞定，三家就坐在一起商量计划。计划很简单，由韩、魏两家军士杀掉知家守堤军士，在大水渠西边开个口，让大水漫灌知家军营。然后派人通知赵军，三家联手，杀知家军一个片甲不留。

这天夜里,正在做着攻克晋阳美梦的知瑶突然被哗哗的水声和喧闹声吵醒。他惊愕地发现,自己的军帐中灌满了水,自己的床行将被淹没。蹚水走出大帐一看,整个营地已经成了一片汪洋,水位还在疯涨。难道是水渠溃堤,误灌了自家军营?正在疑惑间,营外传来喊杀声,无数的军士撑着竹筏杀来。当知瑶看清竹筏上的旗号时,他什么都明白了,可惜为时已晚。

这一仗知瑶被当场砍死,知家军全军覆没。赵、魏、韩三家灭了知氏满门,平分了知家的土地。之前那位睿智的知果,因为早料到了今天,提前脱离知家,得以幸免于难。赵无恤实在是太恨知瑶,所以把知瑶的头骨做成了酒器。知家从此消失在晋国的舞台上,赵、魏、韩三家成了最后的赢家。这次事件之后,晋公室彻底成了三家的傀儡,只能控制绛都和曲沃两座城邑。到了前403年,周威烈王正式册封赵、魏、韩三家为诸侯,史称三家分晋。又过了二十七年,赵、魏、韩三家把晋公室最后的土地也瓜分了,晋静侯被废为庶人,晋国彻底消失在了历史的长河中。

本章参考书目:《左传》《史记》《列女传》《东周列国志》《世本》《国语》《韩诗外传》《说苑》,李孟存、李尚师:《晋国史》

楚国史话：六位楚王与一位将军的故事

在先秦时期的众多诸侯中，楚国是比较有个性的一个。楚国在周成王时期就已经立国，爵位却不高，只是子爵。楚国吞并了四十多个国家，是春秋战国灭国最多的诸侯，却最终没能统一全国。楚国出了很多人才，但大部分投奔了敌对国家，留下了"虽楚有才，晋实用之"的遗憾。楚国一向被中原诸侯视为蛮夷，他的文化却被礼仪之邦的鲁国国君鲁昭公所推崇。

与中原诸侯比，楚国处处透着与众不同。中原崇拜龙，楚国崇拜凤；中原以右为尊，楚国以左为贵；中原墓葬头朝北脚朝南，楚国墓葬头朝东脚朝西；中原尊崇周天子，楚国却不把周天子放在眼里。

在秦统一六国的过程中，楚国是最大的阻力。楚国被灭后，大家觉得他最无辜。秦朝末年，各路反秦人马正是喊着"楚虽三户，亡秦必楚"的口号，在楚国的大旗下推翻了秦朝的统治。

本部分笔者就跟大家分享楚国八百年历史中六位比较有代表性的楚王和一位楚国将军的故事，希望能够粗略地勾勒出楚国历史的轮廓。

火神祝融的光荣后裔

在介绍那六位楚王之前，需要先介绍一下楚人的祖先。楚人的祖先是黄帝的孙子高阳，也就是上古五帝之一的帝颛顼。高阳的曾孙重黎，在帝喾手下担任火正之职。帝喾也是上古五帝之一，而火正就是司火之官，是一个地位很尊崇的职位。在远古时代，火是生活必需品。烤熟食物要用火，夜晚照明要用火，驱赶野兽要用火，开荒种地还要用火。没有火，整个族群的生存都是问题。因此，掌握生火的秘密，能够保持火种不灭的火正，是一个族群中的重要人物。由于重黎工作表现突出，能光融天下，被帝喾授予"祝融"的荣誉称号，这位祝融正是被楚人祭祀的第一位祖先。后来祝融被神化为火神，人们也称楚人为火神的后裔。

保存火种只是祝融的职责之一，身为祝融，还要懂得观测天象来确定春分的日期，以指导春耕（学名观象授时）。此外，祝融还要在战争爆发时领兵出征。可以说，祝融是一个技术含量很高的职位。很不幸的是，第一代祝融重黎同志因为带兵征讨叛乱的共工氏不利，被顶头上司帝喾处死。重黎死后，弟弟吴回又被帝喾任命为祝融，继承兄长遗志。

吴回的儿子陆终生了六个儿子，其中老六季连姓芈，是芈姓楚人的直系祖先。据说季连的后代穴熊娶妻妣烈，妣烈生子的时候难产而死，巫医用楚（就是一种荆条）把她的遗体包裹起来，这便是楚人族名的由来。其后这支芈姓楚人便消失在历史中，直到商朝末年，他们才重新出现。那个时候，纣王无道，来自岐山脚下的周人快速崛起。芈姓部族的首领鬻熊审时度势，果断离开荒淫无道的纣王，投奔励精图治的周文王。归附周室的鬻熊认周文王为父，依然担任火师的职务，与散宜生、闳夭、太颠等名臣同朝为官。鬻熊的部族则聚居在丹阳，丹阳在今河南省淅川县丹江与淅水（现称老灌河）会流处的丹水之阳（北岸）。这是一个好地方，不仅土地肥沃，气候宜人，而且景色秀美。丹阳西南毗邻武当山，东南方向丹江和淅水汇合后流入汉水，今天的风景名胜丹江口水库正在此处。

从丹阳出发，沿丹江逆流而上40多公里，可达武关。经过武关继续沿丹江上行，便可以到达骊山南麓的蓝田，这条路线被称为商洛道，后世的汉高祖刘邦入关中走的正是这条线路。从武关到蓝田为178公里，而骊山到周都镐京（今西安市长安区）有多远，去过西安的人都知道，不必多说。可以说丹阳的地理位置非常适中，离周都不算太远，利于从周人那里获得支持；又不算太近，使得周人不能过多束缚和干预楚人的发展。于是楚人在鬻熊的带领下，在丹阳壮大起来。

◇ 始封丹阳

鬻熊带领族人重建了家园，自己却不幸英年早逝。鬻熊逝世不久就爆发了牧野之战，周武王带领的联军大胜商纣王的部队，商纣王自杀，周朝正式建立。鬻熊的继任者熊丽似乎并没有贯彻父亲亲附周室的政策，与周室产生了一些隔阂，直接体现就是楚人并未参与牧野之战。《史记·周本纪》提到牧野之战中的周联军有庸、卢、彭、濮、蜀、羌、微、髳等部族的部队，其中庸、卢和濮都是楚人的邻居。楚人则在此战中袖手旁观，做了一回看客。

周武王建国，大封诸侯，其中自然没有楚人。以周为核心的新秩序建立，使熊丽感到恐慌。在当前的形势下，丹阳的地理位置略显尴尬。上文已经提到，从丹阳出发朝觐周室，交通很方便。也就意味着，周室要想找楚人的麻烦，同样也很方便。还有，丹阳处于周人南下江汉平原的必经之路，周人如若南下，则楚人首当其冲。为了躲避周人的锋芒，熊丽举族南迁，到睢山定居。睢山即今天的主山，在湖北省南漳县西北和谷城县的交界处。睢山主峰雄伟，山间盆地众多，既利于发展生产，又利于抵御入侵，是个良好的避难之所。熊丽在迁居睢山后不长时间便去世了，继任熊狂不久也离世，酋长之位传至孙子熊绎。

此时周武王也辞世，由儿子周成王继承王位。成王年幼，周武王的弟弟周公旦为辅政大臣。周王室这时候是顾不上楚人的，因为王朝的中原地区发生了叛乱。这是怎么回事呢？原来周武王在牧野击败纣王以后，商王朝的影响力还是很大，武王为了稳定中原地区，采取以商治商的原则，将纣王的儿子武庚分封于殷商故地。再派自己的弟弟管叔、蔡叔和霍叔在武庚附近建立了三个国家，监视武庚，史称三监。武王死后，周公摄政，引起了管叔、蔡叔的猜忌。两位王叔联合武庚发动叛乱，一时间整个周王朝的东部陷入一片混乱。周公旦与姜太公联手，花了三年时间才将这场叛乱平息下去。此后周室一直致力于营建东都洛邑，收拾中原的旧山河。

这段时间里，熊绎一直在励精图治。自祖父熊丽将部族迁至睢山之后，熊绎又将地盘向南拓展至了荆山，荆山在今河南南漳县西部。熊绎在睢山与荆山之间苦心经营，并把这片土地也命名为丹阳。此丹阳当然不能跟丹淅交汇那片丰美肥沃的老丹阳相比，熊绎将自己居住的这片土地命名为丹阳，大概是在怀念自己的祖居之地，提醒自己不要忘本吧。相信此时在山间辛勤劳作的熊绎一定深刻反思了曾祖父鬻熊和祖父熊丽的施政，并得出了一个结论，那就是：为了返回祖居之地，甚至获得更大的发展空间，必须与周室搞好关系，必须获得周室的册封。于是熊绎在带领族人生产的同时，还频繁地赴镐京朝贡。朝贡的东西有两样，都是丹阳当地的土特产。一样是桃弧棘矢，另一样是苞茅。

桃弧棘矢就是桃木做的弓和棘枝做的箭。这种弓箭不是儿童玩具，而是法器。古人认为桃木有神性，拿来作法器最合适不过。大家在影视作品中经常会看到道士拿桃木剑做法驱邪，正是这个原因。而棘枝因为刺多，用来象征箭。苞茅并不是一般的茅草，而是有三条脊的茅草，被称为"灵茅"。这种茅草被用来过滤酒祭神。这两样看似微不足道的东西，却都与祭祀有关。《左传》有云："国之大事，在祀与戎。"祭祀在当时是头等重要的大事，因此这些贡物正是周室的必需品。值得一提的是，楚人的先祖祝融除了掌管火之外，还负责祭天，是族群中大巫一类的人物，所以由楚人进贡这些法器，也十分合适。身为祝融后裔的熊绎很可能使用这些法器为周室主持过祭祀。在熊绎的努力下，楚与周的关系得到了很大改善，楚人也逐渐得到了周室的信任。

皇天不负有心人，熊绎很快得到了一个机会：周室的二号人物，周公旦造访楚地。周公旦此次来访的目的不是视察民情、指导工作，而是受到了迫害。位高权重的周公旦也会被人迫害吗？是的，正是因为周公位高权重，遭到了一帮大臣的忌恨。成王长大后，这帮大臣就在成王耳边吹风，说周公早想谋反了，让成王早做准备。成王听后震怒，周公旦为了避祸，逃到了楚地。周公选择楚地作为避难所，显然是有考虑的。

首先熊绎忠实可靠，每次他去镐京朝贡，周公都会仔细观察这个山里来的小伙子。经过长期的考察，周公认为熊绎是一个厚道人，至少不会把自己捆了送回镐京。其次虽然楚人从丹阳故地南迁至荆山，离镐京依然不算太远，周公知道，自己早晚会回去的。周公的判断完全正确。不久之后，成王在周公的府上发现了一份文件，这份刻在龟甲上的文件记述了一件往事：成王小时候生重病，周公向河神祈祷，说成王还小，自己愿意替成王承担灾祸，愿成王早日康复。成王看了以后感动得泪流满面，当即诛杀了进谗言之人，派人把周公迎回镐京。

在这段逃难的日子里，周公受到了熊绎热情的款待，加深了对熊绎的好感。周公走了，熊绎安心了，他相信自己一定能够得到想要的东西。回到朝堂后的周公旦重新获得了信任，他根据当时的形势，建议成王加封一批文王、武王时期有功人员的后代，以稳固周朝的统治。成王采纳了这个建议，并全权委托周公旦操办此事。周公很快拿出了这份加封名单。在这份名单中，熊绎赫然在列。他因为曾祖父鬻熊服侍文王有功，被封为子爵。

这里有必要再说一下周朝的分封制度。在周朝之前，中华大地遍布着大大小小的部落，其中某个部落很强大，占据了中原地区。其他部落慑于这个部落强大的武力，向其纳贡，接受其保护，并与之结为同盟。中原部落虽然强大，却无法有效地控制周边部落，只能靠征伐来维护自己盟主的地位。也就是说，一旦周边某个部落强大到能以武力对抗中原部落了，中原部落便会被取而代之。夏商两朝都是这样的情形。等到周武王灭商以后，建立了一套制度。天下所有的土地由周王室来分封。周室将分封等级划为五级，对应着五等爵位：公爵、侯爵、伯爵、子爵、男爵。每个爵位对应一定大小的封地和军队人数，比如，公、侯封地不过百里，伯爵七十里，子、男五十里。军队的规模是天子有六军，诸侯三军。这样就保证了王室在法理上是天下的共主，并对诸侯有绝对的优势。用一句话总结，夏、商两朝的中央与地方是盟主与盟员的关系，而周朝是君主与臣子的关系。

熊绎此次得到了周室的封爵，意味着楚人从此获得周室的编制，正式成为周的臣子。楚人获得了封爵中的第四等，很多人包括楚国的后人都觉得这个爵位太低。到底是高是低，那得看跟谁比，来看一下封爵名单。

爵位中的第一等公爵，蓟国是黄帝后裔，焦国是炎帝后裔，祝国是唐尧后裔，陈国是虞舜后裔，杞国是夏禹后裔，宋国是商汤后裔。此外东虢国是周武王的叔叔虢仲，西虢国是周武王的叔叔虢叔。可以看出公爵国都是上古贤帝的后代或者是当朝辈分很高的卿士，楚人明显拿不到公爵。

爵位中的第二等侯爵，有齐国姜太公的儿子，鲁国周公旦的儿子，晋国周成王的弟弟，蔡国周武王的弟弟，卫国周武王的弟弟，管国周武王的弟弟……不难发现侯爵国不是武王、成王的兄弟就是开国大佬的后代，楚人跟侯爵也不沾边。

爵位中的第三等伯爵，燕国召公奭是西周宗室，曹国周武王的弟弟，霍国周武王的弟弟……伯爵虽然不如侯爵功劳那么大，但也多是王室的亲族，楚人放在这一档也不合适。

综上所述。楚国只能是子爵国。如果还觉得不满足的话，可以看一下吴国。吴国也是子爵，但人家是周文王的伯父太伯的后裔，周武王的爷爷辈，够可以了吧。如果还不平衡的话，可以看看后来一统天下的秦人的祖先，这时候还只是个大夫，在给周王室养马，什么爵位都没有。

不论如何，熊绎现在是周成王封的子爵了，我们需要改口称他一声楚子。周成王这边，经过成王和周公的多年经营，东部中原地区已经基本平定。周公精心修建了东都洛邑，并在此布置了一支重兵以应对中原可能发生的叛乱，这支重兵被称为成周八师。一切搞定之后，周成王需要组织一次盟会。盟会的地点在岐阳，是周这个部族兴起的地方。议题有三项：第一是祭天，感谢老天爷保佑，周室四海承平，国运昌隆。第二是盟誓，诸侯们对天起誓，一定会拥护周王室的领导。谁要是不服，大家一起扁他。第三是联谊，诸侯们借此机会相互认识一下，吃吃饭，聊聊天，联络联络感情。从今以后大家就是兄弟了，要互相帮助，共同抵御亡我之心不死的野蛮人。

这是继周武王孟津会盟之后的又一次盛大盟会。所有在武王时期分封的老诸侯和成王时期分封的新诸侯都接到了邀请，楚子熊绎自然也在受邀约之列。在这次盛会上，熊绎被分配了一项重要的任务，主持祭祀。具体来说包括三项内容：第一是置茅，也就是把茅草扎成束立起来，把酒倒上去过滤，用来祭神。第二是守燎，即把燎火点燃祭天，并且要看守燎火，让其保持不灭。第三是设望表，就是设立祭祀山川用的木制标志。许多人因为熊绎在大会上负责置茅、守燎、设望表，觉得他身份低微，只能干一些杂活，甚至认为这是对楚人的一种侮辱。笔者觉得未必，前文已经说过，祭祀是重大事件，主持祭祀的人即使地位不那么尊崇，但也一定不会低微。楚人世代担任带有大巫性质的火正，主持祭祀正是他们的老本行。楚人如果身份卑微，反倒没有资格做这些事。正如今日点燃奥运圣火的人，一定不会是一个寂寂无名之辈。

熊绎一生忠心侍奉周室，带领楚人经营着荆山至睢山之间这片不算肥沃的土地，他获得了周室的封爵，开启了楚作为一个诸侯国的历史，这段历史自此绵延八百年。楚国后人每当评价熊绎这位开国君主的时候，都会动情地说："昔我先王熊绎辟在荆山，筚路蓝缕以处草莽，跋涉山林以事天子，唯是桃弧棘矢以共御王事。"这句话是熊绎的真实写照。熊绎比较长寿，一直到周康王时才辞世，如果他知道自己的后世子孙能够将这块山间之地扩张成战国地域第一辽阔的大国，也可以含笑九泉了。

◇ 熊渠拓地

熊绎受封时的楚国只有方圆五十里的土地，这是子爵的规格。周成王将其封在荆山与睢山之间的丹阳，是把楚人现居住地封给了熊绎，基本属于顺水人情。刚立国的楚国地盘不大，周围有很多邻居。

楚国东南约四十公里处是罗国，在湖北南漳县和宜城市之间，蛮河中游南岸。罗国的国君姓熊，与楚人同种同源，都是祝融的后代。楚国的正南约一百五十公里处是权国，在湖北当阳市东南。权国的国君姓子，是商王族的后代，商代中期以后从中原南迁至此。楚国的西北一百余公里处是谷国，其故址就在湖北谷城县。谷国族姓不详，定都于汉水以南，南河以北。谷国的正西三百余公里处是庸国，其故址在汉水支流堵河上游，竹山东南。庸国是濮人建立的国家。庸国的西北，有一个巴国，公族为姬姓，国人为巴人，其故址在陕南汉水上游的东段。楚国的东北不足四十公里处是卢国，在湖北南漳县境内，蛮河中游北部。卢国的国君姓妫，是舜帝的后代。卢国的国人多为戎人。卢国的东北，有一个邓国，国君姓曼，其国境跨汉水两岸，定都于襄樊市北郊。楚国和他的这些邻居共同构成了周王朝的南部边境线，周人有云：巴、濮、楚、邓，吾南土也，其中的濮指的便是濮人建立的以庸国为代表的一系列国家。

楚国此时的生存空间实在是有限，那居住条件又如何呢？楚地处在鄂西山地和鄂中丘陵交界的边缘地带。东边是江汉平原，东北是南阳盆地，西边是平均海拔八百余米的山地。从地形而论，

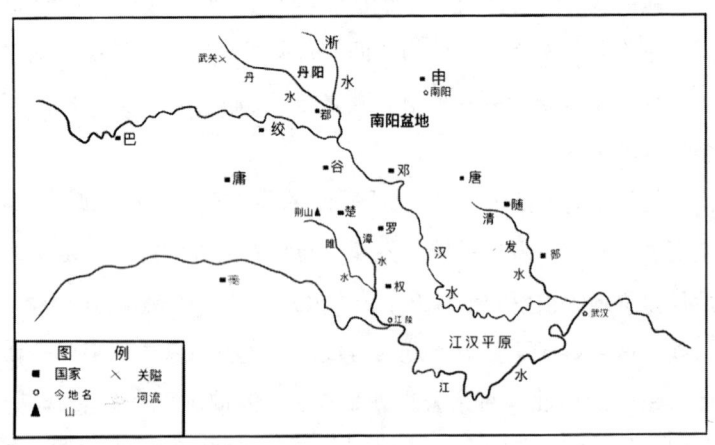

楚国立国之初形势图（涂安琪 绘）

这里进可攻退可守。从物产来说，荆山有产量很少的铜矿和盐矿。楚地平均海拔二百余米，还算适宜耕种。这种条件下楚人想要过过小日子是绰绰有余的。然而楚人又怎会满足于这种生活？他们血管里流的是祝融的血液，注定是不会甘于默默无闻的。

初代楚子熊绎三传至曾孙熊胜，熊胜传位给了弟弟熊杨，熊杨传给儿子熊渠，熊渠是个大力士兼神箭手。史料记载熊渠有一次外出打猎，回来时天色已晚。朦胧中看到草丛里蹲着一只大白虎，熊渠弯弓搭箭，一箭射去，正中老虎面门。老虎哼都没哼一声就毙命了。熊渠大喜，准备上前收获猎物。走近一看，才发现哪里有什么白虎，是一块大白石而已。至于他射出的那一箭，已经深入石头，直没至羽。后世有诗赞曰：

林暗草惊风，
将军夜引弓。
平明寻白羽，
没在石棱中。

有点儿历史知识的读者会说，骗人！这是唐代诗人卢纶的《塞下曲》，描写的是西汉时的飞将军李广。没错，把箭射进石头，直没至羽这种事，历史上总共有三位猛人干过。最早的正是这位楚子熊渠，第二位是楚庄王和楚共王时期的神射手养由基，第三位才是大家所熟知的飞将军李广。关于熊渠的这个英勇事迹，《新序》中是这样记载的：

昔者楚熊渠子夜行，见寝石，以为伏虎，关弓射之，灭矢饮羽。下视，知石也。

灭矢饮羽的熊渠，正经不是位莽夫。他上位以后特别注意睦邻友好，与自己东面（注意这个方位，后文还会提到）的邻居卢国、罗国和权国等国相处融洽，时不时送点儿礼物，增进友谊。但熊渠绝不是好好先生式的守成之君，他的野心一直像烈火一样燃烧，经历了五代君主的经营，楚人砺剑荆山。到熊渠即位的时候，周王室的第九代掌门人周夷王已经控制不住下面的诸侯了，诸侯间因为利益开始互相征伐，天下秩序一片混乱。熊渠知道，机会难得，是到该出手的时候了。那就出手吧！及锋而试，看老夫手段如何！

第一个尝试熊渠剑锋的是庸国。庸国第一个挨刀，并不是因为他在楚国的邻居里最弱。恰恰相反，庸国是楚国所有邻居乃至整个西南地区最强的国家！介绍一下楚国这位强悍的对手。庸国是个古老的国家，据说出自帝颛顼，早在殷商时代就已立国。在武王伐纣的蛮族联军中，庸国排行第一，号称"牧誓八国"之首。因为伐纣有功，被封为伯爵。庸国爵位比楚国高，资格比楚国老，最重要的是，地盘也比楚国大。庸为百濮部落之长，都于上庸（今湖北竹山县西南）。据考证其领地包括湖北西北部、陕西东南部和重庆的十九个县区的大部或全部。庸国强大至此，熊渠却第一个拿他开刀，让人不由得想起了《亮剑》里李云龙的那句台词："什么他娘的精锐，我就不信这个邪！老子打的就是精锐！"

熊渠率领的楚国健儿采取突袭的方式，跋山涉水，突然出现在了庸人的面前。庸人万万想不到与自己隔着崇山峻岭，又比自己弱小的楚人会来攻击自己，当衣衫褴褛、风尘仆仆却如凶神恶煞般的楚军出现在自己面前时，许多强悍的庸人还没明白是怎么回事就做了楚人刀下之鬼。遭到突袭的庸人立刻据城坚守，熊渠并没有逞匹夫之勇，他看着庸人建在山顶、四面险峻的都城，下达了撤军的命令。当然，能拿走的东西是统统不会留下的。

打完了庸国，熊渠带兵冲出荆山，直下江汉平原。江汉平原西起湖北枝江，东迄武汉，北抵湖北钟祥，南达洞庭。这片平原夹于汉水与长江之间，汉水和长江在这一段呈西北—东南走向。

江汉平原土地丰腴，气候湿润，是一块膏腴之地。在这片平原上居住着许多被称为杨越的蛮族部族，杨越蛮族各自为政，星罗棋布于整个长江中游。杨越与楚国往日无冤近日无仇，熊渠讨伐杨越的理由是：他们的聚居地都是铜矿密集的地区。这真是匹夫无罪，怀璧其罪啊。一盘散沙的杨越部族显然不是训练有素的楚师的对手，很快被打败，四散奔逃。熊渠打穿了整个江汉平原，又东渡长江，直抵鄂国。

鄂国立国于商代，定都于鄂州，可是一个大有来头的国家。纣王时期，鄂侯与西伯侯、九侯并列三公，是一人之下，万人之上的高官。封神演义里的南伯侯鄂崇禹正是以鄂侯为原型塑造的。鄂州到大冶铜绿山，直线距离只有三十二公里。这块南方最大的铜矿是鄂国的核心资源。作为老牌诸侯国的鄂国有着不俗的实力，更为要命的是，手握重宝的鄂国与周王室关系紧密：祖上一殿为臣这层关系就不说了，当初周王将鄂侯封在此地的时候，为了让鄂侯安心镇守南方、监视淮夷，还娶了鄂侯的女儿姞氏为妃，两家是姻亲。熊渠可以无视鄂国，但绝对不能无视鄂国背后的这只老虎，即使他已经生病了。权衡再三，熊渠下令撤军。我一定还会回来的！熊渠心中这样想。

看完熊渠的这一系列操作之后，我们好像突然明白了熊渠为什么首先要拿庸国开刀。颇有战略眼光的熊渠其实目光一直盯着远在大冶的铜绿山和密布于长江中游的铜矿资源。庸国僻处山间，那点儿东西根本不入熊渠的法眼。那熊渠为何还要打庸国呢？这是因为庸国在楚国的西北方，地势比楚国高，居高临下的庸国一直在楚国背后俯视着他。熊渠此次劳师袭远，是决不允许一个地势比他高、国力比他强的庸国在背后捣乱的。熊渠突袭庸国就是告诉他，不要在我背后搞事情！同时也正告所有的邻居，连西南第一强国庸国我都打了，你们最好也老实点儿！此外，熊渠结好东面卢、罗、权诸国的原因也就此明了。熊渠东出荆山，南下江汉，这些国家都在自己的行军线路上，如果跟他们搞不好关系，自己出去和回来都成问题。

再来仔细分析一下熊渠的这一套动作：结好权罗，教训庸国，劫掠杨越，打垮鄂国。表面上看，好像就是熊渠为了抢夺铜矿资源所进行的一系列战术动作。其实，这里面隐藏着楚国日后发展的一个长期战略。

纵观中国历史，任何一个国家想要发展壮大，都离不开一块稳定而富庶的根据地，这块根据地往往是一片利于防守而又广阔肥沃的平原。最典型的是后来的秦国，早期是以关中平原为根据地，八百里秦川为秦国提供了充足的资源；后期又吞并了天府之国、沃野千里的成都平原，这才成就一统天下的大业。关中平原和成都平原都是典型的易守难攻之地。关中平原号称"四塞之地"，东有函谷关、西有散关、南有武关、北有萧关，只要守住这四处险要关塞，关中平原可谓固若金汤。成都平原更不必说，唐代大诗人李白有"蜀道之难，难于上青天"的诗句。别说打进去了，就是走出来都费劲。自古这里便是一片独立王国，故有"天下未乱蜀先乱，天下未安蜀先安"的说法。

江汉平原的地理位置虽然不如关中平原和成都平原那样固若

金汤，但也可算是安如磐石。这片平原夹在汉水和长江之间，西依鄂西山地，东瞰江淮平原。两百多年后，楚人曾经骄傲地向兵临城下的霸主齐桓公宣称："君若以力，楚国方城以为城，汉水以为池，虽众，无所用之！"这条汉水，就是江汉平原天然的护城河。熊渠劫掠的正是这片平原。僻处荆山的熊渠早已看到江汉平原对楚国发展的重要，此次出兵江汉只是个前奏。后世楚君将会沿着熊渠进军的路线，把整个江汉平原收入囊中，作为楚国的稳定后方和坚固基地。"夺取江汉"是楚国之后近二百年为之努力的战略目标。熊渠通过这次军事行动，为楚国明确了这个目标。

完成了这次军事行动后，熊渠又干了一件胆大妄为的事：把三个儿子封了王。拜现在斗量筲计的古装剧所赐，很多人认为王这个头衔很不值钱。男主、男二、男N分别是各种王的人物设定比比皆是，还有什么一字并肩王、二字立地王的说法。最夸张的是洪秀全，总共封了两千七百多个王，真的是论斤称也值不了几个钱。其实在周朝，王的头衔是很尊崇的。普天之下，王的称谓在法理上只能属于一个人，那就是周天子。到了战国时期，礼崩乐坏，周王室对诸侯彻底失去了控制，诸侯才纷纷称王。再等到秦王嬴政统一六国，自号皇帝，王这个头衔才彻底贬值。

熊渠有没有称王不知道，他把自己的儿子都封了王，这是一件比自己称王还过分的事。全天下的人都把王当成至尊，熊渠偏偏不当盘菜。儿子都是王了，那熊渠自己是什么，不言而喻。不管别人怎么看，熊渠就这么干了。长子熊毋康被封为句亶王；次子熊挚红被封为鄂王；少子熊执疵被封为越章王。三个儿子的封地俱在江汉平原，从西向东一字排开，好像三颗钉子，揳入了江汉平原的腹地，保障着新到手的铜矿能够顺利地运回楚都丹阳。

熊渠封子为王的举动令世人为之侧目，但如果就此认为他是个天不怕地不怕的二杆子，那就错了。马上发生的这件事，让大家看清了熊渠的真面目。前858年，心力交瘁的周夷王去世，太子姬胡即位，是为周厉王。谥法云，暴虐无亲曰厉。也就是说，这位姬胡兄弟脾气很不好，而且还六亲不认。谁要是敢说他半句不好，他就弄死谁。

此时，一向与周王室交好的鄂国不知什么原因与姬胡闹掰了，开始联合淮夷，攻打南部和东部的诸侯国，兵锋逼近京畿地区。这还了得！姬胡马上调集宗周六师和成周八师对鄂国进行围剿。出征前，姬胡交代统军大将武公，把鄂国人全部杀光，男女老少一个不留（勿遗寿夭）！此次姬胡动了真格，不仅王师尽出，还征调了晋侯等诸侯国的部队。战场上的鄂军显示出了惊人的战力，周联军与鄂军拼力死战，竟然没有占到任何便宜。正在双方陷入僵持的时候，武公甩出了最后的王牌：他命令禹（大臣的名字，不是治水的那位大禹）率领王室禁卫军"公戎车"出战。"公戎车"平时负责保卫周王安全，是精锐中的精锐。有了这支部队参战，鄂军这才大败，鄂侯驭方被擒，鄂国遭到灭族。

鄂国一直是熊渠眼中的一块肥肉，从他封次子为鄂王就能看出其对鄂国的野心。在这次行动中，熊渠高举勤王大旗，却没有派兵与周军会合。他陈兵江汉平原东部，虎视鄂国。直至得到鄂军大败的消息，才进兵袭取了鄂都，算是捡了个大便宜。随后熊渠目睹了周军对鄂人的残酷屠杀，好好的一个鄂国，尸横遍野，血流成河。熊渠看到周厉王如此手段，立即把三个儿子的王号削去了。闹了半天也是个欺软怕硬的主啊。

不管怎么说，熊渠都是楚国霸业的奠基人。在他的手上，楚国从当初那个方圆五十里的小国一举成为地方数百里的大国，并且基本控制了江汉平原这个稳固的根据地，这片肥沃的平原一直支撑着楚国的发展，直至楚国灭亡。

长眠于征途的首位王者

熊渠死后，君位又传了十一代，楚国终于迎来了一位大有为之主儿——熊通。周王室这边，早在熊通即位前三十年，便已经发生了天翻地覆的变化，西周王朝不复存在了。

在熊通的爷爷若敖当政的第九年，操劳了近半个世纪的周宣王撒手人寰。太子宫涅即位，这便是历史上大名鼎鼎的周幽王。谥法有云，壅遏不通曰幽，动祭乱常曰幽。也就是说，宫涅兄弟不按常理出牌，还不听人劝，是个任性而荒唐的小伙子。其实宫涅一开始不是这样的，他即位之初也很想有一番作为，延续父亲的荣光。一切看上去都还不错，直到一次征伐。前779年，周幽王三年，消息传入镐京，褒国叛乱了。褒国位于现在的汉中一带，翻过秦岭便是镐京。对于这种祸生腋肘的情况，任何一位周王都不会容忍，年轻气盛的周幽王自然也不例外。周幽王亲率大军翻越秦岭讨伐褒国，褒军怎是王师的对手，大败亏输，献出了美女褒姒求和。

后面的事大家都应该很熟悉了。周幽王的原配是申侯的女儿，这是一桩由父亲安排的政治婚姻。得到褒姒的周幽王发现自己找到了真爱，同所有热恋中的小伙子一样，周幽王想把所有最好的东西都给自己的爱人褒姒。褒姒生了儿子伯服以后，周幽王便废了王后和太子，立褒姒为后，伯服为太子。废太子宜臼逃到外公申侯那里避难去了。褒姒不爱笑，周幽王为了博爱人一笑，不惜点燃烽火，诈称外敌来犯。诸侯带兵来救，又没发现敌寇，场面极其尴尬。褒姒见此情景，不禁哈哈大笑。后来周幽王实在是玩得太不像话，岳父申侯就联合曾国和犬戎合力攻破镐京，杀死了周幽王。这一次，诸侯再也不会来救他了。

申侯请犬戎助拳，本来是请个雇佣兵。打下镐京，给犬戎点儿钱就准备打发人家走的。可犬戎哪里是那么好打发的，进了镐京的戎兵没见过这么多珠宝美女，纵兵大掠，后来竟与自己的盟军申、曾两军刀兵相向，直有赖在镐京不走的趋势。此时诸侯也得到镐京被攻陷、犬戎为祸京师的消息，纷纷起兵来救。其中有两位诸侯最为卖力，一位是秦襄公，秦与犬戎是世仇，在争夺西垂之地的战争中，有数位秦人祖先命丧犬戎之手。另一位是郑武公，郑武公的父亲郑桓公在骊山脚下与周幽王一起被犬戎兵杀害。这两位复仇者拼死杀退犬戎，由于镐京已经在战乱中残破不堪，二位又引兵护送太子宜臼至洛邑登基，即周平王。

因为护驾有功，秦襄公被封为诸侯，封地在岐山以西。这是一个很欠揍的封赏，岐山以西虽是周室的发源地，现在却根本不是周朝的地盘，这块地正在周人的敌人犬戎手里。周平王把敌人的地盘封给秦襄公，那意思是去抢吧，抢到手就是你的。无论如何，秦人终于位列诸侯了，虽然比楚人晚了将近三百年。至于另一位诸侯郑武公，则受到周平王的重用，成为掌握大权的卿士。经过这次事件，周室的威严碎了一地，再也无力号召诸侯了。登基之后，周平王在洛邑做了三十年憋屈的挂牌天子，楚人却迎来了自己的春天。

前741年，楚子蚡冒去世。蚡冒的弟弟熊通杀了自己的侄子，登上君位。久处南蛮的楚人似乎对中原那套礼法并不感冒，什么仁义道德，什么嫡长子继承，什么天下唯有德者居之，统统都是鬼扯。在楚人的观念里，天下唯有力者居之，谁能领导楚国开疆拓土，走向强大，谁就是他们的好君主。从熊通之后的表现来看，他是符合一个好君主的条件的。杀侄上位这种事，在楚国历史上不是第一次，也不是最后一次。

不管怎么样，这个君位毕竟是从别人手里抢过来的。熊通必须加倍努力，来证明自己更适合这个位子。于是乎，雄心勃勃的熊通在登基第三年就发动了一场对外战争，对象是位于南阳盆地的南霸天——申国。申国的开国之君是周宣王的舅舅，当年被周宣王封在南阳正是为了监视以楚国为首的南方诸侯，在那时就是周室的重点扶植对象。到了平王时期，申国更是有拥立之功。周平王除了倚仗护驾有功的郑国，靠的就是娘家申国。

所谓人红是非多，诸侯里看申国不顺眼的也大有人在。在诸侯眼里，申国有两大罪状，第一是弑君，申侯虽然是周幽王的岳父，但毕竟是臣子。周幽王就算再不对，你直接把他干掉了就是大逆不道。天子是上天之子，做错了事自有天谴，无论如何是轮不到做臣子的来主持这个公道的。第二是通敌，犬戎是所有周室诸侯的公敌，你申侯勾结犬戎把好好的一个镐京毁了，整个关中被你弄得一地鸡毛，国家都亡了，周奸这个身份申国坐得是死死的。熊通挑战申国，赢了固然可以扬名立万。就算是输了，也可以博得国际社会的广泛同情，可谓是稳赚不赔的买卖。熊通固然可以占据道德制高点，但这个社会毕竟还是靠实力说话的。熊通挑战申国，历史没有详细记载，但估计是败了，而且还败得比较惨。因为这之后熊通突然老实了一段时间，这段时间是——三十年。

到了前720年，周平王都去世了，孙子周桓王即位，熊通还是没有动静。没动静不代表不作为，从熊通后来的表现来看，不难推测出熊通在这三十年都做了些什么。沉默的人往往更为可怕，到了周桓王十年，前710年的时候，中原诸侯终于感到了沉默楚国的威胁。郑庄公和蔡桓侯跑到邓国开了个峰会。这次会议的议题是"如何面对日益崛起的楚国的北进威胁"，相信还签署了共同防御条约之类的协议。要知道郑庄公可是号称春秋小霸，从来都只有他欺负别人，就没人敢欺负他。连这样一位浑不吝都感觉到威胁，那楚国的实力一定是到了令人恐怖的程度了。三十年隐忍发展，果然不同凡响。

周桓王十三年，前707年，熊通终于等到了属于他的机会。周桓王再也不能忍受蛮横无理的郑庄公了。这家伙不但把自己田里的庄稼给割了，还自作主张把天子的土地换给了鲁国，真是是可忍孰不可忍。周桓王亲率陈、蔡、虢、卫四国联军伐郑。无奈实力不济，不仅周联军大败，周桓王自己还被郑庄公的大将祝聃射中右臂，这即是历史上有名的繻葛之战。繻葛之战是一场没有赢家的战争，周桓王固然威严扫地，郑庄公也落了个犯上的罪名，国际声誉一落千丈。

中原两大势力互相掐架，熊通终于亮出了他的爪牙。

当年周室为了保证大冶铜绿山的铜矿能够顺利地运至镐京和洛邑，在汉水北岸分封了一系列姬姓诸侯，如轸、郧、贰、随、唐、蓼等，这些诸侯被称为汉阳诸姬。铜绿山的铜矿北渡长江，向西北穿越随枣走廊进入南阳盆地，再被转运至镐、洛二都。汉阳诸姬就在这条路线上为铜矿保驾护航。同时，由于汉阳诸姬在汉水北岸从西北至东南一字排开，形成了一道绞链，将楚国封锁在汉水南岸。

楚人志在中原，汉阳诸姬是他们的第一道封锁线。诸姬之中，随国最强。随国，也叫曾国，是申侯弑杀周幽王的帮凶。同时，这个国家是铜绿山铜矿的重要守护者，周室多年扶持，实力不俗。但是，此时的楚国已经不是三十年前的那个楚国了，这是个足以让中原霸主战栗的国家。熊通在繻葛之战的第二年，率领精锐楚师，北渡汉水，杀奔随国。

随国不愧为汉阳诸姬之首，虽然不能击破楚师，但自保还是有余的。随人摆出全防御的姿态，固守城池，等待援军。熊通当然知道随侯想的是什么，随都城坚池深，只要坚持到汉阳诸侯的援军到来，就能打一个漂亮的反击，甚至把楚师包饺子，全歼于城下。熊通自知目前还灭不了随国，便屯兵于瑕，并派侄子蔿章去和随国谈判。随侯无奈，也派出少师随蔿章回楚营谈判。

谈判开始前，楚人决定玩个花样。楚国重臣斗伯比（若敖之子）向熊通建议道："随人现在坚守不出，我们现在的第一要务是引随人出战。这次来谈判的少师好大喜功，没什么见识。如果我们把老弱残兵展示给少师，他回去一定会怂恿随侯出战。"另一位大夫熊率且比说："怕是不会有什么用，因为随侯身边还有一位明白人，叫季梁。"斗伯比说："这次可能没用，但是少师这种人远比季梁讨喜，他将来一定会得宠而专权，到时候就好办了。"熊通采纳斗伯比的建议，把精锐甲士隐藏起来，一时楚军营区内外全是老弱病残。

少师看到楚兵都是这般模样，不禁大为轻视，心想号称汉南强国的楚国，也不过如此。见到少师的熊通，提出了自己的谈判条件：想让我们退兵可以，随侯是周王的实在亲戚，麻烦替我们向周室请求晋升爵位。毕竟我楚国现在地方数百里，兵强马壮，已经不是当年那个方圆五十里的小国了嘛。少师听完心中暗笑，就这些兵还敢自称兵强马壮，还想晋爵，真是自不量力啊。少师忍住笑听完熊通的条件，一溜烟回到随国向随侯报告道：楚蛮子自不量力，想让咱们替他求周王室晋升爵位，就凭他那些老弱残兵也配！咱们打出城去，杀他个片甲不留，给这帮蛮子一点儿教训！

随侯听完，便要发兵。这时季梁果然站出来说："且慢，楚国威震四方，连郑国都感到害怕。这次故意拿一些老弱残兵来给我们看，是想引诱我们出战。我们不出战，凭借坚城据守，楚人也拿我们没办法。如果出战了，必然大败，到时候随国有灭亡之灾啊。"随侯听完，脸色大变。季梁接着说："至于楚人要求晋爵，这也不是我们能说了算的事。我们答应替他们请求晋爵，他们就再也没有理由打我们了，这样兵祸可免啊！"随侯连连点头，派使者传话给熊通，说是答应替他们表奏周室，请求晋爵了。

事到如今，熊通已经没有不撤兵的理由了。这次出兵虽然没有威服随国，但也不是全无收获，托随国向周室请求晋爵，可以探探孱弱的周室对自己的态度，投石问路。熊通的晋爵申请迟迟没有得到周桓王的回复，因为周桓王这时自己都焦头烂额的，他又被郑庄公欺负了。前705年，郑庄公率领齐国、卫国联军攻打周室的盟邑、向邑。可怜的周室，本来已经不多的土地又遭到了郑庄公的侵占，只好把两地的民众迁到郑地。

转过年来，周桓王终于想起了熊通的晋爵申请。他越想越气，郑国欺负我也就算了，你楚国远在南蛮，也来凑热闹！真是不把周天子放在眼里了，就是不批！你来打我呀。熊通得到消息也是大怒，不给我晋爵就算了，我还不稀罕呢。谁说天下只能有一个王？我是蛮夷我怕谁？我偏要自立为王！于是熊通自立为王，尊号武王，就是楚武王。周王的王号是谥号，要等到死了以后才能叫。熊通这个王号是尊号，活着的时候就能叫。这么看楚又压周一头，虽然是自封的。

这是楚君第二次自立为王了，先祖熊渠虽然封三子为王，但不久之后就撤掉了王号。熊通则不同，大大方方地封自己为王，一坐就是一辈子。完成自我晋升的熊通余怒未消：周王室都衰败成这样了，还如此吝惜爵位，摆明了瞧不起自己。以为我打不到你是吧，打不到你就打你同宗的随国！

可怜的随国，本来只是个传话的，却成了楚国发泄对周室怨恨的替罪羊。当然这只是表面现象，即使没有这些事，熊通一样会再次进攻随国。要怪就怪随国的位置不好，熊通要进军中原，必须打开汉阳的局面，挡路的随国自然是首当其冲。话虽这么说，但是真要打随国还是需要一个理由的。熊通目前还没有任何理由，没有理由，就创造一个。有人给熊通支了一招：楚国可以以"维护江汉安定团结"的名义，召集所有汉江诸侯会盟。随国倚仗自己是周室同宗，自然不屑于参加。这样便可以用"破坏江汉安定团结"的罪名堂而皇之地讨伐随国了。

真是个好主意。熊通立即向江汉诸侯发出照会，约定在沈鹿（今湖北钟祥）召开江汉领导人峰会，共同商讨维护江汉和平，促进共同发展的问题。不出所料，随国没有参会。随侯其实是不敢来，楚国惦记随国就像猫惦记咸鱼一样，这是明眼人都看得出来的事。要是去了，被楚人扣住作为人质是很有可能的。不管你是不敢来还是不屑来，不来就是不给面子。熊通亲率大军，再次进军随国。随侯本想据城坚守，可是少师说如果不给楚人点儿颜色看看，怕是今后永无宁日。随侯觉得有道理，起兵迎战，两军对峙于随都东面的速杞。

这时的楚军才显示出自己真正的实力，旌旗蔽日，戈矛如林，随侯看得暗自心惊。不论如何，硬着头皮也要把这一仗打完。季梁向随侯献策道："楚人分为左右两军，楚人尚左，楚君一定在左军中，左军是不可以硬碰的。大王也可以把军队分为左右，大王居左军，避开实力强劲的楚国左军，直击实力较弱的楚国右军。只要打垮楚右军，再侧击楚左军，或有胜利的可能。"少师这时又出来提反对意见，他说："区区楚蛮，有何惧哉！我们要以王对王，彻底打垮他们！不然汉阳诸侯又会如何看我们呢？"这次随侯听从了少师的意见。

甫一开战，随侯就发现了少师的错误。楚左军有如怒潮狂涌，随右军一触即溃。随侯一看形势不对，弃车逃跑了。所幸季梁击败了楚右军，侧击了楚左军，随侯这才能狼狈逃回随都。随侯跑掉了，随侯的车右少师反应却没那么快，他连同随侯的战车一并被楚师俘获。仗打赢了，熊通想顺势灭了随国，斗伯比却劝道："随国还有相当的实力，灭他不太容易，而且容易引起汉阳诸侯的联合反弹，打服他们也就算了。"这时随侯的降表及时送到，表示愿意服从楚国领导，承认楚国的王爵。熊通便顺坡下驴，答应了随国的求和，领兵而去。

速杞之战后，楚国又顺势击败了身后的濮人。这一下楚国名声大噪，俨然成了江汉霸主。第二年，邻居巴国送来书信，希望楚国能给他们牵线搭桥，他们想结交邓国。楚国自然乐于成全，随即派出使团与巴国使者一起出使邓国。也许是礼物太过丰厚，楚、巴使团经过邓国南部鄾邑的时候，居然被劫匪袭击，杀人越货，楚、巴使团无一幸免。这就太过分了，本来是去给你邓国送礼的，结果在你的地盘上礼物被抢，使团被杀，这是一起严重的外交事故。楚武王熊通大怒，派人严词申斥邓侯，并要求他缉拿凶手。这本来是一个再正常不过的要求，要是换了其他的国家，一定会送上一大笔赔款，严惩凶手，再郑重道歉：误会，全都是误会，您大人不记小人过啊。谁料邓侯却像吃了熊心豹子胆，不仅不交出凶手，连句道歉的话也没有。邓国这是怎么了？他已经强大到足以无视楚国的程度了吗？

邓国当然没有那么强大，他胆敢无视楚国的原因在于，邓侯是熊通的亲戚。什么亲戚？大表哥吗？不是，比那个硬得多。人家邓侯吾离是楚王熊通的岳父！吾离的女儿邓曼嫁给了熊通，熊通要管吾离叫爹！难怪这么硬气呢。但是，楚国是何等样的国家，干出这种事来，岳父也不好使。熊通派斗廉为大将，联合巴国军队浩浩荡荡杀奔邓国。邓侯一看女婿居然真敢打自己，也派出了大夫养甥、聃甥应战。邓军渡过汉水直扑楚、巴联军，大有点儿"人是我杀的、货是我抢的，你奈我何"的架势。

斗廉见邓军如此嚣张，心生一计。他命令巴军正面迎击邓军，但是只许败，不许胜，引诱邓军深入。自己则率楚军精锐后撤，在巴军身后给邓军布了个口袋。养甥、聃甥一看楚军后撤，更加瞧不起楚人，觉得这是楚人胆怯逃跑，留下巴人顶缸。养甥一声令下，邓军向巴人猛扑过去。巴人佯作不敌，节节败退。养甥、聃甥更加得意，命令邓军全线追击。追着追着，四周喊杀声大起，无数楚军从身旁和身后冒了出来。养甥、聃甥这才知道中计，但为时已晚。楚军如虎入羊群般大砍大杀，邓军弃尸累累，大败亏输。邓侯见自己兵败如山，也只好认错赔罪。当然，熊通不能因此真的把自己的岳父之国给灭了，这件事就这么过去了。

上次的速杞之战虽然胜利了，熊通却在思考一个问题。汉阳诸姬随国为首，胜之而不能灭的原因何在呢？就在于其他汉阳诸侯会联合救随。为了彻底灭掉随国，必须对汉阳诸姬分化瓦解。于是在伐邓之后的两年，前701年，熊通任命自己的儿子屈瑕为莫敖，再次领兵东渡汉水，与贰、轸两国会盟。这里要插一句，这位屈瑕，因为被父亲封在屈地，故以封地为姓。屈瑕有一位流芳千古的后代——屈原。屈氏家族是正牌的王族，日后会在楚国的政治舞台上扮演重要的角色。

屈瑕领兵会盟贰、轸的消息在汉东诸国中不胫而走。首先坐不住的，不是随国，而是贰、轸两国的邻居郧国。郧国向随、绞、州、蓼诸国发出照会，请求联合出兵抵抗楚国。绞、州、蓼三国表示支持，却一兵未派。速杞之战被打怕了的随国则连声都不敢吭。郧国见状也只好独自出兵，屯兵郧郊的蒲骚。郧国孤掌难鸣，形势明明对楚军有利，这位王子屈瑕却怂了。屈瑕收到情报后，竟然不知如何是好，看来是第一次带兵出征。

幸好副帅斗廉身经百战，见主帅如此迟疑，主动要求屈瑕屯兵汉水以东，由自己独率精兵北上，突袭郧师。屈瑕还是拿不定主意，竟然说要占卜一卦。斗廉看着这位公子哥气不打一处来，他大声说："情况不明才需要占卜，现在情况很明白，占卜什么呢？"他顿了顿又说道："现在郧师是孤军，士气低落，可一战而胜。末将自带精兵突袭，如果失败，甘当军法！"屈瑕见斗廉如此坚决，也只好同意。斗廉果然不负众望，在蒲骚将郧师打得大败，再次证明了自己的军事才能。

用兵之害，犹豫最大；三军之灾，生于狐疑。屈瑕虽然靠着斗廉收获了全功，却暴露了自己优柔寡断的缺点。这种性格的人是不适合为将的。蒲骚之战的胜利完美地掩饰了屈瑕的弱点，从后来发生的事来看，这场胜利对于屈瑕来说，绝对不是一件好事。

又过了一年，楚武王亲自挂帅征讨绞国，罪名是去年曾经响应郧国的号召对抗楚国。有人会问，州、蓼二国也响应了，为什么不打他们呢？只能这么跟你说，打一个人是不需要理由的，如果一定要找一个，那就是绞国在楚国的上游，地势比楚国高，对楚国的威胁更大。

这一次屈瑕随军出征，到了绞地后，他给父亲献了一计。他让楚兵扮作樵夫去绞国都城外的山里砍柴，绞兵贪利，出城捕获了这些樵夫。第二天绞兵发现有更多的樵夫去山里砍柴，于是纵兵进山大肆搜捕。这时楚国的精兵突然出现，占领了城门，堵住了绞兵回城之路。绞兵见自己的归路已断，大为惊骇，纷纷出山想夺回城门。可是军心不定的绞兵哪里是早有预谋的楚兵的对手，被杀得大败，被迫签订了城下之盟。

这一仗的首功应归于屈瑕，没有他的良策，楚军要多费不少力气。屈瑕也因此扬扬得意，觉得自己是当世名将无疑。可是屈瑕不知道，谋士和统帅是有很大区别的，谋士只要出谋划策就可以了，统帅却要临机决断，这是两种不同类型的人才。现代军队中这两种人分别叫参谋军官和指挥军官。参谋军官要想成为合格的指挥军官，往往要经过实战的洗礼。而有些优秀的参谋军官一辈子都不能成为合格的指挥军官，比如，后世的赵括和马谡。不久之后，屈瑕也会被归入这个名单。

在楚国这次伐绞的过程中，楚国东南的邻居罗国居然窥伺楚国，他派出了大夫伯嘉来彭水边侦察楚国的出兵情况，结果不幸被楚人俘获。熊通对罗国这种胆大妄为的行径非常气愤。来年就派屈瑕起倾国之兵讨伐罗国。前文已经说了，罗国是楚国的同姓国，又是邻居，连罗国都想偷袭楚国，充分说明了国家利益高于血缘。

在伐绞战役中"坐实"名将之名的屈瑕得意扬扬地带兵走了，目睹了这一情形，楚国第一智臣斗伯比急忙进宫见楚武王。一向精明的斗伯比向楚武王提出了一个荒谬的建议：增援屈瑕。可是楚国所有的兵力都已经被屈瑕带走了，拿什么增援屈瑕呢？楚武王一脸茫然地看着斗伯比，斗伯比见楚武王没有理解自己的意思，只好摇头走了。这位叔父大概是老糊涂了吧，楚武王这样想。

回到后宫的熊通把这件事当作笑话讲给了夫人邓曼听，邓曼是位很有见识的女子，她想了想说道："斗伯比从来都是算无遗策，他怎么会不知道楚国兵力尽出了呢？他这样说一定是发现了屈瑕骄傲自大，又碍于大王您的面子，所以用这种方式让您去提醒屈瑕小心用兵啊！"熊通这才恍然大悟，连忙派人去提醒屈瑕。可是一切都太晚了。

屈瑕此时正顶着名将光环憧憬着大破罗军后的种种荣誉。为了显示自己计谋全军第一，屈瑕下达了一道军令：有敢以军事劝谏于本帅者，斩！熟悉古代战争剧的朋友们都知道，一旦主帅下达这种军令，就说明这位一意孤行的主帅离失败不远了。果然，屈瑕仗着兵多，竟然命令兵士不用管队形，尽快渡过鄢水。楚军争相渡河，队形大乱。乱哄哄地渡过鄢水的楚军迎面碰上了严阵以待的罗军，以逸待劳的罗军没有跟楚人客气，直接纵兵掩杀。楚军毕竟是百战之师，虽然处于逆境，还是苦苦拼杀。不过这次，楚兵的英勇未能弥补主帅的无能。

不久之后，楚兵背后响起了震天的喊杀声，原来是楚国东北方的邻居卢国也被罗国邀请来共击楚军。身为主帅的屈瑕居然连战场都没侦察就贸然渡河，此役不输天理不容。楚兵在罗、卢联军的两面夹击下，终于崩溃了，楚兵的鲜血染红了鄢水。主帅屈瑕带着残兵败将仓皇而逃，眼看着将近楚境，屈瑕觉得无颜面对父亲，无颜面对楚国父老，便自杀谢罪了。平心而论，屈瑕狂妄自大，导致楚军惨败，确实令人厌恶。但是他能够以自杀来警示后人，也算是一条好汉了。

失去爱子的楚武王痛定思痛，得出了几条教训：

第一，任用主帅绝对不可以任人唯亲，一定要考察其实际才能。自己就是因为太想培养爱子了，没有仔细考察他的品性和才能，反而害了他。

第二，目光不能只盯着汉东。汉西家门口这些邻居不除掉，早晚是祸患，是不能安心向汉东扩张的。

伐罗失利并没有伤到楚国的元气，楚武王整军经武，在之后的不到十年间，陆续吞并了权、罗、卢、鄢，将汉西进入江汉平原的入口牢牢掌握在了自己手中，同时又吞并了江汉平原上的州国和汉东的蓼国。在灭州和蓼之战中，楚武王任命的统帅是观丁父，这是一位都国的战俘。楚武王能够任命敌国的战俘为帅，说明他已经彻底打破阶层的藩篱，走上了任人唯贤之路。

在所有被灭的国家中，权国的地理位置最为特殊。他处在汉西通道进入江汉平原的入口。楚武王在灭权之后，设了一种特别行政区，这种行政区的名字叫"县"。今天，县是我国地方基本行政单位。在两千七百多年前的先秦时代，"县"这种行政单位绝对是一个创举。

周王朝基本的政治制度是分封制。比如，周武王得天下，将天下最紧要的镐京—洛邑一线核心地带留给自己直接管辖，其他的地方封给子弟和功臣管理，并赐予相应的爵位。这些由周王亲自分封的子弟功臣被称为诸侯。诸侯在自己的封国内有绝对的控制权：封国的租税全归自己，人事任命全是自己说了算，可以养一支听命于自己的军队，爵位和封地还能世袭。诸侯只对天子负责，要定期朝觐和纳贡。当然，周王室规定了不同等级的爵位对应的封地大小和军队规模，防止诸侯坐大，保证周王室对诸侯的绝对优势。类似地，诸侯在其封国内也可以进行分封。诸侯往往同样会把核心地带留给自己直辖，其他的一些地方分封给子弟和功臣管理。这些由诸侯分封的子弟功臣被称为卿大夫，卿大夫在自己的封地上也有绝对的控制权：封地的租税全归自己，人事任命全是自己说了算，可以养一支听命于自己的军队，封地也能世袭。卿大夫只对诸侯负责，一般是诸侯的朝臣。

这种周天子—诸侯—卿大夫的三级分封制有致命的缺陷。封出去的诸侯泼出去的水，周室虽然可以通过制度限制诸侯的势力，但是这种制度是靠周王室强大的武力保障的。一旦周王室失去武力威慑，制度便如一纸空文，诸侯可以任意扩张自己的势力，直至架空天子，这个问题对于诸侯来说同样存在。事实证明，周王朝确实是被某个强大的诸侯——秦所灭亡，而很多诸侯也确实被卿大夫所架空甚至取代，比如田常代齐、三家分晋、三桓专鲁等。

既然分封制的缺陷这么明显，为何还要采取这种制度呢？为何天子不直接管辖所有的土地呢？天子倒是想这样，但是基本不可能，因为管理成本太高。天下那么大，事情那么多，如果每个地方都直接向天子汇报，天子就得烦死。况且有些地方太偏远，当时交通条件也不好，向天子述个职可能就得走个大半年。天子要是下达个指令，很有可能连地方都找不到。说白了就是一句话：以当时的条件，只能采取这种分封制。

熊通对于这种制度的弊端应该是洞若观火。这个年头，有地就有钱，有钱就能养兵，有兵就可以大声说话。土地可是核心资源，为啥要封给别人？楚国又不大，我熊通管得过来，没必要让别人替我分担！抱着这样想法的熊通在攻灭权国后，没有把土地分封给子弟功臣，而是设立了"县"这种行政区。从字面上看，县者悬也，就是说县这种行政区是悬在国君那里的，也就是国君直接管辖。县的最高长官称为县尹，县尹的职位不能世袭，可以被国君随时撤换。县尹对县只有管理权没有所有权，既不能支配财政收入，也不能调动军队。一句话说，县尹就是国君派到该县的代理人，是国君的打工仔。

于是乎，权国就变成了权县，这是中国历史上第一个县。斗缗被任命为权县首任县尹。也许是因为权力被削弱得太厉害，斗缗在权国遗民的怂恿下居然发动了叛乱，但很快被熊通平定，也从另一个侧面证明了国君对县的绝对掌控。

做完这一切的熊通已经进入暮年。在他统治下的这些年，楚国国运昌隆。汉西通道已经全部到手，江汉平原也被楚国收入囊中。这片平原是楚人最为稳定的根据地，为楚国的发展输送了源源不断的动力。这一切的缔造者，正是这位杀侄夺位的武王熊通，他已经为楚国奠定了坚实的基础，用行动和业绩证明了，自己确实更适合这个君位。

就这样了吗？不是。老骥伏枥，志在千里；烈士暮年，壮心不已。熊通有一件事放心不下——还是汉东的随国。随国夹在周楚之间，立场一直摇摆，不彻底征服他，难以继续北进。熊通最担心的便是随国会再次倒向周室。

俗话说怕什么就来什么。前690年，周桓王的继任周庄王把随侯叫来痛骂了一顿，理由是随侯像侍奉天子一样侍奉僭越称王的楚子熊通。随侯战栗了，他知道这位当今天子的手段。三年前，这位新天子以霹雳手段解决了一场针对他的政变，周公黑肩等大臣被处以极刑。随侯不想成为这位新天子立威的工具，天子收拾不了楚人，收拾自己还是绰绰有余的。于是，随侯开始疏远楚国。

新天子不好惹，我熊通就好惹吗？得知消息的熊通，立马整顿兵马，准备彻底解决随国问题。

点齐兵马后，熊通感觉到一阵心悸，他把这件事跟夫人邓曼说了。与一般的妻子不同，邓曼没有安慰丈夫，反而坦诚地说："大王的福寿怕是到头了，但是这一仗你又必须去。只要将士们没有损失，即使大王在征途中与世长辞，也是社稷之福！"熊通闻言沉默良久，然后转身离去。

果然，刚渡过汉水，熊通就感到胸口不适，他坐在一棵树下休息，却再也没有站起来。熊通去世后，令尹斗祁和莫敖屈重封锁了消息，率领楚军兵临随都城下，安营扎寨，做出长期作战的架势。随侯一看大惊失色，忙派人向楚人请和。屈重以楚武王的名义与随侯签订了盟约,这才收兵回国。渡过汉水之后,斗祁和屈重才正式为楚武王发丧。

楚武王为后代留下的,是一片安宁的江汉平原,是一套先进的政治制度,是已被威服的汉东诸国,是为社稷死而后已的不朽精神。历史将永远记住这位楚国霸业的奠基人,而进军中原的大业,却只能留给他的后人了。

江山美人兼得的风流君主

前690年，执政五十一年的楚武王去世，儿子熊赀即位，是为楚文王。楚文王是个幸福的二代，老爹熊通给他留下了大笔的遗产。来盘点一下熊赀继承的遗产。先从最贵重的盘起，21世纪什么最宝贵？人才！先秦时代又何尝不是如此？熊通能够称霸江汉，威服汉东，靠的就是人才。至熊通辞世，楚国文有斗伯比、斗祁、蒍章；武有斗廉、屈重；还有两位特殊人才，一位是熊赀的师父保申，另一位是宗室大臣鬻拳。然后才是疆域，熊赀继承的是一个完整的江汉平原，还有畅通的汉西通道。汉东诸侯虽然还没有纳入版图，但是汉东之首的随国已经彻底归顺，后来甚至成为落难楚王的避难所。熊赀展开父亲留给他的地图，目光自然而然地停留在了楚国西北的南阳盆地上。看了一会儿，熊赀又将目光投向了淮河以北的地方。

熊赀即位后的第一件事是迁都。今时不同往日，整个江汉平原和汉西通道都在楚人手里，楚人再也不用因为担心来自邻国的偷袭而躲在山里了。早在若敖时期，楚人就在汉水西滨修筑了名为郢的军事据点。近一个世纪以来，楚人几乎所有的军事行动都是从郢出发的，征服汉西诸国，征服江汉平原，征讨汉阳诸姬。楚人对郢的熟悉程度已经渐渐超越了睢山与荆山之间的丹阳。那就搬到郢去，大大方方地干一场吧！

郢都位于汉西通道的中部，离南阳盆地不远，东渡汉水就能北上中原。把前进基地作为自己的都城，楚人的进取心可见一斑。

前688年，楚文王二年，熊赀迈出了他事业的第一步：伐申。不知是不是历史的巧合，半个世纪前，熊赀的父亲熊通就是以伐申开启自己的事业的。只不过那一次，熊通大败亏输。今日的楚国已经不是五十年前的楚国了，熊赀信心满满，率大军北上，直扑申国。

楚国与申国并不接壤，中间隔着邓国。之前提到过，前任邓侯吾离是前任楚王熊通的岳父；现任邓侯邓祁侯是现任楚王熊赀的舅舅，楚太后邓曼的亲弟弟，熊赀的亲舅舅。熊赀带领大队人马经过邓国的时候，受到了亲舅舅的热情款待。甥舅之间互叙别来之情的时候，邓侯的手下却发现了不对劲：这支楚军太强大了。申国和邓国是邻居，邓侯的手下养甥、骓甥和聃甥没少跟申国打交道。他们知道，申国的实力在南国诸侯里还是一流的，但是明显不能跟眼前这一支训练有素、军容壮盛的楚军相比。申国一旦被灭，邓国南北都是楚国的地盘，会处于很尴尬的境地。邓国的位置在南阳盆地的入口，以楚人一贯的作风，是不会允许南阳盆地的入口掌握在别人手中的，正如楚人不允许进入江汉平原的入口掌握在别人手中一样。

目前楚王熊赀前来赴宴，正是干掉他的最好时候，先下手为强嘛！于是养甥、骓甥和聃甥三位大夫向邓祁侯建议，在席间干掉熊赀，不然我们就会被他干掉！邓祁侯大怒，严词驳斥了三位大夫的荒唐建议，并表示熊赀是他的亲外甥，这次来是借道讨伐申国，是绝对不会对邓国不利的。三位大夫见此情形，也只好作罢。

酒足饭饱的熊赀带兵离开邓国，杀奔申国。申国因为当年拥立周平王有功，一直抱着周室的大腿。然而周室的实力逐年缩水，自己都被郑国欺负得不行，自然也顾不上申国这个小弟。申国这几年虽然衰败了，但瘦死的骆驼比马大，占据南阳盆地地利的申国还是有相当实力的，只不过，这种实力在楚国面前不值一提。

申国在楚国猛烈的攻势下很快亡了国，熊赀灭掉申国后，倒是不着急回国。他在申国住了下来，他要找一个人。伐申之前，熊赀下了一道奇怪的命令，那就是对于申国的将领，一律不许伤害，必须抓活的。楚军对此非常不理解，一般打仗都是擒贼先擒王，只要打掉对方的将领，对方的军队便会不战自乱。只有中原那些迂腐的国家才会遵从战争中不伤害对方将领的不成文规定。并不理解这条命令的楚军仍然严格执行了楚文王的命令。

战后，楚文王亲自审问了被俘的这批将领。当他听到一个名字后，身体不易察觉地震了一下。这位将领名叫彭仲爽，熊赀早就听说过此人。正是此人提醒申侯要防备日益强大的楚国，并给申侯提了一系列建设性意见，可惜申侯没有采纳。如果采纳了，熊赀也不会如此轻松地坐在这里。一番长谈之后，熊赀确定这是个人才，就把他留在身边出谋划策。

收了彭仲爽以后，熊赀心情大好，在申国开开心心地过了个年，来年开春才班师回国。回国途中还要路过邓国，舅舅邓祁侯听闻外甥打了大胜仗，灭了申国，还开心地准备给外甥接风洗尘。这一次熊赀没有客气，指挥大军包围了邓军主力。这是一场没有悬念的战斗，毫无防备的弱小邓军遇到了蓄谋已久的强大楚军，全军覆没。熊赀毕竟没好意思直接吞并邓国，让邓国又苟延残喘了九年才正式纳入楚国版图。

看到这里，很多读者都会为邓祁侯的优柔寡断而叹息不已，觉得应该采纳三位大夫的意见直接干掉熊赀。是这样的吗？可能未必。彼时的楚文王麾下人才济济，楚文王如果被干掉，他的部下又怎会善罢甘休？到时候楚军的作战计划一定会改变，由灭申改为先灭邓，为国君报仇。那时候，楚军是堂堂复仇之师，占据实力和道义的双重高地，邓国的灭亡绝对不会挨到明年。所以大家知道了，邓国亡国不是概率问题，而是时间问题。灭亡的原因只有一个：实力不济。

申国和邓国被灭，于楚国意义重大。楚人目前已经完全掌控了南阳盆地以及进入南阳盆地的入口。南阳盆地到底有多重要呢？南阳盆地的北大门方城到洛邑一百六十五公里，而且一马平川。也就是说，楚人想要进入中原的心脏地带，只要打开前门溜达两步就到了。

灭亡了申国以后，楚国在西线已经可以方便地进出中原了。然而在中线，楚人虽然已经征服了随国，也只是将势力范围拓展到了汉江以北，却依然被压制在淮河以南。只有跨过淮河，才算真正涉足中原，如何才能把势力扩展至淮河以北呢？楚文王日思夜想。

也是楚文王命好，想什么来什么，不久就出现了一个天赐良机。这个机会的起因是一位女子，确切地说，是位绝世大美女。

◇桃花夫人

　　这位女子就是陈庄公的二女儿。陈庄公妫林有两个女儿，大女儿嫁给了蔡哀侯献舞，称为蔡妫；二女儿嫁给了息侯，称为息妫，也就是故事的女主角。这两个女儿都非常漂亮，尤其是息妫，面若桃花，目若秋水，是位大美女。息妫有一次回娘家陈国省亲，路过蔡国，正好去探望姐姐蔡妫。身为姐夫的蔡哀侯出面招待，蔡侯一见这位小姨子就惊呆了，简直是貌若天仙啊！心痒难搔的蔡侯也顾不得姐夫的身份，趁蔡妫不在对小姨子息妫言语轻薄，还动手动脚。息妫拼命反抗才没有让姐夫得手，受辱后的息妫连姐姐都来不及道别，就匆匆离开了蔡国。

　　回到息国的息妫把自己在蔡国的遭遇告诉了丈夫息侯，息侯大怒，发誓要为妻子报仇。问题在于，息国的国力不如蔡国，如果直接起兵伐蔡的话，是讨不到半点儿便宜的。思来想去，息侯想到了一招借刀杀人之计。他派人跟楚文王说，蔡侯对自己无礼，希望楚王发兵主持公道。为了保证楚师全胜，他有一个主意。那就是楚王假装带兵攻打息国，他派人去向蔡侯求救，蔡侯一定起兵来救自己，到时候楚兵埋伏于蔡兵必经之路，可以一战而擒获蔡侯。

　　蔡国建都于河南上蔡，息国位于河南息县，都在淮河北岸。楚文王日思夜想要进军淮北，谁料机会就这样来了，老天何其厚待楚国啊！楚文王想都没想就答应了息侯的要求，率领大军杀奔息国。息侯依计向蔡侯求援。蔡侯其实并非不知自己不是楚人的对手，但是一想到可以向大美女息妫表功，便什么都不怕了。蔡侯点齐兵马杀奔息国，还未到息国就遭到了好整以暇的楚军的伏击。蔡军大败，蔡侯献舞被俘。楚文王本想杀了蔡侯，但是被臣下谏阻了，于是蔡侯被暂时扣留在楚国。

蔡侯毕竟不是傻子，不久就想清了其中的前因后果：自己是去救援息国的，结果自己全军覆没了，息国却安然无恙。原来是息侯这浑蛋串通楚王一起坑我啊！蔡侯想到这儿不禁怒火中烧，既然你无情，也就别怪我无义了！

这一天，楚文王找蔡侯喝酒聊天，他已经有意放蔡侯回国了。既然杀不得，留在楚国也没啥用，白白浪费粮食，不如放他回蔡国，做个顺水人情。酒席上，楚文王透露了自己打算放蔡侯归国的意思，蔡侯千恩万谢，表示自己一定做好楚国的臣属，今后唯楚国马首是瞻。楚文王很高兴，两人天南地北地聊起天来。男人之间的话题，自然少不了女人。聊到这个话题，蔡侯一脸神秘地对楚文王说："大王知道我的这位连襟息侯为什么要陷害我吗？"

"为什么呢？"

"因为有一次我酒后失态，调戏了我的小姨子息妫，息侯怀恨在心，这才假手大王来加害于我。"

"原来如此！"

"不过说到天下的美女，依我看就没有人比得上我的小姨子息妫的！"

"哦？此话当真！"

楚文王也喜欢美女，听到这里，身体前倾，表现出了很大兴趣。蔡侯见状，知道机会来了。他把息妫说得仙女下凡一般，还说这样的女人息侯哪里配得上，只有大王这般英明神武，才堪配佳人啊。楚文王听蔡侯这么一说，不禁大为受用。蔡侯趁机献计说，大王只需要访问息国，息侯必然设宴迎接。席间大王可让息侯请息妫出来敬酒，息侯自然不敢不从命。届时大王如果觉得息妫姿色尚足以服侍大王的话，就当场把息侯拿下，灭了息国，把息妫带回来就好。这样大王江山美人兼得，岂不美哉？

楚文王大喜，果然带兵去了息国。息侯看到恩主到来，不敢怠慢，连忙设宴款待。酒过三巡，菜过五味，楚文王醉眼惺忪地看着息侯说道："不榖（诸侯自称）不远千里来到贵国，舟车劳顿，可否让尊夫人出来为不榖斟一杯酒啊？"说完死死地盯着息侯。

息侯被楚文王盯得心里发毛，又不敢违拗，只得命人请息妫出来招待。环佩叮咚，暗香袭来，不一会儿息妫便袅袅婷婷地立在楚王面前。楚王一见，果然是清秀绝俗。愣了半天，楚文王才反应过来。当即把酒杯一摔，指着息侯的鼻子痛斥道："大胆息侯，心肠忒也歹毒！蔡侯不过是酒后无意冒犯了尊夫人，你就假手不榖，要灭人之国。真当不榖是你手中玩物吗？"说完楚文王把手一招："来人！将这无耻之徒拿下！"

不待息侯辩解，堂下虎狼般的楚兵一拥而上，将息侯死死扣住。息侯此时才明白，这一定是连襟蔡侯捣的鬼。可惜一切都太迟了，息侯被羁押至楚国，郁郁而终，息国被灭。息妫成了楚文王夫人，为文王生了熊艰和熊恽两个儿子。由于息妫面若桃花，又被称为桃花夫人。一场姐夫调戏小姨子的桃色事件居然引发了这么大的地震，息国被灭，蔡国臣服，楚国的势力终于到达了淮河以北。楚文王本人则江山和美人兼得,这个结果也许楚文王自己都没想到吧。

河南息县森林公园息夫人雕像(息县生活 摄)

志得意满的楚文王准备大干一场,却不知道自己的生命即将走到尽头。前676年,与息妫度过了四年美好时光的楚文王收到了一个不好的消息:郢都北大门那处(楚地名,在湖北荆门市东南那口城)被巴人攻陷了。当初权县县尹斗缗叛变的时候,楚武王杀了斗缗,并把权县县民迁到那处,防止他们继续作乱。权县县民都是之前的殷商遗民,楚国在这里群众基础并不好。巴人选择攻打这里,说明人家是懂行的,但是巴人为什么要背叛楚国呢?

原因在于十二年前楚文王讨伐申国的时候带了附庸国巴国的部队。大概是因为楚军的军纪不好,欺负了巴国军队,致使人家一直怀恨在心，现在终于来报复了。由于巴人来得太过突然，那处的最高长官阎敖竟然弃城逃走。楚文王大怒，当即下令处死阎敖。这一下可好，火上浇油，阎敖的族人也反了，跟巴人一起攻打郢都的北门。楚文王发兵抵御，居然在家门口被叛军打了个稀里哗啦，败退回来。

狼狈不堪的楚文王到了城门下，竟被城门官拒绝入城。这位城门官就是鬻拳，他拒绝楚文王入城不是想造反，他的理由是，自楚国立国以来，没有打了败仗的国君还能进都城的先例。这位鬻拳兄也算是有种，敢给国君吃闭门羹，楚文王就拿他没办法了吗？是的。

当年鬻拳给楚文王提意见，楚文王死活不接受，鬻拳急了就拿刀架在楚文王脖子上威胁他，楚文王只好同意。没想到鬻拳还不算完，跟楚文王说："我情急之下威胁国君，虽然是让您接受正确的建议，可毕竟大逆不道。为了避免后人以我为榜样对国君不敬，我要惩罚自己以儆效尤。"说完就把自己的双腿砍了下来。楚文王又是惭愧又是惊讶，于是安排鬻拳去做了城门官。敢拿刀砍自己的人，惹不起啊！

楚文王知道这次自己也拗不过鬻拳，只好带兵出去攻打黄国，好歹打了场胜仗。在回师途中，心力交瘁的楚文王再也熬不住了，在湫地病逝，算是因公殉职了。得知文王死讯的鬻拳号啕大哭，当即拔剑自刎，以身殉主。

为子所弑的霸业奠基人

熊恽是楚文王的小儿子，他的母亲就是大美女息妫（自从改嫁楚文王以后，应该改口叫文夫人了）。

王位本来与熊恽没啥关系，因为他还有一位同母哥哥，叫熊艰。楚文王去世后，熊艰继承了王位。熊艰上位三年，正事没干，不是飞鹰走犬，就是莺歌燕舞，还经常喝得酩酊大醉。楚文王时期的那批老臣实在是看不下去，有的就在私下议论，要是当初立老二熊恽就好了。这种议论免不了传到熊艰耳朵里，熊艰的第一反应不是收起那些饮酒作乐的行头，好好干活，争取改变在大家心目中的形象，而是干掉自己的亲弟弟。他是这么想的，也这么做了。好在熊恽人缘比较好，在大家的帮助下，熊恽成功地逃到了随国，躲过了哥哥的追杀。

随国自从被楚武王熊通打服之后，一直是楚国的跟班小弟。熊恽的到来让随君看到了提升地位的希望，如果能拥立这位落难王子登基，那随国便有恩于楚，地位可就大不一样了。有了这个想法的随君立刻联系了楚国国内的老臣们，老臣们早就看熊艰不顺眼了，与随君一拍即合。于是随君派兵护卫，老臣们在国内策应。熊艰万万没料到被自己赶跑的弟弟还能杀回来，猝不及防，兵败被杀。

熊恽就这样在老臣们的支持下登基为君，是为楚成王。登基后的楚成王突然明白了哥哥的苦衷，想干点儿事，但是手里没有权力。权力在谁手里呢？在熊恽的叔叔熊子善手里，此人官居令尹，字子元，史称令尹子元。熊恽远比哥哥熊艰聪明，他知道手里没权并不是娱乐无度的理由。父亲的那帮老臣可看着自己呢，他们能把自己扶上楚王的宝座，就能把自己拉下来。

令尹子元其实也面临着同样的问题，他虽然贵为令尹，大权在握，却也不可能为所欲为。盯着楚成王的老臣们的眼睛也同样盯着令尹位子上的他，可惜令尹子元完全没有意识到这一点。大权旁落的楚成王没有别的选择，只有韬光养晦，默默地看着叔叔子元表演。身为一名演员兼编剧，一般首先要了解自己潜在的目标观众，然后再根据目标观众的口味创作剧本。这一点令尹子元表现出了极高的专业素养，他的目标观众只有一个，那就是楚成王的母亲，自己的嫂子，大美女文夫人。子元的所有剧本都是为文夫人写的，当然，自己肯定是剧中的男主角。子元做的一切也只有一个目的，那就是得到文夫人。

子元先是在王宫边上建了一个歌剧院，每天在里面跳万舞（武舞的一种，跳时以摇铃为节拍）。歌舞声传到了王宫中，文夫人就问这是怎么回事。侍者回答，这是令尹在跳万舞呢。文夫人叹息道："先王跳万舞是为了出征做准备，所以才能让远近诸侯臣服。现在楚兵已经十年没踏足中原了，令尹不图雪耻，反倒在这里歌舞升平，这叫怎么回事呢。"侍者把这话传给子元，子元恍然大悟。原来嫂子不喜欢文艺范，喜欢英雄范啊，这个太简单了。

子元立即下令以斗御疆、斗梧为先锋，王孙游、王孙喜为后队，自领中军，发动兵车六百乘，浩浩荡荡杀奔郑国而去。为什么是郑国呢？因为郑国地角太好，正处在中原的核心地带。无论是北方人还是南方人想当霸主，都要先打他。以至于成了一个固定的套路：想称霸中原，先打服郑国。悲催的郑国就这样成了霸主的上马石。正好这个时候郑国倒向齐国，把柄是现成的，因此子元想都没想就直奔了郑国。

楚国这边如此之大的阵仗让郑国的朝堂炸了锅，有主张直接投降的，有主张背城一战的，还有主张固守待援的。这时一位叫叔詹的大夫站出来说话了，他主张固守待援。不仅如此，他还给出了自己的预测：楚兵不久就会自己退走。郑文公有点儿蒙："人家出动了六百辆兵车，足够把咱们连锅端了，又怎肯善罢甘休啊！"叔詹说："问题就在于此，楚国以前出兵从来没有动用过这么多兵车。子元这次下了血本是求必胜来谄媚文夫人，也正因为这样，他是非常害怕失败的。主公不用怕，楚兵要是来了，我自有退敌之计。"话音未落，探子来报："楚军已经突破外围防线，马上要兵临城下了！"叔詹说："不用惊慌，把精锐部队撤到城里埋伏起来，然后大开城门，跟往常一样该干吗干吗。"郑文公吃了一惊，但是看到叔詹胸有成竹的样子，还是挥挥手让照办了。

楚军先锋斗御疆杀到城下一看，心中大惑不解，跟斗梧说："郑国人这样肯定有问题，想骗咱们进城去。我们不可轻举妄动，等令尹来了再说吧。"不一会儿令尹子元到了，斗御疆忙把情况做了汇报。子元到高处一看，新郑城内果然刀枪林立，旗帜整齐。子元叹道："郑国还是有高手的啊。贸然攻城，要是万一失败，又怎么有脸去见文夫人呢？"于是传令大军安营扎寨，等后军到齐再做计较。

第二天晚上,后军的王孙游、王孙嘉到了,带来了一个不好的消息:"齐、鲁、宋三国联军前来救郑。"子元大吃一惊,心想如果被这三国联军截断归路,那可就麻烦大了。现在反正已经打到新郑,可以算是完胜,足够向嫂子表功了。拿定主意后,子元下令楚军人衔枚,马摘铃,偷偷地趁夜色撤走。为了怕郑军追击,把营帐什么的都原封不动地留在原地。

出了郑国地界,子元才命令军士敲锣打鼓,高唱凯歌还朝。回国后的第一件事,当然是向嫂子报功。文夫人却淡淡地说:"令尹如果大获全胜了,应该宣示国人,告诸太庙,告诉我一个寡妇干什么呢?"子元又碰了一鼻子灰,好不惭愧。

子元心心念念想讨好文夫人,机会却来了。文夫人身体不太舒服,子元听说后亲自进宫嘘寒问暖,最后居然抱来自己的铺盖卷住到了宫中。这就太过分了,放到今天,哪个男生不开眼追女孩子直接睡到人家家里,也非得被人家用棍子赶出去不可。子元这样胡来,老臣们坐不住了,最先发难的是斗廉。

斗廉武将出身,直接闯进宫质问子元。子元却轻描淡写地说:"这是我的家事,你管得着吗?"斗廉说:"令尹虽然是先王之弟,毕竟也是臣子。你这样直接睡在宫里,跟文夫人孤男寡女的……"子元被说中心事,不禁恼羞成怒,直接下令把斗廉给抓了。文夫人见事情闹大了,就向斗伯比的儿子斗谷於菟求救。斗谷於菟一看这还了得?忙密奏楚王,然后约了斗梧、斗御疆和他的儿子斗班,半夜带兵突入王宫,将子元一举拿下。

楚成王早就看这个屡次骚扰自己母亲的王叔不顺眼了,这次直接下令将子元灭族，同时任命斗谷於菟为令尹。斗谷於菟是个大贤士，楚国将在楚成王和斗谷於菟君臣的密切配合下迎来高光时刻。

斗谷於菟的名字很奇怪，这与他传奇的身世有关。斗谷於菟的爷爷是楚国第十四任君主若敖，若敖娶了䢵国国君之女为妻，生了斗谷於菟的父亲斗伯比。斗伯比在外公家䢵国长大，与䢵国新君（斗伯比的舅舅）的女儿从小就在一起玩。从两小无猜到日久生情，斗伯比竟然跟自己的表妹偷尝禁果，生下了一个男婴。舅妈䢵夫人觉得特别难为情，为了遮丑，就偷偷把这个婴儿扔在了云梦泽中。

这一天，来到云梦泽打猎的䢵君发现了一个奇怪的现象。他看到了一只大老虎，连忙指挥手下放箭射虎。不想这只老虎不闪不避，那些箭也没有一支能射到它。䢵君很是奇怪，走近了一看，原来这只老虎正在给一个婴儿喂奶。䢵君回去后就把这件奇事告诉了䢵夫人，䢵夫人大惊，说这就是我前些天扔掉的那个婴儿啊。她知道事情瞒不住了，就一五一十地把斗伯比和自己女儿的那些事告诉了䢵君。䢵君觉得这婴孩很不寻常，当年周人的祖先后稷就是因为母亲意外怀孕被遗弃，结果牛马也不踩他，鸟儿也飞来保护他。自己的这个外孙得到老虎的保护和哺育，正是大富大贵之相啊，于是连忙派人把那个婴孩捡了回来。由于这孩子被老虎哺乳过，楚人称"乳"为"谷"，称"虎"为"於菟"，䢵君便给这孩子起名为斗谷於菟。

武汉东湖磨山风景区虎乳子文雕像（涂安琪 绘）

长大后的斗谷於菟果然没有辜负外公郧君的期望，他才华出众，为人谦和，很得大家爱戴。子元伏法后，楚成王本来准备任命老将斗廉为令尹的，斗廉却推辞说："现在大王的主要对手是齐桓公，齐桓公任命管仲为相。我上阵杀敌还可以，治国安邦就不行了。咱们这里才能可与管仲匹敌的只有斗谷於菟，您还是让他当令尹吧！"其他大臣也纷纷附议，楚成王因此任命斗谷於菟为令尹。

斗谷於菟字子文，史料上一般称他为令尹子文。子文上任后的第一件事就是解决楚国的财政赤字问题。他命令所有拥有采邑的官员把采邑收入的一半上缴国家。这种事情通常比较难办，涉及经济利益，你要是动人家的票子，人家一般会跟你动刀子。可是子文不存在这个问题，因为他把所有的家财都捐给国家了。令尹都这样做了，大家谁也不好说什么，乖乖上缴了一半收入。

国库殷实以后，子文建议楚成王做三件事：第一是发布一系列惠民政策，与民休养生息。第二是重修诸侯之间的旧好。第三是向周天子进贡并汇报工作。楚成王一一照办，事后发现，这第三件事做得相当正确，收到了奇效。原来时任周天子的周惠王在任上遭遇了卫国的叛乱，叛军杀入了洛邑，拥立叔父王子颓。两年前，周惠王才在郑厉公的帮助下复位。王位刚刚坐稳的周惠王突然收到了实力派楚国的朝贡，自然是大喜过望，立刻下令赐给楚成王胙肉，并给楚成王回了一封信。

在这封信中，周惠王高度赞扬了楚成王对周王室的忠诚，对楚成王的贡品表示感谢。这些都不重要，在信的结尾处周惠王告诉楚成王，南方夷越那帮野人都归你管了，你要管好他们，不要侵犯中原（镇尔南方夷越之乱，无侵中国）。这是全文最硬核的一句话，这句话很短，却很有内涵。"镇尔南方夷越之乱"很好理解，对楚成王来说也最有用。这八个字明确了楚成王南方诸侯之长的地位，以后如果有诸侯不服，楚成王就可以用周天子的名义征讨他。这种地区的"有限开火权"被称为专征之权，周王室乃至之前的商朝，一般都只授予方伯（也就是霸主）。比如，周文王就曾经拿到过这个权力，权力的授予人正是商纣王。楚成王能拿到这个权力，可以说是赚大发了。

后半句"无侵中国"这四个字的字面意思很好理解，就是不要侵犯中原，但是含义很微妙。微妙之处在于这四个字的主语到底是谁。按说周惠王都授予楚成王专征之权了，这话的主语应该是南方夷越。但其实，这话的主语也可以是楚成王自己。也就是说，表面上看周惠王是让楚成王管好那帮夷越小弟，让他们不要打中原的主意，实际上这也是在暗示楚成王：在南方玩玩就好，别惦记中原！

不管怎样，专征之权对于楚成王和子文来说绝对是个意外的收获。拿到这个权力的楚成王东征西讨，楚国的疆域持续扩大，逐步发展成了地方千里的大国。南方平定了以后，楚成王和子文的目光不约而同地投向了中原。前文已经说过，要想称霸中原，必先征服郑国。子元打郑国虽然是为了取悦文夫人，但这件事本身是没错的。于是乎，《左传》僖公元年、二年和三年连续三年的记录中都出现了这四个字：楚人伐郑。郑文公非常郁闷，第三年的时候，实在扛不住了，准备投降。但大夫孔叔却说："咱们老大齐国正准备救咱们呢，现在投降不会有好果子吃的。"可怜的郑文公只好继续咬牙苦挨。

到了第四年春天，中原霸主齐桓公真的组织联军来救郑国了，但绝对不是因为郑文公面子大。被人围着揍了三年，到现在才来救你，可见郑文公在齐桓公心目中是没啥地位的。之所以又要来救他，是因为齐桓公自己被人家绿了。这又是怎么回事呢？

原来齐桓公有一位非常宠爱的妃子是蔡穆侯的妹妹，被称为蔡姬。这一天，齐桓公和蔡姬在公园里乘船游玩。蔡姬从小在蔡国长大，蔡国就在淮河北岸，所以蔡姬估计水性不错。到了船上的蔡姬很兴奋，就左右摇晃游船。这是个孩童常见的举动，不想却吓坏了齐桓公。别看齐桓公高高大大的一条山东汉子，却是个十足的旱鸭子。蔡姬一摇船吓得他脸都变色了，连忙叫蔡姬别摇。蔡姬小孩子心性，齐桓公越害怕，她越开心，把船摇得更厉害了。齐桓公大怒，上岸以后就把蔡姬打发回了娘家。

齐桓公此举也就是对蔡姬略施惩戒，让她回娘家反省反省，并没有跟她领离婚证。可是大舅哥蔡穆侯却会错了意，见妹妹被送回国，以为是被齐桓公休了，便把妹妹改嫁了。就这样，一顶大大的绿帽子被蔡穆侯亲手戴到了妹夫齐桓公的头上。敢这么欺负我们的霸主同志，也真是活到头了。齐桓公彻底愤怒了，利用霸主的身份组织了鲁、宋、陈、卫、许、曹六个国家的军队进攻蔡国。楚成王看到齐桓公带了这么多国家的部队南下，以为是来救郑国的，就撤围而去。郑文公看到齐桓公带了这么多国家的部队南下，也以为是来救自己的。不料齐桓公看到楚成王从郑国撤兵，直接命令郑文公：加入联军，出兵伐蔡！

郑文公伤心了，自己被围了三年齐桓公都没动作，现在闹这么大动静，本以为是来救人的，没想到却是来处理家事的，最后还要自己出兵帮忙！郑文公纵然有一千个伤心的理由，霸主的话还是不敢不听的，更何况楚成王也确实是因为齐桓公才撤兵的嘛。蔡穆侯也是倒霉，就因为自己妹子的一时顽皮，竟然引来了八国联军。平心而论，这八个国家里除掉一个实力最强的齐国，再除掉陈、许、曹三条杂鱼，剩下的鲁、宋、郑、卫哪个都比蔡国实力强。八个一起来，就是拿人硬生生往里挤，都能把城墙挤塌，更别说打了。蔡国很快投降,齐桓公这时候才想起楚成王来。

郑国已经是我的小弟了,熊恽你按着我的小弟揍了三年,这是几个意思?所谓打狗也要看主人,你这也太不把我放在眼里了吧?平了蔡国的齐桓公余怒未消,又迁怒于楚成王。这么多小弟召集一次也不容易,于是齐桓公又带着八国联军杀奔楚国。

八国联军一直杀到陉山。陉山是楚方城的最东端,也是整个南阳盆地的最东端。如果说南阳盆地是楚国的门厅的话,陉山就是楚国的东大门。齐桓公这是堵着人家门口讨说法了。楚成王见齐桓公玩真的,忙派了使者去看看究竟。使者向齐桓公施礼问道:"我们住在南方,齐侯您住在北方,离得十万八千里,就是发情的牛马狂奔也跑不了这么远(唯是风马牛不相及也),请问您此次所来何事呢?"这使者伶牙俐齿,不动声色地把齐桓公比成了发情的牛马。管仲一看来者不善,便接过去回答道:"从前召康公代表周王室给了我们先君姜太公专征之权,征伐范围东边到大海,西边到黄河,南边到穆陵,北边到无棣。你们不向周王室进贡滤酒用的苞茅,我们为此来讨伐你。周昭王南征死在你们楚国,我们为此来向你们问罪。"

解释一下管仲的这番话。管仲跟使者说了两件事,第一件事是责怪楚国不向周室进贡苞茅。这苞茅前文已经提到了,是楚国的特产,专门用来给周王室过滤酒祭神的。因为周室衰微已久,大家早都不把周王室当盘菜了,所以估计楚国自己都记不清自己何时开始不再向周王室进贡苞茅了。而这件事本身呢,也是可大可小。往小了说,说破天也就是几根破茅草的事。往大了说,周室是天下共主，祭祀是头等大事。不进贡祭祀用的苞茅就是无视君主，亵渎神灵，那是大逆不道的事。管仲他们是来找碴儿的，自然无限上纲上线。

至于这第二件事，涉及三百多年前的一桩公案。三百多年前，周朝第四任君主周昭王穷兵黩武，在讨伐南部蛮族回师西渡汉水的时候，淹死在了汉水中。由于楚国是南部蛮族的形象代言人，这口锅就扣到了楚人头上，大家都说是楚人要诈，把周昭王淹死了。那到底是不是楚人淹死的周昭王呢？作为一名很认真翻阅过相关史料的历史爱好者，笔者需要在这里郑重地给楚人平反：淹死周昭王跟楚人是没什么关系的。

其实在这件事上给楚人翻案也不是那么复杂。首先笔者翻阅的大部分有详细记载的史料都说，周昭王是在打完仗回师途中，西渡汉水时不幸溺水身亡。然后笔者再查阅史料确定这一时期楚人的大本营在荆山。最后笔者到地图前一看，原来荆山就在汉水西岸。真相大白了。周昭王如果真是去打楚国的话，根本不需要渡过汉水，直接从武关南下就好。周昭王不是去打楚国的，楚人却非要在他撤退的途中害死他。如果你愣说这样很合理，那我也无话可说。

这口大黑锅楚人背了三百年。这个谣言最后还编得有鼻子有眼，说什么楚人特意在汉水之上停了一艘造得很豪华的游艇，但是艇底是拿胶水粘的。周昭王刚坐上去还没什么，等船开到汉水当中的时候，船底就散架了，周昭王就淹死在汉水之中。很有想象力，很有画面感，大家都信了。就连管仲这样的名士，都把这个当成一条罪状来质问楚人。

　　管仲的话解释完毕，轮到楚国使者做辩护陈词了。对于第一条指控，证据确凿，楚国使者老老实实地认罪，并保证今后绝不再犯。为了表示诚意，楚国使者当即代表楚成王答应再多给周天子进贡点儿苞茅，把之前欠的都补上，反正这玩意儿楚国多的是。对于第二条指控，楚国使者表示证据不足，纯属以讹传讹，而且早已过了刑事案件的最长追诉期限（都三百多年了好吗），不予承认。不承认归不承认，人家这么多人不远千里跑到家门口来讨说法，面子还是要给的。所以楚国使者的表达方式很委婉，他跟管仲说："这件事您还是去问问汉水吧。"意思是此事死无对证，不要纠缠了，纠缠不清。管仲是聪明人，也就默许了楚国使者的说法。

　　楚国人已经低头认罪，再打他就师出无名了。齐桓公身为诸侯的大哥，江湖规矩还是要守的。虽然如此，八个国家十几万人跋山涉水从北方跑到南方，路费也不给报销，水都没给喝一口，就这么回去也太没面子了。齐桓公进退两难，就在楚国家门口住下了。十几万人堵着家门口，影响实在是不好。僵持到夏天，楚成王受不了了，派大夫屈完来全权处理此事。

　　屈完此次来处理十几万人的群体性事件，是带着兵来的。如果能劝退固然最好，实在劝阻无效，也只能暴力驱赶了。管仲一看屈完带了人来，就把军队撤到了召陵，算是给屈完一个面子。在召陵，齐桓公接见了屈完，并安排他跟自己一起检阅八国仪仗队。这个规格相当之高，在今天，一般是国家元首才能享受检阅三军仪仗队的待遇。检阅完毕后，齐桓公觉得找回面子的时候到了，于是跟屈完说："屈大夫，您看我的军队还威武吗？"屈完说："齐侯的军队果然雄壮，名不虚传。"齐桓公得意扬扬地说："用这样的军队作战，谁能抵挡？用这样的军队攻城，何城不破？"这就是赤裸裸的挑衅了。屈完不卑不亢地回答："齐侯如果以德服人，谁敢不服？但如果以兵威凌人，那楚国以方城为城墙，以汉水做护城河，您的军队再厉害，也没什么用。"齐桓公听完，觉得楚国还是有人才的。一旦开战，没有必胜的把握，便跟屈完签订了互不侵犯友好条约，史称召陵之盟。

齐桓公带着十几万人来楚国武装游行了一番，又大摇大摆地走人，这让楚成王很是不爽。套用一句常用的电视剧台词："楚国是你想来就来，想走就走的地方吗？"楚成王绝非善与之辈，在齐桓公回国的第二年，他就开始搞事情。具体表现为，派子文灭了弦国。消灭弦国是子文提议的，这个提议展现了他高超的政治智慧。

弦国的身份是这样的，首先，他不是齐国的小弟；其次，他有四个邻近国家：江、黄、道、柏，这四个国家都是齐国的小弟；最后，他跟这四个国家都是亲家。子文选择灭弦，既不会让齐桓公下不来台，又敲打了周边国家，警告他们不要跟齐国走得太近。子文的这点儿小心思肯定瞒不过管仲，不过管仲和齐桓公他们目前还顾不上楚国，他们有一件更重要的事要做，也正是这件事得罪了当朝天子周惠王。

事情是这样的。周惠王有两个儿子，嫡长子叫姬郑，少子叫姬带。周惠王很不喜欢大儿子姬郑，一心想立小儿子姬带为王，这一点是齐桓公所不能容忍的。按说齐桓公身为臣子，是无权对君主的家事指手画脚的，但这只限于君主还镇得住场面的情况。到了周惠王时期，周王室早就沦为橡皮图章了，什么事都得是霸主说了算。身为霸主的齐桓公，偏偏还是以王室和礼法捍卫者的形象出现，处处要占据道德制高点，这样就绝对不会允许周惠王废长立幼这种破坏礼制的行为发生。

为了保证姬郑的太子之位不被废掉，齐桓公联合了鲁僖公、宋桓公、陈宣公、卫文公、郑文公、许僖公、曹昭公在首止这个地方会见姬郑，并隆重召开大会。会议的主题是"拥戴姬郑同志作为周王朝不可替代的接班人，反对一切阴谋颠覆姬郑同志接班人地位的行为"。这当然让周惠王非常之不爽，为了破坏这次团结的大会，周惠王策反了其中的一位与会者，这位与会者就是郑文公。

之所以策反他，是因为一年前齐桓公伤了他的心。他与齐桓公面和心不和，明眼人都能看出来。周惠王派人找到了郑文公，跟他说："齐桓公目无君上，你还是跟我混吧！"鉴于大家都知道周天子只是个牌位，周惠王又让人补充了一句，"我派你去投靠楚国，然后再拉上晋国，这样咱们组成一个反齐同盟，如何？"郑文公盘算了一下，当今世上，实力最强的大佬有三位：齐国、楚国和晋国。齐国虽然最强，但是楚、晋联手，齐国肯定不是对手。再加上周天子这块牌子，齐国一定没戏。于是便愉快地答应了周惠王。虽然上有周天子罩着，下有楚、晋两位大佬撑腰，郑文公还是对没有朝见齐国感到害怕，就带兵偷偷溜回了国，连最后的盟誓也没参加。

郑文公很快便会为自己的决定后悔，因为周惠王跟他说的每一句话都是不折不扣的鬼扯。周惠王根本就没跟楚国和晋国两位大佬打招呼不说，也没种公开扯起反齐的大旗。所谓的反齐同盟，实际上全靠郑国。跟了这么个不靠谱的老板，也算郑文公倒霉。第二年夏天，中原诸侯就把郑国的新密给围了，理由是郑国背盟。六月债，还得好快。

郑文公快吐血了，头三年被楚国围。消停了两年，听了周惠王的忽悠，又被齐国围。能不能别可着一个人欺负呢？还好郑文公之前遵照周惠王的指示去联系了楚成王，请求投靠，现在只能看楚成王靠不靠谱了。

楚成王这个人相当靠谱。在得知郑国被围的消息以后，马上整顿兵马，杀奔许国。不用说，这又是子文的主意。许国是齐国的小弟，你打我的小弟，我就打你的小弟，避免跟你正面冲突，看谁先放手。不得不说这算盘打得太精了。许国毕竟国力弱，等齐国把新密打下来，许国可能连都城都被楚国拆了。齐国联军不得不撤了郑国之围来救许国，楚成王顺势撤走。不损一兵一卒解了郑国之围，也只有子文这种级别的高手能做到。

通过这一系列操作，楚国树立起了一个负责任的大国形象。所谓的负责任，就是你要是投靠他，他会负责任地救你；你要是靠拢齐国，他也会负责任地灭你。因此就在当年，楚国又收获了两枚小弟。大约在冬季，快被自己妹夫拆了的蔡穆侯前来靠窑，还带了一位兄弟。这位兄弟就是许国的国君，因为被周室封为最低等的男爵，所以也叫许男。蔡穆侯前来投靠比较好理解，因为改嫁了妹妹，自己被前妹夫带了八国联军一通海扁，一点儿情面也不讲。至于许男嘛，也许真是被打怕了。许国实在太小，许男站在地图前量了量，发现比起齐国，楚国离自己近得多，便决定投靠楚国。

不过这位许男的装扮非常诡异，双手反绑，赤裸上身，嘴里还衔了块璧玉。楚成王从来没见过如此打扮，以为是什么行为艺术，便问大臣逢伯是怎么回事。逢伯回答："从前周武王灭商，微子启就是这样做的。周武王亲自给他解绑，接受他的玉璧，对他以礼相待，然后让他从哪儿来回哪儿去了。"楚成王会意，接受了许男的投降。

与齐桓公打着天子的旗号到处维持秩序，充当世界警察不同，楚成王的作风非常务实。十多年来，楚成王就干一件事——专治各种不服。对于不服楚国的诸侯，实力强的就打服，实力弱的就灭掉。具体来说，江国、徐国、随国不太服管，楚成王打服了他们；黄国、英国不按时纳贡，楚成王灭了他们。楚国的疆域在楚成王手上日益扩大，已经推进至了淮河中游。

楚成王可以说是十五年纵横间谁能相抗，到了前639年的时候，楚成王突然收到了宋襄公的重礼和一封请柬，邀请他到鹿上喝喝茶、聊聊天。楚成王想来想去也没想起自己之前跟这位宋襄公有什么交情，但使者言辞恳切，不像在开玩笑。楚成王看了看一边的礼物，心想莫不是宋襄公想求自己办什么事？那就去一趟吧，谅宋襄公也不敢要诈。

鹿上是齐国的地盘，等楚成王到达鹿上的时候，发现宋襄公和齐孝公已经到了。此时齐桓公已死，儿子齐孝公即位，是这次鹿上之会的东道主。宋襄公见了楚成王，张家长李家短地扯了一堆没用的，最后才说出他的真实意图：他希望跟楚国一起发起一次盟会。说完直接拿出了预先起草好的倡议书，倡议书约定今年秋天在盂地召开盟会，并列出了拟邀请参与盟会的诸侯国名单。在倡议书的最后，宋襄公毫不客气地把自己的名字签在了第一位。签在第一位就是首倡，也就是盟主。楚成王一看便明白了，这位老兄既想借助自己的威望号召诸侯，又想当盟主。这是一个很明显的太岁头上动土的行为，楚成王已经很久没有被人这么冒犯过了。他刚想发怒，转念一想，又很爽快地在倡议书末尾的第二位签上了自己的名字。

若论综合国力，宋国顶多算一个中等强国，实力也就比郑国强那么一丢丢。要是跟楚国比起来，那是差着档次呢，根本不可以同日而语。既然是这样，宋襄公又是哪儿来的自信要跟楚国争当盟主呢？原来齐桓公在世的时候比较好色，儿子一大堆，又没有敲定接班人，导致他一死几个儿子大打出手，其中一个儿子公子昭是齐桓公在世的时候托付给宋襄公的。宋襄公没有辜负齐桓公的嘱托，联合曹国、卫国、邾国帮助公子昭登基为君，又帮他肃清了国内的反对势力。

帮助霸主家摆平了家务事，这是宋襄公一生中最大的骄傲，也是宋襄公自信的最主要来源。宋襄公的逻辑是这样的，霸主都是他扶上马的，所以他比霸主牛，所以他理应是盟主。拥有这种神逻辑的宋襄公对自己的影响力倒是有很准确的判断，他知道自己不足以号令诸侯，就想借助楚成王的号召力。宋襄公也不想想，既然楚成王有实力号召诸侯，又怎么可能乖乖奉你当盟主呢？

这边楚成王也不是一个能吃亏的主，他之所以在倡议书的第二位签字，自然有他的打算。这个打算子文一猜便猜到了，但是子文不说。宋襄公也很快就会知道。

到了盟会的日子，各诸侯国如约而至，盂地突然热闹了起来。由于宋襄公之前在倡议书中明确指出举办这次大会是让大家谈合作的，不是打架的，要求与会各国君主不得带甲士。故此整个会场全是锦衣玉带的文人，一个顶盔掼甲的军人都不见，气氛相当的和谐。大会由首倡者宋襄公主持，宋襄公首先回顾了齐桓公时期大家结下的深厚友谊，对前任霸主齐桓公同志给予了高度的评价，然后呼吁大家继承友好传统，促进地区和平与发展，共同打造美好未来。

发言完毕，轮到实质性问题——推选盟主了。由于鹿上之会的时候楚成王默许了宋襄公在第一位签名，宋襄公以为楚成王同意自己出任盟主，这时便给楚成王递眼色，示意他开口提名盟主人选。谁知道楚成王给他来了个视而不见，气氛十分尴尬。楚成王不按套路出牌，宋襄公只好亲自出马。他清了清嗓子说："这盟主人选嘛，寡人认为有功论功，无功论爵，还有什么好说的呢？"要的就是这句话。楚成王立刻跳出来表示赞同，他说："老宋说得很对！我们楚国是王爵，宋国虽然是这次大会的首倡者，但只是公爵国，难以排在楚国前面。那不好意思我就勉为其难当这个盟主吧！"说完大刺刺地站到了盟主的位子上。

宋襄公这时才知道楚成王的算盘原来是这么打的。楚成王这种临阵反水的行为非常不厚道，老实人宋襄公愤怒了。他此前正做着出任盟主、号令诸侯、走向人生巅峰的美梦，这下被楚成王一棍子打醒。美梦破灭的宋襄公大声争辩道："楚国的王爵是自封的，是假的。宋国的公爵是周天子封的，是货真价实的。怎么可以拿假王来压真公呢？"楚成王说："既然如此，那你问问这些诸侯到底是为你而来呢，还是为我而来？"台下各位诸侯当然纷纷表示自己是奉楚王之命，不敢不来。楚成王哈哈大笑道："老宋你还有什么好说的呢？"宋襄公还想再辩驳几句，楚成王的两位贴身随从成得臣和斗勃却懒得听他啰唆了。他们把锦袍一扯，露出里面的铠甲，然后从腰间拔出小旗一招，台下的楚国随从也纷纷把外袍扯掉，原来全都是重装甲士。这些甲士手持短刀冲上台来，宋襄公被当场制伏。

会场场面一片混乱，诸侯们见宋襄公被抓，知道这会已经开不下去了，纷纷离场回国。楚成王一不做二不休，押着宋襄公去攻打宋都睢阳。宋人对楚人这种背信弃义的行为非常愤慨，他们拥立公子目夷为新君，拼死抵抗。楚成王见占不到什么便宜，只好撤军回国。这下楚成王尴尬了，就此放了宋襄公，实在没什么面子。留着宋襄公吧，也没啥用，白白浪费粮食。这时成得臣给楚成王出了个主意，他让楚成王把宋国的俘虏献给鲁僖公，约鲁僖公在薄地会盟。然后让鲁僖公在盟会上为宋襄公求情，这样楚成王便可以卖鲁僖公一个面子，就坡下驴地放了宋襄公。楚成王点头称是，宋襄公终于在当年冬天回到了宋国。

被楚成王结结实实地玩了一把的宋襄公十分不爽，一口恶气没处发泄，又不敢去打楚国，只好打楚国的小弟郑国发泄。没错，郑国自从上次被楚国解围之后，认为楚国这个老大很靠谱，就死心塌地投了楚。而楚成王也乐得结交这个占据着天下之中的盟友，竟把自己的妹妹嫁给了郑文公，也就是说，现在楚、郑两国是实在亲戚了。宋襄公打郑国，其实跟打楚国没啥区别。如果宋襄公不知道楚、郑的这层关系，真想拍拍他的肩膀说，老宋你实在太无知了；如果宋襄公知道楚、郑的这层关系，又想拍拍他的肩膀说，老宋你实在太有种了。

上文讲过，宋国的实力比郑国还是强的。郑文公见宋襄公起倾国之兵而来，知道无力抵挡，忙向大舅哥楚成王求救。楚成王见妹夫被揍，二话不说，点齐人马……还是没去郑国。这回楚成王直接杀奔了宋襄公的老巢睢阳。楚成王这是第二次用围魏救赵之计了，这样看来，后世孙膑的两次围魏救赵简直就是在赤裸裸地抄袭楚成王。

宋襄公见老窝被打，连忙撤军回援，在回师的路上隔着泓水遇到了等待多时的楚成王。一向不守规矩的楚成王这回居然有模有样地派成得臣去下战书。宋襄公的大司马公孙固劝宋襄公说，"楚军是为救郑国而来，现在郑国的围已经解了，咱们就别跟楚国打了吧。"宋襄公却说："昔日齐桓公带兵伐楚，今日楚国人送上门我们却避而不战，怎么能继承齐桓公霸主之业呢？"都这样了还惦记着霸主大业，宋襄公也真是有够执着。一心想当齐桓公第二的宋襄公提笔在战书上批道：十一月朔日交战于泓阳。

到了朔日，斗勃建议天不亮就渡河，以防宋人提前布阵。成得臣却说，宋襄公那家伙，整天就知道钻那些虚名，全不知兵事。咱们早过去就早打，晚过去就晚打，怕什么呢？于是到了天亮，楚兵舒舒服服地吃了顿饱饭，然后开始渡河。公孙固这时候又劝宋襄公说："楚人天亮才渡河，这是轻视我们。咱们可以趁他渡河渡一半攻击他，肯定可以获胜。"宋襄公说："我们是堂堂正正的仁义之师，不能干这么不上台面的事！"等楚人全部过了河，公孙固又劝道："楚人现在还没布成阵，这时候打他，还来得急，等他们布好阵了，就不好打了。"宋襄公很生气："我刚说完咱们是仁义之师，不能干不道德的事。你趁人家没布好阵就打人家，跟趁人家渡河渡一半就动手有什么区别？这种话以后不要说了。"

照您这种打法，估计也就没有以后了，公孙固想。全部过河的楚兵在成得臣的指挥下，很快布好了阵。楚兵布好阵以后，兵强马壮，漫山遍野，宋襄公看了也有点儿发怵。但是没关系，有仁义加持，百战百胜！宋襄公到底还是没怂，带头杀入楚阵。战争的过程没什么好说的，结果也不难预料。宋襄公大腿中了一箭，浑身是伤，宋军十成折了八九成，败回睢阳去了。

大败了宋国以后的楚成王并没有着急回国，他要去郑国看看妹妹，毕竟这一仗也是为郑国打的嘛。听说哥哥要来的文芈亲自到郊外迎接，楚成王很高兴，送了一份礼物给妹妹：所有俘虏和被杀死的宋人的左耳。这要是搁一般女子身上，早就惊声尖叫了，文芈不愧为楚成王的妹妹，竟然愉快地接受了这份礼物。楚成王受到了妹夫郑文公的热情款待，在宴席上，郑文公向楚成王敬酒九次，礼品摆了满满一院子。宴会完毕，文芈又亲自送楚成王回军营，并送给哥哥两名郑国侍妾。整个过程，宾主双方做的事没一件符合礼法。比如，礼法规定：女人迎送不能出房门，见兄弟不能出门槛。尤其是最后文芈送给哥哥侍妾，使得男女混杂，属于重大失礼行为。郑国大夫叔詹（之前用空城计退子元大军的那一位）据此预测楚成王不得善终，诸侯们也对楚国非常不屑，认为他不可能成为霸主。

说实话，诸侯们对楚国不屑，认为他不可能成为霸主这个可以理解。礼法是中原诸侯的游戏规则，楚国再强大，中原诸侯也不可能让一个规则的破坏者来当自己的老大。至于叔詹预测楚成王不得寿终正寝，就不知道是不是古人安在叔詹头上的马后炮了。

泓水之战的第二年，楚成王迎来了一位不速之客。这位客人叫重耳，是晋献公的儿子。因为父亲听信继母的谗言，他们兄弟几个遭到了迫害，纷纷外出逃难。重耳已经在外漂泊十八年了，这次是从郑国辗转来到的楚国。桀骜不驯的楚成王偏偏对这位落难公子非常尊重，给他送了一堆贵重的礼物，还设宴款待。在宴会上，楚成王半开玩笑地问重耳："如果公子能回到晋国，准备拿什么报答我呢？"重耳说："金银财宝大王您有的是，美女佳人楚国也根本不缺，我能拿什么报答大王呢？"这话回答得相当艺术，没想到楚成王还不打算放过他，继续追问道："话虽如此，公子究竟打算怎么报答我呢？"重耳沉吟片刻，认真地回答道："如果托您的福，能回到晋国的话，一旦楚、晋两国演练军事，在中原相遇，我军将主动后退三舍（一舍三十里）以表敬意。"这话说得很有诚意，楚国君臣都暗暗点头。不料重耳顿了顿又补充了一句："如果这样还得不到大王的谅解的话，那只能抄家伙跟大王较量一下了。"楚国大臣们闻言色变。

成得臣的反应最为激烈，宴会结束后就请求楚成王杀了重耳。楚成王却淡然一笑，说随他去吧。不久之后，楚成王跟重耳说："寡人是很想帮你回国，但是楚国到晋国山高路远，实在是有心无力。秦国跟晋国山水相连，寡人这就派兵把你送到秦国去，秦君一定会助你回国的。"重耳叩首称谢。

楚成王是位成熟的政治家，他之所以会无视重耳说的那些话，源于他对天下大势的准确把握。经过这些年的试探，楚成王知道自己有生之年已经不可能成为中原霸主了。有能力成为中原霸主的只有齐国和晋国，齐国刚从霸主宝座上摔下来，元气未复；晋国前任君主晋惠公统治了十四年，倒行逆施，不得民心，现任君主晋怀公威信也不高，晋人思得明君。眼前这位公子重耳在外游历了十八年，历尽苦难，但是颇有贤名，晋国大半能人贤士都跟随他漂泊在外，是晋国新任君主的不二人选。以重耳的能力和资历，他登基之后晋国一定会快速崛起成为新任霸主。既然如此，为何不提前与重耳搞好关系呢？

事实证明，楚成王的判断非常准确。前636年，离开楚国后的重耳在秦穆公的帮助下登基为君，史称晋文公。执政后的晋文公拔擢贤能、发展生产、操练军队，晋国本来底子就不错，这回在明君的手上迅速壮大起来。成大事者通常都有点儿无赖气质，这也没什么，因为这些人一般都会为了国家利益抛却个人的恩怨情仇。我们的重耳同志就属于成大事的人，所以他在上位之后的第二年就忘记了楚成王对他的好，与秦国联手袭击了楚国的邻居鄀国，并让秦国俘虏了楚将斗克和屈御寇。对此，楚成王只能苦笑。

中原诸侯感受到了晋国的强大，纷纷倒向晋国，其中就包括宋国。宋国倒向晋国其实一点儿也不奇怪。当年宋国的先君宋襄公被楚成王又坑又踩，最后也是腿上中了楚人的箭才死去。在中原无主的时候，宋国只能屈从于楚国的淫威，现在晋国强大起来了，宋国自然要抱晋国的大腿。而楚成王不知是欺负宋国上瘾还是就跟宋国有仇，中原那么多国家交好晋国楚成王都无动于衷，偏偏宋国投靠晋国楚成王接受不了。

前633年，受了刺激的楚成王带着自己的小弟们北上包围了宋国。宋国大司马公孙固跑到晋国求救，由于宋国先君宋襄公之前在重耳逃亡的时候对他很好，所以重耳准备出兵救援宋国。这只是表面原因，那当年楚成王在重耳逃亡的时候对他更好，重耳不是照样把人家的大将给俘虏了吗。先前说过，干大事的人是不会首先考虑个人的恩怨情仇的。因此晋文公重耳救援宋国的真正原因是，想要称霸中原的他是不会允许楚国征服宋国，从而在中原腹地揳入一颗钉子的。

晋文公整顿兵马准备出发之前，他的头号谋士狐偃跟他说，不要去宋国。那不救宋国了吗？谁说救宋国就一定要去宋国？狐偃建议晋文公去打楚国新收的小弟曹国和卫国。又是一招围魏救赵！曹国和卫国怎么是晋国的对手，很快就被打服了。楚成王听到消息后，长叹一声，准备退兵。成得臣却不服气，一定要跟晋文公掰掰手腕。楚成王很生气，只留下很少的兵马给成得臣，自己提前回国了。果然不出楚成王所料，有勇无谋的成得臣哪里是老谋深算的晋文公的对手，晋文公在战场上主动后撤九十里，算是兑现自己当初的诺言，然后在城濮布了个口袋阵，大破楚军。成得臣自觉没脸见楚成王，就自杀了。

楚成王执掌楚国这么多年，应该也算是一位大有为之主，可偏偏对晋文公非常忌惮，这种忌惮从他第一眼见到那个落难公子重耳的时候就开始了，也许真是唯英雄可识英雄。城濮之战楚成王虽然没有亲自指挥，可晋文公还是借此一战封神，坐稳了霸主的宝座。与此同时，楚成王的生命却进入了倒计时的年头。

楚成王英明了一辈子，却在立储问题上犯了糊涂。这个问题其实还蛮普遍，不少旷世明君都在这个事上栽过跟头。楚成王最初想立儿子商臣为太子，就找斗勃商量。斗勃说："大王您春秋正盛，内宠又多，立太子这事不用着急。商臣这个人眼睛像胡蜂，声音像豺狼（蜂目而豺声），是个残忍的人。您立他容易，想要废了他就比较麻烦了。楚国的太子有作为的一般都是年纪小的，我劝您慎重考虑。"楚成王不听，还是立了商臣为太子。从这件事可以看出，有时候领导找你征求意见并不是他真的拿不定主意，而是他早就想好了只是想得到你的认同。

不过在立太子这个问题上，斗勃确实是旁观者清。楚成王后来果然后悔了，想立王子职为太子，废掉商臣。风声传到了商臣那里，商臣也不确定父亲是否要废了自己，就找师父潘崇商议。潘崇说："想要确认这个消息是否属实很容易，只需要请楚成王的妹妹江芈吃饭，在席间对她不敬。她这个人是个直肠子，一定会因为愤怒而吐露实情的。"商臣接受了这个建议。

到了吃饭的那一天，商臣故意迟到，在席间心不在焉，对姑姑江芈爱搭不理。江芈是成王的妹妹，哪有人敢对她这样？当场暴怒，摔了筷子就走人，走之前还撂下一句话："你这个浑蛋，大王杀了你立职为太子就对了！"谜底彻底揭开了。

得知真相的商臣跟师父潘崇展开了一段对话。

商臣说："父王要杀我立职已经实锤了。"

潘崇问："你能侍奉职吗？"

商臣答："不能！"

又问："你能逃跑吗？"

商臣答："不能。"

再问："你能干掉大王吗？"

商臣答："能！"

楚成王的结局就此确定。商臣带领宫里的卫兵包围了成王的寝宫，他自己带人杀进了父亲的房间。楚成王见到杀气腾腾的商臣后，立刻明白了一切，他叹道："悔不听子上（斗勃字子上）之言！"然后向儿子提了一个要求，也是他人生中最后一个要求：想吃一只熊掌再死。一般来说，死刑犯的最后一餐都非常丰盛，而且都是想吃啥就给做啥，实在做不了典狱长自掏腰包也会出去给他买，省得他做鬼也不放过自己。楚成王身为一代君王，死前想吃只熊掌，不算过分。但是商臣等不及了，熊掌很难炖熟，他认为父亲这是在拖延时间，便拒绝了这个要求，并勒令父亲立刻自杀。楚成王没办法，在儿子面前自缢身亡，一代雄主从此陨落。

楚成王死后，儿子准备给他上谥号为"灵"。"灵"可不是个好谥号，楚成王不闭眼睛。商臣只好给他上谥号为"成"，这才闭上眼睛。商臣登基为君，是为楚穆王。

一鸣惊人的南方雄主

楚庄王熊侣的父亲正是楚穆王商臣。楚穆王这个人虽然残忍好杀，但是工作能力还是有的。在穆王执政的十二年间，楚国灭掉了江、六、蓼三国。楚穆王能有这样的成就，离不开他的老师潘崇。在这一点上，父亲楚成王是对得起他的。相比而言，楚穆王在子女的教育问题上便远不及父亲楚成王了。具体体现在楚成王给儿子楚穆王找的老师，尽心竭力帮楚穆王上位，勤勤恳恳帮楚穆王打江山；楚穆王给儿子楚庄王找的两个老师，差点儿害死楚庄王。

这两个老师一个是公子燮，一个是斗克。此二人的能力如何我们不知道，但德行一定是有问题的，这是两个极度自私的人。公子燮一直认为自己胸怀大志、腹有良谋，当个太子太师实在是屈才。为了一展平生所学，公子燮向楚穆王请求让自己当令尹。当时的令尹成大心是成得臣的儿子，是个公认的德才兼备的人。有这样的令尹在，楚穆王自然不会答应公子燮的请求。到了楚穆王十一年，成大心去世，公子燮觉得机会来了，就向楚穆王旧事重提。没想到这次楚穆王直接让成大心的弟弟成嘉接任了令尹，公子燮对此极为不满。

斗克前文提到过，在前635年被秦军俘虏。后来秦国在崤之战中惨败于晋国，想拉楚国结盟，斗克因此被秦人放回楚国媾和。后来和谈成功，斗克觉得自己功不可没，便一直管楚穆王要这要那。很明显，楚穆王没有满足他，斗克因此怀恨在心。

楚穆王去世的当年，舒蓼叛乱，成嘉和潘崇带兵讨伐，留公子燮和斗克守郢都。这是个好机会，公子燮和斗克以楚庄王的名义宣布首都戒严，加固首都城防，并派人去刺杀成嘉。这杀手估计业务不怎么样，失手被擒了。这下公子燮和斗克慌了，成嘉和潘崇手上有楚国所有的精锐部队，一旦反攻郢都，够哥俩喝一壶的。

思来想去，公子燮和斗克决定劫持楚庄王出走，到商密去征集部队，再回来跟成嘉他们干。走到庐邑的时候，庐邑大夫庐戢梨感觉到了不对。他笑着跟公子燮和斗克说："看样子大王和二位大人是要出远门。既然路过敝地，就让小臣给大王和二位大人接风洗尘吧。"公子燮和斗克看庐戢梨也不像有什么恶意，便答应了。宴会上，庐戢梨十分恭谦，频频给楚庄王、公子燮和斗克敬酒。在敬酒的时候，庐戢梨用眼神询问楚庄王，楚庄王不易察觉地点了点头，庐戢梨明白了。酒喝得差不多了，庐戢梨朝手下一招手，呼啦啦拥上来几名甲士把半醉的公子燮和斗克按住，楚庄王这才重获自由。

刚当上国君就沦为人质，楚庄王也是有点儿背。这件事似乎给他幼小的心灵留下了难以弥合的创伤，从此楚庄王不怎么打理朝政，每日饮酒作乐，骑马打猎。刚开始大臣们还觉得这是楚庄王在自我调节，没承想这个调节周期有点儿长，整整三年楚庄王还没有康复的迹象。大臣们忍不住了，纷纷劝谏。没想到楚庄王居然在宫门口立了一块牌子，上面写着"敢进谏者杀无赦"，一副无道昏君的嘴脸。大臣们议论纷纷，觉得楚国这下没希望了。

这一天，正在看歌舞的楚庄王得到传报，说大夫伍举求见。楚庄王很不耐烦，挥手示意让他进来。进来后的伍举看到楚庄王左拥郑姬，右抱越女，也不生气，反而笑吟吟地跟楚庄王说："天天看歌舞，多无聊啊！臣今天来给大王猜个谜，解解闷。"楚庄王一听，忙问是什么谜语。伍举说："楚国的高山上有只大鸟，羽毛漂亮，却三年不飞也不鸣。请问大王这是怎么回事呢？"楚庄王是个聪明人，知道伍举这是拿大鸟比喻自己，质问自己为啥三年不干活。可是伍举哪里知道自己的苦心呢？于是楚庄王答道："三年不飞，飞将冲天，三年不鸣，一鸣惊人。你回去等着吧！"伍举会意，告辞出宫。

之后一连几个月，楚庄王还是饮酒作乐，并没有什么惊人之举。这下大夫苏从看不下去了，直接冲进宫去问楚庄王为何还是这么不着调。楚庄王反问："难道苏大夫不知道我的禁令吗？劝谏者死！"苏从毫无惧色："如果我死了大王能醒悟，那臣死得其所！"楚庄王感动了，终于不再整日吃喝玩乐。

开始励精图治的楚庄王当即罢免了一批人，提拔了一批人。原来楚庄王即位这三年来并没有只顾玩乐，而是一直在暗中观察。罢免的这批人都是楚庄王经过长期观察发现存在作奸犯科行为，或者尸位素餐者。提拔的这批人则是正直有能力，在楚庄王花天酒地期间仍然能坚守岗位，做好本职工作的。提拔的这批人当然以伍举和苏从为首。在伍举和苏从辅佐下的楚庄王得到了楚国上下的一致拥护，却也面临着执政以来的第一个重大考验。

前611年，楚庄王亲政的当年，楚国发生了大饥荒。西边的戎人趁机攻打楚国的西南和东南部，庸国人率领蛮人各部落背叛楚国，麇国人也带着百濮人准备进攻楚国。一时间楚国周边遍地烽火，以至于申县和息县的北门都不敢打开，怕中原各国趁火打劫。楚国朝野震恐，不少大臣建议迁都。大臣艻贾却说："坚决不能迁都！我们能迁都，敌人也能打过去，不如攻打庸国。"这是个正确的建议。前文说过，庸国是楚国所有蛮族邻居里最强大的一个。所谓擒贼先擒王，只要打服了庸国，其余的喽啰自然会作鸟兽散。楚军从庐地出兵，楚庄王便委任庐邑大夫庐戢梨为前敌总指挥，率军攻庸。

庐戢梨这个人虽然足智多谋，打仗却不怎么在行，与庸国的第一次交手竟然被打败，大将子扬窗也被俘了。三天后，子扬窗越狱跑了回来，跟庐戢梨说："庸军人数众多，我们不如等大王的直属部队来了以后再合兵打他。"大夫师叔却说："这样是不行的，我们必须装怂，让他们放松警惕，再一举灭他。"于是庐戢梨又率楚军与庸军交战，七战七败（也许是真的打不过，不是诈败）。庸人看楚军这么不堪一击，也便不再设防。

过了几天，楚庄王的大军到了。他与庐戢梨的先头部队会合后，将楚军一分为二，命令斗越椒从石溪出发，子贝从仞地出发。楚庄王自己则率领亲军和秦军、巴军联合，三路大军齐发。庸人刚刚打了几个胜仗，正扬扬得意呢，不料三路大军同时打来，有如泰山压顶。庸人虽然悍勇，也不是这帮煞星的对手，很快被灭了。灭亡庸国是楚庄王的第一项功劳，这只沉默了三年的大鸟，终于要一鸣惊人了。

楚庄王接手的楚国底子还是不错的，这其实是楚成王的功劳。楚成王为楚国打下了偌大家业，楚穆王让楚国国力保持了向上的势头，到楚庄王这里，楚国的实力已经相当雄厚了。楚庄王在伍举和苏从的辅佐下，短短五年时间，楚国的国力已经让中原诸侯为之侧目。

◇问鼎中原

前606年，位于陆浑地区的戎人作乱，楚庄王亲起大军讨伐。战争的结果毫无悬念，陆浑戎被彻底铲除。由于陆浑距离周都洛邑很近，刚打完胜仗心情大好的楚庄王决定去洛邑串串门。串门就好好串门吧，敲敲门递上名帖，进去喝杯茶聊聊天，这是正常情况。楚庄王却偏偏不好好串门，到了周天子家门口又不进去。在雒水边把带来的兵马排成军阵，先玩了把阅兵。十几万人堵着家门口喊打喊杀可不是闹着玩的，城里的周定王大惊失色，忙派王孙满来探个究竟。

楚庄王见了王孙满之后，也没有过多客套，直接问了他一个问题："周天子家里那九个鼎，大小轻重如何呢？"这是一个很敏感的问题。搁在今天，不熟悉的人问你工资多少都是一件很不礼貌的事。楚庄王问周天子的九鼎轻重，这个问题可比问陌生人工资多少严重得多，因为九鼎是有特殊含义的。

当年大禹治水平天下，九州来朝。大禹把九州进贡的铜铸成了九只大鼎，每只鼎代表一州，鼎上刻着该州的名山大川、风土人情、奇异之物。夏亡之后，这九鼎传到了商朝；商亡之后，九鼎又传到周朝，被保存在洛邑至今。一句话，九鼎是政权的象征。楚庄王问九鼎的轻重，便是觊觎周室的王权，绝对是件大逆不道的事。

当然，九鼎是死的，楚庄王面前这十几万楚军可是活的。王孙满要是得罪了楚庄王，这十几万大军可不是吃素的。于是他客客气气地回答："这王权呢，在于道德不在于宝鼎（在德不在鼎）。"谁料楚庄王还是不依不饶，嚣张地对王孙满说："你不要拿九鼎说事！我楚国只要把兵刃上的铜折下来，也能铸成九鼎！"这下王孙满也怒了，他还没见过这么给脸不要的人，就义正词严地回怼道："您怕是忘了吧！这九鼎是虞夏昌盛时所铸，夏桀道德败坏，鼎便到了殷商手里。殷商国祚六百年，纣王无道，鼎才传到我大周。天子如果道德高尚，鼎再轻也搬不动，天子如果荒淫无道，鼎再重也很容易搬动。周成王当初把九鼎安放在这里，占卜说大周可以传三十代，享国七百年，这是上天的旨意。如今周室虽然衰微，但天意难以改变。鼎的轻重，我看您还是别问了！"楚庄王被这番话震撼到了，他沉吟良久，若有所思。最后面露惭色，恭恭敬敬地把王孙满送回洛邑，然后收兵回国。

楚庄王被王孙满打击得不轻，回师途中，他又收到了一个消息，这个消息让他震惊：楚国现任令尹斗越椒发动叛乱，司马芳贾被杀。斗越椒现屯兵烝野，准备截断王师归路。

斗越椒是楚国前司马斗子良的儿子，令尹子文的侄子。斗越椒刚一出生，子文就瞧他不对劲。怎么了呢？原来这婴孩身形彪悍似虎熊，哭声却像狼叫。忧心忡忡的子文跟弟弟子良说："有这种长相和声音的孩子是狼子野心，将来肯定会害得若敖氏灭族的，一定要杀了他！"子良当然不会因为哥哥的一句话就杀死自己的亲儿子。子文却一直把这当回事，在他临终前，召集所有的族人，嘱咐大家道："一旦斗越椒当权，你们就赶快跑，不然会遭遇灾祸。"斗家人认为这位老令尹死前发昏，谁也没把这话当真。

子文死后，儿子斗般继任令尹，斗越椒出任司马。这时工正芳贾跟斗般有私人恩怨，便诬陷斗般谋反。斗般被杀后，斗越椒顺位成为令尹，而芳贾则成了司马。斗般任令尹的时候，楚庄王整日花天酒地，国家一切大小事务都是令尹说了算，是个很拉风的职务。到了斗越椒当令尹的时候，楚庄王已经亲政了，而且重用伍举和苏从，令尹的权力自然小了很多。斗越椒觉得楚庄王这是针对自己，从此心怀怨恨。

到楚庄王率师讨伐陆浑戎的时候，斗越椒终于决定借机发动叛乱。司马芳贾却知道楚庄王手下能人很多，叛乱是不可能成功的，力劝斗越椒收手。斗越椒哪里肯听，见芳贾不跟自己一条心，就杀了他起兵反叛。

听说楚庄王正日夜兼程赶回郢都，斗越椒急忙引兵拦截，在皋浒迎面撞上了王师。斗越椒的资历很深，参加过城濮之战、灭庸之战，是个打过大仗的人。楚庄王不明白斗越椒这样的老同志为何会犯这种错误，想争取一下他，便派苏从跟他讲和，并开出了非常优厚的条件：赦免斗越椒擅杀芳贾之罪，派王子到斗越椒处为人质。斗越椒却跟苏从说："我只是不齿于当令尹了，想当个楚王玩玩，根本没指望赦免。熊侣想打就打，不想打便交出王位！"话说到这个份上，也就没啥好谈的了。

七月九日，王师与叛军在皋浒对阵。斗越椒左手握弓、右手持戟在阵前往来驰骋，指挥部队。他的若敖部卒在楚军中是出了名的能打，有道是强将手下无弱兵。王师见了这个阵势，都有点儿害怕。楚庄王见状，亲自擂鼓督战，王师这才打起精神迎敌。

斗越椒远远望见楚庄王亲自擂鼓，驱车直奔楚庄王，弯弓搭箭，一箭射去。那箭呼啸着飞过车辕，正钉在鼓架上，箭杆嗡嗡颤抖。楚庄王吓得鼓槌都掉了，忙叫避箭。左右军士拿出大笠将楚庄王遮住，斗越椒又是一箭，把左边的大笠射个对穿。楚庄王见势不对，下令鸣金收兵。斗越椒趁势掩杀，王师大败。

败退下来的楚庄王拔下斗越椒的两支箭查看，箭杆比普通箭长一半，鹳翎做的箭羽，豹牙磨的箭头，锋利异常，大家围上来一看，都吐了吐舌头。于是楚军中疯传，斗令尹神箭无敌，难以取胜。楚庄王怕影响士气，便派人在军中到处宣扬，先君文王攻克息国的时候，得到了三支神箭，被斗越椒偷走两支，现在他已经用完了。大家听了这话，才安下心来。

军心虽定，楚庄王却觉得不能跟斗越椒硬拼。他宣称要撤退到随国，然后起汉东诸国之兵来对付斗氏。楚军众将正疑惑间，却被楚庄王叫去吩咐他们如此这般，众将得令而去。第二天，楚国大军开拔撤退。斗越椒听到楚军后撤，率军追赶。楚军撤得好快，叛军追了两百多里才在清河桥北发现了正在做早饭的楚兵。楚兵的早饭刚做熟，见到叛军丢下锅碗瓢盆就跑了。热腾腾的早饭还在锅里，斗越椒却下令部队："擒了楚王，才可以吃早饭。"叛军追了一天一夜，肚子早饿瘪了，这下不得不继续忍着饥饿追赶。好不容易追上了后军大将潘尪，潘尪却说："你追我干啥，楚王就在前面呢，加油啊！"斗越椒以为潘尪这是为自己好，忙继续向前追赶。又追了六十里，追上了前军大将熊负羁。斗越椒问熊负羁："楚王在哪儿呢？"熊负羁答道："楚王还没到这儿呢。"斗越椒迷惑了，但还是跟熊负羁说："你要是帮我的话，等我当了楚王，把楚国分一半给你。"熊负羁说："行啊，但是你的人都饿成这样了，还是先吃顿饱饭吧。"斗越椒觉得有道理，这才下令埋锅造饭。

饭刚刚做好，却听一声炮响，左路公子侧、右路公子婴齐杀到。斗越椒的叛军饿得连打仗的力气都没有了，只好向南撤退。到了清河桥，发现桥已经被拆了。原来这就是楚庄王的计谋，他亲自埋伏在清河桥南，等斗越椒一过去，便把桥拆了，断了叛军的归路。斗越椒刚想派人查看水深水浅，却听到河对岸楚军大将乐伯大叫："乐伯在此，叛贼速速下马受降！"斗越椒大怒，下令隔河放箭。河面太宽，箭射不到对岸便纷纷落水。这时乐伯军中一员小将请求与斗越椒比箭，乐伯一看，正是号称军中神箭的养由基，就同意了。

养由基站在断桥之上向斗越椒大喊："斗令尹听着，河面太宽，箭根本射不到。你要是有种，咱们比比箭法，每人射三箭，生死各安天命，如何？"斗越椒问："你是谁啊？"养由基答："我是乐伯部下小将养由基。"斗越椒一听，欺负养由基没名气，就说："我乃当朝令尹，你跟我比箭，得让我先射三箭。"养由基说："三箭就三箭，我要是躲闪都不算好汉！"斗越椒于是拉圆了雕弓，一箭射去。养由基不慌不忙，看箭射来，拿弓一拨，箭落在水里。斗越椒一箭不中，又搭一箭，这回斗越椒看准了才放箭。这一箭力道很大，养由基往下一蹲，避了过去。斗越椒叫道："不是说好了不闪不避的吗？"养由基说，"令尹再射一箭，我这次不躲了。但如果射不中，就该我射了。"斗越椒想，你要是不躲，那不是死定了？于是张弓搭箭，一箭直奔养由基头部而去。养由基这回真的不躲不闪，等到箭来的时候，一张口把箭头咬住了。

斗越椒看三箭都没射中，心里有点儿慌。但想想自己如果射不中，那个毛孩子也未必能射中，便喊道："轮到你射了，你如果三箭射不中，还该我射！"养由基笑道："三箭才射中你，那叫菜鸟。我一箭就能要了你的命。"斗越椒说："毛孩子口出狂言，我看你怎么射！"养由基大喊："令尹看箭！"把弓弦一拽，却没放箭。斗越椒听到弓弦响，忙向左一躲。养由基说："我的箭还没放呢！咱说过躲闪的不算好汉，令尹怎么又躲了呢？"斗越椒说："少废话，怕人躲闪的也不算会射箭。"养由基不再多说，又虚放一箭，这回斗越椒往右一躲。就在这电光石火的一刹那，养由基一箭出手，正好把斗越椒的脑袋射个对穿。若敖叛军见主帅已死，纷纷四散奔逃，斗越椒的叛乱就此平定。

斗越椒谋反，这是灭族的大罪。楚庄王因此下令将若敖氏上上下下全部斩首，只有斗越椒的儿子斗贲皇趁乱逃脱，投奔了晋国。令尹子文的担心变成了现实。子文还有一个孙子斗克黄官拜箴尹（楚国谏官），此时正在出使齐国。在回国的路上，斗克黄听到了斗家出事的消息。大家都劝斗克黄不要回去送死了，斗克黄却说："王命未复，谁能接受我？国君就是天，难道可以逃避上天吗？"便回到楚国复命，然后跑到法官那里领死。楚庄王被斗克黄感动了，他想起了子文治国的种种功绩，就说："子文没有后代，何以劝世人向善呢？"于是赦免了斗克黄，让他官复原职，只是把名字改为斗生。

◇绝缨之宴

平定了斗越椒的叛乱，楚庄王心情特别轻松愉悦。自六年前亲政以来，楚庄王一直不碰酒器，不听乐器，宵衣旰食，朝乾夕惕。现在叛贼消灭了，四境安宁了，楚庄王决定让心情好好地放个假，跟群臣狂欢一天。宴会安排在郢都东郊的渐台之上，所有臣子都要参加，楚庄王给这个宴会起了个名字叫"太平宴"。大家在宴会上喝酒吃肉、听歌聊天，从清晨闹到太阳落山，还觉得不尽兴。楚庄王见大家兴致正高，下令秉烛夜宴，让自己的宠姬许姬和姜氏也出来给大家敬酒。大家一看大王的宠妃来敬酒，纷纷起立一饮而尽。

这时一阵风刮来，渐台上的蜡烛全被吹灭，现场一片漆黑。大臣中有个人看许姬漂亮，趁着侍者取火还没回来，竟伸手拉住了许姬的衣袖，想揩把油。许姬反应很快，左手抽回袖子，右手顺手把那人的盔缨拽了下来。那人吃了一惊，连忙缩手。许姬快步走到庄王跟前，对他说："刚才妾在给大家敬酒的时候，有个人趁烛灭牵我的袖子。我已经把那个人的盔缨摘下来了，请大王马上下令点灯，查出那个无礼之人！"谁料楚庄王听完却下令："先不要点灯，今天大家尽情狂欢，请把盔缨全摘掉，不摘的不算尽兴！"大家闻言纷纷把盔缨摘掉，楚庄王这才下令点灯。这样一来，就完全看不出谁是刚才的咸猪手了。宴会散后，许姬埋怨楚庄王不给她做主，让那人白占她便宜。楚庄王笑道："你懂什么，今天是君臣同乐之宴，从白天喝到晚上，酒后失态是很正常的。我要是点灯把那个人查出来，是给你做主了，却伤了大臣们的心，让大家都不开心，这不是我开这个宴会的本意啊！"许姬这才叹服。

斗越椒伏法以后，令尹的位子空了出来。楚庄王征求大臣们的意见，大家都说虞丘这个人很有能力，于是楚庄王便任命虞丘为令尹。虞丘不负众望，在令尹任上干得风生水起，许多见解连楚庄王都十分佩服。这段时间虞丘深得楚庄王赏识，楚庄王每次退朝后都要跟他聊很久才回宫。楚庄王这种经常晚归的行为引起了夫人樊姬的注意，在一次晚归之后，樊姬问楚庄王干吗去了。楚庄王说跟令尹虞丘谈工作，所以回来晚了。樊姬又问虞丘是谁，楚庄王说虞丘是楚国的一位大贤。

插播一下，樊姬这么问倒不是怀疑丈夫有外心了。事实上，樊姬绝对称得上中国古代男子择偶的最高标准。在古代，谁要是找到樊姬这样的老婆那就偷着乐去吧。这么说不是因为樊姬相貌有多出众，而是因为她的大度，什么多疑善妒、争风吃醋这些缺点在她身上统统没有。相反，跟楚庄王结婚这么多年，樊姬除了照顾好丈夫的饮食起居之外，只干一件事：帮丈夫物色美女。樊姬知道楚庄王喜欢美女，便到处帮他寻找。找到了以后就亲自调教，教美女梳妆打扮、宫中礼仪，教好了再送到丈夫身边。有这样的老婆，楚庄王自然可以跟她开诚布公，而樊姬也从不怀疑丈夫会隐瞒什么。

插播完毕，继续正题。樊姬在听到丈夫这么说之后，忍不住掩嘴笑了起来。她跟丈夫说："我看这位虞丘最多算是个聪明人，大贤是靠不上边的。"楚庄王好奇地问："夫人为何这么说呢？"樊姬答道："妾认为，臣子侍奉君王跟妻妾侍奉丈夫是一个道理。比如臣妾自知才貌不出众，就会把那些才貌双全的姑娘推到大王身边。这位虞丘跟大王聊了这么久，也没见他推荐过一个能人。一个人智力有限，他想以一人之智掩盖楚国这么多才智之士，又怎么称得上大贤呢？"

楚庄王觉得很有道理，第二天就把这话跟虞丘说了。虞丘听完非常惭愧，立刻去寻访贤士。这一找还真找到一位，这位贤士就是孙叔敖。孙叔敖姓芈，芳氏。芳氏是楚国先君蚡冒的后代，有史料说孙叔敖就是那位被斗越椒干掉的司马芳贾的儿子。不管怎么说，孙叔敖确实是一位德才兼备的人才，一位谙熟军事、政治、经济和水利的全才。

孙叔敖很小的时候，有一次出去玩，看到了一条双头蛇，便砸死了蛇，然后把蛇埋了起来。回到家后，孙叔敖跟母亲哭诉说自己快要死了，恐怕不能给母亲养老送终了。母亲问为什么，孙叔敖说："传说见到双头蛇的人都会死，我今天看到了。为了怕再有人看到，就把蛇砸死埋了起来。"母亲说："这是积累阴德的事，不但不会死，还会有好报呢！"这个故事流传很广，等到孙叔敖被任命为令尹后，还没开始施政大家就相信他会是位仁德的好官。

当然，单凭杀双头蛇的事迹肯定不足以让孙叔敖被前令尹虞丘看中。孙叔敖能得到提拔重用，是因为他首先是一名优秀的水利专家。孙叔敖在期思隐居期间，史河经常泛滥导致民不聊生。孙叔敖利用大别山北陂来水，依山势修建水陂塘。水陂塘修得很巧妙，雨季可以防洪，旱季可以灌溉。建成后的福利很明显，从此期思地区成了"百里不求天"的灌区。这水利项工程叫期思陂，比大名鼎鼎的都江堰还早了三百多年。孙叔敖正是凭借这项民生工程声名鹊起，被虞丘引荐给楚庄王。

与当代西方国家的元首多出自法律系或经济系毕业生不同，中国古代的重臣往往是水利系出身。比如，大禹同志就是因为治水有功，成为天下之主。水利干部容易出重臣的原因在于，水利工程往往需要动用大量人力、物力，项目的统筹协调，水利设施的设计，都非常复杂、烦琐。一般能搞定水利工程的人，组织协调能力、创新思维能力和计划执行能力都不会差，具备了治国理政的基本素质。

孙叔敖凭借水利专长官至令尹，可他的才能并不止局限于水利领域。在军事、经济和政治领域，孙叔敖也有相当的造诣。孙叔敖上任的第一件事是制定军法。在他制定的军法中，详细规定了行军途中右边的人做什么，左边的人做什么；先头部队、主力部队、殿后部队的职责是什么。还将军队分为中军、左军和右军，将君王的直属部队分为两广，任命了三军和两广的长官，规定两广每五个时辰轮一次岗。军法实施以后，全军井井有条，对百姓秋毫无犯。楚庄王见了以后赞叹道，真是子文再生了。

在其他方面，孙叔敖也是个有办法的人。楚国的民俗是乘坐矮车，楚庄王认为矮车不利于驾马，就想下令全国统一改成高车。孙叔敖却认为政令屡出会令老百姓无所适从，要慎重，况且要让大家改乘高车不需要通过行政命令的方式。他跟楚庄王说："您只需要把乡里的门槛加高，乘车的人每次过门槛都要下车，他们自然会改乘高车了。"还有一次，楚庄王觉得楚国原有的蚁鼻钱太轻，便下令把蚁鼻钱改铸成大钱。这样钱是好看了，可老百姓交易起来很不方便，因此大家都不做生意了。管理市场的官员看到市场很萧条，就向孙叔敖报告。孙叔敖问："这种情况出现多久了？"官员回答："已经三个多月了。"孙叔敖说："我明白是怎么回事了，这就让市场恢复原状。"到了上朝的日子，孙叔敖跟楚庄王说："先前改钱币，是因为旧币太轻。现在新币太重，百姓无心做生意，我请求恢复旧的币制。"楚庄王答应了。不多久，市场又恢复了原有的繁荣。

有这样的贤臣辅佐，楚国的国力增长得很快。楚庄王决定继承楚国历任先君的遗志，继续北上图霸。前文说过，郑国是南北霸主的上马石，楚庄王要图霸业，还是得打郑国。稍等一下，郑国不是在郑文公时代成了楚国的铁杆小弟，郑文公自己都成了楚成王的妹夫了吗？没错，可是现在郑国当家的郑襄公是郑文公的孙子，郑文公已经去世二十多年了。二十年的时间，足以改变很多事情，包括两个国家的关系。楚、郑之间的亲戚关系早已被时间冲淡，对于楚庄王而言，郑国重新成为那块上马石。

虽然如此，攻打郑国还是需要一个理由的。楚庄王被王孙满教育了一通之后，深知德的重要性，再也不能像先祖那样把"我是蛮夷"挂在嘴边上，想打谁就打谁了。但欲加之罪何患无辞，理由还是好找的，刚刚上位的郑襄公这就给楚庄王送了一个。这个理由就是，郑襄公接受了宋昭公的贿赂，放走了俘虏的宋将华元。这算是个什么理由？郑国放走宋国俘虏关楚国什么事？楚庄王的解释是，宋国跟我们是世仇，你郑国擅自放走我的仇敌就是跟我过不去，我非揍你不可。这……这个时候就看出实力的重要性了，如果郑国实力像晋国或者齐国那么强大，完全可以怼回去："俘虏是我自己抓的，我想放就放，有本事你也自己抓去！"郑国实力不济，面对楚国大军的威胁，只能向晋国求救。晋国还比较仗义，派荀林父率大军救郑。楚庄王还没做好跟晋国交手的准备，便班师回国了。

第二年（前603年），楚庄王又来了。郑襄公真是一个头两个大，也不能每次都去求晋国，这次只好跟楚庄王服个软。楚庄王看郑国讲和了，就又回去了。为了彻底解决楚国的威胁，郑襄公在次年（前602年）与晋国在黑壤结盟，正式成为被晋国保护的国家。郑国投靠晋国，楚庄王竟没任何反应？这是不可能的，楚庄王这一年（前601年）正好有点儿别的事，没顾上郑国。这一年，楚国东方的小弟们——群舒——造反了。楚庄王带兵灭了舒国和蓼国，给他们划定了疆界，又跟吴国、越国结了盟，才打道回府。转过年头来（前600年），楚庄王想起郑国背叛自己的事，又带兵杀了过来。郑襄公估计想死的心都有了，不过这次楚庄王没有直接攻打郑国，而是在厉地开了个诸侯大会，还给郑襄公送去了请柬。

郑襄公为难了：去参会吧，自己已经跟晋国结盟了，去了相当于投敌；不去吧，楚庄王估计连会都不开了，直接来揍自己。思来想去，郑襄公决定耍个滑头。他还是去参加了大会，但是会开了一半，借口家里有事开溜了。这样既不得罪楚国，也不算背叛晋国。郑襄公这种两面三刀的做法当然糊弄不了楚庄王，会议结束后，楚庄王以郑国逃会为由，带兵攻郑。实力不济真是好痛苦啊！晋国这回继续了他负责任大国的传统，派郤缺领兵救郑，跟郑襄公合兵一处。郑襄公这次是真的怒了，自己放个宋国的俘虏，要挨打；开会溜号，要挨打；就算什么都不做，还是要挨打，还让不让人活了！愤怒的力量是可怕的，体现在战场上就是郑襄公逢敌便砍，心想与其这么痛苦地年年挨打，不如在战场上死了算了，还能评个烈士。这种愤怒的效果立竿见影，楚庄王没有敌过晋、郑联军，在柳棼被打得大败。

不甘心的楚庄王在第二年（前599年）又来进攻郑国（真是执着啊）。这回晋国领兵救郑的是有智将之称的大夫士会，很遗憾，士会没有给楚庄王任何机会，楚庄王又在颍水之北大败。转过年来，楚庄王没有继续攻打郑国，他去打了另一个小国陈国。因为陈国发生了内乱，陈国大夫夏征舒杀了陈灵公自立，原因和过程会在后面"吴越争霸"部分详述。楚庄王攻入陈国，杀了夏征舒，顺势灭了陈国，把陈纳为楚国的一个县。开疆拓土本来是件大好事，楚国群臣纷纷来祝贺。这时楚国大夫申叔时刚从齐国出使回来，见了楚庄王只是简要地汇报了一下出使的情况，也不道贺便退下去了。

楚庄王觉得很没面子，就把他叫回来责备道："我杀了弑君逆贼，开拓了楚国的疆土，双喜临门，你为啥不祝贺我呢？"申叔时说："想听真话吗？"楚庄王说："那当然啦！"于是申叔时跟楚庄王分析："夏征舒弑君篡位，罪不容诛，杀了他自然是替天行道。但陈国本身是无罪的，就好比人家的牛践踏了您的庄稼，您却把人家的牛直接夺过来，这个惩罚不是太重了吗？您打的旗号是讨伐有罪的人，现在却把陈国吞并了，就变成贪图陈国的富有了，是件不道德的事啊！"楚庄王想起了王孙满的教训，忙说："申大夫说得对，那我让陈国复国吧！"说完派人去迎接陈成公回国，恢复了陈国的地位。

陈国的事情解决完，再过一年（前597年），楚庄王继续攻打郑国（简直无语了）。这次楚庄王任命连尹襄老为先锋，自统中军随后。出发前，襄老部下一员小将唐狡请示道："郑国区区小国，不劳连尹大驾。末将愿统本部兵马先行一日，为连尹开路。"襄老觉得唐狡勇气可嘉，便答应了他。唐狡领命先行后，奋力厮杀，锐不可当，每次总是提前打扫好营地等待襄老大军。襄老的前部进展神速，楚国中军几乎没遇到抵抗就到了新郑城下，这让楚庄王十分满意。他把襄老召来夸道："大军进展如此顺利，全靠襄老老当益壮啊！"襄老回答："哪里哪里，这全是我部小将唐狡的功劳。"楚庄王闻言马上召来唐狡，准备重赏他。唐狡却回答："不必了，大王已经赏过末将了。"楚庄王惊讶地说："寡人并不认识你，怎么会赏你呢？"唐狡说："末将正是渐台之宴上拉许姬袖子的那个人，当年大王不治我的罪，已经是对我最大的赏赐了。"楚庄王这才想起八年前的那件往事。唐狡继续说："末将感谢大王不杀之恩，今日既然话已说明，末将不敢再以戴罪之身留在大王这里了。"说完叩首离去，当夜不知所踪。楚庄王得到消息后，唏嘘不已。

楚军全部集结完毕后，楚庄王没再客气，将新郑四面围住往死里打。打了十七天之后，新郑东北角的城墙突然塌了（豆腐渣工程）。郑国军民以为这是天要亡郑，无不痛哭失声。震天的哭声惊动了在前线指挥的楚庄王，他没有让部队趁机入城，而是下令全军后撤十里安营扎寨，准备以德服郑。郑国人看到楚军退了，却以为是晋国援军快到了，连忙抓紧时间修城墙。几天之后，城墙修好。楚庄王见郑国毫无投降的意思，真是"我本将心向明月，奈何明月照沟渠"，无奈地摇摇头，继续开打。这一打就是三个月，三个月后，弹尽粮绝的新郑才被楚军攻破。

郑襄公已经欲哭无泪了，他赤裸着上身，反绑着双手，身后还牵了一头羊，向楚庄王投降。这套行头是有讲究的，用大白话说就是：我已经是待宰的羔羊了，烤着吃还是涮着吃随您的便吧！郑襄公跟楚庄王说："我这回输得心服口服。您把我流放了，我认。您把郑国灭了，地分了，我也认。您如果念着郑国先君对周室还有些许微劳，保存郑国的社稷，让郑国重新侍奉楚国，等同于楚国诸县，那是您天大的恩惠，不过这事我是不敢想的。"左右都劝楚庄王不要接受郑国投降，楚庄王却说："郑国国君能够如此，说明他能取信于郑国百姓，郑国还是很有希望的。"于是兵退三十里，准许郑国投降。

◇邲地之战

郑国从开春开始被楚国按在地上打，打了三个月，国都都沦陷了。又过了一个月，到了夏季六月西瓜上市的时候，迟钝的晋国才反应过来，向郑国派出了援军。晋国的反应固然迟钝，出手却不含糊，一下派出了六百乘兵车，以荀林父为统帅，浩浩荡荡杀奔郑国。刚到黄河岸边，便传来郑国已经投降楚国的消息。荀林父觉得郑国已经投降，没必要去救了，等楚军走后再去把郑国打服了拉回来就好。士会表示赞同，他觉得楚军在孙叔敖的调教下实力已经今非昔比，且挟攻克郑都的胜利之威，晋军是没有胜算的。

本来主帅决定的事，没有什么疑议了，偏偏有个人跳出来反对，还反对得理直气壮。这个人大声道："晋国之所以能成为霸主，是因为从来没放弃过盟友，也从来没畏惧过敌人。现在我们既要放弃盟友，又畏敌不前，照这样下去，我们很快会失去霸主之位！与其失去霸主地位，不如去死！荀帅你要撤便撤，我跟楚人死磕到底。"一般来说，主帅做出决定以后，下面的人要是敢反对，八成会被主帅骂个狗血淋头，再痛斥一声闭嘴。遇到脾气不好的主帅，一挥手拖出去剁了也不是没可能。这个人敢这么跟主帅说话，说明此人不一般。事实上，荀林父还真的不敢把他怎么样。问题就在于他的身份：此人名叫先縠，是先轸的孙子。

先轸是晋国已故元帅，曾任中军将之职，指挥过城濮大战和崤之战，是晋国的军神。而先縠此时任职中军佐，是全军中仅次于荀林父的职位。先縠凭借自己的身份，道德绑架了荀林父，荀林父自然难以辩驳，就连以智慧著称的士会也束手无策。先縠见主帅被自己怼得没话说，更是得意，竟然带着自己的部队渡过黄河，直奔楚军而去。下军大夫荀首实在看不过眼，愤愤地说："先縠不服从命令擅自行动，遇到楚军肯定失败。即使他不死在战场，回国后依法论罪，也够他受的。"韩厥却跟荀林父说："先縠不听从指挥固然有错，但是您作为主帅，连部队都控制不了，这罪过也不小啊！不如干脆进军，如果作战失利，这黑锅咱们大家一起背，不好吗？"荀林父觉得韩厥说得有道理。先轸一脉是晋国的精神领袖，是有象征意义的。即使先縠战败，国君也未必能把他怎么样，到时候这黑锅八成还是要自己背，不如跟楚人拼了吧！

晋国那边是副帅绑架了主帅，楚国这边情况也差不多。楚庄王听到晋国大军渡过黄河的消息，跟孙叔敖商量了一下，决定还是回师。楚国的一把手和二把手决定的事，也有人跳出来反对。这个人没有先縠那么显赫的身世，他只是楚庄王的一个宠臣，叫伍参。伍参祖上虽然寂寂无名，后代却个个大名鼎鼎。伍参的儿子叫伍举，就是智谏楚庄王的那位。伍举的儿子叫伍奢，伍奢的儿子叫伍子胥，伍子胥在后文的吴越争霸中可是有相当的戏份。伍参没讲什么大道理，他只用一个理由便挤对住了楚庄王："晋国那边是荀林父带队，楚国这边是大王您亲自带队。如果不跟他们打，到时候传出去就是以君避臣。当然如果您觉得无所谓，我们当臣子的也没什么好说的。"楚庄王一听这话,那是打也得打,不打也得打了,只好下令北上迎击晋军。

其实楚庄王和孙叔敖选择不与晋国交锋是有他们的考虑的。自城濮之战以来,楚国一直保持着对晋国的不胜纪录。两年前,楚国还连续在柳棼和颍北被晋军击败。楚庄王和孙叔敖都觉得对晋作战胜算不大,不如避开为妙。但既然楚庄王决定与晋国拼一把,孙叔敖也立刻转变了态度。既然不得不打,那就必须打赢!为了麻痹晋军,孙叔敖建议先求和。据情报显示,以先縠为首的主战派控制了晋军,他们一定不会同意求和。这样一来,楚庄王既占据了道德优势,又可以以此激励楚军奋勇作战。

楚晋双方的统帅都被下属绑架,一场双雄对决已然不可避免。先来看一下双方的战斗序列:

楚军方面
统帅:楚庄王
副统帅:孙叔敖
中军帅:虞丘
左军帅:子重
右军帅:子反

晋军方面
中军将:荀林父　中军佐:先縠　中军大夫:赵括、赵婴齐
上军将:士会　上军佐:郤克　上军大夫:巩朔、韩穿

下军将：赵朔　　下军佐：栾书　　下军大夫：荀首、赵同
司马：韩厥

晋国的军制分中、上、下三军，其中中军地位最高，其次是上军，再次是下军。三军的长官和副长官分别称为将和佐，三军将佐按所统领军队的地位高低有尊卑之分。也就是说，这六个人按照地位尊卑分别是中军将、中军佐、上军将、上军佐、下军将、下军佐。中军将地位最高，是全军的统帅，中军佐地位次之，是全军的副统帅。这六个人被称为六卿，是晋国军界乃至政界最有权力的人。

从兵力来看，楚军略少于晋军。从人才来看，楚国有孙叔敖，晋国有士会。从内部关系来看，楚国在经历了最初的意见不合之后，迅速上下一心，由孙叔敖总揽全局。而晋国内部意见就从来没统一过，荀林父和士会坚持主和，先縠和他的小兄弟赵括（不是后来长平之战中纸上谈兵的那位）、赵同等人坚持主战。荀林父名为主帅，实际上完全被以先縠为首的少壮派军官牵着鼻子走，这一点才是最要命的。

晋军那边还在争吵不休，楚庄王却已经采纳了孙叔敖的建议，下出了第一手棋：派少宰来晋营求和。少宰见了荀林父，恭谦地说道："我们此来就是想教导和安定郑国，不敢得罪晋国。您几位劳师动众大老远地跑过来，我看没必要，您们还是早点儿回国吧！"士会接口道："早在周平王时期，先君晋文侯就跟郑伯一起辅佐周王室。现在郑国不听天子号令，我们奉晋侯之令来质问

郑国，不劳楚国官员迎接，替我们谢谢楚王吧！"这话表面上非常客气，实际上非常不客气。翻译成大白话就是："我们和郑国祖上都是贵族，现在郑国是我晋国的小弟。我们怎么管教小弟是我们的事，跟你们楚人没关系，你们从哪儿来的回哪儿去！"文化人之间的对话便是如此，就算骂你个狗血淋头也不会带半个脏字。先縠这个官三代明显不是文化人，听不懂士会话里真正的含义，还以为士会在奉承楚人，不禁大怒。会见结束后，先縠特意派赵括追上少宰，用自己的话语体系把士会已经表达的意思又说了一遍："晋侯派我们把你们这帮楚蛮子赶出郑国，识相的就快滚，不然揍死你们！"

少宰回去把先縠的原话禀报了楚庄王，楚庄王被激怒了。你说楚庄王啥都可以，就是不能说他是楚蛮子，说了就跟你拼命。既然你说我们是楚蛮子，那我们就用中原的礼仪教训你们一顿！这种中原礼仪叫致师，是一种类似杂耍的个人军事素质表演。楚庄王派出致师的有三个人：许伯、乐伯和摄叔。许伯驾车、乐伯为车左、摄叔为车右。许伯表演的是战车飘移，就是驾车疾驰至敌营，然后急速左转使旌旗斜倒，擦着敌营的边转回来。乐伯表演的是箭术，他要射死一名敌人，然后跟驾车的人交换位子。摄叔表演的是剑法和擒拿术，他要割掉一名敌人的左耳，然后再抓一名俘虏回来。

这三位的表演都非常成功，晋军吃了亏自然不会善罢甘休，从左右两翼包抄追击他们。乐伯左边射马，右边射人，阻止晋军追击。箭只剩最后一支了，晋军却越追越近。这时有只麋鹿出现在车前，乐伯灵机一动，一箭射中麋鹿，然后停下车来。晋将鲍癸也正好追到，乐伯让摄叔将麋鹿献给鲍癸，然后跟他说："鲍将军一路辛苦。现在还没到打猎的时节，就让我先射只麋鹿给鲍将军尝尝鲜吧！"鲍癸收了麋鹿，拦住了想上前俘虏乐伯的部下。他跟部下们说："楚人这是以礼相待，我们趁机俘虏他们，反倒失了礼数，不能让楚人看不起我们。"乐伯三人因此免于被俘，回到楚营。

楚将致师居然全身而退，这让晋军那边的两个人非常不忿，这两个人是魏锜和赵旃。两人都出自晋国的世家大族，魏锜想做公族大夫，赵旃想做卿，都被拒绝了。憋了一肚子气的两人向荀林父请求去楚营找回场子，荀林父答应了他们。上军佐郤克看出了不对，他提醒荀林父说："这两个人都是赌气去的，肯定会惹怒楚国。我们还是早做防备的好，免得楚国趁势杀过来咱们措手不及。"士会表示同意。先縠却大大咧咧地说："楚国人怕咱们怕得要死，防备什么呢？"士会这回没有理会先縠，他派巩朔、韩穿带了七队兵马埋伏了起来。中军大夫赵婴齐似乎预感到了失败，偷偷派人在黄河渡口准备好了船只。

魏锜到了楚营，擅自替荀林父下了战书，言辞之间颇为轻蔑，然后大剌剌地走了。楚将潘党一直看不惯晋人的傲慢，听说少宰在晋营被他们奚落了一通，现在晋人居然敢跑到自己家里来吃五喝六，实在是太欺负人了。潘党听说魏锜的行径后，抄起家伙就准备去跟他干仗，却听说他已经离开了。潘党驾车疾追，魏锜回头一看来者不善，心里暗道不好。这时候凑巧又有麋鹿经过魏锜车前，魏锜想起了乐伯的办法。于是他也张弓搭箭，一箭射倒一头麋鹿，献给了刚刚追上的潘党。潘党见魏锜如此，也便不再为难他，放他回去了。

赵旃可没魏锜这么好运气。他在夜里到达楚军的营地，铺开席子在营地外一躺，然后派手下冒充楚军混进楚营。楚军被孙叔敖训练得戒备极严，两广轮流巡逻，还要对口令。赵旃的这帮手下哪知道这些，很快穿帮。楚军追出营门，正好撞见躺在地上数星星的赵旃。好在赵旃反应够快，爬起来就逃，楚军在后面紧追不舍。孙叔敖在帐中听到了外面的骚乱，忙问手下怎么回事，回答是有晋国奸细来偷营。他低头想了想，觉得这是个绝好的战机。晋军派人来偷营，自己设防的可能性不大，尤其是有先縠那种有勇无谋的二百五在。

孙叔敖因此下令楚军全军出击，尾随逃跑的赵旃杀奔晋军大营。果然不出孙叔敖所料，晋军内部被先縠的狂傲和自负所感染，还沉浸在对楚全胜的荣耀中，完全没有防备，就等着楚国送人头。少数明白人比如士会、郤克、赵婴齐等，又完全控制不了局面。这就没办法了，晋国的中军和下军遇到了全军出击的楚军，被冲得四散奔逃。逃到黄河边的晋军惊奇地发现，渡口居然还有船。这些船自然是赵婴齐事先准备的，赵婴齐当初准备这些船是为了以防万一，他没料到晋军居然会全线崩溃，所以这些船是远远不够用的。于是晋军兄弟为了争船开始自相残杀，偏偏此时荀林父又下达了一个缺心眼的命令：先渡河者有赏！这让晋军更加疯狂，先上船的想快点儿开船，没上船的死死扒着船帮想上船。船上的晋军抽刀向船帮一通乱砍，被砍掉的同袍的手指全落在船里，居然可以拿手掬起来。

在逃跑的过程中，晋军有些战车陷到了泥里。楚军这时却发扬了国际主义和人道主义精神，他们停止了追击，大声指挥晋军把车前的横木抽出来，这样就可以走出泥泞。晋军把横木抽出，果然走出了泥泞。得救的晋军非但不领楚军的情，还嘲笑道："我们晋国老打胜仗，没你们楚国那么有逃跑的经验。"

楚军大败晋军的中军和下军，下军大夫荀首的儿子荀罃也被楚将熊负羁俘虏了。荀首带着自己的部属杀回来救儿子，正好遇到了魏锜，就带领下军将士会同先前埋伏的巩朔、韩穿一起反攻楚军。魏锜驾车，荀首在车左负责射箭。荀首射箭的时候每次抽到利箭就把它放到魏锜的箭袋里，魏锜怒道："都什么时候了你还舍不得箭，难道箭射完了就再也造不出来了吗？你不是在找儿子吗？"荀首说："你懂个甚，不抓住别人的儿子怎么换我的儿子？利箭我肯定是要留着射大人物的！"说话间一员锦袍楚将飞驰而来，荀首抽出一支利箭，一箭射去，正中那楚将心口，当即倒在车里。荀首驰近一看，正是连尹襄老。这时有楚将公子谷臣来救，荀首又是一箭，那谷臣也应声倒地。荀首一探襄老的鼻息，已经气绝。再一探谷臣的鼻息，还有一口气。荀首松了一口气，说就凭这一死一活，已经足以换回我的儿子了，便让魏锜驱车而回。

黄昏时分，战局已定。楚军在邲地驻扎，而晋军吵闹了一夜才全部渡过黄河。楚国以阵亡一将、被俘一将的代价，换来晋军全线崩溃，荀罃被俘。城濮之战以来，笼罩在楚国人头上的阴霾被一扫而空,楚庄王本人也凭借此次大胜荣登霸主宝座。这次战争爆发得很偶然,楚国却赢得并不侥幸。孙子有云:"故知胜有五:知可以战与不可以战者胜,识众寡之用者胜,上下同欲者胜,以虞待不虞者胜,将能而君不御者胜。此五者,知胜之道也。"晋军那边,只有士会清楚地知道不可以与楚国作战,可惜他说了不算。楚国这边,伍参判断可以与晋一战,他赌对了。晋军那边,老成派和少壮派互不买账,主帅控制不了副帅。楚国这边,一旦决定开战,就由孙叔敖全权指挥,临机决断,大家都服他,也都听他的。就连身为统帅的楚庄王,也从不干涉孙叔敖的指挥。"知可以战与不可以战""上下同欲""将能而君不御",楚国占了三条,焉有不胜之理。

邲之战后,楚庄王论功行赏。孙叔敖指挥有方,大败晋军,获首功;熊负羁生擒荀罃,获大功;其余诸将各凭战功受赏。赏赐完毕后,一位大臣默默地站了出来,说是也要受赏。大家一看,原来是申公子倍的弟弟。奇怪的是,此人没参加邲之战,也没参与邲之战的后勤保障,根本是个旁观者。子倍的弟弟没理会大家惊诧、疑问和鄙视的目光,理直气壮地说:"我是替哥哥申公子倍讨的赏,而且要头赏。"全场一片哗然。原来这位申公子倍在三个月前就去世了。替死人讨赏,还要得这么理直气壮,大家觉得这位兄弟是不是疯了。

子倍的弟弟等大家安静下来,淡淡地说道:"半年前,哥哥申公子倍陪大王打猎。当时大王射中了一只刚出巢的雉鸡,哥哥子倍直接把这只幼雉抢走了。"楚庄王想起来了,是有这么回事,当时他还特别生气，居然有臣子抢他的猎物，还想把子倍干掉。幸好有大臣说子倍这个人办事很靠谱，他抢幼雉自然有他的道理，楚庄王这才作罢。子倍的弟弟今日旧事重提，是什么意思呢？只听子倍的弟弟继续说道："哥哥抢大王的幼雉是因为他看到书上说，射死幼雉的三个月内必死。所以哥哥抢了大王的幼雉，三个月后就死了。哥哥其实是替大王去死的啊！"楚庄王一听，忙让人去图书馆查查有没有这回事。一查之下，还真有。楚庄王大为感慨，便重赏了子倍的弟弟。

关于邲之战，最后还要补充一点。晋国那位官三代先縠，回国以后继续着自己的作死事业。在邲之战结束的第二年竟勾结翟人攻打自己的祖国，这下连爷爷的光环也保不住他了。晋景公新账旧账一起算，数罪并罚，判处先縠死刑，灭族，伟大的先氏家族就此灭绝。

搞定郑国以后，楚庄王开始收拾宋国。没办法，谁让郑国和宋国都是中原的核心地区呢。在邲之战结束的第二年，楚庄王就带人把宋国痛揍了一顿，理由是宋国救援了萧国，又是典型的欲加之罪。再转过年头来，楚庄王派申舟出使齐国。出使齐国必须经过宋国，但是楚庄王又不许他向宋国借道。申舟觉得楚庄王这是让自己去送死，去年刚打完人家，今年路过人家国家也不跟人家说，摆明了不把人家放在眼里。宋国这种二杆子国家要是能让申舟活着回来，那才见鬼呢。楚庄王却自信满满地跟申舟说："不要怕，宋国要是敢杀你，我就灭了他！"申舟无奈地走了。

果然不出申舟所料，宋国对楚国这种嚣张的行径已经出离愤怒了。说这么大摇大摆地从我们的地盘上过，屁都不放一个，把我们当成楚国的一个县哪？这样的话我们跟亡国有啥区别？反正都是亡国，不如杀了楚国使者！可怜的申舟就这样被干掉了。申舟被杀的消息传到楚庄王那里，楚庄王也出离愤怒了。他一甩袖子站了起来，径直往外走。侍者追到前院才给他穿上鞋，追到寝宫外才送上佩剑，追到街市上才让他坐上车子。楚庄王当即下令，拆了宋国！

当年秋季九月，楚军大举攻宋。宋文公没办法，只能向晋国求救。晋景公本来想出兵，却被伯宗劝住了。伯宗说："咱们刚刚被楚国打败，楚国风头正盛，是不可以与之相争的。现在天佑楚国，君王不要逆天而行，还是忍忍吧！"晋景公因此打消了救援宋国的念头。不救就不救吧，晋景公还干了一件很缺德的事。他派解扬去跟宋国说，不要投降，晋军马上就来了！解扬紧赶慢赶，却在郑国被抓住，送给了楚国人。楚庄王亲自审问了他，解扬倒也老实，把晋景公让他跟宋国人说的话原原本本地告诉了楚庄王。楚庄王拿出大把珠宝让解扬把话反过来说，解扬不同意，劝了三次以后才答应。

楚庄王于是让解扬登上楼车向宋人喊话，谁想到解扬却大声说："宋国的兄弟们好好坚持！晋国的大军就要到了！"楚庄王很生气，把解扬拉下来责问他："你已经答应我的事，为何反悔？这不是不讲信用吗？你不讲信用就不要怪我不客气了，我要杀了你！"解扬毫无惧色："我已经答应了我们国君，就要守信用到底。

您拿重金贿赂我，让我失信，本来就是不道德的事，又怎能指望我对您守信呢？"说完把双眼一闭，那意思是要杀要剐随你便吧。楚庄王很佩服解扬的勇气，便把他放走了。

那边宋国的兄弟也是实心眼，听说晋国大军要来了便拼死抵抗。当然也可能是知道自己杀了楚国的使者，楚庄王不会轻饶了自己。总之打到来年五月，楚庄王实在打不动了，准备撤军。申舟的儿子申犀却拦住了楚庄王的车，对楚庄王说："当年我爸出使宋国的时候，您不让他借道，还说他要是被杀了就灭了宋国。现在您打了一半准备撤退，我爸不是白死了吗？"楚庄王一时竟不知如何回答。还好申叔时当时正给楚庄王驾车，他提议围着睢阳盖一圈房子，然后种上庄稼，表示要长期围困宋国。楚庄王采纳了他的意见。

宋国一见果然害怕，使出了自己的杀手锏。在一个月黑风高之夜，宋国大夫华元亲自潜入了楚国大营。他找到了子反的大帐，溜进去走到子反的床前，把子反拍醒跟他说："我们君主派我来跟您说，宋国已经到了交换子女吃，拿尸骨当柴火的地步了（易子而食，析骸以爨）。即使是这样，让我们无条件投降还是做不到。如果你们能退兵三十里，我们宋国将唯楚国马首是瞻。"子反吓坏了。自己的大帐守备森严，这家伙是怎么进来的？如果他进来以后蔫不悄给自己一刀，自己还有命吗？惊破胆的子反口头承诺了华元，然后向楚庄王做了汇报。楚庄王折服于华元的胆量，便答应了他的要求，与宋国讲和而去。

从宋国回来以后，楚庄王经常感到力不从心，他知道，这个世界留给他的时间已经不多了。在后文吴越争霸的"霸主的那些事"部分,本书提到楚庄王作为春秋五霸候选人虽然得票很高,但并非公认的霸主。其实也有很多人认为,齐桓公、晋文公和楚庄王他们三位就是地位不可撼动的霸主。楚庄王在历史上能有这么高的评价,并不完全是因为他的武力。就连孔子都赞扬的楚庄王能够荣登霸主宝座,更多还是因为他的仁德。楚庄王的人生转变于那次与王孙满的对话,相信"在德不在鼎"五个字一定深深印入了他的心底。从此,"仁德"便成了他的行事准则。

一提到仁德,一定有不少人会想到宋襄公。宋襄公标榜了一辈子仁德,与楚庄王相比又如何呢?笔者可以直接给出答案:不可同日而语。区别在什么地方呢?正是武力。好比"荣华富贵如过眼云烟"这句话,由佛陀来说,是大彻大悟;由普通人来说,便是妄语。因为佛陀出家前是王子,荣华富贵是经历过的,而普通人又何曾体验过荣华富贵呢?一样的道理,楚庄王有能力灭了陈国,却让他复国;有能力灭了郑国,却同意他讲和;有能力在战场上屠杀晋军,却放了他们一马。

在邲之战后,楚将潘党曾建议楚庄王修京观,就是把晋军的尸体堆起来建一个大坟堆,来炫耀武力。楚庄王拒绝了,他说,"武"这个字是由"止"和"戈"组成的,所谓止戈为武。也就是说,武力的最终目的是谋求和平。楚庄王解释道,武有七德:禁止强暴、消灭战争、保持强大、巩固功业、安定百姓、调和大众、丰富财物(夫武,禁暴、戢兵、保大、定功、安民、和众、丰财者也),这七德才是使用武力的目的。这就很明显了。楚庄王拥有强大的武力,却以此为手段追求和平,这才是仁德之大者。宋襄公没有武力支撑,只是追求"不击半渡""不擒二毛"这种仁德的形式,也只能是表面上的仁德了。

　　楚庄王单凭他对武力的理解,就无愧于霸主之位。纵观他的一生,少年遭难,韬光养晦,重用贤才,问鼎中原,击败晋国,威服郑宋,人生如此,已经足可以了。回首往事的时候,楚庄王也许会为自己的一生感到骄傲,那就这样吧。前591年,执掌楚国二十三年的一代霸主楚庄王熊侣因病逝世,与世长辞。谥法有云:胜敌志强曰庄,楚庄王可谓名副其实。

番外

● 进谏这个事

　　中国有句老话叫作"良药苦口利于病,忠言逆耳利于行",说的是对人有益的话都不怎么好听。所以我们脑中一般会有这样的设定:忠臣说话都很直,不招君主喜欢,遇到昏庸残暴的君主,还经常会被干掉。其中的代表人物如关龙逄同志、比干同志和伍子胥同志。这三位同志为后世树立了很好的榜样,忠臣们纷纷以三位同志的标准严格要求自己,务求直言敢谏,如果能因此被君主干掉,定能流芳千古。

　　这样真的好吗?首先明确一下价值观,求真务实肯定是对的,阿谀奉承绝对是错的。但是要让别人特别是领导采纳正确意见,一定要直来直去、声色俱厉地表达吗?其实不一定。是人就喜欢听好话，好好的话好好说，一般人还是容易接受的，这涉及一个说话艺术的问题。

之前讲过，伍举同志就是一位很懂说话艺术的人。他用谜语的方式暗示楚庄王不要怠政，既没有触犯禁令，又让楚庄王很乐于接受。除了伍举之外，楚庄王时期还有一位进谏高手，这个人就是优孟。优孟名孟，优是优伶，是他的职业，就是艺人。优孟的事迹记载于《史记·滑稽列传》，排在第二位，他的进谏方式很特别。

楚庄王很喜欢一匹马，喜欢得有点儿过分。不仅给马穿华丽的绣服，让它睡没有帐幔的床，还给它喂蜜饯枣干。这马啥活不干，又吃得好、睡得好，所以不停地长膘，终于胖死了。楚庄王很伤心，决定以大夫的礼仪埋葬死马。看到了吧，就算是楚庄王这样的明君，也有犯糊涂办荒唐事的时候。大臣们议论纷纷，都觉得楚庄王这事办得过分了。但庄王专门就此事下了禁令：有敢以葬马的事进谏的，杀无赦。大臣们都觉得为了一匹马搭上自己的命，实在是不值得。正在大家踌躇的时候，优孟径直走进了宫去。

优孟一进殿门就仰天大哭，楚庄王很吃惊地问他哭的原因。优孟说："大王这么喜欢这匹马，用大夫的礼仪下葬实在是委屈它了。咱们楚国地大物博，什么事办不到？我觉得应该用君王的礼仪下葬。"楚庄王问："那是什么礼仪？"优孟答道："以雕花美玉做内棺，以纹理细致的梓木做外棺，以名贵的木材做护棺的木块。让士兵挖掘墓穴，老人儿童背土筑坟。令齐、赵的使臣在前面陪祭，赵、韩的使者在后面护卫。再给建个祠堂，用牛、羊、猪三牲祭祀，封个万户大邑来供奉。这样诸侯就都知道您轻视人而重视马了。"楚庄王听了脸一红，说："我有这么过分吗？那该怎么办呢？"优孟说："好办，就用埋葬牲畜的礼仪埋葬它。在地上起个土灶当外棺，以铜锅当内棺，用姜枣调味，香料解腥，稻米为祭，火作衣服，让它葬身人的肚腹之中。"楚庄王听了点头称是，把马交给了掌管膳食的太官。

故事是个好故事，可惜有个明显的漏洞。那就是韩、赵、魏三家分晋是在前 403 年，而楚庄王在前 591 年就去世了，又怎么可能出现韩、赵、魏的使者呢？所以说这个故事要么是张冠李戴，要么是太史公司马迁弄错了时间。有漏洞归有漏洞，并不影响他的教育意义。即便这个事不是楚庄王干的，如果楚庄王真的遇到这种事，想必也是会欣然接受的吧。当然了，进谏这个事也要看进谏的对象。遇到楚庄王这样的，能听懂伍举的哑谜；遇到商纣王那样的，也许真的以为是个哑谜，或者即使能听懂也装傻充愣了。

强占儿媳的荒唐君王

楚平王熊居原名熊弃疾，是楚庄王的孙子，楚共王的幼子。熊弃疾兄弟五人，共有四人成为楚王，这是件很有意思的事，后面会详细说。楚共王死后，熊弃疾的大哥熊昭即位，是为楚康王。楚康王执政十五年后死去，儿子熊员即位。即位的第三年，熊员任命自己的叔叔，弃疾的二哥公子围为令尹。公子围是一个有野心的人，在成为令尹的第二年就杀了侄子熊员自立，是为楚灵王。彼时弃疾的三哥子干任右尹，四哥子皙任宫厩尹，都是支持熊员的。公子围上台后，子干就跑到了晋国，子皙跑到了郑国。

与二哥的穷兵黩武、穷奢极欲不同，熊弃疾在二哥主政期间表现得知书达理、精明干练，颇有贤士之风。有一次，灵王派弃疾去出使晋国，路过郑国。郑简公和几位大夫为他接风，弃疾辞谢不见。在郑简公的一再要求下，才进见郑国君臣。弃疾给郑简公准备的见面礼是八匹驾车的马，给子皮的见面礼是六匹马，给子产的是四匹，给子太叔的是两匹，完全符合礼法。同时又命令随行军队对郑国军民要秋毫无犯，如有违反，严惩不贷。哥哥楚灵王十分欣赏弃疾的才干，在打下蔡国后让弃疾主政蔡国。从此，弃疾的职位就是蔡公了。

灵王在位期间连年征战，同时又举全国之力修建了一座宏伟的宫殿——章华台。章华台占地四十里，台高三十仞，要休息三次才能登上台顶。这些动作耗尽了楚国的民力，楚国民生凋敝，百姓苦不堪言。与此相对的却是弃疾在蔡地主政期间的励精图治，与民休养生息，深得蔡地百姓拥戴。

前530年，楚灵王又率大军驻扎在乾溪（今安徽亳县东南），准备伐徐。此时楚灵王的支持率已经降到最低点了，可他却浑然不觉，还贪恋乾溪的美景，一待就是一年。弃疾这时候还不想推翻哥哥当楚王，但是他的一个手下却觉得有机可乘，这个手下叫观从。观从并不是弃疾的直接下属，他侍奉的是蔡国大夫声子的儿子朝吴，朝吴是弃疾的直接下属。观从的父亲观起当年很得前令尹子南的宠信，贪污了大量的财富。楚康王铁腕肃贪，处死了子南，车裂了观起，并把观起的尸体全国巡回展览，以儆效尤。也就是说，观从是巨贪之子。观从最想做的便是把头上贪污犯儿子的帽子甩掉，为此他必须做一件足以让他翻身的大事。经过深思熟虑之后，观从认为这件事就是拥立新君。

观从计划的第一步是说服朝吴。朝吴的父亲是蔡国的太师，他的最大心愿是恢复蔡国。对于这一点，观从心知肚明。于是观从对朝吴说，现在楚灵王无道，时局不稳。如果不抓住这个机会，恐怕以后再也难以恢复蔡国了。朝吴说，那怎么办呢？观从说，只要咱们拥立一位新的楚王，等新王上位后，感谢您的拥立之功，自然会允许您恢复蔡国。朝吴问，那具体怎么办呢？观从答道，只需要假借蔡公的名义把逃亡在晋国和郑国的子干和子皙都召回来，然后如此如此，这般这般，便成了。朝吴觉得可行，就盗用了弃疾的印信，让观从以弃疾的名义给子干和子皙去了封信。信中说二哥无道，小弟弃疾准备把三哥和四哥迎回楚国，然后拥立三哥做楚王。

子干和子皙看了信当然喜出望外，屁颠屁颠地来到了蔡地。朝吴在郊外迎接二位公子，直接把实情告诉了他俩：蔡公其实并不想造反，那封信是我们伪造的，不过我们可以挟持他造反。子干和子皙一听就变了脸色，朝吴却不紧不慢地说："现在大王远在乾溪，国内空虚。郊尹斗成然是蔡公的好朋友，穿封戍主政陈地，也与大王不是一条心。到时候蔡公一旦起事，有陈、蔡两地的军队支持，有斗成然为内应，何愁事之不成呢？"子干和子皙这才放下心来。

朝吴于是又跟二人歃血为盟，誓为先君熊员报仇，然后还起草了一个盟书，盟书落款的第一位就是蔡公弃疾。观从为了造声势，估计还请了个乐队敲锣打鼓。歃血完后，把盟书放在台子上，谁都可以来看。这样一折腾，在外人看来就是弃疾派朝吴为代表，跟子干和子皙盟誓，准备造反了。做完这一切，朝吴派家丁引导二位公子直接闯进了弃疾的寝宫。

弃疾正在吃早饭，看到子干和子皙两位 A 级通缉犯来了，大吃一惊，站起来就想溜，却被随后赶到的朝吴拉住了。朝吴说："事已至此，蔡公想去哪儿呢？"子干和子皙也趁机抱住弃疾大哭："二哥无道，杀侄篡位。我们被迫逃难，现在想借助五弟的兵力复仇，事成之后，我们拥立五弟为王。"弃疾一时也拿不定主意。朝吴见状，忙打了个圆场，跟弃疾说："二位公子大老远地跑来，还没吃饭呢，先让他们吃个饭吧！"吃完饭后，朝吴让子干和子皙快去楚国，自己却跟众人说："二位公子是蔡公召来起事的，已经在郊外盟誓过了，现在派二位先行入楚。"弃疾听了大惊道：

"朝吴不要诬陷我啊！"朝吴说："蔡公跟二位公子的盟书就在郊外，大家都看到了。您已经没有回头路了，只有共图富贵才是上策。"然后派观从去闹市区宣布："楚王无道，灭我蔡国。蔡公已经答应让蔡国复国了！凡是蔡国百姓，大家都抄家伙跟随蔡公推翻楚王去吧！"

当弃疾看到宫外沸沸扬扬拿着各种器械的人群时，他意识到自己真的没有退路了。朝吴知道弃疾决心已定，就跟他说："赶紧带人追上二位公子，我去劝说陈公带兵相助。"弃疾只好依计而行，观从则去联络斗成然接应。事情发展得异常顺利，带着陈蔡大军的弃疾受到了斗成然和郢都各界群众的热烈欢迎，一路开到王宫。宫人见势头不对，忙杀了楚灵王的两个儿子太子禄和公子罢敌，迎接三位公子进宫。公子干年纪最长，被拥立为楚王。子皙被任命为令尹，而弃疾则做了司马，三人分别成了楚国的一号、二号和三号人物。

在控制住局面以后，弃疾派观从去乾溪联系楚灵王的军队，跟他们说："楚王已经被废，子干立为新王。先投奔新王的官复原职，后回去的割掉鼻子。"楚灵王的部队早就思乡心切了，一听这话呼啦啦跑了一大半。还在欣赏美景的楚灵王终于知道了一切真相，儿子们被杀，自己被废。他悲愤已极，摔到车下放声大哭。他失去了儿子，也终于理解因为自己连年征战和大兴土木而失去儿子的普通百姓了。穷途末路的楚灵王独自走到郢都郊外，觉得一切都已经结束了，就在大臣申亥家用自己的衣带结束了生命。

观从大事已成，但还要做一件事来稳固子干的地位，同时也是稳固自己的地位。他跟子干说："如果不杀掉弃疾，恐怕您这王位坐不稳啊！"子干却说："要不是弃疾，我坐不上这个王位，我不忍心杀他啊！"观从摇摇头走了，临走前留下一句话："您不忍心杀别人，会有人忍心杀您的。"通过这番对话，观从已经知道子干不是成大事的人，于是又跑到弃疾那里跟他说："子干不是立业之主，不如趁他立足未稳把他赶下王位，蔡公您自己当楚王，不好吗？"弃疾说："可以是可以，具体怎么操作呢？"正在这时，有人向弃疾密报灵王的死讯。观从灵机一动，跟弃疾说："子干他们还不知道灵王的死讯，您可派人到处宣扬说楚灵王的大军杀回来了，您已经战死。这样子干、子晳心里恐惧，一定会自杀，您就可以名正言顺地即位为楚王了。"弃疾点头称是，立即派人到处喊："楚王大军到了！"又派斗成然跟子干说："楚王大军已到，司马弃疾不敌被杀。您还是早做打算，以免受辱啊！"子干和子晳面面相觑，果然双双拔剑自尽了。

所有的兄弟都死了，弃疾稳稳当当地即楚王位，改名熊居，任命斗成然为令尹，这就是楚平王。弃疾当了楚王，可以回头来说说弃疾五兄弟四位为王的事了。当年五兄弟的父亲楚共王没有嫡子，弃疾他们哥五个最得共王宠爱。楚共王也不知道立谁好，便想求助于神灵。他和五兄弟的母亲巴姬把一块据说是吸收了天地之灵气的玉璧埋在了宗庙的院子里，让兄弟五人斋戒三日，然后按照长幼次序下拜。康王两脚跨在玉璧上；灵王手肘靠着玉璧；子干、子晳都没挨上玉璧的边；平王还很小，被人抱着下拜，两次都压在玉璧的纽上。多年以后，这个预言果然灵验了，康王当了十五年楚王，却没能把王位传下去。灵王当了十二年楚王，也被推翻了。子干当了几天楚王，子皙没当上楚王，这些兄弟都没有后代传下来。只有楚平王坐稳了王位，而且把王位传了下去。

弃疾成了楚平王，第一件事还是要感谢那些帮助过他的人。陈、蔡两国军民当初力挺楚平王上位，楚平王也因此准许两国复国。追随他回楚国夺位的，还有到了楚国后主动投靠他的大臣，重赏。之前楚灵王为了支付连年战争的军费和章华台的建设费用而增加的苛捐杂税，废除。那些因为刚直不阿得罪了楚灵王的大臣，获罪的赦免，罢官的起复。做完这一切后，楚平王召来了观从。楚平王能得到今天的一切，都是观从的功劳，虽然最初观从胁迫了他。

"你想要什么呢？什么要求都可以答应你。"楚平王问。

"小臣的祖先是卜尹的助手。"观从回答。

"那寡人就任命你为卜尹。"

顾名思义，卜尹是楚国掌管占卜等宗教事务的官员。这个职位不算高，具有一定的专业性，观从的要求并不算过分。之所以要求这个职位，是因为父亲观起血淋淋的教训就在眼前。德不配位，必有灾殃，过高的权位和过多的财富有时候未必是好事。观从的父亲是一介平民，观从自己是罪犯之子，现在一跃成为国家的官员，已经足矣了。

楚国要想和平发展，睦邻友好是必不可少的。楚灵王时期把周边的国家都得罪了个遍，平王上位，要把这些友好关系再建立起来。首先要拉的是郑国，郑国这个二五仔国家，不拉过来肯定就倒向晋国了。楚平王因此派枝如子躬出使郑国，并打算将犨地、栎地归还给郑国。到了郑国以后，枝如子躬把该说的话都说了，就是不提归还土地的事。倒是郑国人自己忍不住了，跟枝如子躬说："我们听路边社的消息，说楚王打算把犨地和栎地还给我们，您看咱们办一下交接手续呗。"枝如子躬却一翻白眼说："本使没有接到过这样的命令。"回到楚国后，楚平王问起归还土地的事，枝如子躬脱掉上衣请罪，说是臣自作主张，把国土留下了，现在请大王降罪。楚平王却笑笑，让他回去了。

这下明白了，原来楚平王自己也没打算把土地还给人家。不还就不还吧，不还还要忽悠人家，实在是不太厚道，从这一点看楚平王比爷爷楚庄王差远了。楚平王上位的初期，还是做了一些利国利民的事。比如，整顿军队，安抚百姓，救助贫困，选拔人才。这些措施挽救了正在滑向万劫不复深渊的楚国，使楚国的国力逐渐恢复了起来。在楚平王的新政期间，令尹斗成然顶风作案，跟养氏家族勾结，贪污腐败，卖官鬻爵。楚平王上位过程中，斗成然的功劳仅次于观从。身为郊尹的他如果不支持楚平王的话，光凭陈国、蔡国那些乌合之众，想进郢都还是有难度的。就是这样一位功臣，楚平王也没有手软，直接杀了他，灭了养氏的族。考虑到斗氏家族的功劳，楚平王还是把斗成然的儿子斗辛封在子文的出生地郧地，意思是让他多向先祖子文学习，别学那个贪污腐化的老爹。楚平王的这一系列举措颇有明君之风，如果能够继续坚持的话，楚国说不定会就此中兴。

楚平王没能继续坚持即位之初的国策，在他即位的第六年（前523年），发生了一件改变他人生轨迹，也改变了楚国国运的事。不卖关子了，这件事在"吴越争霸"部分会详细介绍。那就是大奸臣费无极因为妒忌太傅伍奢得宠于太子建，劝楚平王娶儿媳妇孟嬴，以此离间平王父子。平王自从娶了孟嬴后，画风就变了，本来勤政节俭的他变得颓废奢靡起来。楚平王的这种行为不难解释，在现代心理学中叫"破窗效应"。就是说如果一栋建筑物被人打碎了一扇玻璃窗，而这扇玻璃窗又得不到及时修复的话，会有更多人受到这扇破窗的暗示去打碎更多的玻璃窗。楚平王冒娶儿媳的事闹得全国皆知，是他的一扇修不好的破窗。既然如此，楚平王也就不再努力，彻底放飞自我，破罐子破摔了。

为了彻底免除后患，费无极挑拨楚平王把太子建发配到城父，然后又诬陷他谋反，把太子党连根拔起。太傅伍奢的儿子伍员因此逃到吴国，誓为父亲报仇。楚平王亲手打开了潘多拉的魔盒。就在楚平王决定自我放弃的时候，楚国的情报系统却提醒他：东边的邻居吴国已经十分强大了，而且不停地在边境搞摩擦。

吴国的强大，始于六十一年前的一件往事。就是楚国大臣申公巫臣跟大美女夏姬私奔晋国，引起令尹子反的羡慕妒忌恨。子反灭了申公巫臣的全家，巫臣因此挟私报复，建议晋景公扶植吴国来牵制楚国。得到同意后，巫臣派自己的儿子狐庸传授吴军车战之法，吴国逐渐强大起来。从那时起，楚国的这位东方邻居历经寿梦、诸樊、余祭、余眛几代吴王的励精图治，实力已经不可小视。到楚平王时，吴国的王位正好传至姬僚手中。与前几代吴王相比，姬僚的能力不算出众，可也忠实地执行了父祖强国兴军、以楚为敌的国策。

楚平王可以放弃自己，但是不能不顾国家安危。于是他下令在州来修建一座城，以此遏制吴国势力的西扩。州来在今天的安徽凤台县，刚开始的时候，笔者也不明白为什么要在州来建城。打开地图一看，立刻明白了。原来州来位于淮河北岸，淮河在州来这里拐了两个很急的弯。吴军水师溯淮河而上入侵楚国的时候，行到这里不得不减速慢行，这样就成了楚军投石车和弓箭很好的靶子。世界闻名的美国西点军校，原本是一座要塞，就修建在哈德逊河的拐弯处，跟楚国的这个州来城是一个原理。

按说楚平王的这个决策是很正确的，偏偏有位大臣反对，还是位名臣。这位大臣叫沈尹戍，此人在后来吴师入郢之战中是唯一提出正确意见的人，并最终战死。沈尹戍反对的理由并不是州来城的地理位置不好，恰恰相反，正是因为州来城的地理位置太好了。这么好的位置，楚国人知道，吴国人也不傻。你楚平王放飞自我，穷奢极欲，大兴土木，说实话比楚灵王也强不到哪里去。现在又在这么敏感的地方建这么个堡垒，摆明了是刺激吴国人，怕你建成了也守不住啊！当然这番话沈尹戍是私下里跟自己的部下说的，楚平王没有听到，所以州来城还是建起来了。

沈尹戍判断得一点儿都不错，在州来城建起的第四年（前519年），吴国起大军来攻，主帅是吴王僚能干的堂兄公子光。楚平王得到消息后，忙派令尹阳匄挂帅，薳越为司马，援救州来。这位令尹阳匄曾在之前的长岸之战中大败公子光，连吴王旗舰余皇号都被他俘获了。楚平王这个安排似乎很合理,派一位战胜过公子光的人去收拾公子光,驾轻就熟。问题在于,阳匄现在重病在身,别说指挥部队,连走路都很费劲。那不管,谁让你之前赢过公子光呢?就是抬也要把你抬到战场上,凭着你的名头,吓也要把公子光吓死。这就是楚平王的逻辑。虽然如此,楚平王还是知道州来对楚国有多重要的。为了保险起见,他集合了胡、沈、陈、许、蔡、顿六个国家的军队,一起交给了阳匄。

就这样,阳匄带着七国联军踏上了救援之路。谁承想,他最终连州来城的影子也没看到。七国联军行到钟离的时候,遇到了吴军的阻击,联军统帅阳匄急火攻心,一命呜呼,为国捐躯了。统帅去世,这仗没法打了,司马薳越拍拍屁股准备撤退。为了防止吴军追击,薳越布置了两道防线。由胡、沈、陈三国部队甩尾,作为第一道防线;由许、蔡、顿三国部队次之,作为第二道防线。楚国大军最先撤退,留六个国家的部队在后面当炮灰,这是个很欠扁的安排,但六国迫于楚国的淫威,都没敢说什么。

吴军统帅公子光敏锐地发现了其中的战机,他率大军疾行,在鸡父(今河南固始县东南)这个地方追上了殿后的胡、沈、陈三国部队。这三个国家的部队本来就没什么战斗力,再加上被楚人当成炮灰,士气低落。这种情况下,一般的将领可能会选择上去直接干。公子光不一般,在面对如此孱弱的对手的时候,也要玩个花样,把部队的伤亡减到最小。他先派三千名罪犯进攻,罪犯能有什么战斗力呢?一触即溃,四散奔逃。胡、沈、陈三国部队惊奇地发现原来号称东南小强的吴国军队竟然如此不堪一击,兴奋地争着俘虏吴军。看到三国部队已经混乱不堪了，公子光才派主力部队冲上去收玉米。这一下三国部队毫无还手之力，全线崩溃，胡、沈两国的国君和陈国的大夫也成了俘虏。公子光的阴招还没用完，他又让胡国和沈国的俘虏追上许、蔡、顿三国的部队，跟他们说，胡、沈两国的国君已经战死了。被吓破胆的许、蔡、顿三国部队不战自溃，连带着楚军也跟着拼命逃跑，吴军则在后面擂鼓追击。这一仗打得没什么悬念，七国联军大败亏输。令尹殉国，两位国君和一位大夫被俘，州来城自然也被吴军占领了。

州来之战让楚国的国际地位大跌，许多小弟转去拜了吴国的山头，这对楚平王来说也没什么。令尹阳匄光荣殉职，这让楚平王唏嘘不已。唏嘘过后，楚平王任命囊瓦继任令尹，就是这个任命把楚国推入了万劫不复的深渊。从后来的表现看，囊瓦又贪又蠢，毫无能力。如果不开上帝视角的话，楚平王选囊瓦做令尹应该是有两个原因：第一是因为囊瓦是楚庄王第三子公子贞的孙子，正经的公族；第二是因为囊瓦辈分比平王低，自身毛病一堆。因此不会倚老卖老对平王指手画脚，也不会搞什么直言进谏，楚平王可以落个耳根清净。至于国家利益，管它呢。

囊瓦一上任就开始加固郢都城防。看上去蛮正常的一件事却遭到了非议，非议囊瓦此举的人还是沈尹戌。沈尹戌这回做出了一个预言：郢都必失。应该说，这个预言不是没有根据的。《帝范》有云："取法于上，仅得为中；取法于中，故为其下。"如果囊瓦选择御敌于国门之外，与吴军在吴国境内决战，那么很可能被打到国内；如果囊瓦选择在楚国境内决战，那么很可能被吴军兵临郢都城下；现在囊瓦直接选择郢都保卫战，郢都不丢才怪。

楚平王这边还是咽不下州来之败的这口气，在州来之战结束的第二年又组织联军攻吴，一定要找回场子。这次楚平王联合的是吴国的宿敌越国，楚平王的水师行到豫章江边时，受到了越国大夫胥犴的热烈欢迎，公子仓也送了一艘战舰给楚平王。楚、越两军在豫章江边举行了一场盛大的联谊会，然后公子仓和寿梦（越国大夫，不是吴王寿梦）领兵跟随楚平王伐吴。形势一片大好，可沈尹戌又站出来说话了，他预言楚国此次会丢掉边境城邑。理由是楚平王不安抚百姓，在边境又没有防备。

很不幸的是，这次又被沈尹戌说中了。楚、越联军在圉阳遭到了吴军的迎头痛击，仓皇撤退。吴军尾随追击，顺势拿下了巢和钟离两个城邑。巢在今天的安徽巢湖，钟离在安徽凤阳，加上之前丢掉的州来，三座城邑呈品字形分布，牢牢控制着淮河中游地区。楚国这三个城邑尽失，郢都的最外围防御已经没有了。吴国虎视眈眈，楚国已经岌岌可危，不过楚平王却不用担心这些了。在楚国丢失了巢和钟离的第三年，楚平王撒手人寰，彻底不用理会这些烦心事了。

楚平王执掌楚国十三年，肯定不算最出色的一位楚王，也绝对不是最差劲的。之所以要提到他，是因为他处在楚国发展的一个拐点上。从爷爷楚庄王去世后，楚国经历了六十三年才传到楚平王手上。这期间楚国经历了共王、康王四十六年缓慢的下滑，又经历了灵王十二年快速的下滑，到平王手中已经是满目疮痍了。

平王这十三年并没有做太多有利于楚国的事，还把伍员逼到了吴国那里，给楚国埋下了一个大大的炸药包。这还不算，他还让囊瓦继任令尹，把点火的人也准备好了。正因如此，在他去世十年后吴人就打进了郢都，他也遭到了掘墓鞭尸。也许平王的本性并不坏，他只是没能克制住自己的欲望，从而把楚国推入了最低点。从此之后，楚国虽然也有数次中兴，却再也没能恢复庄王时的荣光了。

可怜可恨的糊涂庸主

楚平王去世后，楚国又经历了一百八十七年才传到楚怀王手中，其间历经了昭王、惠王、简王、声王、悼王、肃王、宣王和威王。在这段岁月里，昭王时期，吴军打入郢都，楚国几乎亡国。靠着申包胥借来秦师，才打退了吴国的入侵。昭王从此励精图治，楚国经历了一段中兴。惠王时期，楚国的疆域扩展到泗水一代。简王时期，楚国又向北灭了莒国。声王五年（前403年），周威烈王正式册封赵、魏、韩三家位列诸侯，史称三晋，由此战国七雄并立的局面正式形成。悼王时期，吴起主持了楚国的改革，楚国再次强大，楚军再次饮马黄河。宣王、威王时期，楚国又一次中兴。到威王去世时，留给儿子熊槐的是一个地域广阔的强大楚国，此时的楚国疆域西起巫山、大巴山，东至大海，南起南岭，北至陕西东南部、河南中部、安徽和江苏北部、山东西南部。

刚即位的楚怀王雄心勃勃，重用了两个人：一个名叫昭阳，司职令尹；另一个就是大名鼎鼎的屈原，任左徒。屈原是个很有能力的人，尤其擅长律法。在怀王当政初期，屈原锐意改革，整顿吏制、交好诸侯，使得楚国呈现出一片欣欣向荣的景象。楚怀王六年（前323年）时，令尹昭阳率师伐魏，大败魏军于襄陵，夺取了魏国的八个城邑。又掉头伐齐，中了秦国谋士陈轸的离间之计，才撤军回国。

楚怀王时期，秦国已经非常强大了。秦国早在怀王即位前三十三年就迎来了一位大有为之君——秦孝公，从此走上了崛起之路。秦孝公重用商鞅推行变法，仅用了十年时间，就将秦国从一个贫瘠的西陲小国变为一个傲视群雄的强大国家。到了怀王十一年的时候，秦国的实力已经完全碾压关东六国。六国切实感受到了秦国的威胁，觉得不联合起来一定会被秦国逐个吃掉。这时，有位叫苏秦的谋士顺应了六国联合抗秦的思潮，说服了六个国家联合。由于六个国家在秦国东面从南到北呈纵向排列，这种联合又被称为合纵。实力强大的楚国被推为盟主，楚怀王自然是纵长，统一指挥六国部队。

楚怀王带领六国军队进攻秦国，攻到函谷关下，大家却集体怂了。这也正常，本来这个联盟就是抱团取暖，现在到了啃硬骨头的时候，自然谁也不想多出力。大家你推推我，我推推你，都想让别人当出头鸟。六国军队在关前磨磨蹭蹭，秦军却看得不耐烦了。你们都不出手是吧，那我来吧。函谷关守将打开关门，纵兵出击。六国联军这回终于统一了意见：快跑！

此战六国联军大败，联盟也自然解散。联盟解散的第二年，六国内部继续开始了窝里斗模式。齐国痛揍了赵魏联军，秦国则趁机大胜了韩国。局势变成了秦国和齐国通过三晋互相较力，争当老大。六国同盟虽然散了摊，可是联盟里实力最强的两家——齐国和楚国却一直保持着同盟关系。秦国要收拾齐国，必须先拆散齐楚同盟。秦惠文王把这个任务交给了张仪，派他出使楚国。张仪跟苏秦是师兄弟，两人师从鬼谷子学习纵横之术。苏秦将六国联合起来，称为合纵。张仪则跑到秦国，专门拉拢六国与秦国结盟。由于秦国与六国呈东西走向的横向排列，这种策略又被称为连横。

至于张仪为何要跑到秦国与师兄苏秦对着干，正是因为他在楚国待不下去了。张仪是魏国人，学成出山的他首先想到的是为祖国效力。可惜魏惠王根本看不上这个满嘴跑火车的家伙，于是他又跑到了楚国，投在令尹昭阳门下。有一次昭阳宴请门客喝酒，喝得开心，便把自己家祖传的和氏璧拿出来给大家传看。门客们传来传去，最后和氏璧竟然不见了踪影。这还了得？暴怒的昭阳下令彻查。这时有门客偷偷告诉昭阳，他觉得是张仪偷了和氏璧，因为他这个人又穷又不靠谱。

昭阳听了觉得有道理，就把张仪抓起来严刑拷打。张仪当然没有偷和氏璧，被打得奄奄一息也不肯承认，昭阳怕打出人命也只好放人。只剩一口气的张仪回到家，老婆见了他这副样子是又气又恨，揶揄道："你说学纵横之术可以大富大贵，我看你不学纵横之术也不会落得今天这步田地吧！"张仪却张开口伸了伸舌头问妻子："我的舌头还在吗？"妻子又好气又好笑地说："当然在啦！""只要舌头还在，我就能大富大贵！"张仪坚定地说。

养好伤的张仪决心复仇，当时比楚国更强大的国家只有秦国，于是张仪便来到了秦国。张仪说得一点儿都没错，凭借着一张能言善辩的嘴，他在秦国混得如鱼得水，很快做到了国相。这次张仪以秦国特使的身份回到楚国，颇有点儿胡汉三又回来了的味道。

见到楚怀王以后，张仪开始了他的忽悠。他跟楚怀王说："秦国最喜欢的就是楚国，最讨厌的就是齐国。大王跟齐国结盟，我们秦王很不开心。如果大王能跟齐国绝交，跟我们秦国结盟的话，秦王愿意以商於之地六百里送给大王。"六百里的地盘，对于楚国这种地方五千里的大国来说，并不算太大。可是这个条件对楚怀王来说是个致命的诱惑，问题就在于商於之地的位置。

商於之地从楚国这边算起，起于武关，向西北延伸六百里直至今天的商洛市。这块地原本是楚国的，后被秦国抢去，一度是商鞅的封地。如果这块地在秦国手里的话，秦人想虐楚国，直接打开武关冲下山就可以。而如果掌握在楚国手里，楚人想找秦国麻烦，同样可以沿着商洛道顺顺当当到达关中腹地蓝田。在秦国进攻楚国的三条路线中，又数这条商洛道最是顺畅，所以商於之地一直是楚怀王头上的一把达摩克利斯之剑。现在张仪突然跑过来跟他说："这把达摩克利斯之剑我替你摘掉，你只需要跟齐国断交，楚怀王自然是欣喜若狂。"

不止是楚怀王，所有的大臣都十分高兴，纷纷向楚怀王表示祝贺。只有一个人看出了其中的猫腻，他提醒楚怀王："天上掉馅饼，一定是陷阱！"这个人就是陈轸。如果觉得这个名字熟悉，说明您仔细看了本书。没错，他就是怀王六年使用离间计退了昭阳大军的秦国谋士，现在跳槽到楚怀王这里当差。陈轸跟楚怀王说："大王不可轻信张仪！秦国之所以看重楚国，正是因为有齐国这个盟友。如果跟齐国断了交，秦国绝对不会把咱们放在眼里，更别说给咱们商於之地了。"陈轸顿了顿，继续说："即使大王觉得商於之地真的对咱们很重要，也可以让秦国先割让商於之地，然后咱们再跟齐国断交啊。"楚怀王却不耐烦地挥挥手道："秦国同意割让商於之地这么有诚意，咱们还这样做，显得咱们太没诚意了，有失大国风范。"说完重赏了张仪,派人去跟齐国断交,又派了一名将军跟随张仪去接收商於之地。

张仪到了咸阳便装醉从车上摔下来,然后闭门谢客,一连三个月都没露面,割让商於之地的事也音信全无。楚怀王这边等得着急,就跟臣下商量:"莫不是张仪觉得我跟齐国断得还不够彻底吗?"于是派了一名勇士去楚齐边境辱骂齐王。齐王很生气,彻底跟楚国断交,转而与秦国联合。张仪的病这时也神奇般地好了,开始上朝。楚怀王派来交接的将军终于见到张仪了,忙问他商於之地何时交割。张仪却惊讶地说:"什么商於之地?"楚将军说:"是你答应割让商於之地,我们大王才跟齐国绝交的啊!"张仪说:"这样啊,肯定是你们大王听错了,商於之地是大秦的国土,我怎么能轻易答应割让呢?我说的是我准备把自己封地的六里割让给楚王啊。将军放心,我这就安排交割。"楚将军没办法,只好回报楚怀王。

楚怀王一听气得拍桌子大骂:"我从未见过如此厚颜无耻之人!"当下就要点兵讨伐秦国。这回还是陈轸拦住了楚怀王,他说:"伐秦是绝对不可以的。为今之计,莫若拿一座城邑贿赂秦国,联秦伐齐,这样就可以失之东隅,收之桑榆。您现在已经跟齐国断交,如果再去伐秦,等于是跟齐、秦两个大国为敌,这样楚国就太危险了。"楚怀王又没有听陈轸的。他也许知道陈轸的话是对的,但是被张仪当猴子耍的这口恶气是无论如何都咽不下去的。

怀王十七年(前312年)春,楚怀王命屈匄为大将,领兵伐秦。秦军也派军迎击,两军在丹阳遭遇。楚军矢志报仇,秦军则是要你人头，最终还是实力强的赢。楚军大败，大将屈匄连同偏将军逢侯丑等七十余将被俘，楚国占领的汉中各郡也被秦国夺去了。楚怀王彻底怒了，又组织大军伐秦。这次楚军一直打到了蓝田，只要继续前进八十里，就可以冲进咸阳把张仪那小子剁成包子馅了。偏偏这时候韩国和魏国在背后捅了刀子，这哥俩联手南下一直打到邓地。楚军的归路马上要被切断，自然军心动摇，又被秦军打了个大败亏输。这两仗把楚怀王这么多年来积攒的家底全部打光，可谓损失惨重。

虽然如此，楚国的实力依然不可小觑。秦国要东出函谷关对付三晋，仍然需要跟楚国联合。秦国为此又开出了价码，把之前占领的汉中之地还给楚国，请求结盟。楚怀王算是跟张仪结下私怨了，回复说，土地就不要了，把张仪送过来，便跟你们结盟。张仪听说之后，主动请求出使楚国。这个行为太有种了，连秦王都劝张仪说："楚王正想把你千刀万剐呢，你这时候去不是送死吗？"张仪却满不在乎地说："事情是因我而起的，就应该由我来解决。我的背后有大王您，楚国不敢把我怎么样。如果楚国真的杀了我，只要能够对秦国有利，我也算死得其所。"秦惠文王听张仪这么说，只好同意他去楚国。

前311年，张仪收拾行囊又来到了楚国。楚怀王见张仪还真敢来，又惊又喜，直接下令把他抓了起来。张仪并没有寻死之心，他敢来楚国是因为早想好了对策，这个对策的名字叫靳尚。靳尚是楚国大夫，很受楚怀王的宠妃郑袖信任，跟张仪的关系也不错。楚怀王抓了张仪，并没有立刻杀死他。这很好理解，楚怀王恨张仪恨得牙根痒痒，好不容易抓了他，得好好想想让他怎么死。就在楚怀王思考的这段时间，张仪暗中贿赂了靳尚，让他如此如此这般这般，靳尚答应了。

得了好处的靳尚先跟楚怀王说："张仪可不能杀啊，杀了张仪会得罪秦国。秦兵的厉害您是知道的，诸侯知道大王得罪了秦国，怕是都会来找咱们麻烦吧。"然后又跟郑袖说："听说张仪很受秦王重视，秦王听说张仪被拘，打算用上庸之地的六个县和绝色秦女来赎张仪。我看您不如让大王把张仪放了算了，不然秦女一旦入宫，您可就失宠了。"郑袖最怕的就是失宠，一听这话，当夜便软磨硬泡，非要楚怀王放了张仪不可。楚怀王见爱妃和宠臣都给张仪说情，只好顺水推舟把张仪放了。张仪有惊无险地在楚国的大牢里转了一圈，出来后竟然又凭着三寸不烂之舌说服了楚怀王与秦国联姻，这才不辱使命地回到秦国。张仪在楚国的时候，屈原正在齐国出使。等屈原回来，张仪已经被放回秦国了。屈原听到楚怀王放了张仪，痛心疾首地跟楚怀王说："您为什么放了张仪？咱们落得今天这个田地，张仪可是罪魁祸首啊！您怕什么呢？到了今天咱还有什么是不能失去的呢？"楚怀王听了十分后悔，派人去追张仪，可惜已经晚了。

之后的日子里，楚怀王又倒向了齐国，直到前306年秦昭王即位。秦昭王的母亲宣太后芈氏，出身楚国公族，就是《芈月传》的那位女主角。秦昭王刚上台，位子并不稳固。因为他是楚国的外甥，迫切希望舅舅家能助他坐稳君位，所以着意拉拢楚怀王。秦昭王即位的第二年就与楚国联姻，把秦女远嫁楚国。前304年，楚怀王亲自赴秦国订立盟约，与秦昭王相会于黄棘。在这次会上，秦昭王把上庸之地归还给了楚国（这次不是忽悠）。楚秦亲善的消息不胫而走，齐、韩、魏三国不干了，组织联军来攻楚。楚怀王忙派太子横到秦国做人质，换得秦国出兵，这才退了三国联军。

楚秦的这段蜜月期维持了不到两年就破裂了，原因是太子横在秦国跟一位大夫起了争执。太子横年轻气盛，居然把那位大夫打死了，然后跑回了楚国。秦昭王显然不能容忍一个外国太子在本国行凶还逍遥法外，立即召集了齐国、韩国、魏国共同攻楚。四国联军在重丘大败楚军，杀了楚国大将唐眜。转过年来，秦军又攻打楚国，将军景缺带两万楚军抵抗，全军覆没，自己也被秦军杀死。楚怀王坐不住了，忙派太子横到齐国做人质（他就不怕太子再惹事），再次跟齐国结盟。再转过年（前299年），秦军又来了，这次拿下了楚国的八座城邑。打完以后，楚怀王却接到了秦昭王的一封邀请信。信中回忆了楚秦多年的友好关系，并解释说这几次出兵纯粹是因为太子横杀了秦国重臣，连道歉都没有就逃跑了。最后邀请楚怀王在武关相会，重修两国旧好。

楚怀王看完信好生为难。想去吧，怕受骗；不去吧，又担心秦国的武力。这时儿子子兰劝他说："父王不去就是断绝秦国的友好，到时候秦军可不是吃素的。"楚怀王这才下决心赴会。事实证明，子兰是个坑爹货。楚怀王一到武关便被秦军挟持到了咸阳。

五年前，秦昭王为了坐稳王位，把上庸之地割给楚国以换取楚国的支持。现在，秦昭王王位已稳，就扣留了楚怀王，逼他割地。在利益面前，楚怀王这个娘舅真的不值钱。秦昭王要的两块地是黔中郡和巫郡，黔中郡在今天的湖南沅陵，巫郡在今天的重庆巫山县。笔者特意到地图前看了看这两个地方的位置，发现黔中郡在郢都西南一百九十多公里处，而巫郡顺江而下，到郢都也才二百二十多公里。您咋不直接管楚怀王要郢都呢？对于这么过分的要求，楚怀王自然不能答应，于是被秦昭王软禁在了咸阳。

现任国君被扣，楚国国内炸了锅。大臣们觉得楚怀王被扣在秦国，太子又在齐国做人质。齐国和秦国一联手，楚国危矣，当务之急是要立一位新君。有的大臣主张立楚怀王在国内的儿子，昭雎却说："国君还在秦国受苦，我们在国内违背他的意愿立庶子，是不合适的。"于是派人到齐国去诈称楚怀王病危，要接太子横回国即位。齐湣王本想扣留太子横胁迫楚国割淮北之地，国相却说："如果不把太子横送回去，楚国立了其他人，太子横会一文不值。这样我们既得不到土地，还落个不义的名声。"齐湣王觉得有道理，便把太子横送回了楚国。

太子横回到楚国后立刻被拥立为国君，这便是楚顷襄王。有了新君的楚人腰杆子也硬了不少，派人跟秦昭王说："我们已经立了新君。"秦昭王本想拿这个重量级人质去换点儿赎金，结果楚人说："我们立了新君，您手头那个过期了，不值钱了，想撕票随您的便。"秦昭王很生气，后果很严重。他当即命令秦军打开武关，痛扁楚国，结果楚国又损失了五万士兵和十五座城池。楚怀王并不甘心做咸阳之囚，他在前297年的时候成功越狱，可惜很快被秦国发现。秦昭王下令封锁了所有去楚国的路，楚怀王只好向东北跑，从小路跑到了赵国，想借道回楚国。赵惠文王刚刚即位，胆小怕事，不敢收留楚怀王。于是楚怀王只好向南跑去魏国，刚到魏国就被秦兵追上，又给押回了咸阳。

这次逃跑的失败给楚怀王的打击很大，他知道自己今后再也不会有逃跑的机会了。郁闷的楚怀王在前296年走完了自己的一生，灵柩被秦人送回楚国。楚国人都很可怜楚怀王，像自己的亲人走了一样。楚怀王去世后，楚国一路下滑，经历了五代国君，七十七年之后，终于被秦所灭。

最后的名将项燕

前224年，楚王负刍收到了一个骇人的消息：秦国宿将王翦率军六十万直奔自己的都城寿春而来。六十万大军，几乎是秦国全部的家底。王翦此来用意何在，并不难猜测。此时的楚国虽然已是残山剩水，负刍还是调集了国中所有能上战场的人马，交给了大将项燕。项燕，出身于楚国名将世家，带领着楚国最后的军队，向西迎击王翦。

对于王翦起倾国之兵犯境，项燕其实并不惊诧，他早料到会有这么一天。自从去年他大破秦将李信的二十万军队，斩杀七名秦军都尉的那一刻起，项燕就知道端坐在遥远的咸阳宫王座上的那位阴鸷而刚强的秦王嬴政不会善罢甘休。只不过，他没想到报复来得这么快。仅一年时间，嬴政便卷土重来。嬴政，你还真舍得下血本啊！王翦，四年前你灭了赵国，两年前你灭了燕国，我知道你纵横沙场数十载未尝败绩。现在，你终于来了。那就来吧！我们在战场上掰掰手劲，胜了，我就是当世第一名将！败了，就以我和我祖国的毁灭来成就你的不世功名吧。

项燕想到这里，不禁百感交集。是的，这一仗如胜，则楚国还可苟活几年；败了，将是所有楚人的最后一役！战场上见吧！一路急行军的项燕终于在寿春西北四百余里的平舆遇到了王翦的秦军。黑色的旌旗遮天蔽日，军容之壮盛，虽然不是第一次见到，还是令项燕暗暗心惊。此时秦军已经扎好营垒，似乎正在等着上门的楚军。王翦，我来了，咱们较量一下吧！楚军安营扎寨完毕后，项燕派兵向王翦挑战。

秦军营寨毫无动静。项燕亲自喊话，秦营依然鸦雀无声。项燕确定王翦就在其中的某一座营帐中，他一定听到了自己的喊话。可是，没有任何回应。王翦在搞什么鬼！一连几日，项燕派士兵去秦营挑战，秦军始终没有应战。不仅没有应战，秦军每日还会派兵出来加固营盘，深沟高垒，完全是一副长久对峙的姿态。

王翦这是带了秦国全部家当来驻防？项燕登上巢车眺望秦军营寨，只见秦军做饭的做饭，沐浴的沐浴，游戏的游戏，完全没有作战的状态。这到底是怎么回事？项燕百思不得其解。日子一天天过去，项燕心中的疑问和恐惧越来越大。王翦带着六十万人到此绝对不是来野炊的，这平静的背后一定有个大阴谋。到底是什么呢？

这是一场狮兔之间的对峙，实力相差悬殊，秦军占据绝对优势。随着时间的流逝，双方主帅和士兵之间的心理都起了变化。项燕和楚军士兵是抱着与国共存亡的决心来与秦军殊死一搏的，悲壮的情绪笼罩着全军。在遇到秦军的那一刻，楚军个个都是悲歌慷慨之士，只盼着能在战场上与秦军杀个痛快。然而时间一长，这种悲壮正在一点点地逝去，取而代之的是迷茫，还有恐惧。

项燕和他的将士们并非不清楚自己的处境，他们是最后的楚军。面前是六十万虎狼秦军，背后是楚国的都城，他们没有援军，也无路可退。最初的必死之心压倒了一切情绪，待此心一退，恐惧便开始攫取每个楚国士兵的心。他们感觉到自己的头上有一把屠刀，不知道何时会挥下来。死亡并不可怕，可怕的是等待死亡的过程。

王翦带了六十万秦军，当然是来灭国的。有人说古今中外的名将都是心理学高手，从王翦的表现来看，他岂止是心理学高手，简直是心理学大师。在这场战争中，王翦看透了项燕的心理，看透了楚军的心理，看透了秦军的心理，甚至对自己顶头上司秦王嬴政的心理，他都了如指掌。在出征之前，一向淡泊的王翦突然一反常态。他不停地向嬴政要赏赐，要田、要地、要钱、要官，把能想到的都跟嬴政要了个遍。根据我们的职场经验，一般情况下跟领导要这要那的人都不会有好下场。出人意料的是，嬴政居然痛快地答应了王翦的所有要求，并对王翦的行为十分赞许。这是为什么呢？

王翦跟部下解释道，自己起倾国之兵出征，秦王一定担心他谋反。为了防止自己在作战过程中被嬴政召回去干掉，他只有不停地向秦王讨赏，表示自己就这点儿出息，什么都想要，就是不想要秦王的王座，大哥您就放心吧。这种自污清白以求信任的招数实在是高明，以至于后世一干功高盖主的重臣只要想保命，都会使用此招。使用者包括萧何、韩世忠等家喻户晓的人物。王翦能如此深刻地洞察秦王的心理，对手和部下的内心戏在他这里基本是透明的。

王翦跟项燕并没有交过手，但是从项燕大败李信的战绩和名将世家的出身来看，此人并不是易与之辈。当然，王翦手下六十万虎狼秦师也不是吃素的，此次灭楚可谓是志在必得。在这场狮子搏兔的战斗中，兔子上来就要拼命。虽然兔子拼命也不会要了狮子的命，但是俗话说兔子急了还咬人，为了防止被悲愤的兔子咬伤，聪明的狮子不会在第一时间跟兔子硬刚，而会等待兔子的悲愤冷却，锐气消磨，再一举吃掉它。王翦正是这只聪明的狮子。"就算赢，也要赢得漂亮"是王翦的人生哲学。

恐惧的情绪在楚军中蔓延的同时，秦军的求战之心也越来越迫切。自从商鞅变法以来，秦人上战场就是为了拿敌人的人头换取自己的军功爵。出来都这么久了，还不开战，何时才能拿人头回家换田换房啊！秦军将士每天以投石头和跳远来发泄自己的无处安放的精力，这是狮子捕猎前磨爪子的行为。王翦把这一切都看在眼里，士气已满，需要等待一个机会。

机会来了。项燕的忍耐和恐惧都已经到了极限，他不知道王翦葫芦里卖的什么药，但既然不打，那就撤吧。撤回寿春去，如果有战事还可以凭借坚城跟秦人死磕一把。项燕走了，王翦笑了。楚军长时间精神高度紧张，现在正是心情最放松的时候，也是最虚弱的时候，这就是王翦要的机会。项燕太想回去了，与王翦对峙的每一天都是折磨，他曾经想过王翦进攻的无数种可能，可是王翦至今毫无动作。无论如何，先回到寿春，回到寿春再说吧！

归心似箭的项燕犯了一个兵家大忌，他忘记部署后卫部队，就这样把自己的后背完全交给了对手。项燕完全没有想到沉寂了大半年的王翦会追击自己，如狼似虎的秦军在寿春以北二百余里的蕲县追上了士气低落的楚军。这是一场没有悬念的战斗，楚军想的是马上可以回家了；秦军想的也是马上可以回家了，带着楚军的人头。一边倒的屠杀，项燕眼睁睁地看着自己手下这支最后的楚军被秦军虎入羊群般地屠戮殆尽，直至冰冷的剑锋划过自己的颈部。项燕战死，最后的楚军覆灭，楚之亡国已经毫无悬念。前223年，楚王负刍被俘，楚国故地被改为楚郡。至此，绵延了八百余年，传四十二位君主的楚国正式谢幕。

本章参考书目：《左传》《史记》《说苑》《吕氏春秋》《淮南子》《清华简》《东周列国志》《战国策》，张正明：《楚史》

吴越争霸：五位复仇者的故事

先秦史中，吴越争霸是比较有意思的一段。吴越在先秦的史料中实在算不上主角。《史记》中涉及吴越的只有"吴太伯世家""越王勾践世家""孙子吴起列传""伍子胥列传""刺客列传"和"货殖列传"等寥寥数篇。《国语》243篇，"吴语"和"越语"总共才18篇（"晋语"独占127篇，其次是"鲁语"37篇），《左传》从鲁隐公元年至鲁哀公二十七年这255年间吴越只出现在其中的65年中，其余记载吴越的史籍和文学作品也就只有《吴越春秋》《越绝书》和《东周列国志》了。

说吴、越两国有意思，是因为这两国的开国君主都是大有来头：一个是周文王的伯父吴太伯，一个是少康的庶子无馀，大禹的后代。虽然如此，这两国却被中原诸侯视为蛮夷，甚至同被称为蛮夷的楚国也看不起他们。然而就是这样一个蛮夷吴国在寿梦至阖闾祖孙三代吴王的带领下突然崛起，攻入了楚国这个庞然大物的首都郢都，差点儿灭掉楚国。兵势之盛，无可匹敌。阖闾的继任吴王夫差励精图治，终于威服老牌霸主晋国而荣登霸主宝座，却在短短九年后被曾经的手下败将越王勾践所灭。而灭掉吴国的越国，在勾践之后也实在是乏善可陈，直至被楚国灭掉。

　　吴、越像两颗流星一样划过天际，消失在历史的长河中，真可谓其兴也勃，其亡也忽。从吴王阖闾刺王僚上位，到吴王夫差被迫自尽这四十一年间，发生了太多的故事：吴师入郢、掘墓鞭尸、西施入吴、卧薪尝胆、越甲吞吴，都是后世各类文学作品的常见素材，还不包括之前专诸刺王僚、子胥过昭关等桥段。这段短短的历史包含热播剧的所有要素：冲突激烈，剧情感人，有美女有英雄，有雄主有奸佞，有阴谋有复仇。当然，吴越这段史话能够引起不少历史爱好者兴趣的原因可能还有，吴越故地就是现在的江浙一带，江南烟雨，宛如水墨。

　　如果在网上做个调研，什么题材的剧最好看，相信复仇题材一定名列前茅。复仇是个古老的话题，君子报仇，十年不晚；匹夫无不报之仇；饮不尽杯中酒，斩不尽仇人头。历来复仇剧都会给人畅酣淋漓的感觉。吴越争霸的这段历史之所以精彩，正是因为，它其实是由五位复仇者的故事交织而成的。

爱美人不爱江山的公族名臣

申公巫臣是吴越争霸这段历史中的第一位复仇者。

申公巫臣本名屈巫,时任申县县尹。巫臣姓屈,说明他是楚国公族后代。因为屈姓的祖先屈瑕,是楚武王熊通的儿子,因为被封在屈地,故以封地为姓。他的官职是县尹,就是一县的最高长官。在今天看来,县长属于中国行政体系中最基层的干部;在春秋时期的楚国,县尹可是一个位高权重的存在。

这里要重申一下,县制是楚国人的发明。春秋时代,礼崩乐坏,诸侯不再听命于天子,大夫往往也会架空诸侯。分封给大夫的封地往往会成为大夫对抗诸侯的资本,造成尾大不掉的局面。为了避免这种强枝弱干的情况发生,楚国每攻灭一个国家,就会设置一个县,委任一名亲信为县尹,全权管理该县的事务。然而该县的县尹不是世袭罔替的,县尹在该县征收的赋税大部分要上缴楚国王室,对于该县的军队也只有行政权,没有指挥权。从"县"这个字上就可以看出,县者悬也,县是直接受楚王领导的。

虽然如此,县尹依然权力很大。因为一县就是之前被楚国灭掉的一个国家,且往往是在战略要地才会设县。比如,权县、申县、息县。巫臣任县尹的申县位于南阳盆地的腹心地带,是楚国的北大门和进攻中原的跳板。说白了,巫臣是位前途看好的公族青年,一位封疆大吏。

申公巫臣智商超群,业务能力很强。如果能够积累业绩,假以时日,巫臣接替令尹(相当于丞相)子重或者司马(相当于副丞相兼军队统帅）子反成为楚国的二号或者三号人物也不是没有可能。可是，巫臣的一切都因为一个女人的出现而改变了。

这个女人叫夏姬，是个改变了国际局势的人，她有一个响亮的称号：春秋第一妖姬。夏姬是郑穆公的女儿，生得十分漂亮，《列女传·孽嬖传·陈女夏姬》言："其状美好无匹。"夏姬在未出嫁之前便与庶兄子蛮私通，正值壮年的子蛮不久就死了。后嫁给陈国大夫夏御叔为妻，但夏御叔也没这个艳福，早早离世，留下了一个儿子夏徵舒。俗话说寡妇门前是非多，何况是一个拥有惊世容颜的寡妇。

夏姬很快就被陈国国君陈灵公盯上了。从陈灵公的谥号可以看出，此君不是什么好人。谥法有云："乱而不损"曰"灵"。这是一种客气的说法，事实上谥号为"灵"的君王基本都非常混乱，却很少能做到不"损"，下场都不太好。比如，晋灵公被赵穿弑杀，楚灵王被迫自杀，陈灵公的结局，很快会讲到。

陈灵公私生活相当混乱，很快，夏姬就成了陈灵公的情妇。这也没什么好奇怪的。可即使是情人关系，一般男人也很少会容忍自己的情妇再去找其他的情夫。陈灵公不是一般男人，所以夏姬又找了两个情夫：孔宁和仪行父。这两个人是陈灵公的部下，陈国的大夫。不仅如此，陈灵公还和这两位情夫相处融洽，共同行乐，甚至在朝堂上穿着夏姬的内衣互相炫耀。大夫泄冶实在看不下去，劝谏了几句，竟然被孔宁和仪行父杀掉了。

这还不算，陈灵公、孔宁和仪行父有一次在夏姬家喝酒，陈灵公居然和仪行父开玩笑，互相说夏徵舒长得像对方。三人与母亲通奸的事早就闹得全国皆知，夏徵舒原本就在人前抬不起头，这个过分的玩笑成了压垮骆驼的最后一根稻草。夏徵舒立刻设伏兵射杀了陈灵公，真是天道祸淫。

夏徵舒杀陈灵公，虽然属于为民除害，但毕竟是弑君。如果有人想整他的话，是个天大的把柄。很不幸的是，确实有人想整他，这个人就是一代雄主楚庄王。以楚庄王的胸怀，自然不会关心桃色事件引起的仇杀这种破事，跟夏徵舒本人更是无冤无仇。但是陈国的地理位置实在是太好，处在楚国的正北方，西面是郑国，北面是宋国。楚庄王志在问鼎中原，陈国是一个极好的前进基地。

于是乎，楚庄王带着他的虎狼旅直奔陈国都城宛丘（今河南周口市淮阳区）。夏徵舒又怎么是楚庄王雄师的对手，很快兵败被杀，两个奸夫孔宁和仪行父逃亡国外，整个事件的祸首夏姬也被当成战利品带到了楚国君臣的面前。当夏姬被带上楚国王宫大殿时，她的美貌立刻倾倒了在场的所有楚国男人，当然也包括楚庄王。楚庄王的心眼活了，想纳夏姬为妃。

有为青年申公巫臣这时跳了出来，他对楚王说："您征讨陈国是打着诛杀弑君逆贼夏徵舒，为陈灵公报仇的旗号。现在纳了夏姬，就成了贪图女色，这样会遭天谴的啊。"这还不够，申公巫臣还举了周朝开国君王周文王的例子来劝说楚庄王。楚庄王志在天下，自然很快就打消了娶夏姬的念头。见庄王不打算娶夏姬，司马子反又动了心思，这时申公巫臣又跳出来阻拦。对于子反，自然不能再拿周文王那一套说辞，巫臣就摆出夏姬克死子蛮、夏御叔、夏徵舒,妨死陈灵公,害得陈国灭亡,两个情夫流亡的事实,说这种杀伤力的女人,只怕娶了会不得好死。天下美女如此之多,子反兄您又是何必呢?于是子反也心有不甘地放弃了夏姬。

这下楚国君臣上下心里都犯起了嘀咕,不让楚庄王娶夏姬,也不让子反娶夏姬,莫不是您老兄自己要娶她?看着大家狐疑的目光,申公巫臣说出了自己的解决方案:连尹(官名)襄老刚死了老婆,这哥们儿命比较硬,克妻。让他娶夏姬,以毒攻毒,方可无虞。大家这才松了一口气,纷纷点头称是。连尹襄老估计做梦也不会想到,自己就这样成为大美女夏姬的第二任老公。话说申公巫臣两次阻止别人娶夏姬,他真的没看上夏姬吗?后来的事实证明,只有申公巫臣对夏姬是真爱,而聪明人想得到的,从来都不怕等待。

老天没让巫臣等多久。仅一年后,楚庄王率师围攻郑国,晋国派兵救郑,两个超级大国在邲地对峙。这是楚晋之间继城濮之战后又一次大规模战争,这一仗楚军在付出了重大代价后险胜。这个代价就是连尹襄老被射死,尸骨都没找到,楚庄王的弟弟谷臣则被晋军生俘,看来襄老的命还是不够硬。

夏姬再次成了寡妇,这回估计那些想娶她的人真要好好掂量掂量了。虽然如此,依然有不怕死的。连尹襄老的儿子见夏姬守寡,跃跃欲试地要跟这位妖艳的继母私通。巫臣这回出手了,他让人从夏姬的娘家郑国发出消息,诈称找到了襄老的尸体。然后对夏姬说,以迎回丈夫尸体的理由去郑国等我,我娶你(吾聘女)!如果给女生最爱听的三个字排个行的话,"我娶你"一定在

"我爱你"之前。

夏姬虽然驻颜有术，毕竟已经不再年轻了。她经历了太多的男人，基本都是冲着自己的色相而来的。自己艳名远播却也声名狼藉。这位前途远大、聪明绝顶的楚国公族，放弃了自己的锦绣前程，甘冒天下之大不韪与自己远走他乡，这也许就是自己最好的归宿吧。

夏姬回到了郑国。七年后，楚庄王去世，儿子楚共王即位。申公巫臣借着出使齐国的机会，带着所有的家当跑到了郑国，又带着夏姬投奔了楚国的宿敌晋国。子反出离愤怒了：不让我娶夏姬，闹了半天还是为了自己！被妒火烧得失去理智的子反与令尹子重合谋，杀了巫臣的全家。

申公巫臣知道后，递了一个条子给子反，上面说："一定要让你疲于奔命而死。"就这样，楚国的大好青年巫臣成了一名复仇者。他向晋景公进言："对楚国的东邻吴国进行无偿援助，输出军事技术和文化，让吴国来对付楚国。"晋景公采纳了他的意见，于是巫臣就派儿子狐庸出使吴国。吴王寿梦大喜，任命狐庸为行人，为吴国训练战车部队。吴国因此强大起来，不断骚扰楚国边境，果然让子反疲于奔命。

中国古代有四种仇是不共戴天的：杀父之仇、夺妻之恨、亡国之奴、灭门之仇。就连一向推崇仁义的儒家，也规定有仇必报。《礼记·曲礼上》中写道："父之雠，弗与共戴天。兄弟之雠不反兵。交游之雠不同国。"意思就是："与杀父仇人不能同处一片蓝天下，什么时候杀了什么时候算完；对于杀兄弟的仇人，要随身携带兵器,见了就直接杀掉;对于杀朋友的仇人,不能同处一个国家,只要仇人还在国内,就必须杀掉。"在西方,其实也一样。《圣经·旧约》中就教导信众:"以眼还眼,以牙还牙,以手还手,以脚还脚。"

申公巫臣的仇属于灭门之仇,虽然很惨,但是很大程度上也是巫臣咎由自取。他跟大美女夏姬叛逃敌国,一个家眷都没带。就算主观上没有要害死家人的意图,以他的聪明才智,不难想到叛国者的家人会面临怎样的下场。至于夏姬,不少人说她乱郑、灭陈、衰楚、霸晋、兴吴,是一代妖姬。没错,客观上这些都是她造成的结果,也确实改变了当时的国际局势。但再仔细想想,没有她一切会不会不同?

平心而论,没有夏姬,郑国一样会混乱,陈国一样会被灭,楚国一样会衰败,晋国一样会复霸,吴国一样会兴起,这是历史的必然。郑国处在四战之地,没有夏姬也是一片混乱。陈灵公这种荒淫无道之君,不是夏姬也会跟其他女人演出亡国悲剧。吴王寿梦是大有为之主,即使狐庸不来吴国,吴国也不会停止崛起。晋国是楚国的宿敌,即使巫臣不叛逃晋国,也会有人献策晋景公与日益强大的吴国结盟。楚国有子重、子反这样的庸才当政,他的衰落与夏姬更是没有半点儿关系。夏姬,充其量是个导火索。巫臣作为一名复仇者,则是催化剂,加速了吴国的崛起。

复仇者申公巫臣的故事到此就结束了。

番外

在世人眼中，夏姬是标准的祸水，跟她有关系的男人基本都没啥好下场。因此很多人关心娶了夏姬的巫臣下场如何。这里可以明确地告诉大家，史料上没有相关记载，据推断，应该是善终了。因为如果巫臣再有什么不测的话，史籍一定会大书特书的，不要低估了古人的八卦能力。

巫臣艺高人胆大，非但没有被夏姬克死，还让夏姬给自己生了一个闺女。据《左传·昭公二十八年》记载，这个闺女遗传了夏姬的美貌，被晋国的大夫羊舌肸（叔向）一眼看中，想要娶她。这时候羊舌肸的母亲出来劝道："这闺女的母亲夏姬破坏力太大，杀死了三个丈夫（估计算上了私通的庶兄子蛮），一个国君，一个儿子，灭亡了一个国家，使两个卿逃亡了。特别美丽的人必然有特别丑恶的一面，这闺女明显是个祸胎啊！"叔向是与齐国的晏婴、郑国的子产齐名的贤大夫，听了这番话自然就打消了娶夏姬闺女的念头。没想到旁观的晋平公看不下去了，也许是出于对父母干涉子女婚姻的极度厌恶，也许是本着看热闹不嫌事大的心态，晋平公以国君的身份命令叔向娶了夏姬之女。这晋平公很有可能在做一个实验，他想看看叔向之贤和夏姬之妖哪个更厉害。

结果还是夏姬赢了。叔向和夏姬之女所生的儿子伯石，长大后犯了事。自己被杀不说，还让羊舌氏被灭了族。

弑兄上位的江南明主

吴王阖闾是吴越争霸这段历史中的第二位复仇者。那时候，他还被称作公子光。吴国是姬姓，所以他的本名叫姬光。

姬光同志的仇恨源自他爷爷吴王寿梦的一个决定。在讲寿梦的故事之前，先插播一段吴国的开国史。吴国的开国君主吴太伯的父亲是周人的一位大名鼎鼎的祖先，叫古公亶父。古公亶父是一位大有德之人，他本来带着自己的族人在豳地劳作繁衍，不想遇到了戎狄人的抢劫。亶父倒是很大方，不就是要点钱吗，给你好了。过了一段时间，戎狄又来抢劫，这回是抢土地和人民。这就太过分了，要知道对于统治者来说，最重要的就是土地和人民。地和人都没有了，还统治什么呢？戎狄这是人心不足蛇吞象啊！

对于欲壑难填的戎狄，周族的百姓十分愤怒，纷纷表示要和亶父同仇敌忾，共同抵御侵略者。没想到亶父却一如既往的大方，他说："人民选择统治者，是为了对自己有利。戎狄统治者如果也能够对人民好，有什么不可以呢？让人民流血牺牲来换取我的统治，我不忍心这样做。"说完亶父就带着亲人和左右离开了豳地，渡过漆水、沮水，翻过梁山，来到了岐山脚下重建家园。亶父的这个仁德之举大获民心，不仅豳地的民众扶老携幼跟随亶父来到岐山脚下定居，周围国家也有不少百姓慕名来投。古公亶父因此在岐山脚下修建城邑，这片土地就是周人的发祥地，被称为周原，在今陕西扶风县北部。

古公亶父有三个儿子，大儿子叫太伯，二儿子叫虞仲，小儿子叫季历。亶父觉得小儿子在仁德方面最像自己，更重要的是，季历的儿子昌从小就有圣人之相，深得祖父喜爱。太伯和虞仲看出父亲想立季历最终传位给昌，就主动离家出走了。这哥俩跑到了现在的江苏无锡梅村（古称梅里），定居了下来。现在的无锡风景秀美，经济发达，被称为江南名城、太湖明珠。商周时期这个地方可是一片蛮荒，当地人的习俗也很奇特——"断发文身"，说白了就是未开化的野蛮人。太伯和弟弟虞仲为了融入当地的生活，也剪短头发，在身上文上青龙白虎，表示我们两兄弟就在这个地方扎根了。

当然，太伯和虞仲毕竟是部落酋长的儿子，是有理想、有道

无锡泰伯庙（潘部 摄）

德、有文化、有技术的四有青年。凭着自身的本领，太伯很快当上了当地土著的领袖，并建立了一个被称为勾吴的政权，太伯就成了吴国的开国君主。至今在无锡梅村镇还有一座泰伯庙纪念这位吴国始祖。

历史总是惊人的相似。十八代之后，太伯的后人寿梦遇到了与自己的祖先古公亶父相同的问题。事情是这样的，寿梦有四个儿子：长子诸樊，次子余祭，三子余昧，四子季札，寿梦觉得季札最贤能，想传位给他。可是季札觉得这样不合礼制，坚决拒绝即位为君。

中国古代的君位继承方式有两种：父死子继和兄终弟及。父死子继比较好理解，君位总是由嫡长子继承。兄终弟及则比较麻烦，君位由哥哥传给弟弟，兄弟都传完了就传给大哥的长子，依此类推。计算机系的朋友们比较好理解这两种传位方式：父死子继有点儿像深度优先遍历，只不过不再回退；兄终弟及则完全就是一个广度优先遍历。

商朝采取的是兄终弟及与父死子继混合制，而周朝则采取严格的父死子继制度。具体来说，就是嫡长子继承制。至于为什么这样，可能与当时的生活水平有关。商朝的生活水平较低，人的平均寿命较短。父死子继有可能会导致幼子当国，造成政权不稳，兄终弟及则可保证国有长君。到了周朝，生活水平提高了，人的平均寿命变长，人口变多。兄终弟及这种传位方式就显得太过麻烦，容易造成王室内部矛盾。举个最简单的例子，如果一位国君的儿子太多，那他弟弟的儿子们想要继承王位可就遥遥无期了。

制度就介绍到这里，回到正题。寿梦由于太喜欢自己的小儿子，在临终前嘱咐自己的长子诸樊，一定要采用兄终弟及的传位方式，让王位最终传到小儿子季札那里。诸樊和他的两个弟弟余祭、余昧忠实地执行了父亲的遗嘱。为了让弟弟季札早日即位，这三兄弟居然向上天祈祷自己的寿命不要太长，这样季札就有足够的时间带领吴国走向强盛。

天遂人愿，诸樊三兄弟的寿命都不长。诸樊战死沙场，余祭被越国俘虏刺死，余昧在位的时间稍长，但也只有十七年。余昧死后，按说就该季札登基为君了。可季札是铁了心不想登基，干脆跑到自己的封地种田去了。

无可奈何的吴人只好死了立季札为君的念头。同时由于余昧在位期间奉行睦邻友好，与民休养生息，威望很高。吴人便拥立了他的儿子僚即位，即是吴王僚。这个举动彻底激怒了姬光同志。

姬光是诸樊的长子，如果按照父死子继的周礼，自己早该即位了。可爷爷寿梦非要以兄终弟及的方式传位给四叔季札，自己也无话可说，谁让四叔的贤名闻名诸侯呢。但是四叔如果坚持不受君位，按照兄终弟及的规则，君位也该轮回到他这个家族长孙了。结果偏偏被三叔余昧的儿子僚抢了先，这帮老臣，还懂不懂规矩了！还有姬僚这家伙，下面的人不懂规矩你也不懂规矩啊？让你登基你就登基啊？不想想王位是你的吗？也不学学人家四叔，到手的王位都不要！

姬光认定堂弟姬僚抢了自己的王位，矢志复仇，夺回王位。这不是一件容易的事。姬僚也不傻，他清楚地知道自己的王位本应属于王兄姬光；他也了解姬光，知道姬光的才能和野心，知道姬光是不会善罢甘休的。一句话，姬僚对姬光的戒心很重。

姬僚对付姬光的手段是：派他去打仗。古代君主如果想除掉一个臣子，又不方便公开弄死他，最好的方法就是派他去打仗。打赢了，功劳是君主的；打输了，正好可以治他的罪；打死了，那样最好，一了百了。所谓打死敌人除外患，打死自己除内乱是也。

这个办法易学易用见效快，不少臣子都是这样含恨九泉。当然也有例外，如果这位臣子特别能打，命还特别大，等他积累了足够的军功和声望之后，君主就危险了。很不幸或者说很幸运的是，姬光同志正是这样的人。

然而，姬光同志的军事生涯并非一帆风顺，他很快遇到了麻烦。

吴王僚即位的第二年（前525年），姬光同志被任命为前敌总指挥，领兵伐楚。要说打仗这件事，有时候还是需要一些天赋的。有些人天生会打仗，比如，霍去病同志。汉武帝对霍去病的评价是："冠军侯就是天生富贵，不受拘束，怎么打都赢！"还有一些人资质稍差一些，需要在战争中历练、成长，比如，姬光同志。

姬光同志的第一仗打得并不好。当姬光的水师逆长江而上到达长岸（今安徽当涂县西南）时，迎面遇到了楚国大军。楚军的统帅是令尹阳匄，副帅是司马子鱼，楚国的二号人物和三号人物都出动了。在开战之前，楚国人先要占卜。令尹阳匄占卜了一卦，不吉利，大家都有点儿心慌。副帅子鱼却给大家打气说，楚国处于吴国的上游，占据地理优势，怎么会不吉利呢？况且占卜这种事按照楚国的惯例应该由司马来主持，这次不算！司马子鱼又占卜了一次，这次的卦象显示，如果司马子鱼带领部属战死，楚国大军跟进，还是有可能大获全胜的。

"苟利国家生死以，岂因祸福避趋之"，司马子鱼就是一位有这种情怀的硬汉。两军甫一交战，子鱼就一马当先，带领部属突入吴阵大砍大杀。初出茅庐的姬光哪里见过这种打法，只能指挥军士将子鱼团团围住。英勇的子鱼终因寡不敌众，全军覆没，吴军的阵型也因此大乱。司马战死的楚军悲愤交加，在令尹阳匄的率领下奋勇杀敌，大破吴军。姬光同志彻底被打蒙了，带着少数随从乘小船逃离了战场，吴军的战舰余皇号也被楚军俘获了。

姬光很郁闷。虽说胜败乃兵家常事，没什么大不了，但是余皇号丢了，问题就比较严重了。余皇号是先王寿梦的座舰，是天下第一巨舰，是吴国的荣耀和骄傲。所以姬光可以打一百次败仗，但是不能丢了余皇，丢了余皇，姬光同志的政治前途也就完蛋了。

姬光思来想去，召集部下开了个会。在这个会上，姬光充分展示了自己拉人下水的能力。他说："余皇号是先王的座船，丢了以后我姬光肯定没什么好果子吃，你们这些人难道就能跑掉吗？"大家听了这话，纷纷表示要齐心协力把余皇号抢回来。

楚国这边，令尹阳匄虽是见过世面的人，在盘点战利品的时候，还是被面前这艘雄伟的战舰震撼了。他知道，这就是吴王寿梦的座舰，威震诸侯的余皇号。他还知道，俘获余皇号意味着什么。如果把余皇号拖回国内搞个巡展，对于吴人的自尊心和自信心的打击是致命的。虽然如此，由于余皇号的体积太过庞大，阳匄一时也没想好怎么把它运回楚国。于是就命人围着余皇号挖了深沟，沟里填满木炭。意思是告诉姬光："你要是敢来抢船，我就点了它！"

姬光还是来了。姬光派三名精壮的死士趁夜色埋伏在余皇号边上，自己随后带领大部队靠了上去。到了以后，姬光让军士大喊余皇的名字，喊了三次，三名死士交替着应答了三声。这个看似幼稚的装神弄鬼行为居然成功打乱了楚军的部署，在楚人去杀吴国死士的时候，姬光的大部队一拥而上，打败楚军的看守部队，把余皇号又抢了回来。

这场战斗史称长岸之战，是姬光同志初出茅庐的第一仗。虽然不能算是一场胜仗，还差点儿丢了王舟余皇号，但姬光还是借此获得了宝贵的战争经验。值得一提的是，姬光在丢失王舟之后，还能沉着冷静，用计夺回王舟，充分展现了一名优秀将帅应有的潜质。

应该说姬光的成长还是非常迅速的。长岸之战之后，姬光分别于王僚八年（前519年）和王僚九年（前518年）打了两场大胜仗。王僚八年，姬光大败楚军，并借势北伐，打败了楚国两个附庸国陈国和蔡国的部队。王僚九年，姬光率军攻克了楚国的巢（今安徽巢湖市东北）和钟离（今安徽凤阳县古城村）二城。这段时间是姬光同志事业的上升期，姬光同志在声威日盛的同时，也在多方结交贤士，伺机夺位。也就是在这段时间，姬光遇到了他这一生的最佳拍档——伍子胥。

伍子胥原是一名楚国的官二代，因为被楚王追杀，逃到了吴国。关于他的事，下文还会详细讲。伍子胥的父亲和哥哥被楚平王杀了，吴楚世仇，伍子胥逃到吴国的目的就是找一个能够借他兵马，让他杀回楚国报仇的人。这个人必须满足两个条件：第一是他必须是一国之君，第二是他必须有灭亡楚国的野心。吴王僚符合第一个条件，但是此人没什么野心，他对楚国的战争更多是毫无规划的小打小闹，伍子胥心中暗忖。

伍子胥第一眼看到姬光的时候，就认定他是自己要找的人。首先，姬光本应是王位继承人，且在朝野中声望日隆，不会甘于久居人臣。其次，伍子胥从他身上嗅到了一代雄主的气息，他如果上台，一定会拿楚国开刀。姬光第一眼看到伍子胥的时候，也认定他就是自己要找的人。根据姬光的判断，伍子胥有经天纬地之才，而且正在寻找一个能帮他向楚国复仇的人。向楚国这个巨人复仇是一项大工程，很明显，堂弟姬僚没有这个能力也没有这个耐心去帮伍子胥实现这个愿望。伍子胥要报仇，一定会助我上位，姬光心里盘算着。

◇专诸刺僚

就这样，姬光需要伍子胥帮他上位，伍子胥需要姬光替他报仇。不用多说什么，两个人就走到了一起。唯英雄可识英雄，最好的关系就是互相利用。姬光与伍子胥的这种关系一直保持到他生命的结束。虽然伍子胥身负大才，也有心助姬光上位，但是让伍子胥拿刀去捅死吴王僚，好像也不太合适。姬光此时最需要的是一名刺客，一名顶级刺客。

伍子胥正好认识这样一个人。伍子胥与这个人的相识，源于他的一段特殊经历。那时候伍子胥刚逃难到吴国，人地两生，盘缠用尽，只好在市井吹箫乞食。有一天，他看见一个壮士和一个大汉起了争执。壮士声如奔雷，势若猛虎，大汉明显不是对手。这时候出现了一名女子，只轻轻喊了一声，壮士就老老实实跟她走了。

伍子胥很好奇，就尾随这个壮士到家，跟他搭话。原来壮士叫专诸，刚才喊他的是他老婆。伍子胥觉得很有意思，没想到这么威武的壮士也会怕老婆。专诸却很认真地说出了电影《叶问》里的那句经典台词："这个世上没怕老婆的男人，只有尊重老婆的男人。"伍子胥收敛了笑容。他知道，这是一个重情重义的男人。所谓士为知己者死，专诸具备了一名顶级刺客的所有素质。

伍子胥跟姬光走到一起后，就把专诸介绍给了姬光。姬光自然知道伍子胥的意思，就对专诸格外的好。专诸也是聪明人，知道"礼下于人，必有所求"的道理，何况姬光还是以公子的身份折节下交，便问姬光有什么可以帮忙的。姬光就把自己如何被堂弟姬僚夺了王位的事告诉了专诸，希望专诸可以帮自己干掉王僚。

专诸沉思良久，跟姬光说："这事不太好办，王僚守卫严密，而且对您似乎戒心很重。"姬光叹了口气说："王僚内心有愧于我，怕我夺回王位，自然对我严加防范。"专诸又说："那王僚有什么喜好吗？"姬光想了半天才说："姬僚不贪财不好色，唯独就是喜欢吃，而且特别爱吃鱼。"专诸说："那就行了。"说完便向姬光告辞，扬长而去。

接下来的一段时间里，专诸居然消失了，没人知道他去了哪里，包括姬光和伍子胥。虽然不知道专诸去了哪里，但是姬光和伍子胥都知道专诸一定是去准备行刺王僚的事了。顶尖高手就是这么特立独行，不必奇怪。

三个月后，专诸回来了。他二话没说，钻进厨房就露了一手绝活——太湖烤鱼。专诸的烤鱼，香气四溢，鲜美无比。原来这三个月专诸是访名厨，学烤鱼去了。烤鱼有了，但是刺杀王僚还是一个不可能完成的任务。因为专诸虽然可以借着进献烤鱼的机会接近王僚，但是在这之前王僚的侍卫一定会仔细地搜他的身，所以专诸没有办法携带兵刃。真是难办啊！

这时候还是姬光的见识帮了大忙，他告诉专诸，自己有一把鱼肠剑，长不过半尺，锋利无比。完全可以把鱼肠剑塞到烤鱼腹中，王僚的侍卫绝对不会想到小小的一条鱼中居然会藏有致命的兵器。专诸一拍大腿，就这么干了！

所有的条件都具备了，姬光、伍子胥和专诸开始耐心地等待一个机会。这个机会很快就会来到。

王僚十二年（前515年）冬，伍子胥的大仇人楚平王去世，由儿子楚昭王即位。来年春天，吴王僚趁着楚国国丧，派自己的两个亲弟弟盖余和烛庸包围了楚国的六（今安徽六安市）和灊（今安徽霍山县）两座城邑。同时派四叔季札出使晋国，做好外交工作的同时，借助晋国强大的实力威慑诸侯。

周礼规定，趁别人国丧去讨伐别人是不道德的行为。笔者倒是觉得，即使没有这个规定也最好别这样做，因为哀兵必胜不是没有道理的。楚国此时就是典型的哀兵。面对无礼的入侵者，悲愤的楚人派出奇兵抄了盖余和烛庸的后路，盖余和烛庸回不了国了。

时机已到。

王僚最亲近的人领兵在外，国内朝中这帮二五仔没一个是王僚的死忠。姬光决定抓住这个机会。他郑重地向专诸拜了拜，说："您的身体就是我的身体，咱们祸福与共。"专诸点了点头，知道最后的时刻即将到来。

很快，吴王僚收到了一张请柬，邀请他四月丙子日去家里品尝新鲜美味的太湖烤鱼，落款是堂兄公子姬光。吴王僚预感到宴无好宴，犹豫到底要不要去。思前想后，决定还是去吧。笔者觉得这倒真的不是因为他贪吃，而是他盘算着堂兄姬光的面子不好不给。况且自己防范严密，就算姬光想对他不利，也没有机会。姬僚只是低估了姬光的决心而已。

丙子日，吴王僚应邀赴宴。王僚的防卫措施十分严格，堪比一级警卫。首先，王僚把自己的卫队从王府排到了姬光的家，防止途中遇刺；其次，姬光府上所有上菜的人都必须在门口换上王僚卫士准备的衣服，防止夹带凶器（这个比搜身还狠）；再次，王僚的两名卫士会拿剑抵着上菜人的两肋，防止上菜人攻击王僚。这还不算，王僚还在外衣里穿了三层棠甲。这种棠甲非常坚固，寻常兵刃连一层都透不过。真是万无一失，滴水不漏啊。

相对而言，公子姬光这边的计划就简单得多，共分两步。第一步，由专诸借上鱼之机刺死王僚；第二步，埋伏在地下室的甲士冲出来控制局面，如果有王僚的卫士敢于反抗，格杀勿论。

宴会在表面欢声笑语，实则杀机四伏的诡异氛围中进行着。姬光殷勤地向王僚敬酒，并表示一会儿的太湖烤鱼是人间美味，希望大王您一定多吃一点儿。酒过三巡，菜过五味，姬光盘算着今天最大的硬菜要上了，便借口脚伤复发溜掉了。等一下王僚自是必死无疑，自己也要防止被王僚的卫士报复。

最后的时刻终于来了。专诸冷静地换上准备好的衣服后，双手高举盛着太湖烤鱼的托盘膝行上殿，两柄明晃晃的兵刃紧贴着自己的双肋。烤鱼做得实在是好，全殿弥漫着烤鱼的香味，吴王僚不由得吸了吸鼻子。当脂香四溢的烤鱼端上吴王僚的案头时，紧张了大半天的王僚终于放松了警惕，他的卫士也懈怠了下来。专诸知道，这是自己最好的，也是最后的机会。他果断地掏出鱼腹中藏着的短剑，精准地刺向王僚的胸膛。鱼肠剑不愧名剑之名，轻而易举地穿透了吴王僚的三层棠甲，直没至柄，吴王僚当场身亡。

任务完成了。看着歪倒在一边的王僚，专诸闭上双眼，静待属于自己的结局。王僚的卫士们被这电光石火间发生的变故惊呆了，愣了片刻才将专诸乱剑砍死。地下室之中的公子姬光听到了吴王僚的惨叫，知道专诸得手了，连忙带领甲士冲出。可还是晚了一步，大殿上已经躺了两具尸体。一具表情狰狞，胸口插了一把匕首，正是堂弟姬僚；另一具血肉模糊，难以辨认，是刺客专诸。姬光的甲士迅速控制了局面，王僚的卫士看到主公已死，也就弃剑投降了。

此处插一段马后炮，笔者一直在想，如果吴王僚把上菜的人直接换成自己人，姬光还能用什么办法干掉王僚。同样的道理，如果后世的秦始皇也直接让自己人把荆轲进献之物送上来，荆轲还有什么办法刺杀秦王。话虽这么说，但吴王僚和秦始皇都没有这么做，想必是觉得这样不太礼貌吧。

吴王僚十三年（前514年）四月丙子日，公子姬光正式完成了自己的复仇计划，干掉了霸占自己王位的吴王姬僚。第二天，太阳照常升起，吴国却换了主人。

公子姬光，哦不对，这时候我们要改口叫吴王阖闾了，他的复仇故事到此结束了吗？还没有，他还要干掉另一个复仇者。

这位复仇者正是前任吴王姬僚的儿子庆忌。王僚被刺的时候，庆忌正好不在国内，这对阖闾和庆忌来说其实都是好事。对于阖闾来说，庆忌不在国内可以防止他纠集国内忠于王僚的势力反扑，有利于迅速稳定局势。对于庆忌来说，自己不在国内可以避免被一网打尽，便于日后东山再起。局势稳定了以后，阖闾和庆忌就都开始不爽了。庆忌日思夜想的便是借助诸侯的兵力打回国复仇，而阖闾不仅担心庆忌借兵讨伐自己，更担心他以彼之道还施彼身，派刺客暗杀自己。阖闾自己是使用刺客的高手，他清楚地知道刺客有多么难防范，因此他对刺客的担心远远超过来自诸侯的讨伐。

其实阖闾完全想错了。庆忌是一条义薄云天、豪气干云的好汉，私德方面比阖闾强得多。他认为用刺客搞暗杀那是卑鄙无耻的下三滥手段，是绝对不屑于这么做的。这一点，在不久之后就会得到验证。

不管怎么说，只要庆忌一天不死，阖闾就一天睡不好觉。忧心忡忡的阖闾又找到拍档伍子胥商议。阖闾开门见山地说："我听说庆忌正在谋划借诸侯之兵杀回吴都，宰了咱们。我很是担心啊，希望你帮我搞死他！"这下伍子胥都觉得有点儿过分了，说道："本来我为了一己私欲和大王合谋做掉了王僚，就不太地道，这回又要弄死他儿子，怕是不太合适吧！"阖闾不以为然地说："当年周武王干掉纣王以后，又干掉了他的儿子武庚，周人也没觉得不合适，你怕啥呢？"这下伍子胥没法推托了，又向阖闾推荐了一位刺客。

这位刺客名叫要离，阖闾一见到他心就凉了半截。拜专诸所赐，阖闾认为顶级刺客都应该是虎背熊腰、孔武有力、目光炯炯的壮士。而眼前这位却身材矮小瘦弱、有气无力、目光涣散，一副病夫的样子。佳人难再得，壮士也是一样，看来世上再无专诸了，想到这儿，阖闾不禁暗自神伤。没想到要离却似看穿了阖闾的心思，张口就说："我能为大王刺死庆忌！"阖闾听了这话就笑了，他说："庆忌是世上数一数二的好汉，能追上猛兽，能射下飞鸟。就算拿暗箭射他，他也能接住。不仅如此，庆忌的疑心还很重，你都近不了他的身，又凭什么杀他呢？"

要离想了想，说出了一个令人毛骨悚然的计划。要离的计划是这样的：次日由伍子胥在朝堂上向阖闾引荐要离，而要离则出言不逊得罪阖闾，被阖闾关起来。等到晚上，让狱卒假装疏忽，放走要离。阖闾得知要离逃跑后大怒，杀掉要离的全家，并且挫骨扬灰，这样全世界就都知道要离与阖闾有血海深仇了。然后要离再去投奔庆忌，庆忌一定会把要离当成亲信。只要能常伴庆忌左右，老虎都有打盹儿的时候，要离一定有机会下手刺死庆忌。

这个计划实在是太狠了。阖闾听得后脊发凉，但是想到庆忌的勇武和多疑，除此之外，似乎也没什么更好的办法，只好批准了这个计划。

次日，大家按照事先商量好的剧本演了一遍。演出非常成功，导演兼编剧兼男主角要离成功地得罪了阖闾，成功地逃出了吴国，并随即被灭族，闹得天下皆知。

要离找到了在卫国练兵的庆忌，一见面就展现了奥斯卡影帝深厚的表演功底，向庆忌哭诉了暴君阖闾对他的残酷迫害。庆忌也早就听说了要离的悲惨遭遇，见要离这么可怜，恻隐之心顿生，果然把要离当成亲信留在了身边。

数月之后，庆忌的水军训练已初见成效，要离便怂恿庆忌杀回吴国报仇。在顺流而下的船上，高大的庆忌立在船头，旁边是矮小的要离，执矛侍立，场面有点儿滑稽。这时一阵疾风吹来，要离假装站立不稳，一只手拉住庆忌，另一只手顺势把矛刺入了庆忌的腹部。

在冰冷的矛尖刺入身体的那一刻，庆忌终于明白，自己跟老爹王僚一样，遇到刺客了。庆忌毕竟英武过人，即使身负重伤，还是抓住要离，在水里浸了三下。然后他把落汤鸡似的要离放在膝头仔细端详，仰天大笑。他的下属见状要砍死要离，庆忌却说："此人敢行刺于我，是个勇士。我庆忌也是勇士，一天之内不能死两个勇士,放他走吧!"

要离就这样顺利完成了任务,并且全身而退。在大家都认为要离会得到阖闾重赏,从此飞黄腾达的时候。要离居然自杀了,也许是他觉得实在对不起死去的家人,也对不起真心赏识他的庆忌吧。

复仇者公子光的故事到此就结束了。吴王阖闾的人生,还将在另一位复仇者的故事里大放异彩。

_ 番外 _

● 鱼肠剑

刺死王僚的鱼肠剑,大有来头,属于春秋时期顶配豪华装备套装。鱼肠剑的铸造者欧冶子,是当时最负盛名的铸剑师之一。欧冶子是越国人,在赤堇山(在今浙江宁波市鄞州区境内)下铸剑。越王允常在位时,赤堇山突然裂开,露出了锡矿,若耶溪突然干涸,露出了铜矿。雨师洒水清扫,雷公鼓风吹火,蛟龙捧住冶炉,天帝亲自装炭,天神也来观看,天地万物的精气降临,欧冶子随即汇聚天地之精华,用尽毕生功力,铸造出了三口大型宝剑和两口小型宝剑。三口大的宝剑分别是湛卢、纯钩和胜邪,两口小的宝剑分别是鱼肠和巨阙。

排除那些神话传说的元素,实际情况可能是鄞州地区在允常时期发生了大地震,强烈的地震使得赤堇山崩塌,若耶溪水枯,露出了优质的锡矿和铜矿。不管怎样,这五柄宝剑在历史上是大大的有名，合称越五剑。其时吴强越弱，越王允常便将其中的湛卢、胜邪和鱼肠送给了吴王（据推测可能是吴王僚）。其中的鱼肠剑不足半尺，与其说是宝剑不如说是匕首。吴王僚估计觉得这东西更像个玩具，就转手送给了堂兄姬光。王僚那时候显然不能料到姬光会拿它要自己的命，但如果他知道鱼肠剑的产品特性，相信打死他也不会把鱼肠剑送给姬光的。

怎么回事呢？原来早在越五剑刚铸成的时候，一名善于相剑的名士薛烛就向越王详细介绍了五柄宝剑的特性。他对鱼肠剑的评价是：剑身有逆纹，戾气不可压制，臣子会拿他来杀君主，儿子会拿他来杀父亲（逆理不顺，不可服也，臣以杀君，子以杀父）。吴王僚把这口弑君之剑送给有弑君之心的人，只能说他命该如此了。

● 湛卢剑

如果说鱼肠剑是一把篡逆之剑，同为越五剑的湛卢就是一把正义之剑。这把剑在后世的侠义小说中曝光率颇高，传说是一把有灵魂的剑，可以根据善恶自行选择主人。

湛卢剑的传说还要从吴王阖闾说起。阖闾非常宠爱自己的小女儿滕玉，即使在工作繁忙的时候也要抽空陪她。这一天，阖闾因为要去攻打楚国，就约了老婆和小女儿滕玉一起吃饭。可能是军情紧急，也可能是想替女儿尝尝咸淡，阖闾把一条鱼吃了一半，然后交给了滕玉。像所有被宠溺的青春期少女一样，滕玉敏感又叛逆，父亲的好意在她这里成了侮辱，滕玉因此大发脾气。发脾气就发脾气吧，这位滕玉公主气性还特别大，居然自杀了。这下可把阖闾心疼坏了。阖闾下令把滕玉葬在国都西郊，给女儿修了一座豪华坟墓。金鼎、玉杯、银樽、珍珠短袄，这些奇珍异宝往墓里塞了一堆。这还不算完，为了怕女儿在那边寂寞，阖闾想了一个特别损的招。

这天，一只白鹤在吴都的街市上翩翩起舞。这可是新鲜事，吴都的百姓纷纷围上来看热闹。这只白鹤边走边跳，看热闹的百姓就跟着白鹤边走边看。不知不觉白鹤走进了滕玉公主的墓道，不明就里的百姓也跟到了墓道中。这时埋伏在一旁的甲士突然出现，砍断了机关，封闭了墓门。就这样，这群无辜的百姓被封在墓道中，为滕玉公主殉了葬。拿活人殉葬这招实在太过阴损，许多吴国百姓都因此对阖闾大为不满，湛卢剑也是。

对的，你没看错。《吴越春秋》记载，湛卢剑也因为不满吴王阖闾的暴虐，自己从吴宫里飞了出来，沿江而上，飞到了楚昭王那里。楚昭王一觉醒来，发现自己的枕边多了把宝剑，吓了一跳。等他把相剑大师风胡子召来一问，才知道这就是大名鼎鼎的湛卢宝剑。

● 干将莫邪剑

春秋时代另一位最负盛名的铸剑师是干将。干将是吴国人，跟欧冶子是师兄弟。阖闾即位后，大力发展军事，没有趁手的兵器，就请干将铸造两把宝剑。干将用了最好的材料，最先进的设备，用尽各种办法，捣鼓了三个月还是没铸成。干将的妻子莫邪对丈夫说:"名剑往往需要用人做催化剂才能铸成,你这次铸剑不成会不会与此有关?"干将认为妻子讲得有道理,因为当年他师父铸剑的时候,也遇到了这种情况。最后是师父夫妇跳进冶炉才将宝剑铸成。难道这次也要这样吗?莫邪看出了丈夫的担忧,笑道:"不必担心,用我的头发和指甲丢入炉中试试看吧!"干将松了一口气,点头称是。

第二天,干将将妻子的头发、指甲投入炉中,三百童男童女一齐鼓动风箱,果然炼成了两口宝剑。阳剑取名干将,阴剑取名莫邪。阳剑上有龟甲图纹,阴剑上有水波图纹。干将把阳剑藏起来,将阴剑献给了阖闾。阖闾是识货的,见了莫邪剑之后如获至宝,小心地收藏了起来。恰逢鲁国当家人季平子来访,阖闾就让掌剑大夫把莫邪剑拿出来献给季平子。鲁国是礼仪之邦,季平子身为当家人,奇珍异宝自然见了不少。季平子见了莫邪剑,也是赞叹不已。然而,这柄剑的剑刃上有一个米粒大的缺口,这自然也瞒不过季平子的眼睛。季平子说:"这口剑精美绝伦,即使是中原的铸剑师也无此水平,铸成以后,吴国一定会称霸。但是剑刃上有缺口,吴国就要灭亡了。这种剑,我哪能要啊!"季平子预料得没错,吴国后来果然称霸中原,但是果然也只传了一代就亡国了。剑刃上的缺口跟亡国有关系吗?这也许便是古人一叶知秋的本事吧。

灭掉祖国的南国叛臣

伍子胥是吴越争霸这段历史中的第三位复仇者。他是一名真正的复仇者。

伍子胥，名员（yún），出身楚国的名门望族。伍子胥的爷爷伍举是一代霸主楚庄王时期的名臣。楚庄王刚即位的时候，楚国的社会矛盾日益激化，朝堂上鱼龙混杂，一片混乱。智慧的楚庄王决定韬光养晦，不理政事，让问题乖乖地浮出水面，让忠奸贤愚充分地现现形。一晃三年过去了，眼见楚庄王声色犬马地玩了这么久，忧心忡忡的忠臣们纷纷劝谏，希望新主以国事为重。为了将这场潜伏的大戏演好，楚庄王特意下了一道禁令：再有敢以国事进谏者，就拖出去砍了！

好吧，既然你不怕当夏桀、商纣，我们还能怕当龙逄、比干吗？忠臣们觉得该是自己挺身而出的时候了，纷纷罔顾禁令，直言进谏，然后被拖出去挨刀。不怕死的忠臣毕竟是少数，不久之后，楚庄王耳根就清净了。这只是暂时的。没过多久，正在纵情声色的楚庄王就接到传报：伍举求见。伍举以忠直著称，在朝中颇有官声，是不能不见的，于是伍举被带了进来。其时楚庄王左拥郑姬，右抱越女，玩得正嗨。君臣相见，不免有些尴尬。

前文提及了伍举用谜语劝谏楚庄王的过程，这里不再赘述，翻译一下他俩的对话：伍举的谜语其实是一个政治隐语。《山海经》中记载："有鸟焉，其状如鸡，五采而文，名曰凤皇。"伍举谜语中身披五彩羽毛的大鸟就是凤凰。与中原国家崇拜龙不同，楚国崇拜凤，这凤凰指的正是楚庄王本人。剩下的三年不飞也不鸣很好理解，说的就是楚庄王三年不理朝政。也就是说，伍举用暗语问楚庄王："大哥你啥事不干晃了三年，到底想怎样？"而楚庄王则同样用暗语回答伍举："你懂个啥？我隐忍三年观察形势，出手必有惊人之举！"

"聪明的主公。"伍举心道。

"聪明的臣子。"楚庄王心道。

不久之后，楚庄王果然收起了寻欢作乐的行头，以霹雳手段任命了一批人，罢免了一批人，公布了一批政策，楚国从此开始呈现上升势头。而伍举自然也大受楚庄王重用，开始掌握楚国大权。楚庄王死后，历经楚共王、康王、郏敖、灵王，六十余年间伍家都是一个显赫的存在。到楚平王即位时，伍举的儿子伍奢被任命为太子太傅，辅佐太子建。

这是一份高风险的工作。为什么呢？很简单，太子与现任国君的关系一直高居难处关系排行榜的榜首，其难度要远高于第二位的婆媳关系。而且一旦处理不好，后果之严重更是远甚于婆媳关系。据统计，春秋时期由于跟老爹处不好关系而没能熬到即位的太子有四位；秦统一后，这个数字是十七位。这些太子之所以处不好跟自己父亲的关系导致最终被废，无外乎三个原因：

1. 小人的挑拨；
2. 老爹宠妃（自己小妈）的挑拨；
3. 自己作死。

很不幸的是，伍奢辅佐的太子建就在春秋四大废太子名单之列（另外三位是晋国太子申生、陈国太子御寇和卫国太子伋）。原因是第一个，而那个小人的名字叫作费无极。

费无极，不知是哪里人，时任太子少傅，伍奢的副手和搭档。先请大家思考一个问题：什么是小人？小人有哪些特质？笔者认为，一般来说，小人都有以下特点：

1.嫉贤妒能，看不得别人比自己好；
2.迫害妄想，老觉得别人在害自己；
3.唯利是图，个人利益至上，罔顾别人和集体的利益。

满足以上特点的小人往往会以阿谀奉承、搬弄是非、欺上瞒下等手段来满足自己的私欲，或达到某些不可告人的目的。

费无极基本全中，是个纯度极高的小人。伍奢则正好相反，他秉承了伍家忠直的家风，且学识渊博，是一位谦谦君子。君子和小人是不能共存的，谁能留下来取决于他们的主人是什么样的人。

他们的主人太子建是一位君子。太子建是楚平王的长子，是楚平王还在蔡地当最高行政长官蔡公时与一位蔡女所生。太子建是一位好学上进、品学兼优的好学生，自然十分欣赏为人正直、家学渊源的伍奢，经常向伍奢请教问题。对于没有真才实学、靠溜须拍马上位的费无极，则没什么好感。

没好感归没好感，忠厚的太子建也不会把费无极怎么样，只是会更多地跟伍奢在一起，有意无意地冷落了费无极。小人就是小人，费无极一方面十分嫉妒伍奢的才华过人，一方面非常害怕伍奢和太子建合谋收拾自己。每次看到太子建与伍奢单独在一起研习学问，费无极都会认为他俩在设计陷害自己。

太子建是储君，是楚国未来的老板。等到太子建上位，一定没自己的好果子吃。每念及此，费无极都感到深深的恐惧。一定要想个办法。

费无极的办法就是：既然楚国未来的老板不欣赏自己，那只有投靠楚国现在的老板。利用楚国现在的老板干掉楚国未来的老板（也就是自己现在的老板）。只有这样才能一劳永逸，前程无忧。

费无极于是投靠了楚国现任老板楚平王，并开始着手挖坑，一个足以把太子建和伍奢打包埋了的天坑。几年后，坑挖好了。楚平王六年（前523年）费无极打听到秦哀公的妹妹孟嬴是位绝世美女，就怂恿楚平王为太子建向秦国求娶孟嬴。

应该说，这是一个非常合理的提议。太子建确实到了适婚的年龄，秦楚又世代交好，两国联姻，符合两国的共同利益。这个提议很快获得了楚平王的批准。费无极又主动请缨担任赴秦求亲的特使，楚平王也答应了。鉴于秦楚两国多年来建立的深厚友谊，费无极的任务完成得相当顺利。秦哀公不但痛快答应了楚国的求亲，还让孟嬴收拾嫁妆直接跟费无极回楚国完婚。费无极优哉游哉地护送秦国长公主孟嬴回国，快到郢都的时候，费无极让迎亲的队伍停下休息，自己却消失了。

费无极干啥去了呢？原来他一溜烟跑入王宫，向楚平王汇报工作。这次汇报的核心内容只有一个，那就是孟嬴貌若天仙，世间罕有。费无极用尽了形容美女的所有词汇，听得楚平王心旌摇荡，长叹一声："不能娶此女为妻，实在是平生一大憾事啊！"

要的就是这句话。费无极立即跪倒，向楚平王叩头道："楚国是大王的楚国，大王看中的女子，娶过来就好了，又有什么好担心的呢？"楚平王摇摇头说："孟嬴是为太子建迎娶的，这个国人皆知。我半路截胡，如何向国人交代，如何向太子建交代啊！"费无极笑道："人生如白驹过隙，要及时行乐。大王不娶孟嬴，一定会留下终生遗憾，何不把握机会，把她娶了？至于太子建那边，找个秦国陪嫁的丫鬟冒充一下就行了。何况太子还年轻，今后有的是机会娶绝色佳人啊！"费无极这话说到了楚平王心坎里，刚才还犹豫不决的楚平王当即决定，娶孟嬴为妻，先享受一下艳福再说。

就这样，本来的儿媳妇变成了媳妇儿。然而，世界上没有不透风的墙，很快，楚平王爬灰的光荣事迹就传遍了全国。楚平王好不尴尬，他觉得儿子看自己的眼光都带着异样。这件事情的始作俑者费无极这时贴心地出来救场了。费无极对楚平王说："太子长大了，应该把他放出去历练历练，积累一些军功，将来也好服众啊。"楚平王觉得这个提议不错，省得天天见了闹心，就说："可以啊，派他去哪里历练呢？"费无极说："北部边境的城父，跟中原各国接壤，环境复杂，最锻炼人。不如把太子派到那儿吧！"楚平王觉得这个安排很妥当，就答应了。

城父在今安徽亳州谯城区城父镇，郢都在今湖北江陵，两者相距691公里。楚平王这真是"我送你离开，千里之外，你无声黑白"。太子建就这样被调到城父戍边去了。对于费无极来说，他对太子建和伍奢的迫害才刚刚开始。

到了城父的太子建努力工作，勤于练兵，同时致力于睦邻友好，与邻国多有交往。太子建是个勤勤恳恳干活的厚道人，既然父亲安排自己来戍边，他就要替父亲守好国家的北大门。这好像没什么不对。职场经验丰富的太傅伍奢却从中看出了问题，他对自己的学生说："你现在处境很危险，最好啥也不要干，老老实实待着。"

伍奢的判断非常正确。当费无极了解到太子建的动态后，立即向楚平王做了汇报。费无极首先如实反映了太子建的工作状况，肯定了太子建的工作业绩，最后痛心疾首地感叹道："太子建这是对您横刀夺爱心怀怨恨，要图谋不轨啊！"

高明，非常高明。费无极知道，楚平王作为一国之君，要了解太子建的情况，渠道肯定不止自己一条。因此想通过歪曲事实来诬陷太子，一定是徒劳的。费无极不会这么低端，他在充分尊重事实的前提下，做的是太子建行事动机的文章。太子建积极练兵备战，交好各路诸侯这是事实。然则做这些事的动机可以是保家卫国，安定边疆；也可以是借力诸侯，意图谋反。太子建的动机肯定是前者，而在费无极嘴里，太子建的动机一定是后者。最要命的是，极度心虚的楚平王也一定会选择相信后者。这一点费无极看到了，伍奢也看到了，所以伍奢提醒太子建不要作为，可惜单纯的太子建没听。

费无极的这番话成功戳中了楚平王的痛点，楚平王愤怒了。愤怒的楚平王并没有失去理智，他还是坚持不调查就没有发言权的原则，宣太傅伍奢回来问话。这是挽救太子建的最后机会。

伍奢来了。楚平王劈头就问："太子建在城父操练兵马，勾结诸侯，意欲造反，太傅你知道此事吗？"伍奢看了一眼旁边一脸幸灾乐祸的费无极，辩解道："大王为什么因为小人的谗言疏远自己的骨肉呢？"这句看似平常的抗辩引起了楚平王的极度不适。本来，伍奢是针对楚平王怀疑太子建练兵造反的事，提醒楚平王不要相信费无极这个小人的挑拨离间。谁想到做贼心虚的楚平王理解成了另外一层意思。楚平王认为，伍奢这是在揶揄自己受到费无忌的蛊惑，抢了自己的儿媳妇，从而使得自己的骨肉至亲都疏远了。这下楚平王是真的暴怒了，他当即下令将伍奢下狱，同时着司马奋扬赴城父捉拿太子建，准备一并杀掉。

插播一段，《史记·楚世家》对这段的描述特别简略，不仔细读根本想不到楚平王为什么会突然发怒。而《东周列国志》怕读者看不懂，让伍奢直言不讳地斥责楚平王抢自己儿媳妇。这种描写又过于脸谱化，不像是一个久历官场的老臣能够干出的事。

> 平王召其傅伍奢责之。伍奢知无忌谗，乃曰："王奈何以小臣疏骨肉？"无忌曰："今不制，后悔也。"于是王遂囚伍奢。
> ——《史记·楚世家》

平王然其计，即使人召伍奢。奢至，平王问曰："建有叛心，汝知之否?"伍奢素刚直,遂对曰:"王纳子妇已过矣!又听细人之说,而疑骨肉之亲,于心何忍?"平王惭其言,叱左右执伍奢而囚之。

——《东周列国志》

  插播完毕,言归正传。司马奋扬是个很地道的人,他偷偷给太子建传了消息,太子建接到消息就带着儿子逃跑了。太子建基本废了,费无极却不打算收手。他又跟楚平王说:"伍奢有两个儿子,如果不除掉的话一定是祸患。我们可以用赦免伍奢为条件,让他把两个儿子召来一起杀掉!"楚平王于是派人跟伍奢说:"写信让你的两个儿子来,就免你死罪。否则就杀了你!"伍奢知道这又是费无极的主意,他笑笑说:"我有两个儿子,长子叫伍尚,次子叫伍员。长子习文,为人老实厚道,他看了我的书信是会来的。次子习武,为人很有主见,他知道来了以后一定会死,是绝对不会来的。我这个二儿子是个很有本事的人,他要是跑出去的话,楚国怕是没有宁日了!"说完唰唰几笔将书信一挥而就。

  使者带着这封书信到了伍奢家。果然不出伍奢所料,伍员一眼就看出了问题所在,他跟哥哥说:"费无极这个小人拘了咱爸,忌惮咱兄弟俩在外才没敢杀他老人家。如果咱们要是去了郢都,还能有啥活头呢?肯定是爷仨共赴黄泉啊!"伍尚想了想说:"话虽如此,但是父亲的手书是真的。如果接到父亲的手书却不回去,害得父亲被杀的话,咱们就要承担不孝的罪名,天下人又会如何看咱兄弟呢?"沉吟了一下又说,"这样好了,我回郢都尽孝。弟弟你离开楚国，为我们报仇！"伍员点头同意了。

商议已定，伍尚大大方方地跟使者走了，伍员却带了弓箭，翻后墙跑路了。伍尚到了郢都以后，楚平王果然下令将伍家满门抄斩，煊赫了近百年的伍氏家族就此湮灭。

伍员首先想到的是去找太子建。太子建是个比较悲催的人。莫名其妙地被抢了老婆也就罢了，还莫名其妙地丢了太子位。从一人之下、万人之上的太子爷变成了亡命天涯的通缉犯，郁闷的心情可想而知。老实人怎么了？老实人就该被如此对待吗？忠厚老实的太子建终于怒了，本来没想造反，非说我要造反，那就反了吧！伍员的心情也差不多，一夜之间从高官之子成了钦犯不说，全家老小还被杀了个干净。所以这哥俩的目标是一致的：杀回楚国，报仇雪恨！

满腔悲愤的伍员在宋国找到了老领导兼难友太子建。也是他俩运气不好，刚到宋国就遇到了华氏之乱，宋国肯定顾不上他们了，哥俩只能向西跑到郑国。郑定公对这对难兄难弟倒是不错，不过郑国号称中原二五仔，晋国和楚国谁打过来就跟谁混，毫无节操。这样的国家自然没有能力帮哥俩复仇。太子建看到了这一点，于是他去了一趟楚国的老对头晋国。晋国与楚国是春秋时期的南北双雄，一直在争夺中原霸主之位。如果晋国肯帮忙，太子建打回楚国是不成问题的。

晋国不肯帮忙。这也不能怪在位的晋顷公。这位与楚平王同名（都叫弃疾）的国君，此时正饱受大夫夺权之苦。由于历史遗留问题，晋国有六大家族势力极大，把持了晋国的朝政，号称六卿。晋顷公说话越来越不好使，有沦为橡皮图章的趋势。这时候的晋顷公，自然没心情帮太子建报仇，也不想惹楚国这个巨人。虽然如此，太子建的到来还是让晋顷公发现了一个机会。他要跟太子建做一笔交易。

交易的内容是这样的：鉴于郑国现在对太子建不错，拟由太子建打入郑国内部当卧底。然后晋顷公亲率大军伐郑，里应外合，郑国必亡。郑国亡了，就把郑国故地封给太子建。这是个双赢的交易。对于晋顷公来说，除了可以借助灭郑来提升自己的威望外，还可以让太子建和整个郑国听命于自己。这让晋顷公在与六卿周旋的时候多了一个重磅的筹码。对于太子建来说，灭郑以后，可以以郑国为根据地，反攻楚国，夺回太子之位。至于郑定公对自己的好，去他的吧。太子建已经不是当初那个胸无城府、忠实善良的太子建了。

回到郑国后，满心欢喜的太子建将这个计划告诉了伍员。伍员却觉得这个计划漏洞百出，根本实现不了，而且会给他们招来杀身之祸。先看晋国方面，晋顷公连六卿都收拾不了，哪里能组织得起灭郑大军？再说郑国方面，郑国国力虽弱，当年也是中原小霸。现在贤大夫子产主持朝政，更不是那么容易被外敌灭掉。最后再聊你太子建老兄，人家郑定公对你好没错，可是也没给你任何实权，你又拿什么跟晋顷公里应外合呢？

说什么也没用，涉世未深的太子建已经被仇恨冲昏了头脑，他认为这是个绝好的机会，而自己绝对不会放过这个机会。伍员百般劝说无效，只能眼睁睁地看着太子建头也不回地冲向万丈深渊。

不出伍员所料，太子建果然出事了。愣头青太子建对于运作这种阴谋诡计的事毫无经验，竟然把这个机密告诉了下属。他的下属由于怨恨太子建对他的惩罚，转头就向郑定公告了密。好你个吃里爬外的白眼狼，枉我对你那么好！郑定公恨得牙根痒痒，当天就派大军包围了太子建的住处，把他剁了。

伍员却因为早料到太子建会出事，这段时间带着太子建的儿子芈胜住在别处，因此幸免于难。虽然如此，郑国却也是待不下去了，还能去哪儿呢？

能去吴国！春秋末期的国际形势很像地图着色问题，相邻的国家基本都是敌国，而相隔的国家基本都是盟国。这样就形成了晋—吴和秦—楚—越两大盟国集团。前文已经提到，吴国的国势正隆，国力蒸蒸日上。除了晋国，也只有吴国能够帮助伍员报仇了。

伍员只能去吴国，这一点费无极也知道。为了阻止伍员，费无极下令戒严了通往吴国的必经之路：昭关。并在关上张贴了伍员的画像，对出关人员严加盘查。这个昭关，在今安徽含山县，含山县现在还有个昭关镇。从高德地图上看，出了昭关，向东是一马平川。从和县东渡长江，便是马鞍山市区。马鞍山离南京多近，南京的朋友们一定知道。而宁镇（南京、镇江）地区，正是吴国的老核心区。

也就是说，伍员只要过了昭关，渡了长江，就算逃出生天，撞入吴国怀抱了。伍员已经打听到，费无极在此布下重兵，由右司马薳越统领。楚平王更是以五万石粟、爵上大夫的天价悬赏他的人头。这可如何是好呢？

正犹豫间，有一位老汉路过，见到伍员，不由得大惊。这老汉上前向伍员行礼，问道："阁下难道不是伍员吗？"伍员更是惊讶："您怎么能这么说呢？"老汉继续说："阁下不必担心，我是扁鹊的弟子东皋公。因为之前给蓬越将军看病，看到关前悬着您的画像，所以知道是您。我是不会害您的，寒舍就在附近，可以去暂避一下。"伍员看眼前这位老汉不像是坏人，就跟他到了家里。

东皋公对伍员好吃好喝好招待，并一再表示：您尽管在这儿安心住下，咱们慢慢考虑过昭关之策。然后一连七天，绝口不提过昭关的事。伍员实在忍不住了，就问东皋公："我伍员有大仇在身，不敢久留，老人家您的过关之策想得咋样了呢？"东皋公说："我已经想好了，在等一个人。"

这话听着实在像搪塞自己，可是又不好明说，伍员晚上辗转反侧睡不着了。如果不辞而别的话，怕过不了昭关；要是在这儿继续等的话，不知道要等到什么时候。伍员起身在屋里踱步，想起父兄大仇，又想想自己被绊在这荒郊野外，不禁心如刀绞。

天色泛白，鸡叫三遍，来送饭的东皋公见了伍员大吃一惊：您的头发咋全白了？！伍员拿铜镜一照，果然镜中的自己满头白发，一脸沧桑。忍不住大放悲声："父仇未报，须发已白，如何是好啊！"东皋公劝住痛哭的伍员，跟他说："这未尝不是件好事。"

"好事？"伍员疑惑地看着东皋公。东皋公这才把他的计划说出来。原来他有一个好朋友叫皇甫讷，长得跟伍员有几分相像。东皋公计划让皇甫讷扮成伍员，伍员和芈胜扮成他的仆人。到关前的时候，让皇甫讷装出惶恐的样子引蘧越来抓自己。到蘧越派兵抓捕皇甫讷的时候，场面一定极其混乱，那时伍员便可以和芈胜趁乱离开。东皋公这几天等的正是这位皇甫讷。伍员本来容貌雄伟，辨识度极高。现在须发皆白，满脸沧桑，反倒是皇甫讷更像正值青年的伍员，这不是件大好事吗？

原来如此！过了两天，皇甫讷来了。伍员一看，除了气质以外，皇甫讷与自己在身材、样貌上都有七分相似。跟伍员熟悉的人自然可以分辨出来，忽悠守关的蘧越他们是绰绰有余。伍员连忙向东皋公道谢，东皋公却说："此事事关重大，能否成功还要看你们的造化。今晚可好好休息一宿，养精蓄锐，明日一大早出发。"伍员点头称是。

伍员安安心心地睡了一晚。次日一早，东皋公与皇甫讷都来了。身为医生的东皋公还略懂一些易容之术。一番操作之后，英气勃勃的伍员变成了皮肤黝黑、皱纹满面的小老头。乍一看就是个寻常的庄稼汉，连芈胜都差点儿没认出来。万事俱备，出发！

皇甫讷带着伍员和芈胜摇摇晃晃奔昭关而来。到了关前，皇甫讷突然脸色一变，遮遮掩掩一副生怕别人认出自己的样子。这种异常的举动成功地引起了守关将士的怀疑，一名军士把手一招，七八个士兵倏地将皇甫讷围在当中。皇甫讷故意大喊道："军爷别误会！我不是伍员！"

谁也没说你是伍员啊，此地无银三百两！领头军士确信自己抓到了伍员，高声吩咐道："快去通知蘧将军！伍员落网！"关前百姓听说全国A级通缉犯伍员落网，乌泱乌泱地围上来看热闹，现场一片混乱。守关的士兵只管死死盯住皇甫讷，伍员和芈胜趁机挤出人群，成功蒙混过关。

昭关是过了，还要把长江渡过去才算踏上吴国的土地。伍员和芈胜来到江边，但见江水滚滚东逝，却无渡船。更要命的是，江边还有楚国边防军流动巡逻。伍员刚想发出我太难了的感慨，就看到江上有一叶扁舟在捕鱼。伍员见四下无人，急呼："渔父渡我！必有重谢！"渔父刚要靠岸，远远看见一队边防楚军正走过来。于是渔夫并不靠岸，而是给伍员唱了首渔歌："日月昭昭乎浸已驰，与子期乎芦之漪。"伍员领会了歌中的意思，就带着芈胜沿江而走，到了一片芦苇丛中，与芈胜一起躲了进去。不一会儿，渔夫也到了，找不到刚才那爷俩，又唱道："日已夕兮，子心忧悲。月已驰兮，何不渡为？"伍员听到歌声便跟芈胜钻出芦苇丛，登船而去。

真是有意思，一名普通的渔夫也能出口成歌。这种说唱的对话方式让很多80后想起了那部经典电视剧《新白娘子传奇》。船到对岸后，渔夫才开口问伍员："看阁下相貌堂堂，想必不是一般人吧？"伍员拱手道："实不相瞒，在下就是楚王重金悬赏的伍员！"渔夫感慨道："早就听说你的遭遇了。看你折腾了这么半天，也饿了吧，我去村里给你取点儿吃的。"说完就转身走了。

过了很久渔夫也没回来，伍员心里泛起了嘀咕，该不是回去找人来抓我吧？保险起见，伍员又藏进了芦苇丛。不多时，渔夫回来了，不见了伍员，就高喊："藏在芦苇丛中的那个人，快出来吧，你以为我要害你吗？"伍员见渔夫后面没有人，就跳了出来。

渔夫埋怨道:"我好心去给你做吃的,干吗怀疑我呢?"伍员不好意思地说:"惊弓之鸟,心里害怕,还请老人家见谅。"渔夫不再说什么,取出了麦饭、鲍鱼羹和一坛子酒让伍员享用。伍员饱餐一顿,心中对渔夫很是感激,就解下腰间的七星宝剑交给渔夫。伍员跟渔夫说:"这口宝剑名叫七星剑,是楚庄王赐给我爷爷伍举的,价值百金,送给您聊表感谢吧!"渔夫笑了:"楚王可是拿上大夫的官爵悬赏你,我连上大夫的官爵都不图,会贪你这口宝剑吗?"伍员听罢连连道谢,又说:"既然您什么都不要,那告诉我名字总可以吧?不然再次见面,我怎么称呼您呢?"渔夫哈哈一笑,说:"如果咱们还能再次相见,您就叫我'渔丈人',我就叫您'芦中人'好了。"伍子胥听了这话也是哈哈大笑,拱一拱手,就此转身离去。没走几步,觉得还是不放心,便回身嘱咐渔夫道:"待会儿如果有追兵到来,千万别说我来过。"正是这句话要了渔夫的命。

渔夫长叹一声道:"我这么诚心诚意对你,你还是怀疑我。倘若追兵从别处追上你,我怎么能洗脱干系呢?"说完解开缆绳,把船划到江心,然后伸足一顿,将船踏翻,把自己淹死了。伍员感叹道:"我因你而活,你却为我而死,真是可惜啊!"

伍员和芈胜继续一路东行,到了溧阳地界,又饿又累。正好看到溧水边有一位女子在浣纱,竹筐中有饭。伍员硬着头皮上前搭讪道:"姑娘能给口饭吃吗?"浣纱女低头答道:"不能,我三十岁还没嫁人,怎么能随便跟陌生男子搭话呢?更别说把饭给你吃啦!"伍员说:"我现在穷途末路,想找口饭活命。所谓救人一命胜造七级浮屠,姑娘又何必在乎这些迂腐的礼节呢?"浣纱女抬起头来，看见伍员状貌魁伟，就说："我看您也不是一般人，我怎能因为这些小节而对您坐视不管呢？"于是打开食盒，让伍员和芈胜大吃了一顿。伍员道完谢，转身欲行，疑心病又犯了。他回头跟浣纱女说："我其实是个逃犯，如果有人问起，希望姑娘千万别说出我的行踪。"浣纱女凄然道："我今天跟陌生男人搭话，还给他饭吃，本来就是失节。现在你又怀疑我，让我怎么做人呢！你走吧！"伍员只好离开，却听得背后咕咚一声闷响，原来浣纱女为了证明清白，抱了块大石头，投水而死。

好奇害死猫，疑心害死人啊！伍员的两次疑心，害死了两位义士，实在令人感慨。经历了这些后，伍员终于成功地抵达吴都。这时候，为了不引人注意，伍员自称伍子胥。昔日的官二代伍员已死，复仇者伍子胥浴火重生。

从伍子胥进入吴都到他帮助公子光杀掉王僚成功上位的这段历史，之前已经讲过了。公子光上位成为吴王阖闾之后，伍子胥的功劳最大，被任命为行人。说到行人这个官职，就不得不简单介绍一下春秋各国的职官体系。中原各国，臣子中的一把手被称为相邦，是百官之长。楚国的职官体系有点儿不同，百官之长被称为令尹。吴国又不一样，他的百官之长就是行人。行人这个官职，按照《周礼》记载是掌管接待宾客之礼仪的官员，相当于外交部长。吴国的行人权力则大得多，还掌管了人事调动和官员选拔。按照职权来说，相当于中原的相邦和楚国的令尹。当年申公巫臣的儿子狐庸在吴国担任的正是这个职务。

伍子胥成为吴国一人之下万人之上的行人，他的复仇大业，即将展开。但其实，此时的伍子胥已经无须报仇了。前文说过，楚平王已于吴王僚十二年（前515年）去世了。吴王僚正是因为趁楚国国丧派自己的两个弟弟伐楚，导致国内空虚，才被公子光钻了空子，自己也遇刺身亡。伍子胥这个仇，老天爷替他报了。那么伍子胥就不报仇了吗？

怎么可能！法国国王路易十四说过"朕即国家"，中国的古话说："父债子偿。"楚平王是死了，可他的国家和儿子还在，这个仇就由他的国家和儿子来承担！伍子胥掌管国家大权后，开始着手自己的复仇大业。他的复仇需要借助吴国的兵力，所以他先要使吴国强大起来，这是一个国家利益与个人利益高度统一的例子。

如何使吴国强大呢？发展生产，操练精兵？这些显然是需要的。但是在做这些事之前，吴国还需要有一片稳固的根据地，一个战略支点。所谓要想打别人，首先要保证自己不挨打。吴国的故地在今江苏省，其核心地区是江苏的宁镇苏锡常（南京、镇江、苏州、无锡、常州）一带，这一地区北临长江，东靠大海。其中的南京是六朝古都，就是因为它可以依托长江有效地防御来自北方的威胁。

偏偏吴国最大的威胁来自南方的越国，这是一个很尴尬的局面。当年民国定都南京，淞沪会战打了三个月，国军溃败。之后仅一个月时间，首都南京就沦陷了。吴国面临的问题与后世的淞沪会战极为类似：越国的故地在今浙江省，如果越人沿着侵华日军进攻南京的路线攻击吴国腹地，吴国是无险可守的。

无险可守就只好筑城死守，把吴都建造得固若金汤，便能够以此为战略支点控制全国，抵御来自越国的入侵。伍子胥很清楚地认识到了这一点，于是他向阖闾提议：重建吴都。阖闾同意了。

修建国都，那是十分讲究的事，可不比地主家修个宅子，得遵循几个原则。首先要有军事价值：得利于己方防守，不方便敌人进攻。所以一般会找山河湖海作为天然屏障。其次要有象征意义：好比设计国旗，您随便画几笔就交差那是不行的。必须说出这块象征什么，那块代表什么，道出个子丑寅卯。最后还要符合基本的城市规划原理：比如，不能建得离水源太远，取水不方便；也不能建在低洼地，一下雨全涝了。

伍子胥是吴都建造工程的总设计师。他先组织专家察看地形，探测水文（相土尝水），完成都城的选址工作。很快，专家组就找到了一块极具军事价值且适宜居住的地方。经过伍子胥认可，吴王阖闾批准，新吴都正式在这片地方上破土动工。剩下的就是城市设计，解决象征意义的问题了。

伍子胥是这样设计的：陆路开八个城门，象征天上八面来风；水路开八个城门，象征地上八方窗户。因为越国在吴国的东南，所以在东南设立蛇门来克制他。因为楚国在吴国的西北，所以在西北设立阊门，又叫破楚门。吴国地处辰位，属龙，所以小城南城楼上的鸱吻做成两条小龙盘绕。越国地处巳位，属蛇，所以在大城南门雕刻一条木蛇，蛇头向着城里，表示越国臣服吴国。伍子胥这种用心良苦的设计体现了吴国的基本国策：干掉楚国！威服越国！新吴都终于建成了，由于当时阖闾在位，这座新吴都又被后世称为阖闾城。

二千五百年后,南京博物院的考古专家们经过挖掘,基本确定无锡锡山区胡埭镇阊江村和常州武进区雪堰镇城里村交界处就是这座阖闾城的所在。阖闾城呈长方形,分为外城和内城。内城在外城的西北角,被外城完全包围。内城又分为西城和东城,西城较大,大部分在常州境内,东城较小,在无锡境内。阖闾城的外城东西长约两千一百米,南北宽约一千四百米。内城东西长约一千三百米,南北宽约五百米。整个城池东临太湖,北倚阊江,可算是易守难攻。

阖闾城遗址(张杰 摄)

修建完都城以后,就要开始练兵备战了。俗话说"一个篱笆三个桩,一个好汉三个帮",伍子胥虽然文武全才,但是经国远图、整军经武这种大事，靠一个人是搞不定的。很幸运的是，上天已经给伍子胥安排了两个帮手。

阖闾元年（前514年），一位楚国青年沿着伍子胥当年的逃亡路线渡过了长江。过江以后，向自己祖国的方向投去了仇恨的一瞥。这位楚国青年名叫伯嚭，是楚国左尹伯郤宛的儿子，太宰伯州犁的孙子。伯嚭跑到吴国的原因是他的父亲被人陷害，全家被杀，而这一切的幕后真凶……又是费无极。费无极妒忌伯郤宛为人正直、深得人心以及很受领导器重，就挑拨了令尹囊瓦与伯郤宛的关系，让囊瓦一怒之下把伯郤宛全家都杀了。这情节简直与之前伍子胥的遭遇如出一辙。侥幸逃脱的伯嚭知道伍子胥在吴国，便跑来投奔他。伯嚭的出身和遭遇与伍子胥惊人的相似，加上很有才能，让伍子胥起了惺惺相惜之心，就把他推荐给了阖闾。阖闾也很欣赏伯嚭，于是任命他为大夫，与伍子胥共事。

这是伍子胥的第一个帮手。伍子胥对这个帮手非常之满意，以至于对他毫无保留，无话不说。然而一位大臣却看出了其中的不对，这位大臣叫被离。被离是一个颇有识人之能的人，要不是他发现了市井中的伍子胥，并把他引荐给阖闾的话，伍子胥同志可能现在还在市井要饭。换句话说，被离是伍子胥的伯乐。这位伯乐大人用一种很含蓄的方式提醒伍子胥："你为什么刚见到伯嚭就信任他了呢？"伍子胥很自信地告诉被离："好不容易遇到一个各方面都与自己这么相似的人，为什么不能信任他呢？"被离摇了摇头说："你看到的只是表面，伯嚭这个人目光像鹰，走路似虎（鹰视虎步），功利心极强，他是不会与你和平共处下去的。"伍子胥并不以为然。不管被离说得对不对，伯嚭至少目前是与伍子胥同心同德的，为了那共同的仇恨！

伍子胥的第二位帮手在历史上是一位神秘人物，没有人知道他从哪里来，也没有人知道他最终去了哪里。这绝对不是因为他是个宋兵乙，恰恰相反，此公的名气远在伍子胥之上。一直到今天，他的书还在热卖，并且远销海外，成了西点军校等世界著名军校的参考读物。不兜圈子了，他就是齐国人孙武，被称为兵圣。他的那部专著叫《孙子兵法》，只有十三篇，是用兵宝典。

名满天下的孙武当年确实是个宋兵乙，隐居幽谷，养养花，种种菜，写写书，过着自给自足、自娱自乐的生活。也不知道伍子胥是怎么发现他的，反正聊了几个回合，就惊为天人。伍子胥坚信孙武就是那个能够带领吴军打垮楚国，帮他报仇的人。于是便将他推荐给了阖闾，连续推荐了好几次。由于孙武当时实在是太没名气了，阖闾极其怀疑伍子胥是借推荐贤士来自抬身价，但最后还是接见了孙武。阖闾想考较一下孙武的兵法，孙武也不多说，呈上了自己的专著《孙子兵法》。哑女卖刀，何须多言。

专著写得太好了，阖闾看一篇叫一声好。看完以后，阖闾跟孙武说："书写得不错，能演练一下吗？"潜台词是："您要只是个军校教员，我可不能用您。"孙武说："可以。"阖闾心说："你个愣头青，不知道天高地厚。"就想戏弄他一下。"能用妇女演练吗？"阖闾加大了难度。"没问题。"孙武很淡定地说。

这可是你说的，阖闾快笑出声了。他把自己后宫的姑娘们全都叫了出来，总共一百八十个人，交给孙武。然后朝孙武一努嘴，意思是：请开始你的表演。

表演开始了。孙武将姑娘们分为左右两队，由阖闾的两位宠妃分任队长。孙武问姑娘们："左手右手，前胸后背你们都知道吧？"姑娘们回答："知道！""那好，之后我说向左，你们就看左手对的方向；我说向右，你们就看右手对的方向；我说向前，你们就看前胸对的方向；我说向后，你们就看后背对的方向。清楚了吗？""清楚了！"

一通鼓之后，孙武把令旗一招说："向左！"姑娘们哈哈大笑。阖闾在看台上也笑得不行，心说哥们儿看你咋收场。孙武不慌不忙地说："号令不明，是将领的错。"又把号令重新说了一遍，然后很贴心地提醒姑娘们："这次一定要记住了。"

再次擂鼓，下令道："向右！"姑娘们笑得更厉害了。孙武严肃地说："号令不明，是将领的责任。号令已明，拒不执行，就是军官和士兵的责任了。"说罢，下令将两位队长抓起来，斩。

阖闾万万没想到这哥们儿玩真的，连忙跟孙武说："寡人知道你能用兵了。寡人要是没这两个宠妃，吃不好睡不着，请先生不要杀她们了吧！"孙武答道："我既然已经接受你的命令为将，将在军，君命有所不受。"说完还是下令斩了两个宠妃，任命排在这两个宠妃后面的两个妃子为队长。姑娘们顿时吓得面如土色。这一下孙武让她们向左就向左，让她们向右就向右，没有人再敢出声了。

一支纪律严明的部队就此练成。孙武向阖闾复命道："部队训练完毕，请大王检阅！现在大王就是让她们赴汤蹈火，她们也不会有任何犹豫。"吴王阖闾此时正沉浸在失去宠妃的悲痛之中,哪有心情阅兵,就冷冷地说:"将军回去休息吧,我不下去阅兵了。"耿直的孙武倒也不客气,直接怼了领导一句:"我看大王只是喜欢我的理论而已,不会让我付诸实践。"这也是错怪阖闾了,人家只是一时接受不了宠妃之死,闹点儿小情绪而已。领导也是人啊!

阖闾由此知道了孙武的将才,正式任命孙武为将军。从此伍子胥—孙武—伯嚭的江南铁三角正式形成,整个华夏大地都将为之震动。论当时之世,共有五位顶级人才。除了伍子胥、孙武和伯嚭外,另外两位还未受到国君的重用。沧海横流方显英雄本色,那两位还没到大显身手的时候。五位顶级人才中,三位已属吴国,而另外两位,不属于楚国。至此,楚国的命运基本可以确定了。话虽这么说,毕竟楚强吴弱,楚国的地盘比吴国也要广大很多。如何灭楚,还是一件需要精心谋划的事。

吴国心心念念想要灭掉楚国,楚国却完全没把吴国当回事。这也可以理解,楚国是南天一霸,每天想的是如何剑指中原,饮马黄河,击败晋国,夺回霸主之位,重现楚庄王时代的荣光。在楚国眼里,吴国不过是蕞尔小邦、蛮夷之国。虽然吴、楚近些年冲突不断,但是楚国高层认为这些都是边境摩擦,小打小闹,不是什么大事。

楚国的这种中原战略,决定了他的兵力部署。据分析,楚国的重兵集团分布在两个方向:一个是在南阳盆地的楚方城(就是楚国长城)之内,这支部队主要是防卫老对手晋国。方城一失,晋人就可以沿汉江西岸南下,直逼郢都。所以这支部队是楚国首都的外围卫戍部队,是一支精兵,可称之为方城兵团。另一个是在陈国、蔡国一线。陈国、蔡国北临中原腹地,是楚国北进的桥头堡。楚国人在此布设了重兵,随时准备进军中原。所以这支部队是楚国的战备值班部队,也是一支精锐,可称之为中原兵团。在东线的吴楚边境,楚国则没有什么像样的部队。楚人马上就会为这种兵力部署付出代价。

最先发现楚国兵力部署问题的是伍子胥。伍家世代高官,对楚国兵力分布自然是了如指掌。楚国两只拳头都对着北方中原,把自己的肋部完全暴露给了吴国。针对这种情况,伍子胥建议阖闾把吴国的部队分为三队,轮番对楚国东部进行袭扰。等楚国中原兵团前来迎战,这队吴军就回来;等到中原兵团回去以后,再出动一队吴军进行袭扰。这样就可以让楚军疲于奔命。这是一个很好的建议,实施以后,楚人苦不堪言。真是肥的拖瘦,瘦的拖死,吴军就像一只讨厌的蚊子,怎么都打不着。

饶是如此,楚国高层依然没有判断出吴人的战略意图。这也难怪,楚国自立国以来一直奉行扩张主义和外线战略。只有他欺负别人,就没人能欺负他。吴人要打进郢都,灭了自己这种事,楚人估计做梦都不会梦到。楚人还沉醉在太平盛世的梦中,吴人却已经开始行动。阖闾三年,伍子胥和伯嚭联手攻占了楚国的徐邑,擒获了吴国叛将掩余和烛庸(吴王僚的两个弟弟,当年被楚人抄了后路,在得知吴王僚被刺后投降了楚国)。阖闾四年,伍子胥伐楚,攻克了六邑和潜邑。阖闾五年,铁三角联手打败了越国,解除了伐楚的后顾之忧。阖闾六年,楚昭王为了报复吴人的袭扰,派令尹囊瓦攻打吴国，被伍子胥大败于豫章（今江西南昌）。伍子胥还顺势拿下了巢邑。吴人侵楚之心已昭然若揭，伍子胥只是在等一个最佳时机。

在等待时机的时候，阖闾和铁三角君臣四人一定无数次讨论过攻入郢都灭楚的可能性。面对楚国这样一个强大的对手，他们也一定对战争的规律进行过探讨。什么是决定战争胜负的根本性因素呢？将帅的谋划能力，士兵的训练水平，这些固然重要。但是这些都是建立在一个基础上的，这个基础就是：后勤。汉高祖刘邦平定天下后，曾对功臣进行论功行赏。他认为功劳第一的不是连百万之军、战必胜、攻必取的韩信；也不是运筹帷幄之中、决胜千里之外的张良；而是镇国家、抚百姓、给饷馈、不绝粮道的萧何。为啥呢？因为人家是后勤军官啊。所以现代很多军事专家直接断言："战争，打的就是后勤！"

伍子胥和孙武两位大佬也意识到后勤的重要性。伍子胥在其兵法《盖庐》中提道："九野为兵，九州岛为粮，四时五行，以更相攻。"孙武在其《孙子兵法》中指出："凡用兵之法，驰车千驷，革车千乘，带甲十万，千里馈粮。"然而，后勤能力偏偏就是吴国的短板。吴国土地狭小，物资匮乏。在国境附近打打袭扰还行，远离本土，干那种千里杀将的事，就真要好好掂量掂量了。

吴都阖闾城在现在的无锡、常州交界处，楚都郢都在今湖北荆州市江陵县。按照今天的自驾路线来算，全程九百多公里。也就是说，两者相距将近两千里。这种超远程奔袭作战，只靠吴国的后勤保障系统是扛不住的，无论如何都扛不住的。除非能够因粮于敌，或者得到盟国的支援。因粮于敌是有风险的，以伍子胥和孙武的水平，是不会在没有确定的后勤保障的情况下出兵的，他们建议阖闾结交几个进攻路线上的盟国，保证自己的后勤补给万无一失。

伍子胥近几年的运气真是好到爆棚，刚想瞌睡就有人送枕头来了，好像老天爷也在帮他复仇一样。这几个盟国很快就出现了，而且是对手楚国送给他的。这一切都要拜楚人的猪队友囊瓦所赐。

囊瓦，芈姓，字子常。楚庄王第三子王子贞的孙子，楚国公族，时任春秋时期楚国第二十八任令尹。根据统计，楚国在春秋时期共有三十一位令尹，其中二十九位都出自公族。囊瓦的爷爷子贞就是楚国第十八任令尹，辅佐了楚共王和楚康王。从囊瓦后来的表现看，他能出任令尹，多半与他爷爷有关系。

囊瓦这个人有个最大的缺点，就是贪。按说公族子弟，啥好东西没见过，还贪个啥。可囊瓦还是贪，这一贪，就得罪了两个不该得罪的人。前510年，楚国的两个小弟蔡国和唐国的话事人蔡昭侯和唐成公来向楚昭王汇报工作。见老大自然不能两手空空，因此蔡昭侯带了两块羊脂玉佩、两件貂皮大衣，唐成公带了两匹肃爽马。蔡昭侯将一块玉佩和一件大衣献给了楚昭王，自己则留了另外一件大衣和一块玉佩。楚昭王对蔡昭侯的礼物很是满意，便设宴款待蔡昭侯。蔡昭侯于是穿上那件大衣、戴上那块玉佩赴宴，招摇过市了一把。这一招摇，就出事了。贪心的囊瓦一眼便看中了老蔡的楚昭王同款玉佩和大衣，就向蔡昭侯讨要。蔡昭侯也是有个性的人，当场拒绝。囊瓦一怒之下，把蔡昭侯抓了起来。

唐成公的命运也好不了多少，他的肃爽马也被囊瓦看中了。囊瓦潇洒大方地管唐成公要马，唐成公干脆利落地拒绝了囊瓦。这肃爽马是献给楚王的，兄弟你算哪根葱啊？毫无意外地，唐成公也光荣入狱。

蔡昭侯和唐成公哥俩就因为这点儿破事在楚国蹲了三年号子，他们国内的大臣们终于忍不了了。首先出手的是唐国大臣。唐国大臣让唐成公的随从灌醉了楚昭王的马夫，把马偷出来送给囊瓦。囊瓦虽然贪，但还是讲规矩的，收了东西立刻就放人了。这件事让蔡国大臣看到了希望，他们强烈要求蔡昭侯破财免灾，把玉佩和大衣交给囊瓦，先回国再说。民意难违，蔡昭侯也只好交出了玉佩和大衣，也获得了自由。无辜蹲了三年大狱的蔡昭侯和唐成公怀恨在心，蔡昭侯在回国渡过汉水的时候，把玉佩扔进了汉水发誓道："我要是再来楚国，就是乌龟王八蛋！汉水为证！"

蔡昭侯和唐成公一回国便着手筹划报仇事宜，最先想到的还是中原大佬晋国，但是晋国最近比较佛系，不太管别人家的事。因此两人又找到了吴国。需要介绍一下蔡、唐两国的地理位置。蔡国在今天的河南新蔡县一带，唐国在今天的湖北随县和枣阳市一带。这两个国家都在吴军入郢的攻击路线上，是吴军进攻的绝好补给基地。最佳时机就这样在不经意间到来了。

◇吴师入郢

阖闾九年（前506年），王宫中的吴王阖闾收到了一封求救信。信里说自己的都城被囊瓦围了，十万火急，望速速救援，必有重谢。落款是蔡昭侯。真是岂有此理,刚欺负完人家,还没等人家讨个说法,自己居然先打上门去。真没把自己的小弟当人看啊!吴王阖闾马上把伍子胥和孙武找来,让他们看那封求救信。伍子胥和孙武看完信后,对视了一眼,异口同声地说:"打吧!"阖闾点了点头。

同年十月,吴王阖闾任命伍子胥为大将,孙武为副将,夫概为先锋,悉起精兵三万,誓师伐楚。伍子胥心中泛起莫名的激动:十六年了,这十六年间自己所做的一切都是为了今天!自己在这十六年间又何曾有一天安睡?父兄已经含冤在地下长眠了十六年,太久了,实在是太久了。今天,机会终于摆在面前,那就好好把握吧!出发!成,则大仇得报,名垂青史!败,则殉父兄于地下,绝不苟且偷生于世!

伍子胥统率的三万吴军全部是水军。为什么选择水军,除了南人擅舟楫不擅车马的原因外,还因为水军有如下优势:

1. 机动性强。春秋时期骑兵还没有大规模普及。各诸侯国一般采用战车与步兵的组合,这种组合的行军速度极慢,一般每天不超过三十里。吴军要是以这个速度,走到郢都需要六十一天。也就是说,伍子胥他们清明节出发,到郢都都可以吃西瓜了。水军则完全不受这个限制,水军的行军速度取决于水手的体力。而且,一班水手累了可以换另一班,可以昼夜无休地行军。这样看来,对于超远途奔袭,水军的机动性甚至强于后来的骑兵。

2. 舒适度高。相比于车兵、步兵,吴国的水军白天可以坐在船上吃菱角、看风景，晚上可以躺在船上吹凉风、数星星。比出门旅游还惬意，完全不用受车马颠簸之苦。

3.运输力大。水运的运力要远大于陆运，而运输成本又要远低于后者。后世的隋炀帝疏通京杭大运河，正是看中了水运的便利。吴军如此之长的攻击距离，粮草给养也只有水运可以承担。

吴国水军首先沿江南运河到达镇江，然后从镇江顺长江而下出海，再北上到达淮河入海口（其时连通长江和淮河的邗渠还没打通），最后溯淮河快速西进。吴国水师浩荡而来，楚国令尹囊瓦却怂了，他撤去了对蔡国国都新蔡的包围，向郢都方向转进。伍子胥指挥吴军在淮汭（今河南潢川县）从容登陆，此地离蔡都新蔡县仅七十三公里。就在淮汭，伍子胥迎来了前来会合的蔡军和唐军。蔡军运来了吴军亟须的粮草补给，伍子胥下令军士饱餐一顿，然后只带少量粮草，掉头向南，直奔郢都。

从淮汭到郢都并非一马平川，至少还有三道险要：第一道是桐柏山和大别山之间的大隧、直辕、冥厄三个关口；第二道是清发水；第三道也是最后一道，就是汉水。囊瓦不知道是三年前在豫章被伍子胥打出了恐吴症，还是有什么其他想法，从新蔡撤退的囊瓦向着郢都一路狂奔，居然没有在沿途险要留守一兵一卒。

伍子胥大军大摇大摆地过了大隧、直辕、冥厄，大摇大摆地渡过清发水，在即将渡过汉水的时候，终于在对岸发现了囊瓦的楚军。

楚国虽大，但囊瓦已经无路可退，后面就是郢都！万般无奈的囊瓦在汉水西岸列阵，与吴军隔水相望。这是郢都的最后一道防线，这道防线一丢，吴军就兵临城下了。囊瓦虽然贵为令尹，这个责任却是担不起的。囊瓦心里七上八下，只希望凭借汉水天险和楚军众多的人数挡住伍子胥。这时有个人站了出来，对囊瓦说："令尹不必担心，我料吴军必败，伍子胥、孙武用兵不过如此！"囊瓦疑惑地看向说话的人。这个口出大言的人叫沈尹戌，沈尹是他的官名，说明他当过沈县县尹。沈尹戌时任左司马，他曾经在阖闾手下为臣，对于伍子胥、孙武是了解的，对于吴军的战法是熟悉的。

　　沈尹戌说这话当然不是毫无依据。他看出了吴军远道而来，利在速战，人数不多，便于围歼。也就是说，只要与吴军慢慢周旋，找机会包围了他们，就能彻底扭转战局。沈尹戌据此向囊瓦建议：由自己北上南阳盆地，调动方城军团。先向东到达淮汭，烧掉吴军的战船，断了伍子胥的归国之路；再南下堵住大隧、直辕、冥厄三关，防止伍子胥逃回蔡国；最后挥师南下，抚敌背后。囊瓦这时就可以东渡汉水，与沈尹戌前后夹击，一举全歼吴军。

　　应该说这是一个非常高明的建议，照此执行的话，估计伍子胥同志不久就可以追随父兄于地下了。要命的是，糊涂了一辈子的囊瓦居然采纳了这个建议。三天后，隔水对峙的伍子胥和囊瓦同时收到了一份战报：吴军停泊在淮汭的战船全部被焚毁。伍子胥当时就变了脸色，他知道，囊瓦那边还是有高手的。孙武的过人之处这时候就体现出来了，他淡定地安慰伍子胥：不必惊慌，囊瓦那边近日必有动作。

孙武的判断非常准确。猪队友囊瓦在收到战报后，又遇到了猪队友，最终为伍子胥送上了神助攻。而且，这猪队友还不止一个。第一个猪队友叫武城黑，是武城的守将，名黑。他跟囊瓦说，沈尹戍这家伙已经烧了吴军战船，再等他回师夹击吴军，令尹大人您可就没有任何功劳了。不如趁现在吴军军心不稳，渡汉水攻击，可收全功。另一个猪队友叫史皇，是一位大夫。他也跟囊瓦说，沈尹戍本来就比您威望高，这次让他抢了头功，您令尹之位可就难保了，还是赶快进攻吧。

史皇这话直接戳中了囊瓦最敏感的神经，囊瓦当即下令：整军渡河，击溃吴军！楚军居然真的开始渡河了，伍子胥大喜过望，准备列阵迎敌。孙武却建议伍子胥：撤退。这是为什么呢？孙武解释道，要想攻入郢都并待得安稳，必须彻底解决掉囊瓦所率的楚军。囊瓦是个草包不假，但他手下的二十万楚军可不是吃素的。万一楚昭王幡然醒悟，来个临阵换将，他们就大大的不妙了。所以现在的当务之急是趁囊瓦还是楚军统帅，将这二十万楚军彻底歼灭。对，是歼灭而不是击溃。而汉水东岸不是打歼灭战的地方。解释完，孙武指着地图上的一个地方说出了自己的计划：将楚军引到这里，彻底歼灭！孙武指的这个地方叫柏举，今天叫麻城。在吴军现驻地东北方一百二十九公里处，位于大别山南麓。

孙武之所以选择柏举作为吴楚最终的决战地，是因为柏举离楚军老巢郢都足够远，楚军得不到任何有效的援助和补给；柏举距离汉江的距离又足够长，足以耗尽楚军的体力；最关键的是，这里是一片林地，不利于楚军车兵展开和长兵器的使用。这里，将是大多数楚军的坟墓。

渡过汉水的囊瓦发现吴军居然撤退了。一定是他们知道自己战船被烧，军心涣散。幸好武城黑和史皇提醒自己，不然险些被沈尹戌抢了头功。孙武偌大的名气也不过是银样镴枪头嘛！看本将不杀光他们！

这边看似慌乱的吴军在伍子胥和孙武的指挥下，有条不紊地向柏举方向撤退。吴军后卫部队屡战屡败，狼狈不堪。囊瓦见状更是兴起，对吴军紧追不舍，誓报豫章之战的一箭之仇，并要收揽本次战役的全功。终于，在一片林地中，楚军发现跟了多日的吴军消失了！这是个不好的兆头，还没等楚军多想，无数羽箭从四面八方飞来，楚军纷纷中箭倒地。紧接着，四周出现了大批断发短衫、手持铜剑的吴国士兵。他们看起来已等待多时，眼中闪着贪婪的光。箭雨中幸存的楚兵受到了吴兵手中青铜短剑的礼遇，他们的长戈根本施展不开，而吴兵的铜剑却结结实实地招呼到了他们身上。

这是一场毫无悬念的屠杀。老成的伍子胥十分注重宣传的力量，在战前就告诉他的士兵们，这次我们是去郢都抢劫的。只要打垮楚军进入郢都，那里面的金银珠宝、美女佳人，就都是你们的。吴兵很卖力，砍死这帮讨厌的家伙，郢都就归我们了。楚军损失惨重，武城黑和史皇拼命厮杀才保着囊瓦杀出重围。囊瓦收集残兵败将，稳住了阵脚，安营扎寨，吴军见好就收，距楚军五里下寨。

是夜，大败亏输的楚军高层在相互抱怨，而大获全胜的吴军高层居然也并不和谐。事情是这样的，吴王阖闾的胞弟夫概是员猛将，此次战役司职先锋。在中国古代，战时军中有两个职位是最重要的，一个是先锋官，另一个是运粮官。粮草的重要性不用多说。没了粮草，基本就不用打了，饿都能饿死。所以一般运粮官都是老成持重、经验丰富的智将。先锋的重要性也无须多言。先锋部队是一支军队的矛尖，先锋官则需要逢山开路，遇水搭桥，人挡杀人，鬼挡杀鬼，为中军主力扫平障碍。所以一般先锋官都会选武艺高强、锐气十足的猛将。一支部队里最出彩的往往也是先锋官，有时甚至会盖过中军主将的风头。因此很多古装剧中会出现几位当世名将争当先锋的场面，就是战场相见，一句："吾乃先锋某某某是也！"也十分的提气。

以上说的是一般情况，夫概这回遇到的情况并不一般。确切地说，夫概这次的先锋当得很憋屈。此次伐楚之战，夫概这一路别说逢山开路、遇水搭桥了，就连个楚兵的影子都没看到。好容易等到楚军渡汉水，自己准备一展身手了，伍子胥又下令撤军。敢情他这个先锋一直在跑路，这叫咋回事啊！到了晚上，郁闷了很久的夫概终于忍不住了。他向哥哥阖闾建议，明天一早由自己率先冲击楚军，将敌人一举击败。夫概认为楚军白天遭遇惨败，明天再由自己给他们最后一击，基本就可以打完收工了。可是伍子胥和孙武都不这么认为，他们觉得楚军虽然遭受惨败，但实力尚存，且警惕心很强。如果明天一早就攻击他们，必然会遭到强势反弹。不如等一段时间，让他们自己懈怠下来，再一举予以歼灭。阖闾考虑了一下，同意了伍子胥和孙武的建议。

会议不欢而散。牢骚满腹的夫概回到营中，越想越气。囊瓦那个脓包明明已经被吓破了胆，只需要给他补一棍子就能够彻底击垮他。没想到伍子胥和孙武这俩老古董如此保守，真是岂有此理。自己这个先锋跑了两千多里，居然寸功未建，这样下去回国以后怎么有脸见那帮朝臣呢？想到这儿，夫概打定了主意：只要是对的，就去做，管他什么王命呢！于是他下令所部："四更造饭，五更出击！必击破楚军，生擒囊瓦！"

第二天凌晨，尚在熟睡中的囊瓦被一片厮杀声和悲嗥声惊醒，有人高喊："吴军袭营啦！"慌乱之中，囊瓦也不知道吴军来了多少人，抢了一匹马就跑。囊瓦打仗一脑子糨糊，逃跑的思路却很清晰。他知道，自己丢了部队逃跑，罪责难逃。为了免于责罚，他并没有逃回郢都，而是一路向北，逃到了郑国。夫概闹出了这么大动静，自然惊动了伍子胥。伍子胥探明情况后立即向阖闾汇报，阖闾知道，自己那位桀骜不驯的弟弟并没有服从自己的命令。幸运的是，据探马回报，夫概偷袭得手，楚营一片混乱。

这些都是暂时的。伍子胥知道，夫概所部只有五千人马，楚军虽败却还有十万余众。从混乱中恢复的楚军迟早会发现夫概的虚实，那样夫概就危险了。"应该立即增援夫概，彻底击垮楚军！"伍子胥向阖闾建议，阖闾深以为然。楚军今天比较倒霉。睡得正香的时候突然被一帮不知道从哪儿冒出来的吴军砍杀了一通不说，主帅还不见了。好不容易稳住了阵脚，后续的吴军又如潮水般涌来，简直是不让人活了。副将史皇还算比较镇定，在主帅临阵脱逃的情况下站在主帅的战车上坚持指挥。这种表现按说还是不错的，但还远远不够。楚军在吴军的二次打击下开始溃退，史皇控制不住局面，只能随着溃兵撤退。但他乘坐的那辆战车却要了他的命，先锋夫概认得囊瓦的座车，见上面有人，抬手一箭，史皇光荣殉职。主帅逃跑、副将阵亡的楚军彻底崩溃了，被凶悍的吴军一路追杀，尸横遍野。夫概终于立功了。

夫概一路砍瓜切菜般追击楚军到了清发水，眼看就要把残余楚军全部赶下河喂鱼，却停了下来。随后赶到的伍子胥感到不解，夫概解释道："现在追击他们，楚军知道没有生还的希望，一定会做困兽之斗。但如果我让他们一半人渡过清发水，后续的楚军知道渡过河就可以活命，一定无心抵抗，这样我们就可以轻松消灭他们了。"伍子胥赞赏地点点头。果然，争相渡河的楚军根本无心恋战。未渡河的那一半楚军基本被歼灭。伍子胥带领大军从容渡河追击，又在雍澨（今湖北京山市）打败了正准备吃饭的楚军。至此，囊瓦所率的二十万楚军主力基本报销。

在囊瓦的主力兵团被打残后，风尘仆仆的沈尹戍终于带着方城军团赶了回来。论军事能力，沈尹戍在楚国绝对是数一数二的。当他听说囊瓦渡河追击吴军的消息后，就意识到大事不妙。果然，在他烧完吴军战船，从息县回程的路上就收到了楚军于柏举大败的消息。沈尹戍紧赶慢赶，终于在汉水西岸拦住了先锋夫概。这是真正的背城之战，沈尹戍知道，如果自己败了，郢都就完了。夫概却根本就没把这支楚军放在眼里，他自柏举之战后打得太顺手了。在他看来，沈尹戍的部队与囊瓦的楚军没有什么不同。骄兵必败。方城兵团毕竟也是楚军的精锐，在沈尹戍的得力指挥下，骄横狂妄的夫概被打了个措手不及，陷入重围。这是楚人最后的高光时刻，伍子胥的主力部队随后赶到，将沈尹戌部反包围了起来。沈尹戌左冲右突，浑身带伤，却始终不能突出重围。他知道，自己的最后时刻到了。因为在阖闾手下干过，他不希望自己的尸体落入吴人之手，就让部下割了自己的头颅去回报楚昭王。

郢都完了。沈尹戌向着王城方向投去了最后一瞥，然后闭目就死，楚国最后的抵抗力量就此灰飞烟灭。宏伟的郢都城就在面前，伍子胥激动得难以自抑。十六年前伍家全家老小血洒郢都，今天，他终于回来了，带着自己训练的虎狼之师。楚国，欠我的，都还给我吧！

废话不多说，伍子胥直接带兵包围了王宫。但还是晚了一步。楚昭王早在楚军雍澨之败后，就带着亲信逃出了郢都。跑了就跑了吧，现在最要紧的是找到楚平王的墓。伍子胥拿住了几个服侍过楚平王的老宫人，都说平王葬得非常隐秘，基本没人知道具体在哪儿，他们也只是知道在郢都东门外一个叫寥台湖的地方。伍子胥马上引兵赶到寥台湖，但见大湖茫茫，并不见楚平王的墓。伍子胥捶胸顿足，仰天大哭道："天哪！楚平王之墓到底何在！连老天也不让我报父兄之仇吗？"这时有位老者走上前来，向伍子胥作了一揖问道："将军为何要找楚平王的墓呢？"伍子胥答道："我就是十六年前那个被楚平王无辜杀了全家的伍员伍子胥，今日特来报仇！"老者说："楚平王自知罪孽深重，怕死后尸体被人侮辱，所以把墓修在了湖中。将军要找墓，必须先要放干湖水才行。"伍子胥大喜，忙令军士挖开水渠，放干湖水。

果然，随着水面慢慢下降，一座大墓浮了出来。伍子胥不待水完全抽干，就命令军士掘墓。不多时，一具石椁被拉了出来。石椁很是沉重，打开一看，只有几件衣服和一堆精铁。老者说，这是疑棺，真的棺材还在下面。于是抽出石椁之下的石板，又找到了一口棺材。把这具棺材打开，楚平王的尸身安然躺在里面。士卒把楚平王的尸体拖出来，楚平王的尸体被水银处理过，所以这么多年过去依然容颜如生。伍子胥看了大怒，抽出钢鞭就打，直打得楚平王的尸体筋断骨折。实在打不动了，伍子胥左脚踩住楚平王的肚子，右手把他的双眼挖了出来。大骂道："无道昏君，有眼无珠！残害忠良，应有此报！"骂完就把尸体的头砍了下来，身体丢在荒野喂狗。

报完了仇，泄完了愤，伍子胥才想起那位为其揭秘的老者。伍子胥对老者一揖到地，恭恭敬敬地问道："老先生是如何知道楚平王墓地所在，又如何知道他布设了疑棺的呢？"老人热泪盈眶地说："我就是当年给楚平王修墓的石匠，楚平王当年让我们五十多个石匠为其修墓。修成后怕泄露机密，就把石匠们全部杀死在家中，只有我一个人逃了出来。今天我是看将军冤情可怜，也是为给五十多个冤魂报仇，才告诉将军墓地所在的。"伍子胥恍然大悟，取了金银玉帛重谢了老者。

对楚平王掘墓鞭尸后，伍子胥还没打算罢休。他还要找到楚平王的儿子楚昭王斩草除根，一如当年楚平王杀了他父亲还要杀他兄弟俩。听说楚昭王逃到了随国，伍子胥就带兵把随都包围了起来。随侯的态度很好，他表示，如果楚王在他们国家，他一定会交出来,但关键是楚王确实没来啊!伍子胥将信将疑,却也没有办法。突然想到囊瓦逃到了郑国,楚昭王说不定会去找囊瓦。何况当年郑定公杀了太子建,这个仇还没报,于是就带兵围了郑都。围城之后,伍子胥给郑定公放话:"交出楚昭王和囊瓦,饶你不死。"郑定公吓得够呛,吴军可是连郢都打下来了,想灭了自己简直是轻而易举。这都要怪囊瓦,好死不死地跑到这里,给自己惹了这么大麻烦。又急又气的郑定公把囊瓦找来死骂了一顿。囊瓦什么时候受过这种羞辱,觉得自己在劫难逃,就自杀了。郑定公把囊瓦的尸体交给伍子胥,跟他说:"囊瓦我替你弄死了,楚昭王确实没来,麻烦您退兵吧。"伍子胥这回怎么都不肯相信了,一再敦促郑定公交出楚昭王,并做出了攻城的架势。

郑定公彻底没辙了。楚昭王没来,我又不能给你变出来,跟你说你又不信,这是要逼死人的节奏啊。走投无路的郑定公只好拿出了他最后的一招:悬赏。郑定公张榜公告全体国民:有能够退吴国大军的,寡人愿意把郑国的一半分给他。这纯属死马当活马医,您贵为一国之君都拿吴军没办法,指望老百姓退敌?开玩笑呢吗?也许是老天爷觉得郑定公实在是无辜得可怜,榜文刚放出去一天,居然就有人揭榜了。揭榜人被带到郑定公面前,是个青年人,看打扮像个渔夫。

郑定公心凉了半截,但还是打起精神问:"您就是那个揭榜的人?"

"是的。"

"您有办法退吴军?"

"是的。"

"您需要多少兵马？"

"一兵一卒都不要，只需要给我一支船桨，我拿着船桨去吴营中唱首歌，吴军自然就会退兵。"

郑定公与大臣们面面相觑。唱首歌就能让吴军退兵？郑定公不相信归不相信，也没别的法子，只好让人给了他一支船桨，并嘱咐左右："如果这小子真能退敌，一定重重赏赐他！"

青年渔夫敲着船桨唱着歌，来到了吴军大营前。这位兄弟歌唱水平实在有限，唱的歌只有一句歌词，饶是如此，还翻来覆去地唱，丝毫没有厌烦。这事太奇怪了，吴军士兵把他带到了伍子胥面前。这位青年见了吴军统帅也不胆怯，继续自顾自唱那首只有一句歌词的歌："芦中人，芦中人，腰间宝剑七星文，不记渡江时，麦饭鲍鱼羹？"伍子胥听了歌词心中一震，问道："你是何人？来此何为？"青年道："我是当年渡您过江的渔丈人的儿子。现在您把城给围了，郑国国君怕得要死，悬赏说有能退吴军者，将国家分一半给他。我请将军念在当年父亲与您有一面之缘的分上，饶了郑国吧！"伍子胥仰天长叹道："要不是当年渔丈人渡我过江，我哪还能有今天呢！"当场下令撤军。

不知道得知吴国撤军后的郑定公会怎么想。估计认为这渔丈人之子真的是某位隐藏的歌神，而伍子胥正好是他的铁杆粉丝吧。从郑国解围后，伍子胥带兵回国。路过当年蹭饭的溧水，想起浣纱女在自己最饥饿的时候，把饭给自己吃，救了自己一命，却为了证明清白投水而死。溧水依旧，斯人已逝，不胜感慨。伍子胥想要报恩，却连浣纱女住在哪里都不知道，只好投千金于水，以表谢意了。伍子胥的军队走了不到一里，看到一个老太太，见了当兵的就哭。军士觉得奇怪，就问她为什么。老太太说："女儿十六年前救了一位穷途末路之人，为了怕泄密，自己投溧水而死。后来听说那个人叫伍子胥，现在他发达了，得胜而归，而我女儿却白白死掉了。"军士忙解释说："我们伍将军一直惦记着这事呢！之前刚投了千金在溧水中，就是为了报答您女儿，您快去捞吧。"老太太听了这话，就欢天喜地地去了。伍子胥终于完成了他的复仇，需要交代一下的是，他的搭档孙武在此役之后不知所终，应该是功成身退了。

伍子胥的故事还没有结束，但是复仇者伍子胥的故事，到此已经结束了。

番外

● 费无极的下场

伍子胥复仇的故事已经讲完了。相信很多人还会关心故事里的一位大反派费无极的结局。平心而论，其实费无极才是害死伍氏一门的元凶，楚平王不过是他的一个工具。楚平王没能战胜自己的贪欲，干了糊涂事不假，然则费无极才是点燃了他欲望的那个人。伍子胥最应该复仇的对象，是费无极。

费无极是个纯小人。这不，在害完伍氏一门后，他又盯上了伯郤宛，原因还是嫉妒。这个事件的结果前文说过，费无极挑拨令尹囊瓦杀了伯郤宛全家，伯郤宛的儿子伯嚭幸免于难，逃到吴国成为伍子胥的副手。费无极是如何挑拨囊瓦与伯郤宛的关系的呢？

这个小人是这样操作的。费无极先自作主张地跑到囊瓦那里，跟他说："左尹伯郤宛让我来邀请您某月某日去他家喝酒。"伯郤宛在楚国颇有官声，这样一位直接下属的邀请，囊瓦是没理由拒绝的。然后费无极又跑去跟伯郤宛说："令尹大人让我跟你说，他某月某日要来你家喝酒。"顶头上司要来家里做客，伯郤宛自然不敢怠慢。他跟费无极请教道："令尹大人驾临寒舍，那自然是蓬荜生辉。可是我们家比较穷，拿不出什么像样的东西送给令尹，怎么办呢？"费无极说："令尹大人什么好东西没见过？不过他这个人特别喜欢兵器和铠甲，听说你最近打胜仗刚缴获了不少，选几套像样的送给令尹大人就行。"伯郤宛点头称是，就请费无极帮着从缴获的武器中选了五领皮甲，五件兵器。费无极跟伯郤宛说，把这些放在门口拿帐幔帐起来。令尹一进门就能看到这些兵甲，必然会问你，你就趁机把这些兵甲献给他。

到了约好的那一天，伯郤宛把选好的兵甲放在门口的帐幔里。费无极却匆匆忙忙地赶到囊瓦家，上气不接下气地跟他说："令尹大人千万不要去伯郤宛家！我刚打听到，他想害你呢！"囊瓦听了一愣，费无极继续说："是真的，伯郤宛把兵甲都藏在门口，想等您一进门就动手呢！"囊瓦止住了出门的脚步，派人去伯郤宛家看个究竟。不多久，事情查实，伯郤宛确实在门口藏了兵甲。伯郤宛你个人面兽心的家伙，还真想害我啊！囊瓦大怒，立刻派兵包围了伯郤宛的家，一把火把伯郤宛家烧为灰烬。

俗话说夜路走多了总会遇见鬼，费无极这次玩大了。在伯郤宛灭门惨案中，有两位与伯郤宛关系不错的人也受到牵连，无辜枉死。其中一位叫阳令终，是前任令尹阳匄的儿子。阳匄这个人前文提到过，就是长岸之战中楚军的总指挥，打得初出茅庐的公子光丢了余皇号的那位。此公还有一个隐藏身份，他是楚穆王的曾孙。阳氏，是芈姓王族的一个分支。前519年，公子光讨伐楚国的州来，阳匄带兵援救，病死在征途中。所以说，阳令终是公族子弟＋烈士子女。另一位叫晋陈，是楚国大夫，他的家族在楚国上层很有影响力。

伯郤宛的父亲伯州犁是因为遭受迫害从晋国跑到楚国的，伯家在楚国属于外来户，没什么根基。因此费无极灭了颇有声望的伯郤宛满门，大家只是唏嘘感慨、深表同情而已，但是杀了阳令终和晋陈，楚国的上层可就不干了。晋陈的族人在楚国上层大造舆论，严厉指责费无极专权祸国，连带批判令尹囊瓦听信谗言。楚国的公族还给费无极补了一条罪状：残害王室成员。怒火越烧越旺，到了祭祀日，凡是有资格分得祭祀后胙肉的人没有不指责囊瓦的。也就是说，费无极成功地得罪了整个楚国上层，并大有把令尹囊瓦拉下水的趋势。这时候沈尹戌对囊瓦说："左尹伯郤宛和中厩尹阳令终无辜被杀，虽然是由于费无极的阴谋，但毕竟是您下的命令。费无极这个人名声太臭，冤杀伍奢，赶走太子建，蒙蔽楚平王，民众无人不知。现在连楚国上层都怨声载道了，您又何苦替费无极背这个天大的黑锅呢？"囊瓦连连称是，下令杀费无极，尽灭其族。

玩火者，必自焚。小人费无极，终于得到了应有的报应。

● 申包胥哭秦庭

　　在伍子胥的复仇故事中，没有说打下郢都的吴军最后怎样了。这里来补充说明一下，攻克郢都的吴军最终被赶回了吴国。这一切都要归功于一个人，这个人的名字叫申包胥，曾经是伍子胥最好的朋友。

　　当年，伍员在逃亡郑国的途中遇到了出访归国的好兄弟申包胥。他满腔悲愤地向好哥们儿讲述了自己的遭遇，最后说："我一定要颠覆楚国！"申包胥说："作为你的兄弟，阻止你为父报仇，是为不孝。作为楚国的臣子，鼓励你为父报仇，是为不忠。这样吧，你努力去报仇，你能够颠覆楚国，我就一定能复兴楚国。"两兄弟就此道别。

　　十六年后，伍子胥果然带兵打破郢都，颠覆了楚国。申包胥也随着逃难的人群跑到了山里。当他得知伍子胥将楚平王掘墓鞭尸，还不依不饶地要抓捕楚昭王的时候，派人给伍子胥带了个口信。信中斥责了伍子胥侮辱死人的行为，并劝他说大仇已报，可以收手云云。伍子胥回复昔日的兄弟道："我就像太阳快落山了，路途还很远，所以要逆情悖理地行动（吾日暮途远，吾故倒行而逆施之）。"这就是成语倒行逆施的由来。申包胥知道，这位兄弟的仇恨已经积压得太久，不会善罢甘休的，该到自己出手的时候了。

申包胥要去搬救兵。当今世上还有谁治得住吴国？只有秦国了。申包胥要走到秦都去，向秦哀公乞师。注意，秦哀公时秦国的都城还在雍城，即今陕西宝鸡市凤翔区，在关中平原的最西边，距离郢都的直线距离是六百三十五公里。也就是说，申包胥要徒步行进超过一千二百里路，其中还包括穿越茫茫秦岭。申包胥不知道走坏了多少双鞋才走到雍城。到了雍城，见了秦哀公，把吴国如何欺凌楚国。自己如何历尽艰辛从郢都走到这里的经历跟秦哀公说了一遍，然后请求秦哀公出兵救楚。秦哀公十分感动，然后拒绝了申包胥的请求。

这里要说明一下，楚昭王的亲生母亲，正是当年那位被楚平王自娶的大美女孟嬴，也就是秦哀公的妹妹。这样算起来，楚昭王是秦哀公的外甥，秦哀公是楚昭王的舅舅。外甥落难，舅舅居然无动于衷。可见在国家利益面前，亲情是多么的苍白。

亲情牌已经不管用了，申包胥相信还有一样东西能打动秦哀公。申包胥站在秦庭中，开始哭，放声大哭，不停地哭，哭了七天七夜，水米不进。太吓人了，很难想象一个刚走了一千多里路的人，是靠什么一口气哭了七天七夜的。秦哀公被惊到了："楚国有这样的贤臣，吴国还想灭了他；我们国家没有这样的人，吴国岂能容我们？"当即派大将子蒲、子虎增援楚国，并作了一首歌来激励将士们。这首歌就是大名鼎鼎的《无衣》。《诗经》里可以查到这首歌，在《国风·秦风》里。

歌词如下：

岂曰无衣？与子同袍。王于兴师，修我戈矛。与子同仇！
岂曰无衣？与子同泽。王于兴师，修我矛戟。与子偕作！
岂曰无衣？与子同裳。王于兴师，修我甲兵。与子偕行！

歌词只有一个中心意思：兄弟别怕！哥们儿跟你在一起！

申包胥赢了，不是靠亲情牌，而是靠人性。申包胥相信他的诚心一定可以感动秦哀公，他做到了。后面的故事就不多说了，秦楚联军打败已经被郢都温柔乡腐蚀了的吴军。越王允常见吴军在楚国吃了瘪，趁火打劫偷袭吴国本土。夫概见形势不好，居然带兵回国自立为王，被回师的阖闾击败，仓皇逃到楚国。逃到楚国的夫概被封在堂溪，就是后来的堂溪氏。

完美复仇的一代霸主

吴王夫差是吴越争霸这段历史中的第四位复仇者。他是吴王阖闾的儿子。

吴王的位子本来轮不到夫差，因为夫差有一个大哥，是阖闾的太子，叫姬波，史称太子波。吴军攻克郢都后，虽然被申包胥借秦兵击败，但是元气未伤，各路吴军基本都全须全尾地回到了吴国。不甘心的阖闾准备再找个大国练练手，就把目光投向了齐国。齐景公吓坏了。这支吴军虽然刚败给了秦楚联军，但毕竟是攻克过郢都的精锐之师。而且奔袭两千余里，简直形同鬼魅。齐景公拿尺子在地图上左量右量，发现自己的都城临淄距离吴都也不过一千余里，而且其间无险可守。

人到中年非悟空，该认怂时就认怂。早已年过半百的齐景公连忙派人向吴王阖闾求和，条件是把自己的小女儿少姜嫁给吴王太子波，两家做亲家。齐景公都这么说了，阖闾也不好意思继续用兵，便同意了求和。

齐景公万万没想到，他的这个决定要了女儿少姜的命。少姜年纪太小了。江南天气炎热卑湿，别说一个小姑娘，就是很多北方爷们到了南方也一时适应不了。少姜思念故乡齐国，日夜哭泣，竟然生病了。阖闾很是心疼这位儿媳妇，就让人在都城北面建了一道门，命名为望齐门，然后让少姜去那里玩。这种画饼充饥的做法自然无济于事，少姜还是十分想念齐国，病情日益加重，不久就去世了。少姜在去世前跟自己的丈夫太子波说："如果死去的人还能有知觉，就一定要把我葬在虞山的山顶，让我能眺望齐国。"太子波和阖闾都很伤心，便按照少姜的遗愿将她葬在虞山之巅。根据学者考证，这位齐国公主少姜之墓就在今江苏常熟市虞山森林公园中的辛峰亭下。

常熟虞山辛峰亭（李笛 摄）

虽然在一起的时间不长，太子波还是非常喜欢自己这位齐国妻子的。可能是悲伤过度，太子波不久也生病去世了。太子之位空缺，阖闾准备从剩下的儿子中选一个当太子。这时夫差的心思活络了，他自认为是父亲所有剩下的儿子中最出众的一个，但是这种事情不能靠天吃饭，于是他走了阖闾最信任的人——伍子胥的门路。伍子胥倒也爽快，他跟夫差说："太子的人选现在还没定，等我进去跟大王说说就能定了。"说完他拍拍夫差的肩膀，示意他稍候片刻，自己去去就回。伍子胥进宫见了阖闾，阖闾果然上来就问伍子胥可有太子人选。伍子胥先强调了一通太子的重要性，然后说，这么重要的位子除了夫差没有更合适的人选了。

阖闾沉默了。所谓知子莫若父，对于夫差有几斤几两，别人不知道，阖闾还是非常清楚的。他考虑了一下跟伍子胥说："夫差这孩子愚笨而不仁义，恐怕难以继承大统啊！"伍子胥反驳道："夫差诚实爱民，严守礼义，操守端正。况且在大王所有的儿子中，夫差最为年长，他不当太子也说不过去啊！"阖闾又沉默了很久，才说："那我听你的。"夫差就这样被立为太子。

也许是对夫差的能力依然不放心，阖闾不久就给夫差找了个差事：讨伐楚国。夫差知道这是父亲在考验自己，丝毫不敢怠慢。在出征前，夫差虚心向伍子胥、孙武这些有丰富的对楚作战经验的老前辈讨教战略战术问题，基本做到了胸有韬略。机会偏爱有准备的人，太子夫差的第一仗打得非常出彩，大败楚军，攻克了楚国的鄱阳。这一仗打得楚国朝野震惊，为了避免吴师入郢的悲剧再次发生，楚国居然迁都于鄀，以避吴国兵锋。

阖闾彻底放心了，想当年自己的第一仗被楚人打得丢盔卸甲，连余皇号都丢了，儿子夫差的第一仗可比自己强多了。立下战功的夫差被父亲委派管理新占领的楚地，成为封疆大吏，继续积累资历。阖闾自己则营造宫室，开始享受生活。他在安里建造了射台，在平昌挖掘了华池，在长乐筑造了南城宫。阖闾每天就在这些地方游玩休息，喝喝茶、吃吃饭、打打猎、跑跑马、听听歌，好不惬意，这样的神仙生活持续了八年。

八年后（前496年）的一天，正在喝茶聊天的吴王阖闾收到了一封密报，报告说越王允常去世了，儿子勾践即位为越王。允常是阖闾的老对手，是一位很有能力的君主，越国正是在他手上日益强大。他跟阖闾交过手，是个平手。行家功夫一出手，便知有没有。阖闾和允常心里都十分清楚，自己是灭不了对方的。既然灭不了对方，那就和平共处。所以这么多年来，阖闾攻打楚国，威慑齐国、晋国，就是没打过越国的主意。反倒是允常趁着吴国大部队在楚国被秦楚联军痛揍的时候偷袭过一回吴国，但是也很快被回师的阖闾击退了。越国在允常在世之时，疆域已经南至诸暨，北至嘉兴，东至宁波鄞州区，西至衢州龙游县，大半个浙江省都是越国的地盘了。

允常一死，佛系了八年的阖闾想干点儿事情了。阖闾命令伍子胥整顿军马，来年一开春就去灭了越国！伍子胥觉得不妥，趁别人国丧去攻打人家，是不厚道的。最关键的是，人家正满腔悲愤没处发泄呢，这时候去打人家不是找不痛快吗？还有，别忘了您的前任吴王僚就是因为趁着楚国楚平王的国丧派盖余和烛庸去偷袭，结果被人家包了饺子，您才能趁机上位啊。

道理讲了一箩筐，阖闾就是不听。阖闾这一生对伍子胥言听计从，连立太子这么大的事，阖闾都听从了伍子胥的意见，偏偏这件事上伍子胥没能说动阖闾。这是阖闾第一次没听伍子胥的意见，也将是最后一次。

来年开春，阖闾尽起国内精兵，杀奔越国，理由是报十年前允常趁吴师在楚偷袭吴国之仇。人都死了，才想起报仇，早干吗去了。新即位的越王勾践刚安葬完父亲，孝服还没脱，就收到了吴军入侵的消息。好你个阖闾，礼不伐丧，你在这个时候打我，真当我怕你不成？勾践化悲痛为力量，亲率大军北上迎击阖闾，两军在槜李（今浙江嘉兴西南）相遇。

仇人相见分外眼红，首先出招的是勾践。勾践组织敢死队挥舞着铜剑狂叫着冲向吴军，老到的阖闾根本不吃这一套，他命令吴军以弓箭手射住阵脚。密集的箭雨让勾践的敢死队纷纷倒地，偶有漏网冲到吴军阵前的，也被吴军阵中伸出的长矛戳成了筛子，吴军军阵岿然不动。勾践知道，本军虽然有悲痛加成，但吴军的实力不容小觑，如果硬来是讨不到任何好处的，因此他决定耍个小把戏。

战场上出现了诡异的宁静。不多时，三队赤裸上身的人从越军阵中缓步走出。他们步履蹒跚，像是饿了多日的乞丐；手中铜剑的剑尖低垂，毫无拼杀或戒备的意思。阖闾不明所以，下令军士不要放箭，先看看究竟。不知过了多久，这群奇怪的人方才挪到吴军阵前。大家按队列站好，领头的人朗声说道："两国君主交兵，臣等触犯军令，不敢逃避罪责，在此自杀而死！"说完，三队人齐刷刷地举剑，抹脖子，飙血，倒地。这种集体自杀的行为艺术深深地震撼了吴军将士，他们彻底蒙了，不知道越人到底要干吗。

勾践趁机发动全面进攻，阖闾还没来得及下令放箭，越军就冲到了阵前。尚未从刚才行为艺术中回过神来的吴军毫无防备，阵型被冲得大乱。越军大将灵姑浮比较机灵，直奔阖闾的座车杀去。阖闾终于反应了过来，掉转车头就逃，可还是晚了一步。灵姑浮长戈挥出，阖闾闪身避开，脚趾却被长戈砍断，一只鞋也掉到了车下。阖闾惨叫一声，周围的吴军将士见大王受伤，拼死护驾，阖闾这才得以脱身。

本来断脚趾也算不得什么致命伤，可是阖闾毕竟年事已高，伤口血如泉涌，根本止不住。阖闾自知即将不久于人世，便召来了太子夫差。他拉着夫差的手说："千万别忘了是谁杀了你的父亲啊！"说罢溘然长逝。夫差将父亲的遗体护送回国，随后即位为君，是为吴王夫差。

吴王夫差确实没忘了杀父之仇，立志报复。为了怕自己忘记，夫差特意派人常年站在院子中，只要一看到自己就大声问："夫差！你忘了勾践杀你父亲了吗？"夫差每次听到都会热泪盈眶，恭敬地回答："哪里，不敢忘记！"这个决心，直可比把"一定要考上清华、北大"这种大标语贴在自家书房里的高考学生。决心归决心，夫差也没放松行动。他任命伯嚭为太宰，华登为战术教官，日夜操练兵马。自己则跟伍子胥有事没事就在地图前兵棋推演，研究攻越作战方案。

吴国虽然在槜李打了败仗，连吴王都被干掉了，但其实元气未伤，打楚国的老底子还在。夫差与伍子胥等一班重臣经过一年的励精图治，就让吴军恢复了生机，甚至比一年前更为强大。夫差一心复仇，没想到勾践却先动手了。勾践听到夫差一直在操练兵马，便准备给他来个先下手为强。夫差二年（前494年），一意孤行的勾践带兵伐吴。来得正是时候，吴王夫差在父亲的神位前立誓，不破越军绝不还朝，然后集结精兵，迎击越军。越王勾践浑不在意，他以为吴军还是两年前的那支吴军。自己既然连老子阖闾都干掉了，再干掉儿子夫差自然是不在话下。勾践完全错了，这支吴军在伍子胥、华登的调教下，战力比之前强得多，而且这一次，吴军有仇恨加成（给阖闾报仇）。最关键的是，这次夫差不会再让他耍任何花样了，这是一场硬碰硬的战斗。

　　两军在夫椒（今太湖洞庭西山）相遇，战斗的结果可想而知。夫差的复仇之师大败勾践的越军，勾践本人带着五千残兵被夫差一路追杀，终于在会稽山被吴军围住了。身陷重围的勾践召开紧急会议商量对策，其实大家心里都明白，事到如今还能有什么对策呢？只能投降呗。然而投降也是个技术活，你肯投降人家还未必接受，关键在于怎样才能让夫差接受勾践的投降。勾践的谋臣里有一位叫文种的比较了解吴国的内情，他对勾践说："吴王夫差有两个臣子最有话语权。一个叫伍子胥，这个糟老头坏得很，酒色不沾，一定不会接受我们的投降。另一个叫伯嚭，这个人贪财好色，比较好说话，我们可以走走他的门路。"勾践觉得文种说得有道理，就让他带着厚礼去找伯嚭疏通门路。

　　伯嚭很愉快地收下了勾践的厚礼，收了礼，自然要为勾践说话。他跟吴王说："勾践虽然得罪了大王，但是他已经知道错了，他愿意和他老婆入吴来当您的奴仆，这样的话越国跟亡国也差不多了。您答应越国投降，既能得到越国的金银财宝，又能扬名诸侯。如果不答应勾践投降的话，他们狗急跳墙，把宗庙烧了，财宝沉了，跟咱们死磕到底，对咱们没有任何好处啊！"夫差这个人心比较软，听伯嚭这么一说，就准备接受勾践的投降。这时一旁的伍子胥说话了，他坚决不同意饶过勾践。理由是吴越不两立，吴国不灭了越国，将来就会被越国灭掉，并举出夏朝时少康中兴的例子来劝夫差除恶务尽。夫差听完这话非常不爽，当即拒绝了伍子胥的建议，决定接受勾践的投降。应该说伍子胥的话是非常有道理的，但是此公太不讲究说话艺术，他最后那个例子举得尤为糟糕。把夫差比喻成大反派浇不说，还把敌人勾践比喻成正面人物少康。这话要是阖闾听了可能还会理解，夫差听了只能适得其反。就这样，勾践在伍子胥欠揍的说话风格的助攻下成功投降。当然，代价也不能说不大，一代越王携妻子和谋臣范蠡入吴为奴，越国名存实亡。夫差完成了他的复仇，勾践也即将开始他遥遥无期的囚徒生涯。

复仇者夫差的故事到此就结束了。但吴王夫差的一生还很长，很不幸的是，他将在另一位复仇者的故事里，成为复仇的对象。在那个人的故事里，夫差将完成自己巅峰即谷底的霸主故事。

番外

● **夫差的身世**

需要跟大家说明的是，上文中提到的夫差的大哥太子波，在《左传》和《史记》中并无记载，《左传》和《史记》中只记载了夫差是阖闾的儿子。太子波这个人物最早出现于《吴越春秋》，而在该书中，太子波是夫差的父亲，这样夫差的身世在不同的史料中是矛盾的。

按理讲，《左传》和《史记》成书早，名气大，权威性要高于《吴越春秋》。然则如果全面否定《吴越春秋》的记载，那么苏州望齐门、虞山齐女坟这些文化遗存就会失去依据。况且《吴越春秋》所述事实也并非毫无依据，比如，吴王阖闾谋伐齐，齐景公被迫嫁女求和的情节。《左传》和《史记》中虽无记载，在《孟子》中却有明确记载。明代冯梦龙的《东周列国志》就采信了《吴越春秋》的说法，将夫差写成太子波前妃的儿子。

虽然如此，对于夫差是阖闾儿子这种基本史实，料想《左传》和《史记》还不会记错。那为什么《吴越春秋》又将夫差写为阖闾的孙子呢？清代学者俞樾认为这是因为《吴越春秋》写了错别字。《吴越春秋》原文为："是时，太子亦病而死，阖闾谋择诸公子可立者，未有定计。波太子夫差日夜告于伍胥曰：'王欲立太子，非我而谁当立？此计在君耳。'……"其中的"波太子夫差"，俞樾认为是"次太子夫差"的误写，"次太子"则是吴地对王次子的尊称。也就是说，夫差是阖闾的二儿子，太子波的弟弟。

综合两种史料，可以推断夫差确实是阖闾的儿子，太子波的弟弟。太子波死后，弟弟夫差成为吴王太子。就这样吗？没那么简单。《左传·定公六年》中记载："四月己丑，吴大子终累败楚舟师，获潘子臣、小惟子及大夫七人。楚国大惕，惧亡。子期又以陵师败于繁扬。令尹子西喜曰：'乃今可为矣。'于是乎迁郢于鄀。"大子就是太子，按时间推算，鲁定公六年为前504年，太子波应该在一年前去世，那这个太子终累又是从哪里冒出来的呢？《左传》中也没有记载，因为鲁定公六年是这位太子终累第一次在《左传》中出现，也是最后一次。

没办法确定终累的身份了吗？那倒也不会。《史记·吴太伯世家》中记载："十一年，吴王使太子夫差伐楚，取番。楚恐而去郢徙鄀。"解释一下，十一年就是阖闾十一年，前504年；番就是鄱阳。这下就基本明白了：同是前504年，《左传》记载太子终累大败楚军，楚国很害怕，迁都于鄀；《史记》记载太子夫差大败楚军，楚国很害怕，迁都于鄀。基本可以确定，终累就是夫差，夫差就是终累。也许终累是夫差的名字，夫差是终累的王号。正如阖闾是姬光的王号，寿梦是姬乘的王号一样。2007年上映的电视连续剧《卧薪尝胆》中，夫差是太子波的幼弟，王子累是夫差的兄弟，这种设定明显是研究过史料的。

● 少康中兴

上文中提到，伍子胥用少康中兴的例子成功惹毛了夫差，那这又是个什么典故呢？话说夏启的儿子太康沉迷游猎不理政事，被东夷有穷氏的首领后羿篡位。后羿上位后依然游猎无度，又被自己的义子寒浞所杀。寒浞霸占了后羿的妻妾生了浇和豷，浇带兵攻灭了亲夏的斟灌和斟寻氏，杀了夏后（夏朝君主称夏后）相。相的妻子后缗正怀孕，逃到有仍国生下少康。少康很有才能，做到有仍国的牧正。这时浇还想杀掉少康，少康被迫逃到有虞国。有虞国之前受过夏朝的恩惠，就把两个女儿嫁给了少康。少康依靠有虞国的力量，收拾夏朝遗民，终于杀了浇，恢复了夏朝基业，史称少康中兴。

卧薪尝胆的霸主终结者

越王勾践是吴越争霸这段历史中的第五位复仇者，也是最后一位复仇者。

勾践是越王允常的儿子。前文已经说了，前496年，新即位的越王勾践以诡计打败了趁丧偷袭的吴军，杀了吴王阖闾。两年后，勾践听闻吴王夫差准备报杀父之仇，居然主动找事讨伐吴国。这回他踢到了铁板上，被夫差打得满地找牙，一路逃到会稽山，陷入吴军重围。情急之下的勾践开会商量对策，会上大夫文种提出了贿赂伯嚭以求投降的策略，并实施成功。最终勾践带着妻子和大夫范蠡入吴为奴。范蠡和文种是勾践的两名当家谋士，他们的能力不亚于伍子胥和孙武。至此，范蠡、孙武、伍子胥、文种、伯嚭这五位春秋末期顶尖高手全部登场，排名分先后，至于为什么，后面会讲到。

范蠡和文种都是楚国人。算上伍子胥和伯嚭，五大顶尖高手中有四位都是楚国人，看来"惟楚有才"所言非虚。范蠡先前住在楚国一个叫宛囊的地方，这个地方也叫三户之丘。同很多IQ200的天才一样，范蠡也被大家误认为是疯子。不过范蠡毫不在意，"他人笑我太疯癫，我笑他人看不穿"，天才的世界本来就不是一般人能理解的。文种那时任范蠡所在地的父母官，只听说当地有一位大贤，却不知道他具体住在哪儿。文种先把城里翻了个遍，没有找到。有些失望的文种想到了一句古话："狂夫多贤士，众贱有君子。"大贤一般会被认为是神经不正常，比如，在渭水边拿直钩钓鱼的姜子牙同志。于是他锁定了搜索范围，多方打听谁是大家眼中的神经病，这才找到范蠡。

见到文种后的范蠡收起了所有的放荡不羁，他整理好衣冠，恭恭敬敬地与文种对话。因为他知道，这是一位同道中人。范蠡和文种谈人生、谈理想，越谈越投契，最后决定一起离开楚国，奔个前程。两位高人发现东南方向有王霸之气，便东渡长江，来到了烟雨江南。他们本想投奔吴国，但是范蠡认为伍子胥已经在吴国掌权，去了以后很难施展才华，就投奔了越国。勾践很是重视范蠡、文种，任命他们为主力谋士，文种负责内政，范蠡负责外交，干得风生水起。

然而，勾践毕竟年轻气盛，不会事事都听范蠡、文种的。前494年的那次主动挑衅，就是因为勾践高估了自己，没有听范蠡的劝阻，以致兵败投降，沦为囚犯。勾践的囚犯生活并不轻松，杀了人家父亲，能留你一条狗命就不错了，还想过得爽？做梦去吧。这叫死罪可免，活罪难逃。夫差给勾践分配的任务是给自己养马当马弁，分配的住处是一间冬凉夏暖的石头房子。勾践从此老老实实接受劳动改造和思想改造，期盼早日得到夫差的宽大处理。

勾践在吴国安心改造，文种在越国替他多方打点，金银珠宝一车一车地送给夫差和伯嚭，争取保释，同时范蠡也在为勾践上下疏通。范蠡是个搞关系高手，他的疏通虽然一时不能让勾践获得自由，但也很大程度上改善了勾践的境遇，让勾践不至于过得太艰难。在吴国服刑的日子，范蠡在勾践身边，不断地安慰和勉励勾践，成了勾践的依靠和精神支柱。除了范蠡，勾践已经一无所有，但是夫差还没打算放过他。

　　这一天，勾践带着范蠡去拜见夫差。勾践跪在地上磕头，范蠡立在勾践身后，夫差一眼就看中了仪表不俗的范蠡。客观地说，夫差身上虽然有诸多缺点，这些缺点也最终导致了他国破身亡，但他在识人方面还是继承了父亲阖闾的本事。正如阖闾第一眼见到伍子胥就断定他是个不可多得的人才一样，夫差第一眼见范蠡就觉得他是个旷世奇才，于是夫差想把范蠡挖过来为己所用。这应该不是件难事，勾践已经是阶下囚了，跟着勾践和跟着自己哪个更有前途那是明摆着的事，范蠡是个聪明人，应该不会不识相吧。

　　自觉十拿九稳的夫差开口道："我听说有操守的妇女不嫁破败人家，有才能的贤士不仕灭亡之国。现在越王无道，国家将亡，他自己都朝不保夕了，你跟着他没前途的。只要你能改过自新，我就宽恕你的罪过，让你在吴国为官，你觉得怎么样？"范蠡听完不卑不亢地回答："亡国之臣不谈政治，败军之将不谈勇敢。我是亡国之臣，蒙大王恩典我们君臣才得以保全，所以不敢奢谈入吴为官。我只希望能帮您打扫打扫庭院，给您跑跑腿就足矣了。"范蠡婉拒了夫差的邀请，趴在地上的勾践却以为自己要失去范蠡了，哭得泪流满面。

　　范蠡智商超群，他的目光远比夫差、勾践长远。表面上看勾践已经是死鱼一条，没啥希望了。但是范蠡坚信在自己的运作下，勾践绝对可以咸鱼翻身。那时候他一定会对自己言听计从，自己就可以大展宏图，实现抱负。反观夫差这边，有伍子胥和伯嚭在，自己将很难出头。这就是范蠡的眼光，与忠诚无关。挖墙脚不成的夫差很是失望，就把勾践君臣打发回了石头房子。

在文种持续的贿赂下，伯嚭不断地在做夫差的工作。勾践的表现也确实不错，入吴三年以来，工作勤勤恳恳，任劳任怨，在平凡的马夫岗位上做出了不平凡的业绩。夫差对勾践的工作态度很是满意，同时对勾践以一国之君的身份破衣烂衫地给自己当了三年奴隶的事心存愧疚。夫差的心终于软了下来，他打算释放勾践回国了。在这之前，他还要再征求一下伯嚭的意见。伯嚭自然替勾践大说好话，说什么大王仁慈，勾践一定不会忘了您的大恩大德云云。夫差因此决定给勾践自由，并交给伯嚭全权处理。伯嚭第一时间把这个好消息传给了勾践。勾践自然满心欢喜，老谋深算的范蠡却觉得没那么简单，他让勾践别高兴得太早。事实证明范蠡是对的。

伍子胥在得知夫差要放勾践回归后，极力反对，并举出了夏桀囚禁商汤而不杀，商纣囚禁文王而不诛，最终被人家逆袭成功的例子。伍子胥虽然又把夫差比喻成了大反派，然而这一次夫差却犹豫了。他没有下令释放勾践，召见了勾践却很久都没有见他。这是怎么回事呢？说白了夫差当初之所以同意勾践的求和，虽然有对伍子胥厌恶的因素，但更多的还是觉得把勾践圈在吴国，他就算有天大的本事也无法施展，所以是很安全的。现在真的要放了勾践，到底是不是纵虎归山，很难判断。单凭勾践的良好表现和伯嚭的游说，还不足以让夫差彻底信任勾践。因此在伍子胥的提醒下，夫差意识到了问题的严重性，放勾践归国的问题就此搁置。

又是伍子胥这个家伙！勾践又气愤又失望。范蠡却很平静，这一切都在他的预料之中。他很清楚问题的关键在于夫差现在还没有完全信任勾践，所以就算伍子胥不劝阻，夫差自己最后也会做出同样的决定。现在最重要的是如何让夫差彻底地、毫无保留地相信勾践，这不是件容易的事。范蠡一时也没什么好办法，只能慢慢等待机会。

机会在不经意间到来了，而范蠡敏锐地把握住了它。

夫差病了。这病来得很奇怪，三个月过去了，丝毫不见好转。勾践找到范蠡商量，范蠡告诉勾践：机会来了。友情提醒一下，以下内容可能会引起读者的不适，请准备吃饭或者刚吃完饭的朋友们慎读。

提醒完毕，继续说。范蠡是个奇才，他不仅能够定国安邦，还能掐会算，对于岐黄之术也颇有研究。这样看，范蠡的配置甚至要高于《三国演义》中那位被神化的诸葛亮。这位奇才跟勾践说："根据伯嚭的描述，我已经知道夫差是什么病了。这种病不会死人是肯定的，我已算好夫差将会在己巳日痊愈。"勾践问道："然后呢？"范蠡顿了顿说："大王可以去探望夫差，然后让宫人拿夫差的粪便来尝尝，尝完后就去找夫差道喜。夫差一定会问何喜之有，您就说您尝了他的粪便，根据粪便的味道判断他一定会在己巳日痊愈。这样一来，等到己巳日夫差病好之时，定是大王您重获自由之日。"勾践愣了，他这才知道范蠡为啥会顿一下。不过转念一想，除此之外还有什么方法能让他重获自由呢？为了自由，拼了！每次读到这儿的时候笔者都会想起《肖申克的救赎》里男主爬过满是粪便的下水道后重获自由的那一幕。看来古今中外,人类对自由的渴望是没有差别的。

下定决心的勾践通过伯嚭进宫探望夫差。事也凑巧,夫差刚方便完,宫人捧着便桶出来,正好遇到要进门探病的勾践。勾践拦住了宫人,问他这便桶里是不是夫差刚刚的便溺。在得到肯定的答复后,勾践说:"我要尝尝大王的大便,给他诊断病情。"没等目瞪口呆的宫人反应过来,勾践便揭开便桶盖,伸手进去蘸了点儿大便放在嘴里尝了尝。宫人几乎要吐出来,勾践却面露喜色,把手在衣服上擦了擦,跟着伯嚭进了宫。一见到夫差,勾践就跪在地上磕头,口中连称恭喜。一头雾水的夫差忙问为什么。勾践就搬出了范蠡教给他的那套理论:"下臣曾经跟人学过一些医术,知道如果一个人粪便的味道与谷味相同,而与四时之气相逆的话,这个人就会死,反之则可以活。我刚才尝过大王的粪便,又苦又酸。这种味道顺应春夏之气,我因此知道大王肯定没事,大概在己巳日就能完全痊愈。"夫差又是恶心又是感激,直夸勾践仁慈,并当即决定让勾践住入宫中,不用再去住石头房子了。当然,工作内容并没有变化,还是为夫差喂马。

到了己巳日,夫差的病果然全好了。夫差非常高兴,在文台大宴群臣,特意交代要给勾践安排一个面朝北的座位。这是对待宾客的礼仪,意味着夫差终于解除了对勾践的戒心。伍子胥知道接下来会发生什么,气得饭也吃不下,扬长而去。伍子胥这种不给领导面子的行为当然让夫差非常之不爽,这一切都被伯嚭看在眼里。于是在酒酣耳热之际伯嚭开口了:"在座的各位都是仁德之人，不仁之人刚才已经逃跑了。我听说物以类聚，人以群分，相国性情刚勇，毫无仁慈之心，大概是看到我们这些仁人而心怀愧疚吧！"夫差大呼说得好。

看到夫差此时心情不错，勾践和范蠡趁机向夫差敬酒，祝吴王万寿无疆，愿吴国国祚绵长，夫差听了很开心。

第二天，伍子胥找到夫差跟他说："昨天大王看见了吗？我听说心如虎狼之人，才会尽拣漂亮话说。大王不要被他们的花言巧语蒙蔽了啊！"夫差听了这话气就不打一处来，昨天的事还没找你算账，你居然主动找上门来！夫差的不满彻底爆发了，他要跟伍子胥好好理论理论，他说："我病了三个月，没听到相国慰问我一句，这是你不慈。又不进献我喜欢吃的东西，这是你不仁。再看看人家勾践，连国家都不要了，来给我当奴仆，这是他的义。听说我生病，亲口尝我的粪便，这是他的仁。你有什么资格说勾践的不是呢？"

伍子胥彻底蒙了。他是个很大条的人，脑子里装的都是军国大事，万万没想到自己不关心领导的病情竟然会有这么严重的后果。但他仍然没放弃对夫差的拯救，他对夫差说："老虎放低身姿是因为要有所攻击，野猫俯下身去，是为了求得猎物。勾践狼子野心，他喝您的尿是为了今后吃您的心，他尝您的屎是为了日后吃您的肝啊！您可要当心他，不然会亡国灭种的啊！"又是亡国灭种那一套！夫差听得大为刺耳，生气地打断了伍子胥，赦免勾践就此成为定局。

越王勾践的欢送宴设在吴都南门之外，很多大臣都来了。夫差端起一碗酒对勾践说:"我赦免了你,可别忘了我的情意啊!"勾践接过酒碗一饮而尽,然后趴在地上磕头道:"大王看我可怜,放我回国。我和范蠡、文种愿为大王马前卒,为您赴汤蹈火,苍天为证!"夫差满意地说:"君子一言,快马一鞭,你可不要反悔啊!"勾践又趴在地上磕头。夫差把他拉起来,扶他上了车。范蠡亲自驾车,勾践一行终于获得了自由,得返祖国。正是摔破玉笼飞彩凤,顿开金锁走蛟龙。

回到越国的勾践正式开启了复仇模式。勾践面对的是一个满目疮痍、百废待兴的越国。越军精锐已经在夫椒之战中损失殆尽,越国的国库也用来贿赂吴国君臣,基本被掏空。勾践可以说是要钱没钱,要兵没兵。这些都不重要,任何时代最重要的都是人才。勾践手中握着五大顶尖高手中排名第一和第四的范蠡、文种,大家通力合作,而夫差那边只有排名第三和第五的伍子胥、伯嚭,其中伯嚭还是个拖后腿的减分项。虽然目前越国的纸面实力还远不如吴国,但是从人才对比来看,胜负其实已经确定。

话虽这么说,事情还得一件一件地做。陪勾践入吴三年的范蠡正式被任命为相国,成为越国集文武大权于一身的人物。范蠡上任后的第一件事,是修建都城。在这件事上,范蠡与前辈伍子胥的认识是一致的。吴国重修都城是为了防备越国的偷袭,打造战略支点。越国修建都城的目的也差不多,谁知道吴国会不会突然翻脸给他们来一个大兵压境呢。"京畿者,天下之根本",都城是立国的基础,基础不牢,地动山摇,所以范蠡对新都城的建设可谓尽心尽力。

国都修建的原则上文已经讲过了，范蠡也是按照这些原则为越国打造全新的都城。都城的内城周长一千一百二十步，在西北角建起檐角翘起如大鹏展翅的城楼，象征天门；东南角砌了排水的石洞，象征地户；城门四通八达，象征八风。外城的西北角不修城墙，表示臣服吴国（吴国在越国的西北）。其实是表示攻取吴国畅通无阻，当然，这是内部说法，吴国人并不知道，也不能让他们知道。中国古代城市内部公共建筑的排布是有讲究的，不能想在哪儿建就在哪儿建。《周礼》中规定："匠人营国，方九里，旁三门。国中九经九纬，经涂九轨，左祖右社，面朝后市，市朝一夫。"意思是："都城需要九里见方，四边每边开三个门。城中要有九条南北向的大道，九条东西向的大道，每条大道可容九辆车并行。王宫外左边建宗庙，右边建社稷坛。王宫的寝宫前面是朝堂，后面是市集。市集和朝堂各百步见方。"范蠡在主持修建国都的时候却把本该放在左边的建筑放在右边，本该放在右边的建筑放在了左边。这样做的原因是告诉夫差：我们不是一个独立的国家！我们是您的臣属！

都城建好了，勾践却没有住进王宫，而是在宫外找了一间四面漏风的柴房作为自己的卧室。这样做一来可以激励斗志，二来可以缅怀在吴国逝去的青春，一举两得。为了端正复仇态度，勾践每天睡在柴草堆上，再从房梁上垂下一枚苦胆，每天早上起来先尝尝苦胆再开始一天的工作，这就是成语"卧薪尝胆"的由来。除此之外，勾践还会在自己打盹的时候拿芥末往眼睛上涂，在脚冷的时候拿冷水泡脚，冬天经常抱着冰块，夏天经常捧着手炉。

反正就是不让自己舒服了，怕一舒服就把复仇的事忘了。

　　复仇的态度代替不了复仇的方法。复仇的方法说起来很简单，任谁都能想到，那就是弱化对手，强大自己。具体来说，战败国越国想要逆袭霸权国吴国，需要在政治、经济、军事、外交上全面碾压对手。很幸运的是，越国在各个方面都有非常精通的专才。政治方面的专业人才是文种。文种十分擅长搞内政，勾践入吴为奴三年，就是靠文种打理国政，越国才不至于瘫痪。范蠡对文种的评价是："兵甲之事，种不如蠡；填抚国家，亲附百姓，蠡不如种。"经济方面的专业人才是计然，军事方面的专业人才是范蠡，外交方面的专业人才是逢同，他们都将在范蠡的统一指挥下，为勾践的复仇大计尽心竭力。

　　一般来说，一个经济比较发达的国家，综合国力也会比较强，经济是决定综合国力的最重要因素。所谓财大气粗，财大了气才会粗。勾践要想复仇，首先要让越国的钱袋子鼓起来。上文已经说了，越国主管经济的大夫是计然。计然是春秋末期中华大地上最厉害的经济学家，如果考虑到同一时期古罗马刚刚结束王政进入共和，这个限定词可以扩展为全世界。说计然是第一经济高手不是没有依据的，在搞经济方面，奇才范蠡都要甘拜下风。计然给勾践献了七条计策，勾践用了五条就实现了经济崛起。范蠡在辞官后用这五条经过实践检验的计策，成为富可敌国的巨贾，这是后话。

　　计然这七条计策并不神秘，就记录在《史记·货殖列传》中，千百年来无数人都看到过，但是能成为富商大贾的毕竟是少数。

可见道理简单，实施起来还要靠个人的悟性。先满足一下大家的好奇心，把这七条造就了一个霸权国和一个世界首富的计策原文摘录如下：

知斗则修备，时用则知物，二者形则万货之情可得而观已。故岁在金，穰；水，毁；木，饥；火，旱。旱则资舟，水则资车，物之理也。六岁穰，六岁旱，十二岁一大饥。夫粜，二十病农，九十病末。末病则财不出，农病则草不辟矣。上不过八十，下不减三十，则农末俱利，平粜齐物，关市不乏，治国之道也。积著之理，务完物，无息币。以物相贸易，腐败而食之货勿留，无敢居贵。论其有余不足，则知贵贱。贵上极则反贱，贱下极则反贵。贵出如粪土，贱取如珠玉。财币欲其行如流水。

这段话总共 176 个字，如果计算其产生的价值，可以说是真正的一字千金。由于译文很容易找到，在此不做赘述，直接说这七策的内涵都是什么。

第一策："知斗则修备，时用则知物，二者形则万货之情可得而观已。"这一策阐述了国家储备以及认识货物供需关系的重要性。这是七策之首，认为储备是国家强大的物质基础，供需关系是最基本的经济学原理。

第二策："故岁在金，穰；水，毁；木，饥；火，旱。旱则资舟，水则资车，物之理也。六岁穰，六岁旱，十二岁一大饥。"这一策是说进行国家储备和投资经营要顺应自然规律，要有长线思维。

第三策："夫籴，二十病农，九十病末。末病则财不出，农病则草不辟矣。上不过八十，下不减三十，则农末俱利，平籴齐物，关市不乏，治国之道也。"这一策是说国家应该对农产品价格进行干预，以同时保证农民和商人的利益。当然，这种干预应该是市场手段而非行政手段。

第四策："积著之理，务完物，无息币。"这一策强调贸易中要妥善保存商品，尽快卖出，减少滞留货币。

第五策："以物相贸易，腐败而食之货勿留，无敢居贵。"这一策讲的是在经营不易保存的商品时，要尽快脱手。不要有囤积居奇的想法，要薄利多销。

第六策："论其有馀不足，则知贵贱。贵上极则反贱，贱下极则反贵。贵出如粪土，贱取如珠玉。"这一策是讲如何预测市场价格，并以此为依据进行买卖。其本质是在阐述供求关系：供过于求则价格肯定下跌，供不应求则价格肯定上涨。

第七策："财币欲其行如流水。"这一策是商道的精髓，讲的是货币流通速度越快，利润率越高。

这些计策肯定会让不少人大失所望，以为是什么致富秘籍，结果是一些高中政治课都会讲到的基本经济学原理。话是不能这么讲的，这些原理在今天看来很稀松平常，在两千多年前可是重大的发现。勾践正是因为正确应用了这些原理，才使得越国逐渐富裕起来，腰包鼓了，腰杆子也就硬了。

当然，只有钱肯定是不行的。你要复仇，不可能直接拿钱砸死夫差。那个时候又没有雇佣兵，要搞死夫差，还要靠越国的军队。前文说过越军的精锐被勾践打包埋在夫椒了，要重建越军就要有精壮小伙补充进来。可是越国现在已经没有精壮小伙了，怎么办呢？办法很简单粗暴，那就是从现在开始生，十八年后就有棒小伙了。这是真正把"十八年后又是一条好汉"付诸实施的人。为此，勾践特意规定：姑娘十七岁还不出嫁，她的父母要治罪；小伙二十不娶妻，他的父母也要治罪。这规定实在高明，从法律上彻底解决了大龄剩男剩女的问题。此外勾践还规定："壮年男子不许娶老妇，老年男子不许娶壮妻。生孩子要先打报告，由国家派医生陪护。生男孩赏两壶酒，一条狗；生女孩赏两壶酒，一头小猪。生三胞胎的，国家给你配奶妈；生双胞胎的，国家提供食物。"有了如此大力度的政策扶持，越国的人口增长得很快。勾践很欣慰，在他看来，每一个初生的男婴都是未来复仇的战士。

战士是有了，部队的训练还是个大问题。要知道吴军可是孙武、伍子胥这两位大佬亲手带出来的。虽然孙武归隐已久，伍子胥现在也不得势，但是吴军的老底子还在，依然是天下无匹的精兵。想要在训练上超过吴军，就要靠范蠡的本事了。范蠡给勾践推荐了一位剑术教官，一位射击教官，这两位都是拿过世界锦标赛冠军的选手。剑术教官是一位小姑娘。这姑娘出生于南林，她的剑术是无师自通的。见到勾践后，小姑娘先谈论了一番剑道，勾践听得连连点头，就让军中几位剑术高手跟小姑娘过过招。没想到这姑娘真不是盖的，几位高手在她手上居然走不了几个回合。勾践大喜，当即给她加上名号，称她为越女。然后命令各部队长和剑术高手向越女学习剑法，再传给越军士兵。金庸老先生对这段历史应该是非常熟悉,他有一部短篇小说就叫《越女剑》。

射击教官名叫陈音,是楚国人。勾践见了陈音,没有过多地客套,直接问了他三个问题:弓箭的起源是什么?弩的形状取法于什么?正确的射箭方法是什么?陈音回答道:"弓箭起源于弹弓。古时人死后用白茅包起来抛在原野中,有孝子不忍心看父母的尸体被禽兽侵害,就制作了弹弓守护父母的尸体。后来黄帝把弓弦绷在木头上制成弓,把树枝削成箭,凭着弓箭的锐利威震四方。这种射箭的本领传到楚国人琴氏手中后,他觉得弓箭的威力还不够大。就把弓横过来装上木臂,再安上机关,发明了弩,弩的威力要远大于弓。我的祖先就是在楚国学的射术,传到我已经是第五代了。"

勾践满意地点点头,陈音继续说道:"弩的枢机好比是外城,像臣子一样尽忠职守;弩的板机好比是君主,主管发号施令;弩牙是执行法令的,好像守吏卒(宪兵);弩弓好比是将军,身负重责;箭是战士,负责杀敌;弦是军师,驾驭战士一样的箭。大概就是这样了。"

勾践觉得很有道理,示意陈音继续。陈音说:"射箭之道,身体要挺直,头要平稳。左脚竖直向前,右脚横在后。左手像握着树枝,右手像抱着婴儿。然后排除杂念,屏气凝神,将箭与气一起发出去,则可以百发百中。"勾践彻底信服了,当场委任陈音为越军射击总教官,并勉励他说:"拿出你全部的本事教我的士兵们吧!"陈音说:"道理很简单,能否熟练掌握还要靠反复练习啊。"于是越王便让陈音在北郊外教士兵们练习射箭。三个月后,士兵们就完全掌握了使用弓弩的技巧。

经过两位教官的调教后，越军的战斗力直线上升，越国的经济和军事实力都跻身一流强国的行列了。有钱，有精锐的部队，这样就足够了吗？未必。隋炀帝时期，隋帝国可谓富甲一方。兴修京杭大运河这种耗资巨大的工程连眼都不眨，回洛仓和黎阳仓等巨型粮仓的粮食，吃到唐朝贞观年间还没吃完。到了贞观年间，高昌王鞠文泰访问唐朝之后，回去跟自己的大臣们说："往吾入朝，见秦、陇之地，城邑萧条，非复有隋之比也。"意思是说，所谓的贞观盛世，跟隋朝相比差远了。可见隋朝的富庶真不是吹出来的。隋朝的精锐骁果军，一直到隋炀帝被逼自缢都锐气未挫，可隋朝最后还是失了天下。这是为什么呢？政治太腐败了呗。

范蠡自然不知道后世隋炀帝的事，但是以他春秋末期第一高手的身份，很清楚只靠经济和军事碾压吴国是不够的，还要在政治上胜吴国一筹。这就要求自己首先一定要政治清明，然后还要让吴国政治日趋腐败。这一点正好是文种的强项，于是文种出手了。与计然类似，文种也向勾践提出了九条建议，史称灭吴九术。这里就不逐一讲解了，直接说说文种做了哪些工作。

文种建议勾践做的第一项工作，是祭神。没错，在今天看来这是封建迷信，对于古人来说却很重要。《左传》记载："国之大事，在祀与戎。"把祭祀视作与战争同等重要的大事。现在我们经常说，人要有信仰。对于古人来说，信仰有三种：一是天地信仰，二是祖先信仰，三是鬼神信仰，祭神就是古人在敬天地，祭祖先，拜鬼神，是一种与信仰相关的活动，是很神圣的。勾践听从文种的建议，在东郊建祠祭祀太阳，名叫东皇公；在西郊建祠祭祀太阴，名叫西王母；在会稽山上祭祀山神；在沙洲上祭祀河神。这样祭祀了两年，国家没有遭受天灾。不要以现代人的眼光去纠结这两者有无必然联系，至少祭神活动可以凝聚人心吧，这就是信仰的力量。

文种建议勾践做的第二项工作比较实在，那就是给夫差送好东西，让他玩物丧志，同时消耗吴国国力。文种知道夫差喜欢营建宫殿，就让勾践送给他上好的木料。勾践让木工费尽千辛万苦找到了两棵木材，一棵是有斑纹的梓树，一棵是梗楠，两棵树都有二十围粗，四十丈高。勾践让人把这两棵树雕琢得美轮美奂，然后献给夫差，夫差很是高兴。由于木材太漂亮了，夫差觉得必须修建一座宏伟的建筑来匹配这两棵木材。伍子胥听说忙出来劝谏，说这是勾践的诡计。之前夏桀造灵台，商纣修鹿台，最后都没有好下场。可惜，他的这一套夫差已经烦得透透的了，自然没有任何效果。夫差花了三年时间收集物料，花了五年时间才建成一座方圆二百里都能见到的宏伟建筑——姑苏台。姑苏台是建起来了，很多劳工却再也没有站起来。这一举动闹得吴国民不聊生，民怨沸腾，吴国的国力被严重损耗。

文种建议勾践做的第三项工作比较常见，就是给夫差送美女，让他沉迷女色，不理朝政。这件事是委托专业的星探去办的。这位星探走遍全国，终于在苎萝山找到了两位卖柴女，名字叫作西施和郑旦。星探确定整个越国应该都不会有比这两个女孩更漂亮的了，就带回去向勾践复命。勾践一见，也是十分满意，就让这两个女孩学习礼仪、歌舞和如何哄男人开心。三年后，觉得她俩已经学得差不多了，就让范蠡去献给夫差，夫差更是高兴。这时候不合时宜的伍子胥又出现了，举出夏桀和妹喜、商纣和妲己还有周幽王和褒姒的例子劝夫差不要接受这两个女子。这回夫差连理都懒得理他了，直接纳了西施和郑旦。这两位美女也果然不辱使命，把夫差迷得神魂颠倒，每日和她们芙蓉帐暖度春宵，朝政什么的也就懒得打理了。

文种建议勾践做的第四项工作非常缺德，以至于很多人都觉得文种后来的无辜惨死是遭了这件事的报应。到底是怎么回事呢？原来文种建议勾践向夫差借粮食。江浙一向号称天下粮仓，勾践占着浙江，又怎么会缺粮呢？勾践不解地看着文种，文种平静地说："借粮只是看看夫差对我们的态度。"勾践想想有道理，就派文种出使吴国去借粮。到了吴国，文种可怜巴巴地假装遭了灾，说要借点儿粮食，明年就还上。夫差刚要答应，这时候，你没猜错，又是伍子胥出现了。他是怎么劝说夫差的已经懒得在这里说了，反正结果都是一样，夫差拒绝了他，把粮食借给了文种。夫差肯借粮，说明他是完全信任越国的，这一点让勾践十分欣喜。他把借到的粮食分给农民耕种。

第二年，越国大丰收。文种让从收上来的粮食中选择颗粒饱满的蒸熟，然后再如数还给吴国。这批粮食本来就选的大个儿的，再加上一蒸熟，比寻常的大米大几圈，估计快赶上泰国香米了。夫差一拿到粮食就感慨地说："越国的土地太肥沃了，种出的粮食这么大个儿，让咱们的农民拿去当种子吧。"于是吴国农民就把这批越国的超级大米种了下去。蒸熟的大米怎么会长出庄稼呢？所以吴国这一年颗粒无收，闹起了饥荒，饿死了很多人。这一招虽然让吴国元气大伤，但也实在是太过阴损。不知道文种在得知计谋得逞的时候，会不会像后世的诸葛亮在火烧藤甲兵之后那样，发出"吾虽有功于社稷，必损寿矣"的感慨。

吴国被文种这么几下折腾得奄奄一息，勾践想趁机起兵复仇，却被范蠡拦住了。范蠡不让勾践动吴国的原因就是，伍子胥还在。诚然，伍子胥已经被夫差列为最讨厌的人，他说的话夫差基本不听，但是，他依然是一个可以力挽狂澜、扭转乾坤的人。在危急时刻，夫差幡然醒悟，起用伍子胥的话，以范蠡之强，也是没有多少胜算的。范蠡不敢动吴国的另外一个原因就是，吴国在国际上还不是完全孤立的。比如，晋国，晋国与吴国的关系虽然不如寿梦、阖闾时代那么亲密，却也一直在默默地关注着吴国。

这一切都需要外交手段来解决，下面就轮到我们的外交大师——逢同出场了。对于勾践来说，第一件事是要除掉伍子胥，第二件事是要让吴国成为万人仇。对于逢同来说，这是一件事，而且逢同知道，这件事不难办到。逢同有这样的自信是因为他知道夫差的一个弱点。

我们每个人都有执着的东西，这份执着是我们奋斗的动力，但如果过分执着的话，那样东西便会成为我们的弱点。在夫差这里，那样东西的名字叫作"霸主"。春秋时期，礼崩乐坏，周天子失去了对诸侯的掌控。诸侯之间互相征伐，战乱不断。这时候就需要有实力雄厚的诸侯出来代替天子的角色维持秩序，说白了就是诸侯中的大哥。这位大哥，被称为"霸主"。然而这大哥的头衔，在历史上是有争议的。虽然如此，有两位大哥是大家公认的，当之无愧的，真正的大哥。这两位大哥都是夫差的前辈，他们是齐桓公和晋文公。夫差念兹在兹的正是这大哥的头衔。一般来说，要获得该头衔需要满足以下两个条件之一：

1. 天子发文正式授予霸主（方伯）的职位，或赐予胙肉、彤弓矢等信物；
2. 组织诸侯们盟会，并在盟会上首先歃血（盟誓）。

总结起来就是八个字——天子认可，诸侯认同。吴国的祖先虽然是辈分极高的吴太伯，但吴地在中原各国眼里一直是蛮荒之地，吴人都是断发文身的野人，就连同为蛮夷的楚人都看不起吴人，说吴人是蛮夷中的蛮夷也不为过。顶着蛮夷的帽子，夫差无论是要得到天子的认可还是诸侯的认同都有相当的难度。因此夫差只剩下一个选择：武力征服。不服就打到你服为止！可想而知，吴国与周边各国的关系都不怎么样。

逢同所有的计谋都是基于这一点。夫差一心想当大哥，又没有耐心去以德服人，睦邻友好肯定谈不上。伍子胥却认为跟良好的国际关系比起来，霸主的虚名根本不值得一提。逢同所要做的，就是不断地在夫差称霸的野心上火上浇油。这样既可以激化夫差和伍子胥之间的矛盾，又可以让吴国在国际上彻底孤立，一举两得。当然，要完成这个任务，逢同还需要一个帮手。这个帮手其实也是现成的，就是伯嚭。伯嚭虽然已经是夫差面前的第一红人，却不得不时时面对伍子胥的各种发难。伍子胥虽然已经被夫差疏远，但伯嚭还是非常忌惮他。原因是伍子胥是他的老领导，资历比他老，功劳比他高。最关键的是，伯嚭内心清楚地知道，伍子胥那些被夫差拒绝的建议，都是正确的，这让他十分心虚。无论如何，伯嚭都希望这个人彻底从眼前消失，这一点与逢同的诉求是一致的。

于是乎，逢同与伯嚭确认过眼神，确信遇上了对的人。伯嚭不断地怂恿夫差今天打这个，明天打那个。逢同配合着猛唱赞歌，夸夫差英明、伟大、正确，就应该是一代霸主，不服的国家应该统统干服。夫差在伯嚭和逢同的联合忽悠下，飘得厉害。伍子胥自然看不下去，屡屡劝谏，伯嚭正好趁机说伍子胥坏话。你劝夫差不要放了勾践，他可以忍你；你劝夫差不要借粮食给越国，他可以忍你；你劝夫差不要接受美女，他还是可以忍你；但你要是劝夫差放弃争霸，做个普通的诸侯，他绝不会容忍你。夫差对伍子胥的不满已经到了极点，只是还没到要杀掉他的程度。逢同和伯嚭要除掉伍子胥，还需要伍子胥的一个把柄。没想到，这个把柄被伍子胥自己递到了他俩手上。

伍子胥这些年身心俱疲，他所有的合理建议都被夫差拒绝了。他十分怀念老领导阖闾，怀念阖闾的从谏如流，怀念帮助阖闾大破楚国的辉煌岁月。他不明白，同样是两父子，这做人的标准怎么差得这么大呢？伍子胥最近一次与夫差起争执是因为夫差执意要攻打齐国，而伍子胥认为齐国不过是疥癣之疾，越国才是心腹大患。夫差又没听，并亲自率军在艾陵大败齐军，连齐国的贵族国氏和高氏都俘虏了。大胜还朝的夫差想在伍子胥面前好好嘚瑟一番，没想到伍子胥冷冷地说："大王不要高兴得太早了。"夫差感觉自己的心被一盆冷水浇得哇凉哇凉的，愤怒得不能自已。伍子胥也不多说，拔剑想要自杀。夫差虽十分生气，但还是拦住了他。从此，君臣关系彻底破裂。

夫差已经完全失去了对伍子胥的信任，鉴于伍子胥是父王的老臣，只交给他一些无关紧要的事做，比如，派他出使齐国。伍子胥也已经对夫差彻底绝望，他觉得夫差已经不可救药，吴国迟早要完蛋。所以这次出使他带上了自己的儿子，在出使完毕后，他把儿子托付给了齐国重臣，也是自己的好友鲍氏。伍子胥决心以身殉这个自己为之倾注了毕生心血的国家，儿子却没必要跟着这艘破船一起沉掉。伍家的唯一血脉，全靠好友鲍氏保全了。

伍子胥的这个行为是个天大的把柄，伯嚭听到这个消息后立即去夫差那里参了伍子胥一本，说伍子胥勾结齐国，把儿子都送过去了。这下神仙也救不了伍子胥了。夫差暴怒，赐给伍子胥一把属镂剑让他自杀。伍子胥早料到了这一天，他大笑道："当年我辅佐你父亲称霸，又拥立你为王，现在你却因为谗言杀我。时也命也，夫复何言！"在自尽之前，伍子胥说出了他最后的遗言："把我的眼睛挖出来挂在吴国都城的东门之上，我要亲眼看着越国杀入吴都。"既然生不能助吴国兴盛，那死也要看着他灭亡，这就是伍子胥对吴国最真挚的感情。

伍子胥死了，伯嚭顺位成为相国，逢同的意图也达到了。至于彻底孤立吴国的事，逢同也没落下。在夫差指南打北、纵横东西的时候，逢同却在加紧与各国搞好关系。敌人的敌人就是自己的朋友，吴国最近已经成为全民公敌了，所以各国的关系并不难搞。在逢同的努力下，越国与齐国、楚国、晋国都成了战略合作伙伴，大家都在冷眼旁观着吴国的恣行无忌。

经过了十年的努力，勾践领导下的越国终于在政治、经济、军事、外交上全面超越了吴国。吴国内部政治腐败、民生凋敝，外部四面楚歌、敌国林立，好日子即将到头。吴国的形势危如累卵，夫差却浑然不觉，还沉浸在称霸诸侯的迷梦中。夫差如此大梦不醒，不是没有原因的，原因正是他手上的吴国劲旅。吴国近些年在政治、经济、外交全面失败的同时，军事却取得了持续胜利。夫差带领吴国劲旅南征北讨，未逢敌手。这让夫差更加迷信武力，他坚信，只要有这支劲旅在，拿下霸主头衔不成问题。历史证明，夫差的这个想法……是正确的。

夫差在艾陵搞定齐国之后，名声大噪，各国对吴国的兵威恐惧到了极点。夫差扬扬自得，他要追随齐桓公这些先辈的伟大足迹，实现人生的终极理想：当霸主。夫差按照齐桓公的套路，向诸侯发出了请柬，邀请大家在黄池（今河南新乡市封丘县）会盟。大家不敢不去，包括老牌霸主晋国。封丘离吴国现在的都城苏州八百一十公里，夫差之所以选这么远的地方，是因为黄池在中原大地的正中心，离周天子所在的洛阳并不远。在这里开会就是告诉大家，我夫差是正宗的中原霸主，不是东南蛮夷！前482年，在发出会议邀请后，夫差带领吴国精兵启程赴会，留太子友守国都。

得知了这个消息的勾践向范蠡投去了询问的目光,范蠡点点头。勾践知道,千载难逢的机会到了。六月十一日,在算准了吴王夫差已经走远不可能回师之后,越王勾践调集水军两千人,步兵四万人,士官六千人,军官一千人,兵分两路,进攻吴国。越国大将畴无馀、讴阳为先锋,率先到达了吴国国都的近郊。吴国的太子友、王子地、王孙弥庸、寿於姚陈兵泓水,严阵以待。越强吴弱,本来太子友的最佳策略是坚守国都,等待夫差回师。可当王孙弥庸看到越军的旗帜后,却不淡定了。他跟太子友说:"越军的旗帜是我父亲的。当年我父亲战死疆场,旗帜被越国人夺走,我又怎能眼睁睁看着仇人耀武扬威却不出战呢?"太子友劝道:"现在敌强我弱,一旦出击失败,我们的国都将不保,我们会亡国啊!"王孙弥庸不买太子友的账,居然擅自集合五千部下出战。王子地跟王孙弥庸的关系很好,他怕王孙弥庸有闪失,也带领部下杀出。

二十日这一天,擅自出战的王孙弥庸和王子地迎头撞上了越军先锋官畴无馀、讴阳。满腔仇恨的王孙弥庸拼死杀敌,王子地也大受鼓舞。俗话说横的怕愣的,愣的怕不要命的。训练有素的越军初出江湖就遇到了这么一群不要命的主,畴无馀被王孙弥庸俘虏,讴阳被王子地俘虏,先锋部队全军覆没。战局看似对吴国大为有利。但是别忘了,老天爷在让你倒大霉之前往往会给你点小甜头尝尝,在赐予你大的好运之前也往往会让你倒点儿小霉。吴国人很不幸地属于前一种情况。

第二天,勾践的主力部队赶到战场。由于前一天的小胜,交战双方的心态都发生了变化。吴国这边被王孙弥庸的胜利误导。尤其是主帅太子友，在听了王孙弥庸添油加醋的描述，看了越军被俘的两位先锋大将后，对越军的轻视之心顿起。他觉得凭越军的实力，不用等父亲回师，自己搞定他们绰绰有余。勾践此行是给他送人头，帮他刷战功的。越国这边却被首战的失利激发起了斗志。勾践想自己卧薪尝胆十年，连太子友这个毛孩子都收拾不了，那就真不用混了。至于那俩先锋，就当是逗你玩的糖果好了。

如此这般，踌躇满志的太子友在得到勾践大兵压境的消息后，居然主动迎击。太子友自领中军，王孙弥庸司职左军，王子地司职右军，三个少年志得意满地准备续写昨日的辉煌。勾践没有跟他们废话，布好阵后便发起了攻击。首先是弩兵的三轮齐射，齐射完毕后，越军步兵挥舞着铜剑冲了上来。王孙弥庸感觉到了不对，这股越军与昨天遇到的完全不一样。自己昨天凭借仇恨加成侥幸取胜，今天可是硬碰硬的厮杀。太子友也觉得大事不妙，这越军完全不像王孙弥庸描述的那样不堪一击，可惜太迟了。经过剑道冠军越女调教的越军步兵出手便是杀招，干脆利落，绝不纠缠。吴军在越军步兵的冲击下毫无还手之力，纷纷倒地。这一仗吴军大败，太子友、王孙弥庸、寿於姚悉数成为勾践的俘虏。二十二日，勾践的大军进入了已经没有抵抗能力的吴都姑苏（今江苏苏州）。矢志复仇的越军终于得偿所愿，在姑苏城大肆掠夺，连姑苏城的标志性建筑姑苏台都被越军焚毁。

夫差这边已经到了黄池，与各路诸侯碰了个头。明天的盟会到底什么程序，还要吴国和晋国两位大佬商量着来。于是夫差派出了王孙骆，晋定公派出了赵鞅组成会务组讨论会议细节。在商量明日歃血次序的时候，王孙骆和赵鞅起了争执。不要小看这个歃血次序，在这种诸侯盟会上，首先歃血的是盟主（也就是霸主），第二个歃血的是副盟主，之后歃血的都是小弟。夫差这辈子就是奔着霸主的头衔去的，这一点吴国上上下下都知道。王孙骆如果不给夫差争取到首先歃血，估计也就不用回去交差了。好在王孙骆手里也不是完全没牌可打，他跟赵鞅说："吴国的祖先吴太伯，是周武王的伯祖；晋国的祖先叔虞，只是周成王的弟弟。算起来吴国是晋国的曾祖，吴国当盟主是理所当然的，晋国辈分太低，根本没法跟我们争。"赵鞅也不是个善茬，他的理由只有一条："晋国一直就是中原霸主，吴国算哪根葱啊。"双方争了一天也没争出个子丑寅卯。

到了晚上，夫差正与王孙骆、伯嚭等一班大臣商量如何逼晋国让步，突然信使来报："姑苏城被勾践攻破，太子友战败被俘。"夫差还在愣神的时候，伯嚭手起剑落，将信使砍死。夫差大惊，忙问为什么。伯嚭说："现在形势未明，倘若让晋国和齐国知道咱们老窝被端，肯定会乘机生事，那时候我们就休想安全回国了。"夫差点点头，定了定神说："现在出了这种事，咱们是不参加盟会直接回国呢，还是让晋国先歃血当盟主？"王孙骆说："都不可以，如果不参加盟会，大家都知道咱们出事了，一定会趁机收拾咱们。如果让晋国先歃血的话，我们将听命于晋国。事到如今，我们必须先歃血当盟主才可保无事。"夫差说："那如何才能让晋国同意咱们先歃血呢？"王孙骆说："只能以兵势逼他们就范了。"

当天子夜，吴军吃饱饭喂饱马，偷偷开到离晋军大营一里，布好阵势。吴军排了三个万人方阵，中间的方阵士兵全部白衣白甲白旗，连箭羽都是白的；左边的方阵士兵全部红衣红甲红旗，连箭羽都是红的；右边的方阵士兵全部黑衣黑甲黑旗，连箭羽都是黑的（由于夫差的两个方阵像火一样红，像荼花一样白，如火如荼的成语就出于此，我们可以称这支精锐部队为火荼军）。到了黎明时分，夫差亲自擂鼓，吴阵中万鼓齐鸣，鼓声动地。夫差一声号令，火荼军一齐呐喊，喊声震天。刚睡醒的晋国君臣一看这阵势吓了一跳，晋定公忙派大夫董褐来吴营一探究竟。夫差亲自接见了董褐，跟他说："周王有旨，命令我为诸侯盟主（这当然是忽悠，真的有旨就不用费这个劲了）。晋侯违抗旨意，跟我争盟主之位。现在我的军队就在外面（这是实实在在的），让不让我当盟主今天就决定好了！"

董褐听了以后，回去跟赵鞅说："我看夫差嘴上强硬，脸色却惨白，可能是越国抄了他的后路。咱们如果不答应让他做盟主，他一定会狗急跳墙加害我们。好汉不吃眼前亏，就让他当盟主吧。"赵鞅想了想，点头答应了。董褐接着说："然而咱们也不能让他白当盟主，他想要当盟主，必须把王号去掉。"（吴国君主早已僭越称王，是不合礼制的，但当时礼崩乐坏，谁也不在意这些。）赵鞅觉得这样也算是给晋国挽回一局，便向晋侯做了汇报，晋侯就派董褐继续出使吴营。到了吴营后，董褐把晋侯的意见向夫差简要通报了一下。夫差觉得那个王号本来就是自封的，不值钱。倒是这霸主之名，是诸侯间公认的，那才是货真价实的。既然晋侯已经答应把霸主之位让给自己，也就没啥好争的了，于是夫差很痛快地答应了晋侯的条件。

这一天，吴、晋、齐、鲁、卫等国在黄池会盟，吴王夫差首先歃血。这是夫差的巅峰时刻，他梦寐以求的霸主称号终于到手了。心满意足的夫差草草结束了盟会，心急火燎地带兵回去救火。长途跋涉、疲惫不堪的吴军在自己家门口被以逸待劳的越军痛揍一顿，大败亏输。勾践想趁机全歼吴军，范蠡却说，吴军还有一定的实力，再打下去他们会做困兽之斗，不如放过他们。勾践觉得有道理，就跟吴国签订了合约，带兵回国了。这一仗吴军元气大伤，夫差虽然侥幸捡了条命，精锐吴军却几乎损失殆尽，吴国从此一蹶不振。

夫差万万没想到天堂和地狱居然离得这么近，刚刚拿到霸主的称号，赖以称霸的精锐部队却几乎被打光了。夫差十分清楚这意味着什么，没有这支军队的加持，吴国的灭亡只是时间的问题。

夫差开始整日泡在馆娃宫中与西施饮酒作乐，等待着那一天的到来。夜阑人静的时候，夫差也会回望自己的一生。自己的王位是伍子胥给的，伍子胥对自己忠心耿耿，自己却杀了他。伯嚭事事顺着自己，自己对他言听计从，却落得今天这个田地。霸主之位是自己一生的追求，自己终于得到了它，却是以亡国为代价。后悔吗？后悔不听伍子胥之言，致有今日之败。值了吗？有绝世美女相伴，有霸主之光环，世间又有几人能做到？值了！此生不枉！夫差哈哈大笑，笑自己矛盾而又荒诞的一生，笑自己已经得到的荣光和即将面对的耻辱，笑到泪流满面。

这边作为胜利者的勾践心情也不平静。自己是越王允常的长子，是一个衔着金汤勺出生的人。自己本可以舒舒服服开开心心地当个太平君主，闲时既可以弯弓走马，又可以雪月风花。然而自己一生的命运都因为十二年前的那场自卫反击战而改变，自己误杀了一代雄主阖闾，也与夫差结了不解之仇。先是夫差打败了自己让自己做了阶下囚，后是自己扮猪吃虎成功复国，再就是十年的卧薪尝胆，励精图治。自己最宝贵的青春，全用在复仇上了。现在自己终于打垮了霸主夫差，吴国的败亡指日可待。可是之后做什么？继续称霸还是做个寻常君主？像夫差那样称霸诸侯又如何？除了复仇自己的人生还有什么意义吗？

每当想到这些问题的时候，勾践就会感到莫名的空虚。他强迫自己不去想这些，毕竟吴国还没灭，自己的大仇还没报。勾践每日还是会跟范蠡等人讨论灭吴大计，继续训练军队、发展生产。从逢同那里得知，夫差已经彻底放弃了，他已经成了自己砧板上的一块肉，可是自己还是在不断地磨刀，也说不出到底是为什么。勾践心里既盼着彻底消灭吴国的那一天早点儿来到，又害怕那一天真的到来。有时候勾践甚至会想，如果伍子胥报完大仇就死去或者归隐，该是个多么完美的结局。勾践的这把刀足足磨了四年，前478年，他终于下定决心，重新召集勇士，披挂上阵，直奔吴国。

夫差听到勾践又来了，苦笑一声，集结姑苏城内所有可以调动的部队迎敌，双方在笠泽（今江苏吴江一带）隔水对峙。吴江现在是苏州的一个区，可以说勾践这是堵着门口欺负人。虽然越军在人数和士气上都完胜对手，勾践还是不想力取，天性狡黠的他在这场灭吴的最后一战中仍然选择了使诈。这也无可厚非，兵不厌诈嘛。勾践把他的军队分成了左右两军，左军逆流而上五里，趁夜衔枚（嘴里叼一根树枝防止发出声音）渡河。右军顺流而下五里，趁夜衔枚渡河。次日清晨，渡过河的左右两军同时击鼓呐喊，向吴军发起了冲击。吴军大惊，连忙分兵抵抗。这时勾践亲自带领六千最精锐的亲兵好整以暇地渡过了河，渡过河的越军精兵立刻向吴军挥起了屠刀。吴军在三路越军的打击下毫无还手之力，任凭宰割。在这场战斗中，吴军大部被歼，少数吴军逃出生天，退进了姑苏城。

两年后，勾践再次兴兵伐吴。吴军拼死抵抗，奈何实力不济，节节败退。大获全胜的越军踏着吴军的尸体进军，包围了姑苏城。姑苏城继阖闾城之后成为吴国的都城，花费了夫差不少的心血，修建得城坚池深，勾践一时也奈何不得。不过勾践有的是时间，勾践可以等，可以等待胜利的到来。夫差也可以等，不过等的是死亡的期限。两位君主隔着城墙等了三年。三年后，姑苏城粮尽，勾践攻入城中。夫差被带到了勾践面前，两位老对手有将近二十年没见面了。二十年的时光让当年那两位意气风发的青年变成了两鬓微霜的中年，勾践看着面前这位对手，心里感慨无限。夫差有什么错呢？他也不过是一个为父报仇的孝子而已。如果不是那场战争，两国也许会相安无事，他俩或许还会成为朋友，一切都是命运的安排罢了。勾践多年的仇恨在这一刻烟消云散，他对夫差说："我在甬东给你安排了新住所，那里面朝大海，景色宜人。再给你五百户人家，你去那里颐养天年吧。"夫差苦笑着摇摇头说："吴国已亡，宗庙不存。我愧对先王，愧对子胥，已经无颜苟活于世了。"说完拔剑自刎，一代霸主就此谢幕。

复仇者勾践的故事到此结束，吴越争霸的故事也就此终结。越王勾践的故事还没有结束，但已经不重要了。

番外

● 春秋末五大顶尖高手

随着吴国的灭亡，范蠡、孙武、伍子胥、文种、伯嚭五大顶尖高手的表演全部完毕。还是要简单说一下范蠡、文种和伯嚭的结局。

范蠡在灭吴之后直接向勾践辞职。勾践很奇怪："这吴国刚灭，正是咱们享受荣华富贵的时候，您怎么就不干了呢？"范蠡说："我的使命已经完成，真心不想干了。"勾践说："你要是敢不干，我一定杀了你。"范蠡说："你随便。"当天晚上范蠡就失踪了，有人看到他划着一叶扁舟消失在太湖中。后来范蠡辗转各地做生意，最后在定陶落户，成为富商大贾，号称陶朱公。

文种在灭吴后跟随勾践回国，由于范蠡辞职，文种成了一把手。成为一把手的文种某天收到了范蠡的一封信，信里劝文种归隐。理由是勾践脖子长嘴巴突出（长颈鸟喙），这种长相的人阴险毒辣。可以跟他一起创业，但是不能跟他一起分红。何况鸟都打光了，好弓也要收起来了；狡猾的兔子死了，猎狗也该被煮着吃了（飞鸟尽，良弓藏；狡兔死，走狗烹）。您已经功成名就了，还赖在那个位子上干吗呢？文种看了信不以为然。应该说勾践对文种还是不错的，过了不久，就派人给文种送了一件礼物和一句话。文种打开礼物一看，是一把剑，剑的名字叫属镂。上文说过，这把剑是夫差赐给伍子胥自杀的剑。这时送礼的宫人开口了："大王说了，您当时教他灭吴九术，还没用完吴国就灭了。大王让您带着剩下的灭吴术去地下帮助先王继续搞定吴国。"文种这才明白范蠡是对的，长叹一声，拔剑自杀。

关于伯嚭的下场，则有几种说法。一种说法是伯嚭在夫差自杀后换了个老板，在勾践手下继续打工。还有一种说法是伯嚭在夫差自杀后就直接被勾践剁了。不论哪种下场，都不重要。

既然五大顶尖高手都表演完毕了，不妨做个小小的点评。这五大高手，其实也分上中下等，评价的标准就是做事做人的水平。所谓做事的水平指的是要有克敌制胜之计，定国安邦之策。这一点是成为高手的基本条件，所以大家都差不多。做人的水平则指的是：进，要会跟君主打交道，让君主采纳你的意见；退，要能准确判断形势，保全自己。这一点才是五大高手拉开差距的关键。

按照这个标准，范蠡和孙武都非常擅长跟君主打交道，能够让君主接受自己的意见。并且他们都非常善于审时度势，在完成自己的使命之后，一个泛舟五湖，一个功成身退，得以安享晚年。因此范蠡和孙武属于高手中的上等，是高手中的高手。论业绩，范蠡帮助勾践灭了吴国，孙武只是帮助阖闾打破了郢都。范蠡略胜一筹，排名第一，孙武屈居第二。

伍子胥和文种就差点儿意思。他们跟君主打交道的手法单一，不懂得变通。伍子胥这种又刚又直的脾气遇到能理解包容他的阖闾还行，遇到夫差这种二代就彻底完蛋。文种则是在勾践落难之时还能跟他正常交流，一旦勾践得势就显得不知所措。凑巧的是，这两位大哥都不知进退，一个在大仇得报之后还要负衡据鼎；一个在助主灭仇后还要佩紫怀黄，最终都落得个被赐自尽。因此伍子胥和文种属于高手中的中等，是高手中的庸手。综合考虑业绩和资历，伍子胥是吴国第一重臣，伍子胥打破郢都的时候文种还没出道，文种毕竟是越国第二重臣，所以伍子胥排名第三，文种排在第四。值得一提的是，这两位老兄的经历实在是太相似，世人觉得他俩冤气冲天，就奉之为钱塘潮神，前潮是伍子胥，后潮是文种。

伯嚭的情况比较特殊。关于伯嚭的才能，只有《越绝书》记载："嚭为人览闻辩见，目达耳通，诸事无所不知。"这只是说他见多识广，口才出众，但根据他是伍子胥副手，后来又官至太宰的事实来推断，这家伙还是有两下子的。因为就伍子胥那个直脾气，是不会让一个无能的手下一直混下去的。按照这个判断，伯嚭在阖闾时代应该还是有很大贡献的。到了夫差时代，一根筋的伍子胥处处惹领导不愉快，伯嚭善于跟领导沟通的本事就显露出来了。事实上，伯嚭太善于跟领导打交道了，以至于他的所有意见几乎都被领导采纳了。那他是不是该归为上等呢？完全不是。伯嚭虽然善于跟领导沟通，也懂得审时度势，但是他的动机只有一个：个人利益。正是因为他的这种罔顾国家利益的极度自利，导致了吴国的亡国。他的自私自利也影响了他的做事水平,所以伯嚭只能是高手中的下等,是高手中的败类,排名自然甩尾。

● 霸主的那些事

上文已经说了,春秋时期霸主是一个很拉风的头衔,是诸侯的老大。关于这个头衔的授予标准,并没有官方的说法。之前提到的两个授予标准——天子认可,诸侯认同——是根据各种不同的说法总结出来的。

目前关于春秋五霸有七种说法,其中认可度较高的有以下五种:

1. 齐桓公、晋文公、秦穆公、宋襄公、楚庄王——《史记》
2. 齐桓公、晋文公、楚庄王、吴王阖闾、越王勾践——《荀子·王霸》
3. 齐桓公、晋文公、秦穆公、楚庄王、吴王阖闾——《白虎通·号篇》
4. 齐桓公、晋文公、宋襄公、秦穆公、吴王夫差——《汉书·诸侯王表》
5. 齐桓公、晋文公、楚庄王、吴王夫差、越王勾践——《汉书》

在第四种和第五种说法中,吴王夫差赫然在列,本文采用的正是这种说法。很多人认为夫差不能算作霸主,因为他是亡国之君。笔者倒是认为霸主和亡国之君是没有联系的。霸主和亡国之君看似矛盾，却集中到了一个人身上，历史有时候就是这么有意思。类似的例子还有励精图治这个特质，看上去跟亡国之君也毫无关系，结果这俩也凑到了一个人身上，那个人就是崇祯皇帝。骄奢淫逸这个特质，看上去跟开国之君毫无联系，也在一个人身上出现了，那个人就是晋武帝。更有意思的是，开国之君和亡国之君可以是同一个人，比如，新朝皇帝王莽、东魏孝静帝元善见。

话题扯远了，继续说夫差。因为年代久远的缘故，先秦时期的史料互相矛盾的地方特别多。单说夫差黄池会盟这件事，到底他有没有第一个歃血，各种史料的说法就不一致。《史记》和《左传》上说吴国人让晋国人先歃血。《越绝书》说黄池之会上晋军击败了吴军。《国语》和《吴越春秋》上说夫差与晋定公争歃，最终成功。《东周列国志》采用的就是《国语》的说法，上文提到的王孙骆劝夫差一定要争取首先歃血，就是出自《东周列国志》的演绎。为什么本文会采用《东周列国志》的说法，因为《东周列国志》是根据《国语》的史实做的演绎，而这个演绎非常合情合理。

来说说这个演绎为什么合情合理。夫差在黄池会盟，勾践在背后偷袭，这是确定无疑的史实。面对自己的老窝被端，夫差会做何选择呢？姑苏在千里之外，即使夫差现在回师救援，肯定也来不及了。勾践偷袭姑苏得手，一定会在姑苏城休整好等着收拾自己。所以自己手头的这支火荼军回国后也是凶多吉少，可以说，这很可能是火荼军最后的亮相了。如果勾践不偷袭姑苏，夫差还可以把火荼军安全地带回去，以后再以此为资本慢慢跟晋国周旋。

可是现在不同了，姑苏已经丢了，火荼军也即将失去。既然如此，何不趁着火荼军士气正盛把自己送上霸主之位呢？这样就很明显了，即使王孙骆不提出必争首歃的建议，夫差也会那么选择。夫差这么做，可以说是被勾践逼的。

还有一个史实上文没有说，根据《国语》记载，夫差从黄池盟会返回后，委派王孙苟向周天子报功。周天子回答说："王孙苟，吴伯父派你前来，说明他要继承先君的传统拥戴我，我嘉勉他的做法。希望吴伯父健康长寿，他的德行真伟大啊！"也就是说，夫差得到了周天子的口头嘉奖。这虽然不是正式任命，周天子也没有赐给他什么信物，但也足以作为夫差入选霸主的理由了。

上面列出的五种认可度较高的说法中，除了齐桓公和晋文公以外，还有两位得票很高，那就是楚庄王（4票）和秦穆公（3票）。先说楚庄王，楚庄王时代可以说是楚国的巅峰时期。楚庄王干过一件很出名的事。那就是他借着讨伐陆浑戎之机，带兵直接杀到了洛阳，并在郊外阅兵。周定王吓得不轻，忙派王孙满去劳军，楚庄王就向王孙满询问九鼎的轻重。九鼎可是周王室权力的象征，楚庄王此举可以说是赤裸裸的挑衅。王孙满却回答得很巧妙，他说："统治国家在道德不在宝鼎。"言下之意是别看您武力强大，没有道德也是白扯。这就是成语问鼎中原的由来。

楚庄王如此吓唬周定王，指望人家给他任命或者赐他信物是不太可能了，但是楚庄王的实力确实强悍。前597年，楚庄王率军在邲地大败荀林父统率的晋军，将老牌霸主晋国拉下神坛，史称邲之战。楚庄王在位期间，还打服了郑国、陈国和宋国。前594

年,楚庄王终于会盟诸侯,成为一代霸主。有意思的是,楚庄王会盟诸侯这个历史事件居然不是记录在《史记·楚世家》中,而是记录在《史记·秦本纪》中:"(秦桓公)十年,楚庄王服郑,北败晋兵于河上。当是之时,楚霸,为会盟合诸侯。"所以说,楚庄王入选霸主是符合第二个条件的。其实笔者认为,单凭楚庄王战胜前霸主晋国的战功,便足以跻身霸主之列了。

至于秦穆公,得票高是因为他打服了西戎。西戎是什么人?那可是灭了西周王室的强悍部族。秦穆公威服西戎相当于为周室报仇雪恨了,为此,周天子派人给秦穆公送了一面金鼓。秦穆公虽然没有会盟诸侯,但是他获得了天子所赐的信物,满足第一个条件,也足以入选霸主了。

● 折冲樽俎的子贡

经常看战争片的朋友可能都听说过这样一句话:"战场上得不到的,休想在谈判桌上得到。"意思是说,你要是没有一定的军事实力,就别想通过谈判获得相应的利益。这句话在大部分情况下是正确的,凡事都有例外,接下来要讲的,就是一位超级谈判专家,他确实拿到了战场上拿不到的东西。这位超级谈判专家叫子贡,是孔子的弟子。

事情是这样的。齐国大臣田常想发动叛乱夺取大权,又忌惮国内高、国、鲍、晏四大家族的势力,就想调这四家的军队去攻打邻国。按说这个思路是很正确的,从古至今,发动对外战争来转移国内矛盾都是统治者们常用的手段。问题在于,田常选错了攻击对象，他让四家的军队去攻击鲁国。说他选错了对象倒不是因为鲁国有多强大，而是因为鲁国那时出了一位大人物：孔子。

孔子自然不会让齐国攻击自己的祖国，他跟自己的弟子们说："鲁国是我们出生的国家，祖国有难，你们谁能挺身而出呢？"子路、子张、子石等弟子纷纷要求前去救鲁，孔子都没答应。这时子贡站出来说："我去吧。"孔子答应了。

于是子贡出发去了齐国，他要去见田常。子贡见田常的最终目的当然是要他放弃攻鲁，但直接求他肯定是没用的，真要是那么简单还要谈判专家干吗。子贡不会干那么低端的事，他设了一个天大的局，把全天下四位最有权势的人绕了进去，田常是第一位。

子贡见到了田常，跟他说："听说您要攻打鲁国。鲁国城小池浅，国土狭小，国君愚昧不仁，大臣虚伪无用，百姓讨厌战争，这样的国家是很难打的。您不如去打吴国，吴国城高池深，国土广阔，军队精良又有能臣猛将，这样的国家很好打。"田常一听就怒了，他说："你认为容易的都是难的，你认为难的都是容易的，你这样颠倒黑白是何居心？"子贡说："常言道，忧患在国内的应该去打强大的国家，忧患在国外的应该去打弱小的国家。您的情况肯定属于前者，您多次被授予封号都未能通过，正是因为那四家不服您啊。现在您又要四家的军队去打软柿子鲁国，打赢了是他们的功劳，他们功劳大了更不会服您了啊！要是去打吴国，他们的军队损失必大，他们的得力干将会一直在外，国内就是您说了算了啊！"田常说："说得很有道理，但是现在军队已经开赴鲁国了，现在更改攻击目标，那些人肯定会怀疑我啊！"子贡说："不用担心，您只需要在鲁国按兵不动，我会去吴国劝他们救援鲁国，到时您就可以跟吴军交战了。"田常接受了子贡的建议，子贡便南下吴国了。

子贡跟吴王夫差说："我听说施行王道的不会让诸侯国灭绝，施行霸道的不会让强敌出现。齐国本来就很强大，再让他吞并鲁国，那他的实力可就大大超越吴国了。到时候他们再来跟您争夺霸权，吴国就很危险了。如果您能救援鲁国，讨伐齐国，从而镇服晋国，那么您肯定能扬名诸侯啊！"夫差想了想说："话虽如此，但是我曾经打败过越国，越国一直有报复我之心，等我先收拾完越国再救援鲁国吧！"子贡说："越国虽弱却不是那么好打，等您收拾完越国，齐国早就把鲁国吞并了。大王欲行霸道却欺负弱小的越国而惧怕强大的齐国，这可不像一代霸主所为。如果您能保全越国来显示您的仁德，援鲁抗齐，给晋国施压，那诸侯肯定都来朝见您，又何愁霸业不成呢？"子贡顿了顿又说，"如果大王实在担心越国在背后偷袭，我现在便去越国劝说他们派兵跟您一起伐齐。"夫差这才大喜，派子贡去了越国。

越王勾践久闻子贡大名，一早就把道路清扫好，亲自在郊外迎接子贡。子贡见了勾践却没有过多客套，直奔主题："我已劝说吴王援助鲁国攻打齐国，听吴王的口气，对您十分忌惮，非要收拾完你再去救助鲁国。如果您没有报复吴王之心，那就太冤枉了；如果您真有报复之心，现在他已经知道了，就太危险了。"勾践听得冷汗直冒，连连叩头说："当年我因为一念之差跟吴国交战，战败投降，受尽屈辱。我现在对夫差恨入骨髓，只想跟他同归于尽，我该怎么办呢？"子贡答道："夫差这个人刻薄寡恩，穷兵黩武，忠臣伍子胥被杀，奸臣伯嚭当道。这样的吴国，没什么可怕的。只要大王您能顺从夫差的意思，派兵协助他伐齐，这样夫差一定会全力攻打齐国。到时候夫差战败自然是大王之福，如果战胜，一定会北上去找晋国的麻烦。那样请派我出使晋国，让晋国攻打吴国。晋军一定会绊住吴军的主力，那时您再在背后偷袭吴国，吴国必亡。"勾践听了也是大喜，答应依计行事。

子贡回复夫差说："我把大王的话告诉了越王，越王非常害怕。他说他无意冒犯您，是您让他复国，您对他恩重如山，他又怎么会起二心呢？越王承诺会带兵助您伐齐。"果然，五天之后越国大夫文种就来叩见夫差，对夫差说："您的臣子勾践派使者文种向大王问好。我们私下听说大王要发正义之师，除暴安良，援鲁伐齐。勾践请求亲率越国全部的三千甲士，给大王您打头阵。我们谨献上祖宗珍藏的宝器，铠甲十二件、斧头、屈卢矛、步光剑，作为给贵军的贺礼。"夫差很高兴，问子贡要不要答应勾践。子贡说："礼物可以收下，也可以允许越国派军队，但是勾践亲自来就算了，让人家国君随军出征，不合道义。"夫差一想也是，自己是要当霸主的人，不能干不道义的事。干脆也别让越国派军队了，那三千人还不够齐军塞牙缝的呢。于是夫差调了九个郡的兵力去攻打齐国。

子贡见大事已成，就离开吴国去了晋国。见到晋定公之后，子贡说："您知不知道吴国跟齐国要打起来了。如果吴国输掉还好，越国一定会在他背后捅刀，如果他打赢了，一定会来寻您的晦气。"晋定公大惊："那怎么办呢？"子贡说："没什么好怕的。吴国就算打赢了齐国也是师老兵疲，您整顿好兵马等着他们就好。"晋定公同意了。

做完所有这一切的子贡回到鲁国，坐看好戏。吴军在艾陵大败齐军后，果然又北上黄池找晋国麻烦，被晋军一顿痛揍。勾践见吴军前线失利，就在背后偷袭了吴都，又把回援的夫差暴打了一顿。吴国实力大衰，不久就被越国灭掉了。经过子贡一顿猛如虎的操作，原来首当其冲的鲁国成了暴风中心，坐看四大国打来打去，自己却毫发无伤。这操作实在太神，以至于太史公司马迁都忍不住赞道："子贡一出，存鲁，乱齐，破吴，强晋而霸越。"这位超级谈判专家一出马，整个国际形势都变了。

子贡确实在谈判桌上为鲁国拿到了战场上不可能拿到的东西，他为何能做出如此神奇的操作呢？子贡是个天生的谈判专家，一名优秀的谈判专家首先要精准地掌握对方的核心诉求，子贡正是此道高手。子贡局中的四位大佬，各有各的核心诉求。田常的诉求是"夺权"，夫差的诉求是"称霸"，勾践的诉求是"灭吴"，晋定公的诉求是"自保"。子贡的每一次游说都是围绕着核心诉求展开的，这样自然能够无往而不利。当然，实力是王道的原则还是不可撼动的。有子贡这样的谈判天才并不能改变鲁国实力不济的状态，鲁国最终还是被楚国灭掉，这是后话。

最后还需要说明的一点是。子贡的这个故事出自《史记·仲尼弟子列传》，里面说吴军和晋军在黄池大战，吴军战败，越国因此偷袭吴国。这个事实与《史记·吴太伯世家》中的记载是有出入的。在《史记·吴太伯世家》中夫差去黄池是会盟而不是打架的。后来虽然是晋定公先歃血，但晋、吴两国并未交手，勾践的偷袭也与晋定公无关。虽然如此，依然不影响这个故事的精彩。先秦史料，矛盾之处颇多，就不要纠结了。

本章参考书目：《左传》《史记》《国语》《周礼》《吴越春秋》《越绝书》《东周列国志》

秦国帝业：从牧马部族到一统帝国

在春秋战国的诸侯中，秦国是最励志的一个。秦国没有晋国和齐国那么显赫的出身，西周开国的时候，秦甚至连诸侯都不是。秦人的祖先是纣王座下头号大将恶来，这就是他的原罪。到了周朝第八代君主周孝王的时候，秦人的领袖秦非子因为善于养马，被周孝王赐予秦地，这个部族才有了自己的名字。虽然如此，秦依然不算诸侯，没有封爵。直到前770年西周灭亡，秦襄公由于护送周平王东迁有功，才受封伯爵，位列诸侯。

论历史，秦国比大多数诸侯短了整个西周时期。虽然韩、赵、魏和田齐更为年轻，但他们继承的是历史悠久的晋国和齐国。论实力，楚、齐、晋在秦立国之时都已经是雄踞一方的大国了。论生存环境，秦人长期与华夏最凶恶的敌人西戎为邻，征战不断，甚至连秦人的首领秦仲都战死疆场，这在各诸侯中是绝无仅有的。秦人唯一的优势是他们占据了号称八百里秦川的关中平原，这块地盘在晋国风云部分说过，是中国地理上的两块金角之一。然而，这块金角最初大部分在西戎人手中，是秦人从战场上一刀一枪地从敌人手里夺来的。

秦人长期在诸侯中的印象就是西陲蛮夷，无足轻重。但是秦人奋发图强，经秦孝公改革后，六代秦王不懈努力，终于攻灭六国，一统华夏。这一部分，笔者将会从秦人的祖先开始，讲述秦国从牧马部落到一统帝国的故事。

蛮荒之地的牧马能手

秦人的初祖叫大业，大业的母亲是颛顼的孙女女脩。有一天，女脩在织布的时候飞来一只玄鸟，玄鸟生了只蛋落在女脩面前。这只蛋晶莹剔透，非常诱人。女脩估计是没吃饭，一口便把这只蛋吞了下去，没想到居然因此怀孕了。足月之后，生下来一个男孩，这便是秦人的始祖大业了。

这个身世太过离奇，但绝对不是笔者杜撰，而是记载在《史记·秦本纪》中的。读者大可不必奇怪，大业的这种身世在《史记》中不是孤例，类似的还有商人的祖先契和周人的祖先后稷。据《史记》记载，契的母亲简狄便是因为在河里洗澡吃了玄鸟蛋而怀孕，后稷的母亲姜嫄则是因为出去玩的时候踩了巨人的脚印而怀孕。

透过这些离奇的记载，我们大致可以推断出三皇五帝的远古时期还处在母系氏族社会，像契、后稷和大业这些大人物都是只知其母不知其父。先不说这些，回到大业身上。大业生了个儿子叫伯益，此人是辅佐大禹治水的头号功臣。大禹治水有功，舜帝赏给禹一块黑色的玉圭。禹在接受赏赐的时候，没有忘记为伯益向舜请功。禹跟舜说，没有伯益就没有我大禹治水的功绩。舜很高兴，便召见了伯益，赏给他一条黑色的旌旗飘带，一名姚姓的美女，并赐予嬴姓。伯益被赐嬴姓，可是了不起的荣耀。要知道在先秦时期，只有贵族才有姓（日本在明治维新之前都是只有贵族才有姓），伯益被天子赐姓，标志着他从此进入了贵族的行列。

伯益后来成为大禹指定的接班人，可惜声望不如禹的儿子启，便隐居了起来。不过这并不重要,早在伯益受赏的时候,舜就预言伯益的后代会取得天下。伯益有两个儿子:老大名叫大廉,老二名叫若木。大廉的玄孙叫中衍,中衍的玄孙叫中潏,中潏生了蜚廉。蜚廉生了恶来。蜚廉善于奔跑,恶来力大无穷,父子俩一同事奉商纣王。周武王灭纣的时候,恶来战死,蜚廉却因为出使北方未归而幸免于难。

恶来虽然助纣为虐,但不影响他超高的名气,他因为勇武过人已经成了猛将的代名词。后世的曹操在第一次见到典韦的时候就曾感叹:"此古之恶来也!"猛将兄恶来有一个儿子叫女防,女防的儿子叫旁皋,旁皋的儿子叫太几,太几的儿子叫大骆,大骆的儿子非子便是秦人的第一位直系祖先。顺带提一句,蜚廉还有一个儿子叫季胜,是赵人的祖先。

非子擅长养马,他养的马匹膘肥体壮,很适合做战马。战马在冷兵器时代是一个国家重要的战略物资,所以在当时,这项技术绝对属于国家核心技术,非子自然就是国家特殊人才。作为知名专家,非子同志受到了第八任周天子周孝王的亲切接见。周孝王肯定了非子近年来在养马方面所做出的成绩,并在汧河、渭河之间划出一片区域供非子养育战马。

非子养马确实有一套,短短几年时间汧河、渭河之间马群遍野,不可胜数。为了防止马儿走失,每到太阳落山,非子便让族人把马群驱赶到一处封闭的山谷中。只要马群塞满山谷,就说明没有马匹遗失。这便是有名的藏马谷传说,也反映出非子培育的马匹之多。

周孝王志在征服犬戎，彻底解决西部边患，战马是他的底气之一。非子给他养的战马又多又精，周孝王的底气自然很足。底气十足的周孝王没有忘记功臣非子，想赏赐他。赏赐什么呢？周孝王思来想去，决定赏赐非子做大骆的继承人。原来非子只是大骆的庶子，大骆的嫡子是申侯的女儿所生的儿子成。周孝王要让非子做大骆的继承人，意味着要废掉成的继承人资格，成的外公申侯当然不干。周天子决议要做的事，一个小小的申侯有办法改变吗？答案是有的，因为申侯并不是一般的诸侯。周孝王即位的当年，申侯就曾经奉王命统率周六师和申国部队讨伐犬戎。能够率领王师与犬戎作战，说明两个问题：第一是申侯位高权重，很得王室信赖；第二是申侯有相当丰富的作战经验，之前应该跟犬戎也是交过手的。

这两点无疑很重要，但还没有重要到足以改变周孝王的决议。能打动周孝王的是申侯手里握的一张王牌，那便是申侯的祖上曾经嫁给过西戎人的首领，所以申侯在戎族中有相当的威望。有了这张王牌加持，申侯就理直气壮地跟周孝王说："出于国家安全考虑，成继承大骆的嗣位可以借助申国在戎人中的影响力，保证周朝西陲的安定。"这个理由一出，周孝王果然无话可说。然而非子也不能不赏，为了平衡非子和成的关系，周孝王把非子封在了离大骆大本营西犬丘（今甘肃礼县）不远的秦邑（今甘肃清水县），负责嬴氏的祭祀，号称秦嬴，非子便成了第一个秦人。而成也得以继承大骆的嗣位，以西犬丘为基地。

秦嬴生子秦侯，秦侯生子秦公伯，秦公伯生子秦仲。秦仲在位的时候，周朝是第十任天子周厉王当家。周厉王姬胡前面说过，穷兵黩武，脾气很不好。秦仲执政第三年的时候，姬胡终于把西戎惹毛了。西戎背叛周室，又没能力杀到镐京寻周厉王的晦气，倒霉的还是镇守西陲的这帮人。具体来说，就是住在西犬丘的成的后人遭到了西戎大军的洗劫，被灭了族。西戎虽然没能给周厉王造成什么损失，但架不住周厉王自己太作，不久即被愤怒的国人赶跑，逃到了彘地。

周厉王虽然下台了，西戎人却没有罢手的意思。秦仲在位的第二十三年，西戎又来犯境，兵临秦邑城下。秦仲此时已经被新任天子周宣王封为大夫，爵位是提升了，却没有得到周王室一兵一卒的援助。周宣王显然是想拿大夫这张空头支票换取秦氏一族继续为王室当炮灰。厚道的秦仲却没考虑那么多，眼见西戎大兵压境，只有几百号人的秦仲自知不敌，一边组织秦邑军民拼死抵抗，一边派出五个儿子火速向周宣王求救。

几百人的秦邑明显抵挡不住西戎大军，就在秦家五子到达镐京不久，边关急报也随后送到，战报很简洁："西戎大军犯边，秦邑被破，大夫秦仲战死。"秦仲的五个儿子听说父亲战死，在周宣王面前痛哭流涕，慷慨陈词，力劝周宣王出兵复仇。周宣王心动了，不仅是因为秦家五兄弟的忠勇，更是因为他知道西部边境的两个据点西犬丘和秦邑都被拔了，猛将秦仲战死。如果不派兵恢复，西部边陲将处于不设防状态。下次西戎再来，很可能会直接出现在镐京城下。

想到这里，周宣王当即答应派七千王师与秦家兄弟，收复被犬戎侵占的失地。秦家五兄弟之前与犬戎多次交手，能征善战。这次父亲被杀，更是悲愤交加。有了七千王师撑腰，五兄弟战必争先，见了犬戎人便砍，恨不得杀光犬戎人来祭奠亡父在天之灵。犬戎人虽然勇猛，却也没见过这种不要命的打法，被打得溃不成军，西犬丘和秦邑很快被秦家兄弟收复了。秦家五子又回到了秦邑。十多天前，这里还是安定祥和、其乐融融的家园。现在已经成了断壁残垣、尸横遍地的废墟。

兄弟五人在一处城墙下找到了父亲的遗体。遗体血肉模糊，残破不堪，身下的黄土地被血染成了赭色，然而双目却兀自圆睁，满是仇恨与不甘。兄弟们再也抑制不住悲痛的情绪，放声大哭。安葬了父亲的遗体后，秦家兄弟商量着不能就这么算了，王师的七千精兵还在手里，一定要给犬戎人点儿教训。

五兄弟带着王师在陇西高原纵横扫荡。陇西高原上有不少犬戎人的部落，多则千把人，少则百来人，这一次被愤怒的秦氏兄弟一扫而光。很快犬戎人都知道秦家人带着周王师来报杀父之仇了，还是躲远点儿好，一时间秦邑百余里范围内根本见不到犬戎人的影子。周宣王见失地已经收复，秦家兄弟大获全胜，便下令收兵。在这次战役中，秦家兄弟表现得勇猛顽强，不仅收复了失地，还肃清了周边的犬戎人。有鉴于此，周宣王下令任命秦仲的长子秦其为西垂大夫，这便是秦庄公（《史记》载秦庄公名其，然秦之先公并不记名，恐非其名），同时将大骆故地西犬丘一并赐给了秦人。

秦人这回可算是因祸得福，虽然首领秦仲战死，却因此获得了西犬丘，周边的戎患也得以暂时缓解。现在秦庄公手中的秦地以秦邑和西犬丘为中心,方圆二百余里,地盘不算小了。秦人从此有了自己的根据地,这块根据地并不稳固,随时可能被卷土重来的犬戎人吞掉。然而秦人正是从这片土地出发东征西讨,书写了属于自己的传奇——大秦!

趁乱立国的开国明君

秦庄公有三个儿子，长子叫世父。世父此人从小喜欢打打杀杀，对政治不太感兴趣。他自知这种性格是不太适合做首领的，便跟庄公说："犬戎人杀了祖父，我不杀戎王誓不入城居住。"于是带了一支精兵出城而去。犬戎人居无定所，作战方式也颇多游击习气，往往是趁你不注意的时候抢一把，等你回过神来人家已经溜得不见踪影了。世父以彼之道，还施彼身，带着这支精兵跟犬戎人打起了游击。世父的部队在陇西高原上像幽灵一般神出鬼没，遇到犬戎的小部落就连锅端，见到犬戎人的大营也要趁着夜色或者对方休息时冲进去砍杀一番，抢了就走，绝不恋战。

一段时间过后，犬戎人被世父折腾得苦不堪言，睡觉都要睁一只眼睛，生怕一觉起来脑袋就不在自己身子上了。再后来，犬戎人实在受不了了，干脆远走他方，逃离世父的游击区。世父的这种搞法有效地保护了秦人西犬丘和秦邑之间的根据地，但由于他常年外出公干，秦庄公只好立次子开为继承人。没关系，这正是世父想要的结果。

前778年，在位四十四年的秦庄公因病逝世，次子嬴开即位，是为秦襄公。秦襄公在位的时候正值周幽王宫湦当政，这位宫湦兄弟比祖父周厉王更不靠谱。周厉王还只是不让别人说他的坏话，周幽王为了博爱妃褒姒一笑，跑到烽火台上点了把火，把诸侯们都耍了。这段公案在"楚国史话"和"晋国风云"部分都提过。周幽王因为太宠爱褒姒，废了太子宜臼，立褒姒之子伯服为太子。

废太子宜臼的外公申侯自然不服，竟然联合犬戎人攻破了镐京，杀了周幽王。

杀了周幽王的犬戎人依然不肯罢手，在镐京烧杀抢掠，无恶不作。这回诸侯们不干了，周幽王干得再出格也是我们内部事务，与犬戎何干？更何况你还在我们这里胡作非为，不收拾你就没王法了。最先出手的是晋国和郑国。晋国是老牌诸侯，与周王室关系紧密；郑国的国君郑桓公与周幽王一同遇害，这两个国家对犬戎有着深仇大恨。秦襄公则在这个乱局中嗅到了机会。

犬戎肆虐，天下无主。此时与晋、郑两国合力击退犬戎是获取政治资本的最好时机。秦襄公没有犹豫，果断出兵与晋军、郑军协同作战。晋、郑两军实力强劲，秦军则有丰富的对犬戎作战经验。三军联手，犬戎很快便被打跑，剩下的就是站队问题了。

"晋国风云"部分已经说了，废太子姬宜臼因为勾结外敌、弑父杀弟等罪名，被一些诸侯视为不忠不孝的周奸，认为他已经没有资格继承王位了。另一些诸侯则认为周幽王有错在先，宜臼杀他属于替天行道。反对宜臼的诸侯以虢公翰为首，他们拥立了周幽王的弟弟余臣，史称周携王；而支持宜臼的诸侯则以晋文侯和郑武公为尊。如何选择主公，是摆在秦襄公面前的一个问题。不过这个问题在秦襄公那里其实不能算个问题，因为秦人与犬戎连年征战，信奉的是丛林法则，也就是谁的腿粗就跟谁混。这样就没什么好说的了，敢出兵跟犬戎死磕的没一个善茬，晋国和郑国任意拎出来一个，秦人都不是对手，而虢国则连出兵的勇气都没有。双方实力如何，一目了然。秦襄公于是加入了拥护宜臼的行列，派兵与晋、郑一道护送宜臼东迁至洛邑。

前770年，姬宜臼在洛邑即位，是为周平王。周平王即位后要答谢他的支持者，他给了晋文侯专征之权，给了郑武公卿士的职位。轮到秦襄公，周平王一问才知道，这位老兄连诸侯都不是，只是个世袭西垂大夫。那也好说，周平王大笔一挥，赐秦襄公伯爵，位列诸侯。至于封地嘛，周平王扯过地图，指着其中的一处说："这岐山以西之地，只要你们占了，就是你们的！"

周礼规定，公爵和侯爵才能获封百里之地，伯爵只能拿到七十里的封地。周平王的这个圈一画，数百里的土地便都归了秦襄公，实在是有够慷慨。真的是这样吗？当然不是。周平王之所以如此大方，原因在于他封给秦襄公的地盘根本不在自己手里！原来犬戎人被晋、郑、秦三军联手赶出镐京以后并没有走远，他们逃到了陇东高原上暂避风头。等到诸侯联军一走，这帮家伙又冲下高原，在关中平原上继续作威作福。此时周王室已经东迁洛邑，关中平原成了无主之地和犬戎人肆意妄为的乐土，岐山以西之地更是犬戎人的聚居重地。周平王把这片土地封给秦襄公纯属慷他人之慨，假手秦人收拾犬戎，是不太厚道的行为。

即使是这样，秦襄公还是觉得捡了天大的便宜。不管怎么说，老秦人毕竟从此位列诸侯了。至于地盘的问题，那根本不是问题。秦人的地盘本来也是从犬戎人手里夺来的，现在有岐山以西数百里的地盘可以夺，那真是重大利好。

秦襄公在位十二年去世，儿子秦文公即位。秦文公接手的秦国用危机四伏来形容一点儿也不为过。秦国虽然已经立国，但是实力依然很弱小，周边全都是犬戎人的部落。新生的秦国好像是汪洋大海中的一叶扁舟，随时都有可能被犬戎人吞没。秦文公的大本营秦邑更像一个赤裸的婴儿，毫无遮挡地暴露在犬戎人的马蹄之下。之前秦文公的大伯嬴世父在的时候，犬戎人还因为害怕他的游击战而不敢来秦邑找麻烦。现在大伯不在了，秦文公突然觉得秦邑的位置太突出，太靠近犬戎人的聚居地了。必须换个地方。

秦文公三年的时候，国君秦文公带了七百精锐亲兵出城打猎。这支队伍向东翻越了陇山，在第二年来到了秦人祖先非子的牧马之地，汧河、渭河之间的沃土。一百二十多年过去了，这里依然静谧安详，只是不见了当年那个牧马汉子。秦文公捧起一把泥土嗅了嗅，对手下们说："当年，周天子把这里赐给我的祖先秦嬴牧马，后来我们终于成了诸侯，这里是我们秦人的福地啊！"说罢就让人占卜此地是否适合建都。秦文公都这么说了，哪个不开眼的敢说不吉利呢？占卜的结果自然是大吉，于是秦文公便下令在此筑城。

这个地方还是非常适合做现阶段秦国的都城的，北面和东面有汧河庇护，南面是渭河，西面有陇山，可以说是一片四塞之地。犬戎唯一可能的进攻方向便是翻越陇山，而秦邑和西犬丘都在陇山之西。犬戎人要攻打，必须先拔掉秦邑和西犬丘这两个前哨。秦文公正是看中了地理上的这些优点。有了这个坚固的基地，秦文公就开始安心发展。

这里说的发展指的不仅是军事，实话讲，秦人的军事力量再发展也不太可能超过犬戎。但是军事力量比不过犬戎并不意味着不能战胜犬戎，因为战争的胜负不完全取决于军事，主要靠的还是综合实力。这个综合实力包括经济、内政、军事等，很明显，犬戎除了军事实力，其他的都不值得一提。

文公十年的时候，秦文公下令修建鄜畤（一种祭坛）祭祀天帝。之前说过，祭祀在古代是头等大事，可不是封建迷信那么简单。现在我们说"人民有信仰，民族有希望，国家有力量"，在当时的科技条件下，祭祀就是一种信仰，对神明的信仰，一样可以凝聚人心。十三年的时候，秦文公开始设置史官记载大事。只有重视历史才能把握未来，秦文公此举，增强了秦人的民族自豪感和国家认同感。又过了三年，秦国士民殷富、兵强马壮，大家心里只有一个念头：赶跑犬戎强盗，夺回周平王封给秦人的土地！

秦国发展了十六年军事，战力和装备跟犬戎还是有差距的，但有一样东西秦人远胜犬戎，那便是战斗意志。此外，秦军是一支有着优良传统的部队。秦军的首任军事首长是秦仲。这位西北汉子当年以区区数百秦邑军民力敌数千犬戎大军，毫无惧色，力竭而死。所以秦军的灵魂便是："大丈夫以寡敌众，也是等闲之事。"秦文公正是带着这样一支秦军踏上了征伐犬戎之旅。

一支有如此强悍灵魂的军队近乎无敌，所以战争的结果也不难预测：秦军大获全胜，不仅岐山以西的土地全部收归秦国，岐山以东数百里也被秦文公肃清了。土地夺过来了，秦文公又干了一件让人大跌眼镜的事：把岐山以东的土地全部上缴周王室，原因是周平王当年封给秦国的只是岐山以西的土地。这是个看似非常厚道，实际非常鸡贼的做法。

秦文公如果悄悄地把岐山以东的土地收入囊中，应该也不会有太大问题。周平王缩在洛邑，已经没几个诸侯拿他当回事了。虽然如此，只要有人看秦国不顺眼，拿周平王的册封说事，秦国还是理亏。如果要以此为借口收拾秦国，秦国是扛不住的。秦文公现在把土地上缴王室，周平王也没能力接收这片土地，到时候还是秦国实际控制。秦文公白赚一个尊王的好名声，又不损失什么，何乐而不为呢？

秦文公不仅治国有方，寿命还很长，一直执政了五十年。其在位时间仅次于后世的秦昭襄王（五十六年），位居秦国历史第二。超长的待机时间让秦文公的太子熬不住了，文公四十八年的时候，太子先文公而去，赐谥为静公。文公五十年的时候，秦文公驾鹤西去，静公的长子嬴立即位，是为秦宁公。

秦宁公二年的时候将国都迁到了平阳。平阳在岐山西，秦宁公把国都迁到这里，说明两个问题：第一是秦国的军力大增，已经不需要倚仗山河之险来阻击敌人了。第二是秦国的目标为向东拓地，不管别人怎么看，他就这么干了。后来发生的事情也证明了这两点。秦宁公三年，秦军与西戎亳部交手，亳部大败。秦宁公十二年，秦军与西戎荡氏交手，荡氏大败。宁公寿命不长，在位十二年便去世了，这一年他才二十二岁。

撒手而去的秦宁公留下了三个儿子，长子嬴说、次子嬴嘉、幼子嬴曼。其中长子嬴说和次子嬴嘉是鲁姬所生的同母兄弟，幼子嬴曼为周朝公主所生。秦宁公本来已经立长子嬴说为太子，可宁公一死，三位权臣大庶长弗忌、威垒和三父居然废了太子嬴说，立幼子嬴曼为君，是为秦出子。秦出子被立的时候才五岁。立嬴曼为君，三位权臣的理由是嬴曼的出身更为尊贵，但实际上明眼人都能看出，立一个五岁的孩子是为了方便三人把持朝政。

不过他们哥仨打错了算盘。秦出子虽然连数数都数不清楚，但他的母亲可不是盏省油的灯。这位周朝公主对三位权臣的独断专行非常不满，经常以秦太后、周朝公主的身份与他们唱反调，闹得弗忌、威垒和三父肠子都悔青了。秦出子六年的时候，三位权臣终于忍不了了，合谋杀死了秦出子，复立嬴说为君，是为秦武公。

嬴说这位同志，看谥号就不是好惹的。谥法有云："刚强直理曰武，威强敌德曰武，克定祸乱曰武，刑民克服曰武，夸志多穷曰武。"这里面嬴说至少占了两条。秦武公即位的第一年就攻打彭戏氏（戎人的一支），而且是亲征。之所以要亲征，一方面是要在军队中树立自己的威望，另一方面也是要摆脱三位权臣的控制，出来散散心。彭戏氏哪里是秦国大军的对手，很快溃不成军，四散奔逃。秦武公却没有收手的意思，继续向南打，遇到戎人就灭，一直打到华山脚下才收兵。弗忌、威垒和三父对秦武公的举动并不在意，在他们看来，这不过是一个十多岁的毛孩子在发泄青春期的荷尔蒙。可是这次他们又失算了。

秦武公并不因为这三人立了自己而心存感激，因为当初废掉自己太子之位的也是他们仨。说废就废，说立就立，你当秦国是你家开的吗？还有，正值青春年少的秦宁公暴毙，宫中一直传言是三人所为。秦武公本来还不确定，直到他见识了三人弑杀秦出子的手段，他才觉得，宫中的传闻八成是真的。杀父杀弟之仇不能不报，一旦心慈手软，父亲和弟弟的下场便是自己的下场。一想到这儿，秦武公就觉得不寒而栗，汗毛倒竖。

为了除掉弗忌、威垒和三父，秦武公一方面对他们亻言听计从，恭敬有加，一方面加紧提升自己在军中的威信，并安排自己的亲信担任军中要职。武公三年，时机成熟。秦武公果断发动军队逮捕了弗忌、威垒和三父，并灭了他们的三族。

摆脱了弗忌、威垒和三父的束缚后，秦武公开始大展拳脚。武公十年的时候，秦武公灭了邽、冀两地的戎族，并把这两地设为县。县这种制度前面讲过，是楚武王熊通的发明。武公十一年的时候，秦武公又将杜、郑两地设为县，并灭了小虢国。武公十三年的时候，齐桓公成了国君。武公十九年，齐桓公成了霸主，曲沃武公灭了晋侯缗成了晋侯。齐、晋此时都已经成为一流强国，秦武公虽然也为秦国打下不少土地，可秦国依然是个西陲小国。

也许是预感到晋国的崛起，秦武公觉得首都平阳不再安全。因此在十一年灭了小虢国之后，秦武公开始考虑迁都。迁到哪里呢？还是汧河和渭河之间那片秦非子的牧马之地。那不就是秦文公时期的都城所在地吗？是的。不过当时秦国刚刚立国，经费不足。因为这片土地三面环水，秦文公竟然以汧河和渭河为城墙，把这片土地打造成了没有城墙的"水上秦都"。这种偷工减料的做法应付犬戎人还凑合，但要是东方诸侯来找秦人麻烦，肯定是扛不住的。于是秦武公下令在此地修建一座大城，到秦武公二十年的时候，这座大城建好了，起名为雍城。

雍城完工后，秦武公还没来得及搬进去享受，就因病去世了。他这一辈子为秦国劳心劳力，死前却做了一好一坏两件事。先说坏事，不知道秦武公这辈子是不是极度缺乏安全感，这位兄弟死前居然下令拿活人殉葬，而且多达六十六人。这些人全都是秦国的精英和秦武公的亲信。大概是怕弗忌、威垒和三父在那边找自己的麻烦，所以要拉这么多人下去给自己保驾。此举开了一个很不好的头。任何一个时代最宝贵的都是人才，国君一死，这一代的人才全都活埋，那以后谁还敢为秦国效力呢？这也是秦国长期发展不起来的原因之一吧。

好事就是秦武公死前并未让自己年幼的儿子嬴白即位，而是立了弟弟嬴嘉。秦武公目睹了弗忌、威垒和三父三个权臣专权弑君，为了防止主少国疑、权臣擅政的悲剧重演，秦武公毅然将君位传给了年长的弟弟。秦武公这种以大局为重的举动为秦国君位的传承开了个好头，此后秦君如果遇到诸子尚幼的情况，便会传位给弟弟，保证了政权的稳定性。

前678年，为国事忙碌了二十年的秦武公撒手西去，弟弟嬴嘉即位，是为秦德公。德公元年，秦国迁都雍城。此后，这座夹于两河之间的城市便一直是秦国的国都，直到秦献公二年迁都栎阳。雍城建都时间长达二百九十四年，是秦国定都时间最久的都城。秦德公三十三岁才即位，即位两年去世，留下了三个儿子：长子嬴恬、次子嬴载、幼子嬴任好。由于长子嬴恬已经成年，便立其为君，是为秦宣公。

秦宣公即位十二年去世，留下九个儿子。也许是觉得九个儿子都不争气，秦宣公效法大伯秦武公将君位传给了弟弟嬴载，是为秦成公。秦成公即位四年去世，留下七个儿子。秦成公觉得这几个儿子都难以继承大统，也效法哥哥将君位传给了弟弟嬴任好，这就是历史上鼎鼎大名的秦穆公。

制霸西戎的关中王者

秦穆公这个人在之前"吴越争霸"的"霸主的那些事"部分亮过相。那部分列出了关于春秋五霸认可度较高的五种说法,其中三种说法认为秦穆公位列春秋五霸,说明秦穆公在史家眼中地位还是蛮高的。

秦穆公与大伯秦武公一样,甫一即位就对外用兵,用兵的对象依然是戎人。前659年,秦穆公率大军以迅雷不及掩耳之势突袭了茅津的戎人,大获全胜,戎人四散奔逃。因为秦人跟戎人经常掐架,所以这件事看上去正常得不能再正常了。笔者一开始也这么认为,直到翻开地图查到了茅津的位置。

茅津在今天的山西平陆县的茅津村,这个地方离关中平原最东端的华阴县还有近二百公里的路程。换句话说,茅津根本不在秦人的控制区域内!那这里是谁的地盘呢?是晋人的。不仅如此,此地离晋国都城绛邑只有一百二十公里。秦穆公刚上任就在晋国人眼皮子底下搞事情,也算是够有种,但是他到底意欲何为呢?

晋国此时处于曲沃系第二位国君晋献公统治的后期,这位仁兄的事迹在"晋国风云"部分已经讲过了。晋献公执政前期还是很奋发有为的,但是到了执政后期,因为宠爱骊姬,国政日渐废弛。秦穆公的眼界比他的祖辈们开阔得多,八百里关中平原已经容不下他的雄心了。他认为要想成为有影响力的诸侯,必须像齐桓公一样称霸;要想称霸,必须挺进中原;要想挺进中原,绕不开晋国。相信秦穆公即位之前便一直关注晋国的一举一动,晋献公的所作所为也逃不过秦穆公的眼睛，所以他刚一即位就对晋国进行了军事试探。

这次军事试探的地点和对象选得极为巧妙。地点离晋国的心脏只有一百二十公里，可以近距离窥探晋国的虚实。对象选择的是戎人，戎人是周朝诸侯共同的敌人，打着这个幌子就算被发现，晋人也不能多说什么。这次茅津之战，秦穆公试探晋国的目的达到了，试探的结果却并不尽如人意。因为秦穆公发现，走下坡路的晋国并没有想象中的那么不堪，还是具备相当实力的，没事最好不要去惹他。

既然惹不起晋国，那就跟他做朋友好了。穆公四年，秦穆公嬴任好同志备齐聘礼去晋国，为自己向晋献公提亲。已至暮年的晋献公倒是很看好年轻有为的嬴任好，也想结交秦国这个强邻，便答应把自己的女儿，太子申生的姐姐嫁给秦穆公。

话说秦穆公最近的运气实在是好到爆棚，老婆到手的同时，老天爷还打包附赠他两名贤臣。这是怎么回事呢？说起这件事还要重温一下之前讲过的一个历史事件。穆公五年，晋献公起大兵借道虞国灭了虢国，在回师途中又顺手灭了虞国，这便是历史上有名的假途伐虢事件。这件事在"晋国风云"部分讲过，晋献公想要灭了虢国，以重礼贿赂虞君求借道。虞国大臣宫之奇以唇亡齿寒的道理劝阻虞君不要借道给晋国，虞君没听。前面没讲过的是，虞国还有一位大臣也曾力劝过虞君，那便是百里奚。

百里奚是姜姓，百里氏，虞国人。与祖先姜太公的身世十分相似，百里奚也是身负大才却一直郁郁不得志。不过他比姜太公更惨，他在齐国要过饭，给周室养过牛，后来才因朋友宫之奇的推荐在虞国任大夫。可是霉运并没有结束，昏庸的虞君没有听宫之奇和百里奚的劝，眼看要亡国，宫之奇逃离了虞国，百里奚却留了下来。虞国灭亡，百里奚与虞君一同被俘，被押往晋国。

其时晋献公正准备往秦国嫁女儿，便让百里奚作为陪嫁的奴隶一起去秦国。百里奚这时已经七十多岁了，满腹韬略、白发苍苍的老人居然要给一个小丫头做陪嫁的奴隶，实在是太埋汰人。百里奚感到了莫大的屈辱，中途趁机逃跑了，刚跑到楚国边境的宛地，又被楚国边民抓获，关了起来。秦穆公已经听说了百里奚的贤名，想用重金把百里奚赎回来，又怕楚人坐地起价，狮子大开口。好在手下的大臣给他出了个主意，让他只用五张羊皮去换百里奚。对于一个陪嫁的奴隶来说，五张羊皮已经不少了。楚人果然没有起疑心，收了羊皮就把百里奚放了。

秦穆公与百里奚一聊之下，大喜过望，当即便要委之以国政，没想到竟然被百里奚拒绝了。百里奚不是耍大牌，他拒绝的理由是他的一个朋友叫蹇叔，比他的本事还大，所以他不敢窃居高位。秦穆公一听来了兴趣，百里奚已经如此足智多谋，他的朋友得是什么样呢？百里奚见秦穆公又是兴奋又是怀疑，便给他举了三个例子。第一个例子是百里奚当年在齐国的时候想去齐君公孙无知手下供职，被蹇叔劝住了。不久齐国发生变乱，公孙无知被杀，百里奚因为听从蹇叔的劝告幸免于难。第二个例子是百里奚又去了周都洛邑，听说王子颓喜欢牛，便养牛求官。本来王子颓已经任用百里奚了，还是蹇叔劝百里奚不要就任。果然过了不多久周朝发生变乱，王子颓被杀，百里奚因为听从蹇叔的劝告再次幸免于难。第三个例子是百里奚最后去了虞国，虞君任命百里奚为大夫，蹇叔又劝百里奚不要在虞国为官。这回百里奚没听，结果国破被俘。这三个例子两正一反，足以说明蹇叔的高明。秦穆公这才信服，觉得双喜临门，连忙派人以重金邀请蹇叔来秦国，封为上大夫，与百里奚一起治理国政。

穆公五年真是秦穆公的幸运年，老婆有了，贤臣来了，还是一双。正在大家觉得秦穆公可以好好庆祝一下的时候，这位老兄却干了一件匪夷所思的事：攻打晋国。这场仗打得极为诡异，史书中既没有记载战争的起因，也没记载战争的结果，只是说秦穆公亲自带兵伐晋，战于河曲（今山西芮城县）。按理讲秦穆公是没有攻打晋国的动机的，刚刚娶了老婆就打老丈人，这种事一般人干不出来。到底发生了什么？谁也不知道，留给读者自行想象，这就是历史的魅力吧。

除了这些，穆公五年还发生了一件事。那就是骊姬诬陷申生意欲弑父，申生自杀，公子夷吾和重耳逃走。重耳逃到了翟国，夷吾则逃到了梁国。穆公九年的时候，晋献公去世，晋国彻底乱了。托孤重臣荀息按照晋献公的遗命立骊姬之子奚齐即位，还不到一个月，奚齐就被里克所杀。荀息又立少姬的儿子卓子，可卓子也被里克干掉了。这下晋国能够继承君位的只剩下夷吾和重耳了，重耳比较鸡贼，觉得国内形势不稳，死活不回去即位。倒是夷吾主动联系了秦穆公，希望借助秦国的兵力回国即位，并答应事成之后割让晋国河西的八座城。秦穆公觉得是笔大买卖，便答应了夷吾，并让百里奚领兵护送夷吾。

夷吾在秦军的拥护下登上君位，随即翻脸不认人，不仅赖掉了割给秦国的八座城，还把两次弑君拥立自己的里克杀了。八座城不给可以理解，祖宗土地不能随便送人嘛，那金银珠宝什么的总得给秦穆公送点儿吧。可是这位夷吾兄弟好像什么事都没发生过一样，一点儿表示都没有。俗话说"做人留一线，日后好相见"，很快夷吾就摊上事了。

穆公十二年，晋国大旱，庄稼颗粒无收。因为晋国是人口大国，能够供应晋国粮食的只有楚国和秦国。楚国是晋国的死敌，不趁机来打他就算不错了。想来想去，还是只有秦国能帮这个救命的忙，于是夷吾只好觍着脸派人向秦穆公求救。秦穆公问百里奚到底借不借粮给晋国，百里奚说："夷吾是个人渣不假，但晋国的老百姓有什么罪？如果不借粮，饿死的是晋国百姓。"秦穆公点头称是，决定勒紧裤腰带，全力援助晋国。

秦国的援助非常给力，共计向晋国输出上万斛粮食。粮食由船队运输从秦都雍城出发，沿渭河向东行五百里，上岸转车运，在大荔县横渡黄河后，再转汾河漕运北上至绛都。整个路线从雍城到绛都绵延八百里，沿途运粮船的白帆不断，蔚为壮观，好似行军作战，史称"泛舟之役"。秦穆公不计前嫌，倾囊相助，夷吾应该感到惭愧吧。后来的事实证明，我们都高估了夷吾的人品。

仅仅过了两年，风水轮流转，秦国也遭了灾。秦穆公毫不犹豫地向晋国求助，期待着对方的慷慨解囊。没想到夷吾竟然采纳了大臣虢射的意见，准备趁秦国饥荒讨伐他，趁火打劫。次年，夷吾完成了战争准备，对秦国悍然发动攻击。秦穆公义愤填膺，率领秦军积极应战。两军在韩原（今陕西韩城市）相遇，废话不多说，直接开打。

要是论装备和训练，晋军优于秦军，但是秦军对晋人的忘恩负义深恶痛绝，个个都憋着一股气，见了晋军便猛打猛冲，战力也不容小觑。两军交战正酣之际，夷吾的贪欲发作，居然撇开大军，独自冲出去与秦军争夺财物。在回来的路上，夷吾的战马陷到泥里动弹不得。秦穆公率领少数部队追击，眼看要俘虏夷吾，晋国大队援军赶到，反倒将秦穆公的追击部队包围在核心。晋军看服色知道围住了秦穆公，争先恐后向其发动攻击。秦穆公当场负伤，形势危急。正在这时，晋军外围响起了震天的呐喊，一队披头散发的野人挥舞着棍棒杀了进来。这队野人势如疯虎，悍不畏死，近身的晋兵纷纷被野人的棍棒放翻。这一下形势顿时逆转，增援的晋军被打得节节败退，秦军和野人又把陷在泥里的夷吾俘虏了。

韩原之战秦穆公绝地反击，生擒晋君，全靠半路杀出的那队野人。那这队野人又是什么来头，为什么要帮秦穆公呢？这还要归功于秦穆公的宅心仁厚。话说数月前，秦穆公的马厩里跑丢了一匹良马。这匹马被岐山下的一群野人抓住吃了，等官吏追到的时候只剩了一堆马骨。官吏又惊又怒，当即把这群野人抓起来准备处死。这一幕被路过的秦穆公看到，忙问缘由。当知道事情的来龙去脉以后，秦穆公哈哈大笑道："一匹马算什么，咱们怎么能因为畜生而伤人呢？"当即下令释放这批野人。当野人们谢恩准备走的时候，秦穆公叫住了他们，跟他们说："马肉性寒，吃完以后不喝酒会伤身体。"说罢下令赐给野人们好酒数坛。此举让野人们大为感动，这次听到秦穆公出征，都抄着家伙要助恩公一臂之力。没想到正遇到秦穆公被围，帮了大忙。

　　捉住了白眼狼夷吾，秦穆公非常高兴，回国后就宣布要宰了夷吾祭天。夷吾确实不是个东西，但是要杀了他好像也不太合适。因为古人讲究"刑不上大夫"，大夫犯了罪还不能用刑呢，更何况国君。果然，秦穆公要杀夷吾的消息一传出，就有人不干了。首先是周天子出来说情，理由是晋跟周同姓。不仅同姓，晋国开国之君姬叔虞还是周成王的亲弟弟。现在秦穆公要杀晋君，那不是要周王室好看吗。然后是秦穆公的老婆也受不了了，她是申生的姐姐，也是夷吾的姐姐，虽然是同父异母，好歹血浓于水。现在弟弟要被老公干掉了，自然不能袖手旁观，于是这位穆公夫人穿上丧服，赤着脚为不争气的弟弟求情。领导的话可以不听，老婆的话还是要掂量一下的。秦穆公无奈之下，只好与夷吾盟誓，然后放他回国。夷吾这次差点儿当了秦国的祭品，吓得不轻，回国后老老实实地把晋国河西之地献给了秦国，并派太子圉到秦国做人质。秦穆公也没有亏待太子圉，把一名宗室女子嫁给太子圉为妻，算是与晋国重修旧好。这个时候，秦国的东部边境已经到黄河了。

　　穆公二十二年的时候，晋君夷吾病重。消息传到秦国，太子姬圉跟妻子说："秦国灭了我母亲的家乡梁国。我的兄弟那么多，一旦父亲去世，秦国一定会扣留我，晋国也会另立他人。"说完也不管妻子答不答应，独自逃回了晋国。太子圉实在是以小人之心度君子之腹了，如果他冷静下来想想便会知道，秦国于情于理都不会扣住他不放。秦穆公肯把宗室女嫁给姬圉，就没把他当成人质看。再说秦穆公扣住姬圉，让晋人另立新君，对秦国没有半点儿好处。真不知道姬圉是怎么想的。

在得知姬圉逃跑的消息后，秦穆公又是生气又是无奈。自己对姬圉这么好，姬圉还是跑了，连招呼都不打，难道这忘恩负义被夷吾写到了基因里？秦穆公实在是被夷吾父子坑够了，便从楚国迎回了公子重耳。为了羞辱姬圉，秦穆公把姬圉的妻子嫁给了重耳。重耳本来打算推辞，却被胥臣扯了扯袖子，也便答应了。秦穆公非常高兴，提出要送重耳回国即位，把姬圉推掉，重耳这回没有推辞。穆公二十四年，秦穆公派兵护送重耳回到晋国。二月，重耳即位为君，是为晋文公。

虽然从个人情感上来说，秦穆公扶立重耳绝对没问题，但是从国家战略上来看，这可能并不是一个好的选择。秦穆公的雄心是称霸中原，而晋国是秦国称霸中原的最大障碍，如此说来，反倒是夷吾和姬圉这样的庸君执政对秦穆公更为有利。然而历史没有假设，晋文公已经登上了属于他的舞台，开始表演。晋文公是个绝顶高手，只有他和齐桓公全票当选春秋五霸。绝顶高手在处理国际事务上的表现就是，表面上对你恭谦有礼，实际上净让你吃亏，你还有苦说不出。秦穆公很快便会领教到晋文公的手段。

穆公二十五年，周王室出了情况，周襄王被异母弟王子带联合狄人赶出了洛邑，走投无路的周襄王向秦穆公和晋文公求助。

秦穆公接到求救后没有犹豫，立即点齐兵马出发勤王。大军走到黄河边上的时候却遇到了晋文公的使者，这名使者好像已经等了很久了，一见到秦穆公便笑着迎上来，说什么代表晋君对秦君表示感谢，不敢忘了当年扶立之恩，这次王子带叛乱杀鸡焉用牛刀，不劳秦君大驾云云。言毕一挥手，两名武士推上一车金银珠宝，说是送给秦君的一点儿心意。秦穆公明白，这是重耳想独得勤王的美名。但是毕竟勤王要经过晋国的地盘，重耳把话都说到这个分上了，还有重礼相赠，也不好再勉强，只好打道回府。

　　穆公二十八年，晋文公在城濮之战中击败楚军，正式登上霸主宝座。三十年，晋文公忽悠秦穆公一同围攻郑国，秦穆公欣然前往。郑国突然被秦、晋两大巨头包围，亡国是早晚的事。危急关头，有人向郑文公推荐了烛之武，郑文公便派烛之武出使秦营。烛之武不愧是出色的外交家，只用了两句话就劝住了秦穆公，他说："郑国跟秦国并不接壤，灭了郑国不是给晋国做嫁衣裳吗？何不让郑国成为秦国东进路上的前进基地呢？"秦穆公一听，知道又被重耳这老小子给忽悠了，当即表示与郑国结盟，并派杞子、逢孙、杨孙三名将军协防郑国，然后班师回国。晋文公一看秦军撤了，知道计谋已被拆穿，也撤军而去。这个事件被称为烛之武退秦师，如果笔者没记错的话，是一篇中学课文。

　　晋文公忽悠秦穆公出兵伐郑，阴谋被烛之武拆穿，秦穆公退兵，这是课文里讲到的。课文里没讲的是：其实烛之武也在忽悠秦穆公，只是他的忽悠非常隐蔽，但是后果却很严重，直接导致了秦军的一次全军覆没。这里先卖个关子，以后再说。

穆公三十二年冬，晋文公病逝。晋文公在世的时候，秦穆公一直被这只老狐狸死死压制在关中，现在晋文公死了，秦穆公的心思活了。也正在这时，留守郑国的杞子、逢孙、杨孙三将给秦穆公捎了个话，说郑国都城北门的防务由他们哥仨负责，只要秦国大军一到，郑都唾手可得。

秦穆公大喜，当即把这个好消息告诉了蹇叔。蹇叔却说："长途奔袭千余里，指望郑国不知道，那几乎是不可能的。如果晋人在中途伏击我军，我军将死无葬身之地。"秦穆公很不高兴，还是派出百里奚之子孟明视（百里视，字孟明）、蹇叔之子西乞术和白乙丙率兵出击。出师那天，蹇叔哭着来送，跟孟明视说："孟明先生，我能看到军队出去却看不到军队回来了。"这话非常不吉利，秦穆公听了大怒，派人跟蹇叔说："你懂什么？你要是中年而死，你坟墓上的树木已经合抱了。"蹇叔没有理会秦穆公的震怒，嘱咐儿子道："晋国人必定在崤山伏击我们。崤山有两座坟陵，它的南陵，是夏后皋的陵墓，它的北陵，是周文王躲避风雨之地。你们必定死在两座陵墓之间，我会去那里收你们的尸骨。"秦军就这样背着蹇叔的"诅咒"出发了。

蹇叔所料不错，秦军偷袭郑国的消息不胫而走，等到秦军到达滑国的时候，一个郑国的牛贩子知道了这件事。这名牛贩子叫弦高，弦高眼见秦军来势汹汹，火速派人通知郑穆公。同时，弦高冒充郑国的使者，以四张熟牛皮做引礼，又送了十二头牛劳军。孟明视见郑国派出了使者，以为走漏了消息，便打算撤军回国。但是大老远地跑了几百里路，就这么回去好像也不合适。本着贼不走空的原则，孟明视顺手灭了滑国，然后才班师。

晋国这边关于要不要伏击秦军展开了讨论。元帅先轸说："秦君不听蹇叔的话，劳师袭远，这是天赐良机，必须伏击秦军。"栾枝却说："秦君对先君有恩，咱们还没报答秦君，就伏击他的军队，这好像不太合适吧？"先轸说："秦国趁我们国丧，灭了我们同姓的诸侯（滑国为姬姓），这是无礼在先，我们还讲什么恩惠呢？天予不取，必受其咎啊！"晋国新君晋襄公觉得先轸的话有道理，便下令伏击秦军。

蹇叔所料一点儿不错，晋军正是在崤山的南北二陵设伏。秦军毫无防备，全军覆灭，孟明视、西乞术和白乙丙三将被俘。晋襄公本来准备杀了这三个人祭天，后母文嬴（就是最初嫁给晋太子姬圉，后嫁给晋文公的秦国宗室女）却出来求情，晋襄公便放走了这哥仨。

好了，现在可以解密烛之武的忽悠了。烛之武总共跟秦穆公说了两句话便让秦穆公退了兵，说明这两句话是颇有含金量的。前一句说秦国灭了郑国是给晋国做嫁衣。这一句是大实话，秦国跟郑国不接壤，而晋国却跟郑国接壤。如果灭了郑国，秦国是无法实际控制的，只能并入晋国领土。秦穆公不是傻子，瞬间明白了这个道理，这也正是他下决心退兵的原因。

问题出在第二句上，烛之武说让郑国成为秦国东进路上的前进基地。这句话看上去没什么问题，实则是一句不折不扣的忽悠，而且跟第一句话矛盾。第一句都说了，郑国跟秦国不接壤，秦国即使拿下郑国也无法控制。既然是这样，郑国明显是不可能成为秦国东进的前进基地的。这一点烛之武应该知道，那他为何还要这样说呢？笔者猜测是因为烛之武是位心理学高手，他知道秦穆公最大的心愿就是东进中原，成为霸主，所以故意说给秦穆公听，以坚定秦穆公退兵的决心。

从后来的结果看，这句话果然说到了秦穆公的心坎里，并给秦穆公造成了一个错误的暗示，那就是秦晋联手灭郑，秦国是给晋国做嫁衣，但是秦国可以独得郑国，这样晋国便毫无办法了。正是这个错误的暗示让秦穆公无视蹇叔的劝阻，一意孤行地出兵袭郑。这样做导致的直接结果就是：秦军在崤山遭遇了晋军的伏击，只轮不返。

解密完毕，继续说孟明视他们哥仨。这哥仨都觉得自己快要完蛋了，齐装满员的数万精锐秦军，被他们带得一个子都没剩。回去以后秦穆公把他们脑袋拧下来是肯定的了，至于要不要灭族，还得看领导当时的心情。哥仨就这样心情沉重地回到雍城，没想到秦穆公已经在城门外等他们了。更没想到的是秦穆公身穿素服，一见他们便号啕大哭，并表示不是他们仨的错，都是因为自己没听蹇叔的劝告。哭完，秦穆公宣布：孟明视、西乞术和白乙丙继续担任将军之职，同时加薪若干，以示安慰。

孟明视、西乞术和白乙丙三人大受感动，纷纷表示要加紧练兵，跟晋人没完。秦穆公没有给三人太多时间，仅仅一年时间，秦穆公便下令三将向晋人复仇。晋襄公早就料到秦人会来报复，下令晋军严阵以待。孟明视率领秦军与晋军在彭衙展开激战，可惜实力不济，又败下阵来。这次秦穆公依然没怪罪他们，反倒更加厚待他们了。虽然如此，两年之内两次败给晋国毕竟还是一件很令人沮丧的事，但是秦穆公大可不必伤心，因为上帝在为他关上一扇门的同时，也为他打开了一扇窗——又送了一名贤臣给他。

这一天，正在郁闷的秦穆公接到通报，说是西戎代表团来访。原来戎王听说秦穆公是一代明君，就派人来一探究竟。代表团长叫由余，是一名戎籍晋裔人士，他的祖先从晋国逃亡到戎地避祸，他本人能说一口流利的晋语。晋语和秦语应该差不多，就像现在的山西话和陕西话一样，互相能听懂，所以由余和秦穆公语言上是没有障碍的。秦穆公带由余参观了秦国的宫室和金银珠宝，没想到由余却说："秦国的宫室，如果交给鬼神营造，鬼神会劳累；如果交给百姓营造，百姓会受苦。"秦穆公觉得由余这话很奇怪，便问他："中原有诗书礼乐和法度，还这么乱。戎人没有这些，是不是更加混乱呢？"由余笑道："这些正是中原各国的祸乱之源。上古圣人黄帝创造了礼乐法度，并亲自带头执行，也只是实现了小的太平。后世君主一天比一天骄奢淫逸，依仗着法律制度的威严来要求和监督民众。老百姓疲惫了就怨恨君主，要求实行仁义。上下互相怨恨，篡夺屠杀，甚至灭族。这些都是礼乐法制的副作用。戎人则不一样，上位者怀着淳厚的仁德来对待下面的臣民，臣民满怀忠信来侍奉君上，整个国家的政事就像一个人支配自己的身体一样，不需要了解什么治国之道，这才是圣人之治啊。"

秦穆公听罢大为叹服，知道由余是难得的人才，就想把他留下来。由于由余目前的身份还是西戎代表团团长，强留他入伙肯定不合适，秦穆公就向下属征求意见。内史王廖附耳教了秦穆公一个法子，秦穆公大喜，连连称是。不多久，西戎王就收到了秦穆公的一份礼物，十六名歌舞伎。西戎王久居蛮荒之地，哪里听过歌舞，顿时被歌舞伎迷住了。西戎人是游牧民族，逐水草而居。可是自从迷上歌舞以后，西戎王整整一年没挪窝。牲畜没有草吃，饿死了一大半。同时由余这边也受到了秦穆公热情的挽留，归国时间一拖再拖，在秦国待了整整一年才放由余回国。

回国以后的由余发现世界变了。原本勤劳淳朴、精明能干的戎王变得沉迷女色、腐化堕落。牲畜是游牧民族的命，可是由于戎王的不作为成群地饿死。整个部族呈现一副末世景象。由余见状苦口婆心地劝说戎王，但戎王非但不听，反而质疑由余为何在秦国一待就是一年。由余知道戎王已经无可救药，而且也不再信任自己，十分无奈。正在这时，秦穆公屡次派人邀请由余加盟，由余心灰意冷之下，只得离开了西戎，投奔秦国。秦穆公非常敬重由余，多次向由余请教伐戎之策。

收了由余之后，秦穆公并没有忘记晋人的崤山之仇。穆公三十六年，秦穆公命令准备了两年的孟明视哥仨出征伐晋。这回哥仨异常激动，一致表示要是再打不赢晋军就集体跳黄河，绝不回雍城。过了黄河以后，孟明视把所有的船都烧了，以示不胜晋人誓不过黄河。这次晋人终于大败，躲进城里不敢出来。秦军占领了王官和鄗，报了崤之战的仇。秦穆公从茅津渡过黄河，掩埋了崤山之战死难秦军的尸体，并当众检讨了自己不听蹇叔忠言的错误。

这一仗虽然打赢了晋人，但秦穆公却终于清醒地认识到，有晋国在，自己东进中原是无望的。东进无望，那就往西打吧。秦穆公采用了由余的策略，兼并了十二个戎人国家，拓地千里，将整个关中平原彻底收入囊中。西戎人被打服了，周王室对秦穆公的武功非常赞赏，赐给秦穆公一面金鼓作为祝贺，这面金鼓便是秦穆公入选春秋五霸的依据。穆公三十九年，秦穆公溘然长逝，留下了一个强大的秦国。太子嬴罃即位，是为秦康公。

成功复位的帝业奠基人

自秦穆公逝世后，又经过了二百三十六年，历十四代秦君，君位到了秦献公手上。在这二百三十六年间，关外的世界发生了天翻地覆的变化。先是楚庄王带领楚国崛起，在邲之战中击败晋国成为霸主。后是晋国在鄢陵之战中击败楚国，重夺霸权。再后来晋国一分为三，齐国也姓了田，时间从春秋时代来到了战国时代。这期间，秦人一直窝在关中。除了秦哀公时曾出兵帮助楚昭王复国，还有秦厉共公时曾经拿下过汉中以外，秦国这二百多年的历史实在是乏善可陈。不仅如此，秦国在秦献公之前还经历了四代乱政，这又是怎么回事呢？

原来秦献公嬴师隰的父亲秦灵公去世的时候，嬴师隰才九岁。秦灵公的叔叔嬴悼子欺负他年幼，夺了他的君位，是为秦简公，并把嬴师隰放逐到了陇西河谷。嬴师隰年纪虽小，脑子却清楚，他知道待在国内很危险，便逃到了魏国。秦简公在位十六年去世，儿子嬴仁即位，是为秦惠公。秦惠公在位十三年去世，两岁的儿子嬴昌即位，是为秦出公。

秦简公和秦惠公执政的这二十八年正逢魏文侯和魏武侯当政。魏文侯是魏国的首任君主，也是魏国百年霸业的奠基人。他任用李悝进行变法，以西门豹治理邺城，以乐羊攻灭中山国，以吴起镇守河西。总之一句话，那个年代最牛的人全在魏文侯这里了。像魏文侯这样的雄才大略之主，放在春秋时代妥妥地进春秋五霸，放在他所处的时代，则使魏国成了当时最强大的国家。

魏文侯的战略是联合三晋，对秦扩张，也就是按住秦国往死里打。在这种战略的指导下，秦国的河西之地自然是魏国最先要打击的对象。河西之地即今陕西、山西两省间黄河南段以西地区。这个地方西边是秦国，东边是魏国。如果秦国得了此地便可以饮马黄河，魏国则不得不在黄河东岸处处设防，防止秦军渡过黄河攻击魏国腹地。如果魏国得了此地则相当于一只脚踏进了关中平原，秦国就不得不依托洛水阻挡魏军西进的攻势。说白了这河西地区是秦、魏两国的战略缓冲区，其重要性不言而喻。

从秦穆公开始，河西地区一直是属于秦国的。到了魏文侯上台，他比谁都清楚河西之地对魏国意味着什么，便派兵西征，与秦人争夺河西之地。这支魏国西征大军的指挥官正是大名鼎鼎的战神吴起。反观秦国，则根本没有什么拿得出手的将领。秦国的王牌将领白起，还要等一百多年才出世。这种情况只能说时运不在秦人这边，那便没什么好说的了，直接看结果：前409年，吴起攻克秦国河西地区的临晋、元里并筑城坚守；前408年，吴起再败秦军，打到郑县（今陕西渭南市华州区）。再加上前412年被太子击（后来的魏武侯）攻占的繁庞（今陕西韩城市东南），秦国河西地区已经彻底落入魏国囊中。从此，魏国在此设立西河郡，由吴起本人担任首任郡守。

秦简公被打得没脾气，只好退守洛水，并在东部边境修筑长城阻止吴起西进。秦简公去世后，儿子秦惠公初生牛犊不怕虎，于前389年亲率五十万大军进攻河西。吴起率领五万新兵迎敌。五十万对五万，这要是一般将领，打都不用打，直接跑路就好。

可吴起不是一般人，仅凭手上这五万新兵，在阴晋将秦军打得落花流水。

在魏国目睹了这一切的嬴师隰内心极为纠结。从个人情感来说，秦简公是夺走他君位的仇人，他对秦简公、秦惠公父子都没什么好感，完全可以站在一边幸灾乐祸地看热闹。但是从国家大义来看，嬴师隰毕竟是秦国公子，对于魏国如此霸凌自己的祖国肯定是非常痛心的。除了国家大义外，让嬴师隰没有放弃对自己祖国关注的还有他心里的一个念头，那就是他隐隐觉得，自己可能还会回到秦国掌权的。

嬴师隰的感觉非常准确。秦出公即位的时候只有两岁，大权由秦出公的母亲执掌。这位年轻的太后似乎没什么治国的经验，一心只想巩固自己的统治。为了长期执政，秦国太后重用自己娘家人（外戚）和宦官，恣行无忌，胡作非为。秦国朝廷和百姓都对这位太后十分不满。其中最为不满的是庶长菌改，他急于推翻太后的统治，便派人联系了在魏国的嬴师隰，希望他回国即位。对于这件事嬴师隰自然是求之不得，但他身在魏国，要回国即位还需要得到魏武侯的帮助，至少也要得到他的同意。

魏武侯会不会同意呢？嬴师隰想了想，觉得应该没问题，便去找魏武侯摊牌。嬴师隰为什么判断魏武侯会支持他回国即位呢？源于他对当前形势的准确判断。魏国此时虽然还是世界上最强大的国家，但形势已经远非魏文侯时期可比。魏武侯在能力上与父亲魏文侯有一定差距，最明显的例证便是他听信谗言，把战神吴起赶走了。吴起从魏国离开后，转身就投奔了魏国的死对头楚国。这一下魏国南部的压力陡然增加，魏武侯见识过吴起恐怖的实力，所以他的大部分精力都在南边，无暇西顾。这个时候，魏武侯最大的愿望是秦国人不要找他的麻烦。对于这一点，魏武侯是没有把握的。

秦惠公在世的时候，曾经率五十万大军来夺河西。现在秦惠公虽然去世了，但是保不齐秦国国内还有权臣会重启争夺河西的动议。到了那个时候，奶娃秦出公和小太后是控制不了局面的。嬴师隰正是抓住了魏武侯的这个心理，跟魏武侯说："若师隰能够即位为君，我保证在君侯您有生之年，绝不侵魏。"魏武侯同意了，当即承诺派三万魏军护送嬴师隰回国即位。没想到的是，这个提议居然被嬴师隰拒绝了。当然，嬴师隰拒绝的不是魏国派兵护送自己回国，他拒绝的是魏军的数量。嬴师隰先是叩谢了魏武侯，然后跟他说："我不需要劳动这么多贵国部队。"魏武侯问道："那你需要多少部队？"嬴师隰答："三千武卒足矣。"魏武侯吃了一惊，但还是答应了嬴师隰。

嬴师隰回国复位，很有可能遭到忠于秦出公的秦军的反扑，多带点儿军队不好吗？答案是军队的人数真的并非越多越好。首先，嬴师隰此次回国复位是应庶长菌改的邀请，而庶长菌改又代表了大多数秦人的意愿，所以如果秦国国内出现变乱，最好的方法是让庶长菌改调动国内的秦军平乱，而不是倚靠嬴师隰带来的魏军。其次，嬴师隰是光明正大地回国复位，带太多的魏军会给秦廷和百姓造成嬴师隰是带路党的错觉。最后，嬴师隰不想在即位之后受制于魏国，不想欠魏国太多人情，只带三千武卒表示魏国只是护送自己回国即位，而不是助自己夺权。

就这样，嬴师隰带着三千武卒踏上了回国复位之路。嬴师隰同学的第一站是秦国的郑城，这个地方在今陕西渭南市华州区，是关中平原的入口。就在这里，本以为自己众望所归的嬴师隰碰了个钉子。郑城守将右主然没有出城相迎，甚至连城门都没有打开，而是派人给嬴师隰带了一句话："国无二主，臣效忠秦君，是义之所在，公子还是走吧。"嬴师隰有点儿蒙，他预想到回国即位不会一帆风顺，却没想到在第一关就被卡住了。

目前摆在嬴师隰面前的有两个选择：第一是打破郑城，强行进入关中平原，然后一路向西直入雍都。这个选择很快被嬴师隰否决了。自己是被人迎立，不是武力夺权。如果真想硬来，当初就不会拒绝魏武侯的三万魏军了。第二是绕道入秦，具体路线是从魏国的西河郡向北到达上郡，再向西穿过陇东高原到达焉氏塞，最后折向东南，进入雍都。这个选择也有风险，路途遥远不说，陇东高原上的义渠人（戎人的一支）会不会给自己找麻烦也不好说。但是鉴于第一个选择已经被否了，也只能这么干了。三千魏武卒在手，怕个甚！富贵险中求嘛！

嬴师隰一边派人联络庶长菌改，让他在焉氏塞迎接自己，一边快马加鞭向北而去。好在一路上都蛮顺利的，义渠人可能是听过魏武卒的大名，没敢找嬴师隰的麻烦。至于陇东高原上的猛兽，根本是武卒们的盘中餐。嬴师隰一行到了焉氏塞，小太后才得到消息，连忙派兵来镇压。直到这时，人心向背才体现出来。被小太后派出镇压嬴师隰的秦军刚出发的时候还高喊着"迎击敌寇"

的口号，走到半路就变成了"迎接主公"，直接集体反水了。反水的秦军和魏武卒一起拥着嬴师隰杀向雍都，小太后一看大势已去，便自杀了。

前384年，嬴师隰即位为君，是为秦献公。嬴师隰在魏国待了三十年，即位时已经将近不惑之年。长期的留学经历让秦献公目睹了魏国变法，因此他深知要想强国，必须改革。此外，秦国从穆公开始就一直将东进中原作为自己的基本国策之一。有鉴于此，秦献公在即位的第二年便将都城从关中平原最西部的雍城迁到了中部的栎阳（今陕西西安市阎良区）。这么做一方面是为了摆脱雍都旧贵族的纠缠，一方面也体现了自己东进中原的决心。

秦献公当年承诺在魏武侯有生之年绝不侵魏，并不是为了换取魏武侯的支持而随口说说的，而是他清楚地知道，以秦国目前的国力，根本无力侵魏。既然如此，何不送个顺水人情给魏武侯呢？但是秦国国力目前不如魏国，不代表永远不如魏国。登上君位的秦献公此生的一大目标便是带领秦国走向强大，手段正是改革。

秦献公即位的第一年便废除了自秦武公开始的，已经延续三百多年的活人殉葬制度。这个制度实在太变态，被活埋的往往都是秦国的精英人才。有这个制度在，不仅外国人才不敢来秦国，就是秦国自己人也不敢干得太出色，生怕被国君看中，拉去殉葬。这项制度被废除后，大家拍手称快，又可以愉快地为国效力了。献公六年，秦献公把蒲、蓝田、善、明氏等边境地区改建成县，由自己亲自掌握，并派官吏进行管理。献公七年，秦国初行为市。

所谓的初行为市即是由国家出资建设国营商场，然后吸引私人商贩入驻，并收取营业税。献公十年，秦献公推行了户籍制度，将相邻的五户编为一伍，农忙时互相帮助，农闲时一同进行军事训练，有人犯罪则五户连坐。

这个阶段的秦献公忙于秦国的政治、经济、军事建设，苦练内功，在国际上韬光养晦。他的改革基本以他所见到的魏国改革为蓝本，许多改革措施都是早已在其他诸侯国实施几十年甚至上百年的。即便如此，秦献公的改革依然颇见成效，短短十年时间，秦国的国力大幅提升，说话也逐渐有了底气。

献公十一年时，秦献公迎来了一位神秘的客人，这位客人是周朝的太史，名儋。太史儋恭恭敬敬地见过秦献公，却并不说明来意。这让秦献公有点儿蒙圈，心说这位兄弟不会是来混吃混喝的吧？不管怎么说，人家大老远从洛邑跑来栎阳，好好招待一顿也是应该的。于是秦献公便安排下宴席，请太史儋吃饭。太史儋非常开心，在宴会上侃侃而谈，从三皇五帝到尧舜禹汤，没一句着调的。看到大家都快睡着了，太史儋这才说出自己此行的目的：他是来算命的。

算命的？！大家一听都来了兴趣。要知道给君主算命是件相当危险的事，算得好，说你谄媚君上；算得不好，脑袋给拧下来也是大有可能的事。太史儋见大家都直直地盯着自己，哈哈大笑说："我此行不是给秦伯算命，而是给秦国算国运。"这话引起了秦献公的兴趣，作为一位明君，比起个人命运，他更关注的是秦国的国运，于是他恭敬地起身向太史儋行礼请教。太史儋回了礼说道："周与秦之前是合在一起的，后来又分开了，分开五百年后还会合在一起，合在一起十七年后会有霸王出现。"

这话的前半部分秦献公是懂的，说的是西周时期周和秦都位于关中平原，只不过周在关中平原中部的镐京，而秦在关中平原的西部为周人守边。后来又分开了也不难理解，说的是周平王东迁后，周人跑到了洛邑，而秦人独霸了关中平原。再往后就不懂了，什么分开五百年会合在一起，合在一起十七年会出霸王，应该就是太史儋所算的秦国国运了。然而秦献公知道不懂也不能问，问了算命的也不会说，因为古人认为泄露天机会遭天谴。于是秦献公便让史官把太史儋的话记下来，留待后世验证。

这里可以剧透一下，周与秦分开是在前770年平王东迁。前249年，秦庄襄王灭掉东周国，周朝被秦所灭。前232年，西楚霸王项羽出生。这样就明白了，周被秦所灭，自然是合在一起了。从前770年到前249年是五百二十一年，应了周秦分开五百年会合在一起，从前249年到前232年正好十七年，应了霸王出世。这到底是巧合还是后人的附会，已无从得知，但这件事确是明明白白地记在了《史记·秦本纪》中。

算命的事说完了，继续说秦献公。秦献公继承先祖秦穆公的遗志，一直以进军中原为目标。进军中原就要征服三晋，要征服三晋，还是绕不过河西地区。之前说秦献公曾经承诺在魏武侯有生之年绝不侵魏，可是这位曾经扶助过秦献公的老兄也于献公十五年与世长辞，诺言到此为止。魏武侯的继任者是魏惠王魏罃，就是历史上颇有名气的梁惠王。

魏国从魏文侯开始，统治者一代不如一代，魏武侯不如魏文侯，魏惠王又不如魏武侯，秦国夺回河西看似大有希望。话虽这么说，真要实现起来还是有相当难度的。魏国的国君虽然不行了，河西的防御却一点儿也不含糊，这都是战神吴起留下的老底子。这位战神深知河西对于魏国的重要性，在河西打造了以少梁、元里、临晋为核心的防御要塞群。这三座城邑形成了一个铁三角，互为依托，牢牢地掌控着魏国河西之地。当年秦惠公率五十万大军来夺河西，吴起之所以敢以五万新兵应战，多少也是因为占据了这种防御阵型的优势。

为了打破牢固的魏国河西防御群，秦献公没少动脑筋。其实要打破魏国的河西防御群也不是毫无办法。河西防御群虽然以少梁、元里、临晋为核心组成互为犄角的品字阵，但是如果秦人下死决心拔掉这三颗钉子，完全可以集中优势兵力攻击一城，然后以小股部队牵制住另外两城的守军，阻止他们增援。这也是破解品字型防御的常规操作。那秦献公没有想到这个办法吗？肯定是想到了，但是形势远没有上面分析的那么简单。

要知道魏国的国土呈哑铃型分布，东西各有两大片地，中间由一条狭长的走廊相连。东部的国土以大梁（今河南开封市）为中心，大多是魏国最近从楚国手里抢来的。西部的国土以安邑（今山西夏县）为中心，是魏国的发源地和最初的大本营。其中安邑一直到魏惠王六年（前364年，秦献公二十一年）都是魏国的都城。魏国的西部国土分为三个郡，除了河西地区的西河郡之外，还有西河郡以北的上郡，和与西河郡隔黄河相望的河东郡。

这下局势就复杂了，要拿下西河郡，眼睛不能只盯着少梁、元里、临晋那三座城。就算秦人把这三座城都拿下了，魏国上郡的兵力南下，河东郡的兵力西进，秦人能不能保住胜利果实着实难讲。这还不算，河东郡是魏国都城安邑的所在地，魏军主力全部驻扎于此。要是秦人倾全力硬夺河西之地，魏军主力势必全部渡河增援，导致两国主力决战，形成赌国运之局。

至此，秦献公迟迟不敢对河西动手的原因终于明了。河西之地的三座城形成了一个小的铁三角，西河郡、上郡和河东郡形成了大的铁三角，河西之地成了牵一发而动全身之地，也难怪秦献公不得不慎之又慎。虽然如此，只要秦国还想东进，这个局还是要破的，于是秦献公下了一着险棋。

在介绍这步棋之前，先请读者思考一个问题：要夺取河西之地是不是必须进攻河西？很多人会觉得这是废话，不进攻河西怎么夺取河西之地？魏国人又不会双手奉上。魏国人自然不会双手奉上河西，但要夺取河西还真的不一定要进攻河西，这是一个思维盲区。那要怎么办呢？只需要攻打一个河西守军必须救援的地方，让河西守军离开老窝，再一举歼灭，便可以全得河西之地。

秦献公的这步棋正是基于这个逻辑，而那个河西守军必须救援的地方正是魏国首都安邑。他的计划是这样的：首先穿越河西之地，渡过黄河，兵锋直指河东郡，造成秦军大举进攻安邑的假象；然后派小股部队佯攻安邑，主力部队在安邑附近，魏国河西军回援的必经之路上设伏；最后以主力围歼魏国河西军，并在回师的路上全取河西之地。

这个想法非常有创意，也非常凶险。且不说河东郡是魏军主力驻扎之地，单是孤军深入，一旦被河西军断了退路，基本上也就完蛋了。秦献公胆敢兵行险着，源于他对秦将战术指挥能力和秦军作战能力的双重自信。反正早晚要取河西之地，不如试一把！

献公二十三年，秦献公以庶长章蟜为将，率大军直扑安邑。魏国老将龙贾镇守河西，见秦军大兵压境，忙下令各部严守城池，不得出战。令龙贾吃惊的是，这次秦军并没有攻城，甚至连停都没停，直接穿过河西渡河东去了。龙贾目瞪口呆，心说秦军这是要干吗？难道是去河东野炊不成？河东岸的魏国守军更是一头雾水，他们自魏文侯以来，已经半个多世纪没见到过秦军了。最近一次秦国犯边还是二十五年前秦惠公带五十万大军与吴起大战于河西，那一次他们与秦军也是隔河相望。这一次他们在没接到河西守军任何警报的情况下，突然看到大批秦军渡河，都以为自己看花了眼。等把眼睛擦亮了再看的时候，秦军已经呼啦啦过去了，连个招呼都没打。

此时的龙贾才刚刚回过神来，他意识到，这支秦军的目标应该是——安邑！龙贾被吓出了一身冷汗，忙遣人抄小路向魏惠王报警。魏惠王总算及时收到了龙贾的示警，正打算下令调河西守军回援安邑，却被老相国公叔痤拦住了。老公叔毕竟还是比魏惠王有经验，他觉得这支秦军来得十分蹊跷。当年秦献公在魏国的时候公叔痤跟他打过交道，知道他不是那种不靠谱的人。现在刚一用兵就直接往魏国的心脏地带招呼，不像是秦献公的风格，其中一定有古怪。为了防止秦军有后手，公叔痤建议魏惠王下令河西守军按兵不动，仅调河东蒲阪、阳晋、封陵等地守军火速东进，救援安邑。魏惠王同意了公叔痤的意见。

这边章蟜率领的秦军在渡过黄河后沿中条山北麓一路向东，在今运城市西南的石门山设下埋伏，然后派出一支队伍继续向东北而行，佯攻安邑。石门山位于中条山脉的中段，北边是运城盐池，这里山高林密，适合大军隐蔽。最为关键的是，这儿是河东魏军救援安邑的必经之路。章蟜十分清楚这一点，带领八万秦军在此守株待兔。

天将傍晚的时候，行色匆匆的救援魏军来到了石门山。天色昏暗，这里一片寂静，只有密林里吹出的呜呜风声和盐池波涛拍岸的哗哗水声，寂静得有些诡异。突然一声梆子响打破了这诡异的寂静，紧接着羽箭破空之声大至，魏军纷纷中箭倒地。不多时，箭雨停了，身着黑衣的秦军好像是从地狱里冒出来的一样出现在魏军面前。魏军大骇，很多魏军还没明白是怎么回事就成了秦军的刀下之鬼。

章蟜率领的秦军如虎入羊群般在魏军中大砍大杀，魏军惨叫连连，乱成一团。不多时，援助安邑的河东魏军即被全部歼灭。山坡上、盐池里到处都是魏军的尸体。关于这一仗的战果，《史记》有明确的记载——斩首六万。也许是被魏国欺负惨了，周天子特意向秦献公祝贺胜利，并赐予黼黻（一种花纹华美的礼服）。这一仗打破了魏国自魏文侯以来对秦国保持的不败纪录，提供了一种对魏作战的创新战法，特别是让魏惠王感到安邑已经不再安全。所以就在这一年，魏国迁都大梁，战略重心彻底转移到了东边。

又过了两年,胆子壮了的秦献公直接攻击魏国河西重镇少梁。这回秦献公没打算讨巧,经过石门一战他已经摸清了魏军的底细,所以打算硬碰硬地跟魏军较量一次。魏国上次被秦军伏击也很是不服,此次由相国公叔痤亲自领军援救少梁。秦、魏两军在少梁城外大战,这次是实力的对决,魏军再次大败,主帅公叔痤被俘。鉴于秦献公在魏国的时候公叔痤对他还是不错的,秦献公起了怜悯之心,放公叔痤回了魏国。

石门和少梁之战对于秦国来说意义非同一般,经过这两战后,秦魏双方攻守易势,局势开始朝着有利于秦国的方向发展了。打完少梁之战后,秦献公的生命也即将走到尽头。第二年,历尽沧桑的秦献公病逝,儿子嬴渠梁即位,是为秦孝公。

六世君王的艰辛创业

西汉名士贾谊在其作品《过秦论》中有一段精辟的描述："及至始皇，奋六世之余烈，振长策而御宇内，吞二周而亡诸侯，履至尊而制六合，执敲扑而鞭笞天下，威振四海。"说的是秦始皇继承之前六代秦王遗志，消灭诸侯，一统天下。本部分要介绍的就是这六代秦王的故事，正是这六代秦王的积累，使得秦始皇可以席卷天下。这六代秦王从秦孝公开始，历秦惠文王、秦武王、秦昭襄王、秦孝文王、秦庄襄王，共计一百一十四年。到秦始皇手上，仅用十年时间便统一天下，足以阐释厚积薄发之意义。

六世秦君的第一位是秦孝公嬴渠梁，秦国的帝业正是自他而始。秦孝公刚即位时，形势不容乐观。虽然父亲秦献公给他留下了一个国力日上的秦国，但是跟战国七雄中的其余六国比起来，还有一定的差距。与秦孝公同期的君王有齐威王、楚宣王、魏惠王、燕悼公、韩哀侯和赵成侯。齐威王和楚宣王这哥俩前面说过，是旷世明君。剩下的几位兄弟虽然比较平庸，但是他们的国家都有将近七百年的历史，基本都是西周立国之初封的老牌诸侯（三晋的历史从晋国算起），历史积淀十分丰厚。反观秦国，他们的首领整个西周时期只是个牧马大夫，到东周伊始才勉强挤进诸侯的行列。论历史比六国短了将近三百年。

论疆域的话，楚国是当时世界上最大的国家。不仅广大的南方地区被楚国收入囊中，汉中的东部，巴郡（今重庆）和黔中郡（湖南西部及四川东南、贵州东北部地区）也都是楚国的地盘，其领土已经与秦接壤（秦此时占有汉中西部）。魏国则依旧牢牢掌握着河西之地，为了防止秦人来夺，魏国从郑城开始沿着洛水向北修筑了长城。秦国就这样被魏国死死地堵在了关中，关东六国聚会搞沙龙啥的统统不带秦国玩，将他们秦人视同戎狄，赤裸裸地歧视秦国。

秦孝公对这种状况非常痛心，便下了一道招贤令。招贤令写得相当有水平，先是回顾了秦穆公的霸业；然后否定了厉共公、躁公、简公等几位秦君的胡搞乱搞；又高度赞扬了父亲秦献公的功业；最后开出了招贤的条件：只要能让秦国强大，给高官，给土地。

这道诚意满满的招贤令能为秦国招来顶尖人才吗？让我们先把镜头切到魏国。魏国的老相国公叔痤此时已经不行了，正躺在榻上不住地喘息。家人见状忙派人向魏惠王报告，希望国君能来见老相国最后一面。公叔痤这个人没啥大才，靠着娶魏国公主为妻当上相国，还出于妒忌设计挤走了战神吴起。他这辈子唯一值得称道的可能就是善待过当时还是流亡公子的嬴师隰，所以人家投桃报李，在少梁之战中俘获了公叔痤，又把他放了回来。现在这位老相国要死了，他决定再做一件好事。

不一会儿，魏惠王驾临相国府，看到老相国实在是快撑不住了，便问他有什么要交代的。公叔痤喘着粗气跟魏惠王说："我的中庶子（掌管公族事务的官员）公孙鞅是个奇才，希望大王在我死后可以把国家大事全都交给他打理。"魏惠王默然不语。不一会儿，魏惠王要走了。公叔痤拽住魏惠王的衣袖，屏退左右嘱咐道:"如果大王不能用公孙鞅,请务必杀了他,绝不能让他离开魏国!"魏惠王这回答应了,然后匆匆离去。

等魏惠王一走,公叔痤便召来公孙鞅跟他说:"方才大王让我推荐相国的人选,我推荐了你,看大王的神色应该是没有同意。我知道你身负大才,本着对国家负责任的态度,我建议大王如果不用你就杀掉你,大王答应了。但是你担任中庶子期间兢兢业业,并没有做对不起我的事,所以我特意通知你快点儿离开魏国,免得被大王抓住,枉送了性命。"公孙鞅首先谢过了公叔痤的举荐之恩,然后跟他说:"大王既然不肯任用我,又何须来杀我呢?"果然不出公孙鞅所料,魏惠王回去后就跟左右抱怨,说这老相国真是病糊涂了,居然让我把国政交给一个小小的中庶子,真是好笑啊!

◇ 商鞅变法

不久之后,公叔痤逝世。公孙鞅觉得在魏国已经没有任何前途,正好秦孝公发布了招贤令,便来秦国碰碰运气。来到秦国后,公孙鞅没有走应聘程序,而是买通了秦孝公的宠臣景监,请求内推。景监答应了他,带他见了秦孝公。首次见秦孝公,公孙鞅高谈阔论,秦孝公却听得直打瞌睡。好容易送走了公孙鞅,秦孝公怒气冲冲地责备景监说:"你推荐的都是什么人啊,说的话没一句着调,这种人如何能用呢?"景监觉得十分尴尬,便把秦孝公的话转给公孙鞅听。公孙鞅听了却浑不在意,说:"我用尧舜的治国方法劝主公,这是帝道,主公不能理解而已。"

过了五天，公孙鞅又让景监带他见秦孝公。这次公孙鞅慷慨陈词，秦孝公还是不太感兴趣，转头又把景监骂了一顿。景监把公孙鞅找来，问他跟秦孝公说了啥，害得自己又被骂了。公孙鞅还是不以为意地说："我用禹、汤、文、武的治国方法劝主公，这是王道，主公还是不能理解。不过我已经知道主公想听什么了，请再让他召见我一次。"景监无奈地答应了。这一次公孙鞅侃侃而谈，秦孝公果然很感兴趣，不知不觉地往前凑了凑身子。谈话完毕后，秦孝公把景监找来大夸了一通，并当即决定重用公孙鞅。景监很奇怪，问公孙鞅这次又跟秦孝公说了什么。公孙鞅说："我不过是用齐桓、晋文那一套劝说主公，这是霸道，能够快速富国强兵，但德行就不能跟商、周相比了。"

不几日，公孙鞅的任命下来了。秦孝公任命公孙鞅为左庶长，全面负责秦国变法。左庶长在秦国是个不低的职位，而公孙鞅之前担任的最高职务是相府中庶子，级别相差十分悬殊。公孙鞅怕难以服众，便导演了一出戏。

这一天，秦都栎阳城南门出现了一个奇怪的现象。一名秦国武士手持一根三丈多高的木头肃立，他的面前是一车黄澄澄的金子。老百姓不知道这是要干吗，十分好奇，纷纷围了过来。见围的人足够多了，公孙鞅登台高声道："父老乡亲们，官府今天举办一个活动。看见眼前这根木头了吗？谁要是能把这根木头从栎阳南门搬到北门，赏十金！"围观的百姓顿时沸腾了，开始议论纷纷。大家打量了一下这根木头，三丈来高，但不是很粗，就算是最重的铁桦木，应该也不会太沉。这样一根木头，任何一名青壮年庄稼汉把它扛到北门都不成问题，可官府这是想干什么呢？

大家疑惑不解，你看看我，我看看你，没有人敢上前一试。公孙鞅见大家都不敢来试，便宣布把奖金提到五十金。俗话说重赏之下必有勇夫，一位中年汉子站了出来，跟大家说："我来试试，大不了就是官府不给钱，我白费了一番力气嘛！庄稼人有的是力气。"说完扛起木头便走。大伙儿又一次沸腾了，不约而同地跟着这汉子走了起来。栎阳城不大，汉子很快从南门走到了北门。他把木头往地上一扔，转身就走，显然是没指望官府能兑现承诺。然而公孙鞅却叫住了他，指着那车金子说："五十金，你的，拿走。"

汉子愣住了，大家也沉默了。过了片刻大家才反应过来，鼓掌声、欢呼声、尖叫声响成一片。汉子兴奋地搓搓手，在众目睽睽之下把金子拖走了。这件事很快传遍了栎阳城，从此大家都知道他们的新任左庶长公孙鞅是个言而有信的人，公孙鞅的目的达到了。这个事件在历史上非常有名，被称为"徙木立信"。

当初公孙鞅的说辞之所以能让秦孝公感兴趣，就在于他指出了一条适合秦国的强国之道。这条强国之道，概括起来只有十二个字："以战争为手段，以战胜为目的。"而要想打胜仗有两个条件，第一是军队战斗力要强，第二是要有钱，其中第二条比第一条更加重要。众所周知，打仗是个烧钱的活儿。现代战争中，战争的开销包括将士们的薪水、将士们的吃喝及日用品费用、各类设备的保养费用、各类装备的燃料费用、各类武器的弹药消耗费用，等等。古代战争则简单得多，战争的开销主要是粮食，也就是说只需要把将士们喂饱,别让他们饿肚子即可。所以在古代,打胜仗的第二个条件可以修改为:要有粮。公孙鞅的所有变法都是围绕着这两个条件展开的,因此有学者把公孙鞅变法的核心思想总结为"农战论"。

得到老百姓信任的公孙鞅在徙木立信不久后便公布了自己的变法措施。这些变法措施并不复杂(复杂了老百姓也记不住),总共有七条,是公孙鞅变法的总纲领,类似于当代的宪法,其内容如下:

第一,什伍连坐。将十家编为一什,五家编为一伍,一家犯错,十家连坐。告发奸恶者与杀敌同赏,包庇奸恶者与降敌同罚。

第二,奖励军功。有军功者,各按标准升爵受赏;无军功者,即使是贵族也不能列入族谱。

第三,重农抑商。从事耕田、织布等农活表现出色的,免除自身劳役和赋税。从事商业活动或无所事事的,妻子收为官奴。

第四,明确尊卑。拥有土地、房产、家臣奴婢的数量,以及所穿的服装样式严格按照爵位等级高低而定。有军功者显赫荣耀,无军功者即使富有也没有社会地位。

第五,严禁私斗。严惩因私事斗殴者,不论什么原因,斗殴双方均须根据情节轻重处以不同的刑罚。

第六,按户征税。每家每户都要承担一定的赋税,一家有两个以上的壮丁而不分居的,赋税加倍。

第七,坚持法治。将法律文书颁行全国,凡事必须有法可依。

通过这些法令，公孙鞅要把整个秦国打造成一台战争机器，每一个秦国人都是这台机器上的一个零件，秦国人做的每一件事都是为战争服务的。这些法令向每一个秦国人——上自宗室贵族，下至黎民百姓——传达了一个观念：要想出人头地，就得当兵种地。

以上这七条法令都是纲领性的，要想真正实施，还需要具体的落地措施。这些配套的落地措施中，最重要的也是最有名的，要数公孙鞅为秦国创立的二十等军功爵制度，下面就来说说这个制度。

在介绍这项制度之前先扯点儿闲话。大家认为从古至今，对于军人来说最重要的是什么？笔者能想象到大家的答案会有很多：忠诚、责任、服从等，这些都是对的，但是笔者认为还有一样东西，是自古以来激励无数军人血洒疆场、杀敌报国的重要动力，那就是荣誉。有人说荣誉是军人的第二生命，也有人说荣誉比军人的生命还重要。那军人的荣誉如何体现呢？不少人首先想到的是勋章。这也没错，但其实还有一项制度体现了军人的荣誉，这便是军衔制度。

现代军衔制度15世纪产生于西欧国家，是国家根据军人的职务、资历和贡献授予军人的一种衔称，标志了军人的社会地位和军事等级。一般来说，战功越是卓著，贡献越大，军衔越高。军衔即是军人荣誉的日常外部标志。其实早在一千七百多年前的秦国，就有一套类似的制度，即前面所说的军功爵制度。

为了区分军人的等级，激发军人的荣誉感，公孙鞅特意设立了这套军功爵制度。其实在春秋战国时期，其他国家也有类似的军人爵位制度，但公孙鞅是第一个把这套制度细化，并给出明确晋升方案的人。在公孙鞅的军功爵制度中，军人的等级共有二十等，从低到高的名称如下：

一级公士，二级上造，三级簪袅，四级不更，五级大夫，六级官大夫，七级公大夫，八级公乘，九级五大夫，十级左庶长，十一级右庶长，十二级左更，十三级中更，十四级右更，十五级少上造，十六级大上造，十七级驷车庶长，十八级大庶长，十九级关内侯，二十级彻侯。

每个等级的爵位都有相应的待遇，比如，第一级的公士可获得田一顷、宅一套、奴仆一人，而第三级的簪袅则可获得田三顷、宅三套、奴仆三人。在平时的饮食上，不同的爵位也有区别，比如，第三级的簪袅每餐有精米一斗、酱半升、菜羹一盘，而第一级的公士只有陈米粟饭。

以上是待遇方面，那爵位如何晋升呢？很多人根据《韩非子·定法》中的记载"商君之法曰：'斩一首者，爵一级，欲为官者，为五十石之官；斩二首者，爵二级，欲为官者，为百石之官。'官爵之迁与斩首之功相称也"推断出砍一个人头升一级。这就出现了一个问题，如果按照这种算法，从平民升到最高等级的彻侯也只需要二十个人头，而战国后期的大规模战争秦国动辄斩首数万，这样他们岂不是会有 N 多的高官？

　　实际上没那么简单。首先，砍一个人头升一级的规则只适用于第四级不更及其以下的低级爵位。其次，砍头晋爵的情况只出现在已方大获全胜时，也就是说，如果全军在战役中失败，即使有人砍了敌人的头也不能晋爵。最后，战斗的时候五人为一个战斗小组，如果组内战死了一个同伴，其余四人按照军法要被处死，必须拿这四个人砍的一个敌人首级来抵消。依此类推，如果战死了两个同伴，该组剩余成员就要砍两个敌人首级才能免去一死。（具体拿谁砍的敌方首级来抵账史料里没说，笔者估计是如果五人小组有人员阵亡，则该组集体不能晋爵，无论砍了多少敌首，这样便不存在拿谁砍的首级来抵账的问题了。）

　　看到了吧，即使前四个等级的低级爵位，砍头晋爵也不容易。得满足两个条件：一是要保证本方获胜，二是要保证本组没有人阵亡。公孙鞅设计的这军功爵不是那么容易拿的啊！

　　现在我们知道爵位的前四级可以靠砍头晋爵，那第四级以上怎么晋升爵位呢？到了第五级大夫，便已经是团队的指挥官了，这时候公孙鞅是不允许这些人亲手砍头的。如果这些人亲手砍了敌人头，不但没有功，还要受到处罚。这也容易理解，指挥官都去砍人了谁来指挥部队。这些指挥官想晋爵，要靠指挥部队斩杀敌首。条件与前四级类似，还是需要：第一，本方获胜；第二，斩杀敌人首级数量要大于本方阵亡人数，其中的差额满足一定的条件才可以晋爵。

　　看完这些笔者有两个感受：第一是这个制度设计得太合理了。

它让指挥官与士兵各司其职，各安其位，谁应该干什么规定得清清楚楚。此外还杜绝了个人英雄主义的出现，要是有谁不管同伴，自顾自收人头，同伴死了收再多也没用。军队讲究团结协作，个人英雄主义对团队来说很可能是致命的。第二是秦军的高级军官太不简单了，这一点不用解释。

制度规定好了，剩下的便是执行了。公孙鞅依靠秦孝公的支持，铁腕推行变法。其间太子嬴驷不小心犯了法，公孙鞅毫不留情。由于太子是储君没法惩罚，公孙鞅就把太子的老师公子虔的鼻子割了以示惩戒。三年以后，秦人无不奉公守法，战必争先，整个国家成了一个巨大的兵营。公孙鞅的战争机器基本打造成形。

刀子磨好了，就要出去试试。变法的成果如何，需要战争的检验。鉴于魏国的河西之地一直是秦人的心腹大患，这次还是拿河西之地开刀。孝公八年，公孙鞅小试牛刀，率军进攻河西重镇元里，大获全胜。孝公十年，公孙鞅因功晋升为大良造（第十六级大上造），随后率兵进攻安邑。在秦国强大的军事压力下，安邑直接开城投降了。

之前在秦献公部分我们分析河西之地的时候还说，这是一块非常棘手的地方。现在公孙鞅轻易攻破了河西重镇，连魏国故都安邑都拿下来了。不得不说，在绝对的军事优势面前，地理优势和战术根本不值得一提。秦军连战连捷，秦孝公非常高兴，公孙鞅却提醒他，秦国需要迁都了。

"迁都？为什么？"秦孝公不解地问。迁都这个事秦国并不陌生，从最初的秦邑到陈仓，再到平阳，再到雍城，再到现在的栎阳。秦国每次迁都都是有原因的，不是为了躲避强敌，便是为了摆脱旧势力的纠缠。现在秦国最大的敌人魏国刚被打服，旧势力也被变法彻底铲除，那还迁都干什么呢？公孙鞅看着一脸疑惑的秦孝公，给出了两点理由。第一是栎阳的位置太靠前了，缺乏战略纵深。秦国的崛起势必会引起关东六国的恐慌，万一他们哥六个联手，只要渡过洛水，再渡过沮水，便会兵临栎阳城下。第二是栎阳太小了，秦国崛起后会成为世界第一强国，秦国的国都自然会是国际化大都市。到那时，栎阳这座小城就显得有点儿寒酸了。

秦孝公听了频频点头，接着问迁到哪里。公孙鞅将手指向地图中的一个地方，这个地方位于泾水之西，渭水之北，九嵕山之南。古有山南水北谓之阳的说法，这个地方既在山南又在水北，都是阳，公孙鞅说可以命名为咸阳。秦孝公同意了，让公孙鞅全权负责新都营建和迁都事宜。

孝公十二年的时候，咸阳建造完成，秦国有新的国都了。这座都城会见证秦国一统天下，也会见证秦帝国的灭亡。这一百三十余年间，咸阳承载了秦人的荣耀，也承受了秦人的苦难。无论如何，眼前的咸阳是一座可比临淄、大梁和郢都的宏大都市。在秦孝公迁入咸阳的同时，公孙鞅将秦国编为四十一个县，进一步加强了君权。在疆域方面，秦国也挟之前的胜利之威，将国土扩展到了洛水以东，与魏国共有河西之地了。

目前的秦国兵强马壮，国力强盛，已经具备了东进中原的实力。东进中原首先要全取河西之地，公孙鞅开始等待一个机会。

九年后，机会来了。孝公二十一年，田忌、孙膑率领的齐军在马陵大败魏军，大将庞涓自杀，太子申被俘，魏军精锐损失殆尽。得到消息的公孙鞅喜不自胜，连夜进宫觐见秦孝公，请求出兵河西。秦孝公同意了。

这次还是由公孙鞅统兵，渡过洛水，直奔河西。魏国虽然在马陵一役主力丧尽，但河西这块战略缓冲区还是不能丢的。于是魏惠王七拼八凑了一支部队，由弟弟公子卬率领，开赴河西迎敌。当公孙鞅听到魏军主帅的名字时，就知道自己这次又赢了。这位公子卬公孙鞅非常熟悉，在公孙鞅任魏相中庶子的时候，跟这位王弟是好朋友。公孙鞅深知公子卬虽然没什么大本事，但是为人仗义，心地善良，人品不错。如果不是各为其主，公孙鞅实在不想跟自己这位老朋友为难，但是国家利益大于一切，为了大秦，公孙鞅决定阴公子卬一把，利用的正是他的善良。

这一天，刚刚到达前线的魏军主帅公子卬收到了一封信，这封信是公孙鞅写给他的。信里深情回顾了两人从前的友谊，表示虽然成了敌对双方的将领，但是旧日情义不能忘。在信的最后，公孙鞅邀请公子卬来秦营喝几杯酒叙叙旧，订立个盟约，然后各自罢兵回国。公子卬读罢大喜，他没想到昔日的好朋友已经是秦军主帅了。现在既可以不打仗，又可以跟老朋友重聚，何乐而不为呢？公子卬带了几个随从正准备出发，他的部下却提醒他说秦人多诈，不可轻信。公子卬摆摆手说不妨事，公孙鞅是我的老朋友了，而且他也不是秦人。

两位老朋友终于在秦营相聚了。公孙鞅早已安排好酒席，公子卬落座后,两人开始闲聊。回忆一下在魏国时候的美好时光,再说说分别后都干了些啥,然后频频举杯,气氛十分融洽。酒过三巡,菜过五味,公孙鞅突然离席向公子卬躬身道歉。公子卬一头雾水,忙问缘由。公孙鞅说:"你我二人各为魏秦两国主帅,不能因私废公。现在鞅念在你我二人昔日情分上,请兄长赴咸阳休息一段时间,就当散散心吧。"说完一挥手,几位秦国武士上前缴了公子卬随从的兵器,然后顺势将公子卬围在中心。公子卬这才知道中计,又是懊悔又是气愤,只好束手就擒。

失去主帅的魏军群龙无首,被公孙鞅的秦军打得大败亏输。这次战役的惨败让魏惠王非常心虚,他连夜派使者赴咸阳求和,并奉上河西部分领土。秦孝公答应了魏惠王的求和。由于公孙鞅此次大败魏军,俘获魏军主帅(虽然是使诈),秦孝公把商於之地的十五座城邑封给了公孙鞅,从此公孙鞅也被称为商鞅。

河西之战是商鞅事业的巅峰,按说到达巅峰就该走下坡路了,可商鞅不是。这位兄弟不走寻常路,直接从巅峰掉入了万丈深渊。商鞅变法杀了不少人,也得罪了不少人,其中就包括秦国太子嬴驷。他早就想过有一天自己会下地狱,但是没想到这一天来得这么快。就在河西之战结束后两年,一代英主秦孝公因病医治无效,与世长辞。商鞅还是有自知之明的,他知道新君一定不会放过自己,就提前跑路了。好不容易跑到了秦魏边境的小镇,想住个店,却被店主拒绝了。店主说,没有官府开具的证明文件是不许住店的,还特意强调这是商君之法。商鞅真是哭笑不得。不住就不住吧,商鞅在野外稍事休息,然后趁夜色偷偷越过边境来到魏国。

本以为逃出生天的商鞅没想到的是，魏惠王根本不接纳他，这位魏王一直对商鞅使诈抓了自己弟弟公子卬的事耿耿于怀。商鞅无奈地摇摇头，准备继续跑路，却被魏惠王拦住了。魏惠王跟他说："秦国太强大了，他的逃犯我们魏国可不敢窝藏。"说完竟然下令把商鞅遣返回秦。这真是人品用尽了啊！

被遣返的商鞅潜回封地，发动属邑的士兵向北攻击郑城，希望能杀出一条生路。可是属邑的士兵怎能跟郑城的守军相比，很快就被郑城守军打败，商鞅被俘，旋即押往咸阳。秦惠文公嬴驷正愁以什么理由定商鞅的罪，这下全都解决了。商鞅率私兵攻击边境守军，犯叛国罪，依照商君之法，判处五马分尸之刑，并诛灭全族。秦惠文公严格执行了法律，改革家商鞅就此惨死。

商鞅虽死，但是他的商君之法却保留了下来。秦惠文公不是傻子，他目睹了商君之法给秦国带来的变化。秦惠文公厌恶的是商鞅这个人，而不是他的那套制度。正因为如此，秦国依然沿着商鞅铺设的轨道一路向前。秦孝公和商鞅之后，秦国便没什么出彩的故事了。翻看这段史料也是相当的枯燥，无外乎就是某年攻某国，占某地。为了避免虎头蛇尾，还是要把其中的关键节点梳理一下。

秦惠文公八年的时候，魏国把全部河西之地割让给了秦国。之所以这么做，是因为前一年他们又被秦军屠了。惠文公七年，秦国大良造犀首率军攻魏，与魏国老将龙贾交战于雕阴，魏军大败，被斩首八万。河西军主力悉数被歼，河西之地是守不住了，与其被秦军占去，不如主动交出来。至此，秦国的边境终于推进到了黄河边。

惠文公十四年时，眼见各诸侯纷纷称王。嬴驷坐不住了，按照实力来论，秦国是第一强国。关东诸侯都称王了，秦国岂能落后？于是这一年嬴驷正式称王并改元，我们需要叫他秦惠文王了。惠文王九年（前316年），秦惠文王采用大臣司马错之策，在葭萌关大破蜀军，灭了蜀国。

这一步棋对于秦国来说非常重要。蜀国在现在的四川盆地，四川是天府之国，物产丰富，面积又是关中平原的数倍。从地理上来看，四川盆地是一片四塞之地，从外面很难进去（当然从里面也很难出来），后世有"蜀道难，难于上青天"的评价。这样一个地方可以为秦国提供丰富的物资供给，还不用担心被别人夺走。秦国占了蜀国之后，关中平原、汉中盆地和四川盆地连成一片，秦国有了这三处稳固的根据地，想不得天下都难。

秦惠文王执政二十七年去世，其子嬴荡即位，是为秦武王。秦武王是个专业技术型君王，他的特长是举重。不仅他自己喜欢举重，还养了三名举重运动员：任鄙、孟说、乌获陪他一起举。俗语说"惯骑马的惯跌跤，河里淹死是会水的"，这位举重高手最终便是死在这项爱好上。这是怎么回事呢？原来秦武王天生神力，很快把能举的重物都举了，就想玩点儿有难度的。这时他听说周室在洛邑的九鼎每只重达千钧，不禁来了兴趣。他首先派兵攻占了韩国的宜阳，打通了去往洛邑的道路，然后率军长驱直入，直接开进了洛邑。

进了洛邑以后，秦武王直奔主题，来到九鼎之前。这九鼎相传是大禹平定天下后，收取九州的贡金铸造。每只鼎代表一州，上面刻着各州的山川人物、贡赋土田之数。秦武王把九只大鼎参观了一圈，赞不绝口，最后停留在代表秦国的雍州之鼎上。他拍了拍鼎身，回身跟三位举重高手说："寡人想把这只鼎带回咸阳，你们谁举得动它？"孟说首先上前，抱住鼎身大喝一声，鼎被举起了数寸。可惜这鼎实在太重，孟说再也没有力气高举，气力一泄，鼎重重地砸在地上。秦武王见状又惊又喜，惊的是这鼎居然如此沉重，连孟说都举不动；喜的是自己露脸的时候到了。

　　武王整整衣服走上前去，双手死死扣住大鼎，运足力气也是大喝一声，鼎应声而起。大家纷纷鼓掌叫好，秦武王十分得意，想着孟说也能将大鼎举起，自己要举高一点儿，再走两步方才显出本事。可惜他高估了自己的力气，正当他想加大力气把鼎举高的时候，沉重的大鼎却掉了下来，将秦武王的右腿齐膝切断。秦武王血流如注，还没回到咸阳便一命呜呼了。

　　秦武王死时才二十三岁，还没有后代，王位便传给了他的异母弟弟嬴稷，这便是秦昭襄王。秦昭襄王在位时间五十六年，在秦国历史上是首屈一指的，在先秦时期乃至整个中国古代都是数得上的。在半个多世纪的时间里，秦昭襄王把能做的都给子孙后代做了。正因为奠定了良好的基础，秦昭襄王去世后二十年秦国便开始了灭国模式，再经历十年就天下一统了。

　　秦昭襄王时期，秦国迎来了两位能人，一文一武。这两位的出现加速了秦国统一的进程，文人叫范雎，武将叫白起。先说范雎。范雎是魏国人，本在魏国中大夫须贾门下做事。因为被诬陷私通齐国，跑到秦国来找事做。范雎是很有才能的，很快就凭本事得到了秦昭襄王的信任。他对秦国最大的贡献便是提出了"远交近攻"的战略。范雎指出，秦国如此强大，每战必胜，然而疆域却拓展得不大，究其原因就在于没有一个明确的战略。如果能够结交不接壤的国家，一心攻打邻近的国家，这样攻下一寸土地，秦国便多一寸土地，早晚会实现统一大业。秦昭襄王采纳了他的意见。

至于武将白起，大家应该都不陌生。他是秦国郿地（今陕西眉县）人，此人极其能打，与廉颇、李牧、王翦并称战国四大名将，但实际上笔者认为他比后面三人都强悍。没有人知道他为什么这么能打，仿佛是为了战争而生一般。昭襄王二十九年，大良造白起领兵攻楚。秦军在白起的指挥下大胆穿插敌后，一举攻克了楚国都城郢，连楚国的王陵都给烧了。楚国经营数百年的都城被攻占，只好迁都于陈。这一仗让楚国元气大伤，从此一蹶不振，直到灭亡。

◇长平之战

让白起声名远扬的，是秦赵长平之战。昭襄王四十五年（前262年），白起率军攻克了韩国的野王城。这座城邑并不大，却是连接韩国上党郡和韩国本土的要道。野王城被占，上党郡便与韩国断了联系。上党郡守冯亭是个坚定的反秦人士，他跟百姓们商量说："上党郡现在孤悬在外，韩国的救援是指望不上了。秦军又一天天逼近，与其被秦军攻下，不如投降赵国。"上党百姓都听说秦国百姓生活在严刑峻法之下，一致赞成投降赵国。于是冯亭便派人联系赵国，商量投降事宜。

赵孝成王收到消息后，召来平阳君和平原君讨论此事。平阳君觉得上党是块烫手的山芋，接了以后必然会遭到秦军酷烈的报复。平原君却说上党郡是天上掉的馅饼，不要白不要。由于平原君的地位比平阳君高，跟赵王的关系比平阳君近，赵孝成王就采纳了平原君的建议，通知冯亭同意接收上党郡。

昭襄王四十七年（前260年），秦国左庶长王龁攻克了上党郡。因为赵国已经同意接收上党了，上党的百姓纷纷逃往赵国。赵国还算负责任，派兵在长平驻军，以接应逃难的上党百姓。秦国大怒，立即把矛头指向赵国。王龁率秦军主力攻击长平赵军，赵孝成王闻讯忙派老将廉颇奔赴长平，指挥赵军。廉颇到了长平后，与秦军交手，互有胜败。但是他感觉到秦军实力太过强劲，不可以硬拼，于是就固守营垒与秦军对峙，打算等秦军粮尽退兵后再趁势掩杀。就这样，遭遇战变成了持久战。

相比而言，长平离赵国更近，但是秦国的国力要强得多。因此廉颇跟秦国拼消耗，最先撑不住的一定是赵国。果然，相持三年以后，赵国的经济已经被四十万长平赵军的开销拖得濒临崩溃。而秦国也觉得颇为吃力，也在想办法早日解决战斗。这时还是范雎想出了一条计策。他花费千金在赵国散布谣言，说秦国最怕的是赵国名将马服君赵奢之子赵括，如果他来统率赵军，秦军就完蛋了。至于廉颇嘛，他已经快投降了。

赵孝成王本来便对廉颇坚守三年消耗大量军费十分不满，听了谣言之后更是信以为真，立即免去廉颇的职务，派赵括前去接替。秦昭襄王看到反间计奏效了，秘密以白起代替王龁指挥长平秦军。赵括一上任便改变廉颇坚守不出的策略，下令全军出击。这早在白起意料之中，白起佯装不敌主动撤退，暗中却派一支奇兵断了赵军粮道，一支奇兵包抄赵军背后，断了赵军退路。赵括这才发现形势不对，连忙构筑壁垒，坚守不出，同时向赵孝成王求援。然而援军是不可能到的，不是因为赵孝成王狠心不救赵括，而是赵军的主力全在长平了。赵括见救援无望，为了防止被活活饿死，只能冒死突围，却被秦军乱箭射杀，四十万赵军土崩瓦解，全部投降。面对数量如此之多的赵国降卒，白起担心会出乱子，便趁夜将他们全部活埋了。这四十万人几乎是赵国全部的青壮年，等于坑杀了赵国的一代人。这一下干得太缺德，使得赵国也是一直到灭亡都没缓过劲来。

　　时至今日，局势已经比较明朗了。诸侯中的两大强国：楚国、赵国，都被打残；魏国和韩国连声都不敢吭；燕国和齐国跟秦国不接壤，处于观望状态。秦昭襄王执政五十六年逝世，儿子嬴柱即位，是为秦孝文王。也许是做太子的时间太久，秦孝文王嬴柱即位三天就死了。具体怎么死的，历来有颇多猜测，已经是一个历史之谜了。秦孝文王死后，儿子嬴子楚即位，是为秦庄襄王。秦庄襄王在位三年也去世了，儿子嬴政即位，便是大名鼎鼎的秦始皇了，不过那个时候还叫秦王嬴政。

　　秦王嬴政从前230年开始发动统一战争，先攻灭韩国、赵国、魏国，然后是楚国、燕国，最后是齐国，于前221年统一全国。

在统一全国后,秦王嬴政觉得自己德兼三皇、功高五帝,遂自命为皇帝,他就是中国历史上第一位皇帝,是为始皇帝。秦国的历史也到此结束了。

本章参考书目:《史记》《左传》《吴子》《吕氏春秋》《商君书》《说苑》

后记

从小就喜欢历史，第一本历史读物是林汉达、曹余章编著的插图版《上下五千年》，分上、中、下三册，是我的历史启蒙读本。该书像一名学识渊博的长辈一样，将历史上那些精彩的故事娓娓道来，再配以精美的插图，让读者仿佛回到了年代久远的过去。还记得该书的第一幅插图是一群原始人以标枪和石块围捕一头巨兽，给我的感觉是既新奇又震撼。这就是历史给我的第一印象。

随着年龄的长大，虽然依旧十分喜欢历史，但是在选择专业的时候还是选择了当年比较热门，据称是很好就业的计算机科学与技术。未能将历史作为自己的专业，不知道是幸运还是不幸。有人说将兴趣爱好变成职业是一件幸福的事，也有人说将兴趣爱好变为职业很可能会让你失去这个兴趣爱好。我倒是认为，人这一辈子是需要有些兴趣爱好的，哪怕只有一个。至于是否要当成自己的职业，纯粹是个人选择，选择了，就不要后悔。

关于自己的这个爱好，我听到最多的疑问便是：学历史有什么用？这个问题我曾经认真地思考过，除去"以史为鉴"这种冠冕堂皇的答案以外，我觉得最重要的就是可以让我们的人生过得淡定又通透。一个人只有一辈子，也只能体验一种人生。虽然如此，在我们之前已经有很多人已然走完了他们的一生，他们的事迹就记载在史册里。我们可以通过阅读史书来体验不一样的人生，或热血，或悲凉。无论你正在经历什么样的人生，都可以在史书中找到相似的影子。历史——是古人的故事。故事，就算不精彩，总还是有趣的。是啊，我们的人生也像一本故事书，无论情节如何曲折离奇，希望大家都能做一个耐心的读者。

在我读过的众多史料和历史读物中，对我影响最大的还要数《明朝那些事儿》。那是2007年，该书尚未结集成书，还在新浪博客上连载，我每天最大的乐趣便是看当年明月的日更。在读这部书之前，我对明史一无所知。读完之后，感觉一部生动的明朝历史已经了然于胸。这是历史的魅力，也是当年明月的笔力。在当年明月的笔下，一个个历史人物，一件件历史事件，鲜活得宛如我们身边的人和事一般。虽然有人诟病该书加入了太多作者主观的东西，我依然觉得这样做无可厚非。读一本书就是与作者的交流，这些主观的东西正是作者想告诉我们的东西，也正是这些主观的东西让枯燥的历史活了起来。

至于为何要写春秋这部分历史，是因为一位朋友正在写春秋题材的历史小说，而我应邀为其查阅史料。春秋史料较少而矛盾之处较多，为此我也是翻阅了不少学术论文，力求给读者提供自己求证后的答案。本书主要参考的史料是《左传》《国语》《战国策》《史记》《资治通鉴》等，还有一些历史学者关于先秦各诸侯国的研究专著。此外，一些经典历史故事如昭关、掘墓鞭尸等，还采用了《东周列国志》的描述。《东周列国志》并不是原始史料，但是其中很多的故事相当精彩。古代文学评论家认为《东周列国志》"羽翼信史而不违"，也正因为如此，我才决定把这些也写出来给读者分享。

本书自2020年春节开始动笔，至2020年国庆节杀青，历时大半年。总体来说，这是作者本着严肃的态度写出的并不那么严肃的一本通俗讲史类读物。如果能有那么几位读者喜欢本书，作者便觉得自己的辛苦是有价值的。其实作者的初衷非常简单：把自己所知道的、所感兴趣的历史分享给读者，同时给自己这么多年的爱好一个交代。

作者

2021 年 5 月 5 日

附录

《趣话春秋战国》大事年表

约前 2070 年	夏朝建立
约前 1600 年	商朝建立
前 1046 年	牧野之战,周朝建立;齐国建立
前 1042 年	三监之乱
前 1042—1021 年间	熊绎受封丹阳,楚国建立
前 1033 年	周成王桐叶封弟,晋国建立
前 771 年	镐京被申侯联合犬戎攻破,周幽王被杀,西周灭亡
前 770 年	周平王东迁洛邑,东周开始;
	秦襄公因护送周平王东迁有功,被封为秦伯,位列诸侯,秦国建立
前 707 年	繻葛之战,周室威信扫地
前 680 年	鄄地会盟,齐桓公初霸
前 651 年	葵丘会盟,齐桓公称霸
前 632 年	晋楚城濮之战,晋国大胜;践土会盟,晋文公称霸
前 627 年	崤之战,秦全军覆没

前623年	秦穆公称霸西戎,得到周天子赏赐金鼓
前606年	楚庄王问鼎中原
前597年	晋楚邲之战,楚国大胜,将老牌霸主拉下神坛
前594年	楚庄王会盟诸侯,成为一代霸主
前506年	吴师入郢
前494年	吴越夫椒之战,越军大败,勾践入吴
前482年	吴晋黄池会盟,吴王夫差称霸
前473年	勾践攻破姑苏,吴国灭亡,越王勾践称霸
前403年	赵、魏、韩三家正式被册封为诸侯
前376年	晋静公被废,晋国灭亡
前354年	齐魏桂陵之战
前343年	齐魏马陵之战
前306年	楚国灭越国
前284年	乐毅率五国之师伐齐,齐国大败,仅剩莒和即墨两城
前279年	田单以火牛阵败燕军,尽复齐国之地
前260年	秦赵长平之战
前230年	秦灭韩国
前225年	秦灭魏国

前 223 年　　　　秦灭楚国

前 222 年　　　　秦灭赵国、燕国

前 221 年　　　　秦灭齐国，统一六国